现代校长的专业智慧

调适外部环境篇

青岛市教育局
编著

中国海洋大学出版社

·青岛·

图书在版编目（CIP）数据

现代校长的专业智慧 . 调适外部环境篇 / 青岛市教
育局编著 . — 青岛：中国海洋大学出版社，2020.12
ISBN 978-7-5670-2715-2

Ⅰ . ①现… Ⅱ . ①青… Ⅲ . ①校长—学校管理—经验
Ⅳ . ① G471.2

中国版本图书馆 CIP 数据核字 (2021) 第 004005 号

现代校长的专业智慧（调适外部环境篇）

出版发行	中国海洋大学出版社		
社　　址	青岛市香港东路 23 号	邮政编码	266071
网　　址	http://pub.ouc.edu.cn		
出 版 人	杨立敏		
责任编辑	姜佳君	电　　话	0532-85901984
电子信箱	j.jiajun@outlook.com		
印　　制	青岛国彩印刷股份有限公司		
版　　次	2021 年 3 月第 1 版		
印　　次	2021 年 3 月第 1 次印刷		
成品尺寸	185 mm × 260 mm		
印　　张	31.5		
字　　数	577.4 千		
印　　数	1 ～ 2500		
定　　价	60.00 元		
订购电话	0532-82032573（传真）		

发现印装质量问题，请致电 0532-58700168，由印刷厂负责调换。

《现代校长的专业智慧（调适外部环境篇）》
编委会

序言
——PREFACE

在中小学校里,校长权力最大。权力越大,责任越大。如果校长的权力运用不当,就会对学生发展、教师发展、学校发展造成负面影响。校长是学校的灵魂,一个学校有个好校长,是教师们的幸运,更是孩子们的幸运。校长管理学校是专业性的活动,并非人人都能胜任。一个不懂管理、不懂教育的外行,是管不好一所学校的。专业的人做专业的事才能做好。校长的专业水平直接决定着一个学校的办学水平和教育质量。

专业成长的过程就是专业化的过程,校长的专业成长包括三个方面:专业知识、专业能力和专业精神。专业知识涉及"知不知",专业能力涉及"能不能",专业精神涉及"愿不愿"。人往往是先"知"而后"能",专业知识是专业能力的基础。但是,如果一个人能力很强,但是不愿意干事,没有干事的动力,最终也干不成事;所以,想干事+能干事=干成事。

校长首先要"想干事",要树立正确的权力观与政绩观,要认识到自己的责任,要以积极的态度、饱满的热情、坚定的意志投入管理工作。如果自己消极怠工、不思进取,就会贻误学生、教师、学校的发展。管理之责神圣,不可亵渎,管理工作会影响很多人的未来,校长对于管理工作要有敬畏之心。

校长还要"能干事",根据我国校长专业标准的要求,我国中小学校长要做好六项专业职责,即规划学校发展、营造育人文化、领导课程教学、引领教师成长、优化内部管理、调适外部环境。这六项内容要求校长既要"懂教育"又要"懂管理"。

校长要有正确的教育观,要坚持育人为本,而不是"分数挂帅"。要为学生的"一世"做准备,要培养学生一生受用的关键素养,如思维能力、创新能力、合作能力、交流能力,而不是只为学生的中考或者高考这"一时"做准备,要立足学生的长远利益和根本利益,教育不能急功近利,更不能庸俗势利。校长要做课程改革与教学改革的内行里手,引领学校的课程与教学改革。

校长要有正确的管理观。校长做的是"教育管理",管理是为教育服务的、为育人服务的,不能为管理而管理。管理不是为了把师生管住管死,而是为了发展人、解放人。校长要做现代校长,要具有现代精神,要做"现代管理",即科学管理、民主管理、依法管理。科学管理要求实事求是,具有科学精神,不是有权就任性,不是乱作为;民主管理反对专制,要求师生和家长参与学校管理,校长多听取各方意见和建议,在民主的基础上决策,而不是独断专行、专制霸道;依法管理反对人治,要求加强法制建设和制度建设,通过制度来管事、管人、管钱,而不是随意随性而为。

加速校长的专业成长路径有三:一是政府增强校长培训的针对性、实效性,精准提升校长专业素养;二是通过校长人事制度改革尤其是通过校长评价制度改革,用好评价这个指挥棒,促进校长专业成长;三是校长自身要勤于学习与反思,要多读书,并把理论与实践有机结合,通过反思使理论与实践互动互惠,使自己快速成长。

青岛市教育局为促进中小学校长、幼儿园园长快速成长,发挥名校长的示范、引领与辐射作用,投入专项经费建立名校长工作室,涵盖学前教育、小学教育、中学教育、职业教育、特殊教育等各学段。这些工作室依据教育部颁布的《校长专业标准》深入开展理论研究,大胆进行实践探索,取得了很好的成效。本书精选的"现代校长的专业智慧"就是名校长工作室的重要研究成果,是多年来青岛学校管理的宝贵经验,它凝聚了全市3000多名中小学校长、幼儿园园长的专业智慧,值得大家学习借鉴。

褚宏启

(北京开放大学校长、北京师范大学教授)

目录
——CONTENTS

第一部分　学前教育

第二部分　小学教育

第三部分　中学教育

第四部分　职业教育

第五部分　特殊教育

第一部分

学 前 教 育

抓住三点，做好童心教育框架下的高效早教

平度市白沙河街道张戈庄中心幼儿园　迟洪芝

目前，农村早期教育基地少，教育资源短缺，一些私立亲子早教机构还存在收费高、教师资质不够、教师流动性大等诸多问题。0～3岁是人一生成长的关键时期，特别需要生理、心理、营养、保健及行为等诸方面的科学的指导和帮助。教者，"上所施下所效也"；育者，"养子使作善也"。心灵教育是早期教育的根本，张戈庄中心幼儿园抓住根本，夯实基本点、明确切入点、把握主攻点，把早教工作开展得思路新、措施多、效果好，深受辖区群众的欢迎，并承办平度市早教活动现场会，为全市早教工作提供样板。张戈庄中心幼儿园通过实施以幼儿园、家庭、社会三者之间互动为主线的工作策略，为未入园儿童提供接受早期教育的机会，为家长构建交流学习和经验共享的操作平台，使幼儿园、家庭、社会之间建立起沟通的桥梁，为幼儿园发展营造了良好的外部环境。

一、夯实基本点

一是完善各项制度保障，使0～3岁早教工作有制度规范、有指导实施。二是规范早教行为，建立早教工作管理网络，加强与生源地13个社区/行政村的紧密联系，切实提高辖区婴幼儿的受指导率。三是强化师资保障，有效提高全体教师早教指导的专业素质和专业能力。

二、明确切入点

一是突出宣传切入。我们为了搞好零距离宣传，组织教师深入人口规模较大的村，利用赶集和农村办喜事等时机，摆放展牌、发放宣传单、提供早教咨询，面向群众开展面对面宣传。

二是把握培训切入。家长是孩子的第一任老师，是和孩子相处时间最长、对孩子影响最大的人。为此，我们组织开展了一系列家长讲座活动，把家长请进幼儿园并分年龄段举办早教指导讲座。

三是落脚课程切入。我们在课程设置中采用动静结合的活动方式,活动分为准备活动、亲子活动、户外游戏活动等。在课程评价中对婴幼儿的大动作、精细动作的发展,认知能力、语言表达与情感社会性的发展进行评价。

三、把握主攻点

一是请进来综合施教,主攻幼儿园早教中心。我们把家长与幼儿请到幼儿园参加早教活动。活动以教师指导、家长与幼儿互动的方式进行,活动安排科学、有序,形式生动、有趣,帮助孩子更好更快地适应以后的幼儿园集体生活,符合入园前孩子和家长的需求。

二是走出去统分结合,主攻社区、村办园。我们深入开展"早教流动大篷车"送教上门活动,采取"三统一、一分散"的方式,即统一教学教材、统一早教器材、统一活动流程、分散行动,努力实现辖区内早教全覆盖。

三是进家庭分类指导,主攻入户合作育儿。电话预约,诚心送教进家庭。强化服务意识,优化保育质量,使家长放心、满意,早教指导工作受到家长的好评。建立早教微信群,破解难题,分享经验。家长在育儿生活中遇到任何问题,都可以咨询早教老师。辖区居民借助这个平台,可以交流孕期知识和早教经验,以及婴幼儿良好行为习惯的培养方法,将早教触角延伸至每个家庭。

新时期家园礼仪教育存在的问题及改进措施

青岛市城阳区夏庄街道中心幼儿园　郭文辉

古人云:"不学礼,无以立";"人无礼则不生,事无礼则不成,国家无礼则不宁"。礼仪是人们在社会交往中的行为规范与准则,也是一个国家、一个民族精神面貌和文明水准的外在表现。现在家长大多重视孩子知识性的学习,而忽视礼仪教育,有些孩子表现出自私、脾气大、没礼貌、说脏话、乱扔垃圾等问题。习近平总书记告诫我们,人生的扣子从一开始就要扣好。所以,礼仪教育在当前就显得尤为重要,必须从娃娃抓起,从小事做起,对幼儿进行礼仪教育。

一、幼儿礼仪教育存在的问题

（一）幼儿自身缺少对礼仪的认识与了解

当前,很多家庭的孩子还是以独生子女居多,虽然家庭经济生活优越,但在众多成人保护溺爱下,有的孩子对礼仪认识肤浅,不知道基本的礼仪知识,没有从根本上认识礼仪的重要性。随着二胎孩子的增多,有的一胎孩子对弟弟、妹妹缺乏包容和忍让,凡事唯我独尊,"家里的一切都是我的,一切都要听我的",逐渐养成了一些不好的交往习惯。

（二）成人的口头说教多于行动引领

生活中我们不难发现,大人一遍遍教育孩子见人要有礼貌,要面要问好,和别人分手时要说再见,和小朋友们玩时不争抢玩具,等等,但有的孩子总是与大人作对似的,不予理睬,我行我素。从孩子的发展认识规律上看,传统的说教在行为引领上的作用总是微乎其微。长此以往,在成人传统的灌输教育中,礼仪教育将与幼儿发展"两张皮",出现脱节现象。

（三）家长与幼儿园缺乏礼仪教育的合作

现在,很多幼儿园都能认识到幼儿礼仪教育的重要性,也在开展礼仪教育,但有的家长认为礼仪教育是学校、幼儿园的事情,教师理应培养孩子的礼仪,忽视了自己的义务与责任。若家长在家庭中不能注意自己的言行举止,一些不文明的语言和行为就会对幼儿产生不良的影响。

（四）幼儿园礼仪教育与其他领域教育结合力度不够

我们发现,幼儿园在进行礼仪教育时,往往以单一的形式来开展,没有有效利用其他领域的教育来增强礼仪教育的作用,没有对幼儿的思想行为产生深远影响。幼儿各个领域的教育应该是相互结合、相互渗透的,如果没有相互渗透、整体融合,就无法让幼儿形成良好的礼仪素养。

二、幼儿礼仪教育改进措施

（一）选择适宜的教育内容，为幼儿营造良好的礼仪学习环境

幼儿礼仪教育内容的选择要有针对性,须符合幼儿的年龄特点和发展水平,满足幼儿的兴趣和需要。应从幼儿的实际经验出发,围绕幼儿的生活环境选择礼仪的基

本知识,由浅入深,注重内容的多样性和趣味性,让幼儿从内心激发礼仪情感,并能在实践中去践行。礼仪的学习当然离不开环境的影响,幼儿园和家庭应该为幼儿营造文明的学习和生活环境,让幼儿在潜移默化中自然浸润。例如,幼儿园班级可以为幼儿设置礼仪学习区域,投放礼仪书籍,让幼儿学唱礼仪儿歌、表演礼仪情景对话、听礼仪故事等,定期举行"文明宝宝""礼仪之星"评选,对表现优秀的幼儿进行表扬鼓励,在班级中形成你追我赶的礼仪学习氛围,让幼儿感受到礼仪的魅力,追求内心境界的提升,树立正确的礼仪观念。

（二）成人严以自律，形成榜样示范效应

幼儿期的孩子善于模仿。从入学表现看,幼儿的很多礼貌习惯及表现来自对父母与其他成人的模仿,所以培养幼儿的礼仪必须从成人做起。家长要严格要求自己,注意言行举止,在家里做到孝敬老人,不说粗话,不打骂家人,有事与家人友好沟通;每天陪伴孩子读读书、诵读经典、听听音乐、聊聊天等,让他们从大人身上学到做人做事的道理。教师在园要仪表大方得体,谈吐文明,尊重幼儿,做到文明礼貌待人,为幼儿文明礼仪塑造良好的形象示范。幼儿在成人良好的表率作用的耳濡目染之下,会慢慢地学着彬彬有礼,讲道德,有诚信,将来才会有更好的人生。

（三）家园有效沟通，促进礼仪教育开展

家庭是幼儿成长的主要环境,父母是孩子的第一任老师。幼儿园应重视家庭教育的作用,充分与家长进行沟通交流,转变家长育儿理念,让家长认识到家庭礼仪教育的重要性,做好家庭中礼仪榜样表率,用言行举止影响教育孩子,让孩子在家庭潜移默化中养成良好的礼仪习惯,做一个知礼、懂礼的人。为此,幼儿园可以采用礼仪系列主题活动、专家讲座、公众号发送礼仪知识、家长现身说法、家访、问卷调查等方式,提高家长对礼仪教育的重视度,自觉投入礼仪教育活动中。

（四）幼儿园礼仪教育与其他领域教育有机结合

幼儿礼仪是在生活交往与实践中养成的。幼儿园可以通过多种途径,结合其他领域内容开展教育。一是教师要充分挖掘一日活动各个环节内容,制定年龄班礼仪标准。例如,入园环节安排"礼仪小标兵"接待小朋友,并友好地问好;加点时开设"餐前五分钟",提醒幼儿用餐文明、不推不挤等。二是有计划地安排有关主题活动,如怎样与他人交往"我是小主人"主题活动,让幼儿学习如何招待客人、怎样接打电话、饭桌上的礼仪等,让幼儿在游戏中学习待人接物。三是结合各种节日开展主题教育活动,培养幼儿的关爱、感恩之情。例如,劳动节开展"我为班级做贡献"活动,母亲节

让幼儿为妈妈制作贺卡并写下祝福的话语,端午节开展"我是龙的传人"系列主题活动,对幼儿进行感恩教育,让幼儿在体验中懂得礼仪的重要性,从而自觉自发地提高礼仪素养。

总之,文明礼仪教育必须是渐进的过程,对幼儿进行礼仪教育的方法还有很多。幼儿园教育应与家庭教育紧密结合,坚持不懈地进行研究探索,深入实施,共同为幼儿搭建健康文明的家园,让文明礼仪教育开花结果。

家园携手,共同做好幼儿的惩戒教育

青岛市即墨区环秀中心幼儿园　黄玉香

没有惩罚的教育是一种不完整的教育,教育中历来存在着惩罚这种形式和手段。惩戒教育在儿童的生活以及社会道德发展中有很大的价值。幼儿园应主动与幼儿家庭配合,做好赏识教育的同时,也要携手并进,共同做好幼儿惩戒教育。

一、做好幼儿惩戒教育的研究背景

当下,幼儿教育已成为社会关注的热门话题,尤其是幼儿家长,面对"不顺心"的孩子,迷茫、困惑、焦虑、不知所措,加之望子成龙心切,逐步形成了家庭教育的心理误区。长期的研究发现,在幼儿家庭教育中"娇"和"惯"的心理误区最为突出。

二、做好幼儿惩戒教育的必要性

对幼儿该不该实施惩戒教育?我们应该清醒地意识到,从幼儿走进幼儿园开始,他们接触的人和事在不断增多,他们的交往范围在不断地扩大,参与的活动也与之增多,他们在生活中的矛盾也在不断地增加。而很多幼儿在家长们的精心保护下自尊心越来越脆弱,经不起老师的一点批评,还有的幼儿因为老师一句不经意的言语而哇哇大哭。也正是因为父母太宽容,孩子的惩戒教育缺失太久,才会让个别孩子长大后承受比惩戒教育严厉得多的"铁窗"教育。因此,幼儿家长们应该对惩戒教育双手欢迎,因为它会惠及孩子的一生。

三、做好幼儿惩戒教育的途径

（一）双向交流是纽带

幼儿园与家庭应明确双方共同的教育目标,互相交流,互尊互助,信息共享。一方面,幼儿园应主动与幼儿家庭配合,帮助幼儿家长提高认识,转变观念,使家长正确认识惩戒教育,从而帮助他们创设良好的家庭教育环境。另一方面,家长也应主动与老师沟通,要引导幼儿正确面对惩罚。在集体生活中,当幼儿犯了错误,受到了老师的惩罚,不要给幼儿灌输"老师对我们孩子不公平""我们承受不了"这样的思想,而应教幼儿用乐观的心态去面对:"每个小朋友都要遵守规则,不管谁触犯规则都会受到老师的惩罚。老师惩罚你不是不喜欢你,而是为了帮你改正错误,希望你变得更优秀!"

（二）禁用体罚是前提

著名教育学者孙云晓在《教育的秘诀是真爱》一书中写道:"要让孩子真正认识到自己的不足,需要父母或教师和孩子平等相处,耐心地对孩子做教育工作,使孩子的心灵受到感化。如果成年人只想以武力镇压孩子,无疑是在用实际行动告诉孩子,打人是可以解决一切问题的。"更严重的是,体罚是对人的冒犯,是对人类尊严的践踏,与教育的目的背道而驰,会使惩戒教育失去意义。放弃体罚不等于放纵幼儿,不等于对幼儿的错误行为不闻不问。惩罚可以有很多种方式,比如没收幼儿所喜欢的玩具,取消幼儿一次外出郊游的机会,又或者是取消幼儿参加他们所喜爱的文娱、体育活动等。

（三）善用方法是根本

幼儿玩玩具时经常把一盒玩具拿出来,丢得满地都是;或者拿剪刀剪纸,纸屑满地都是,扔下剪刀就不管了。那么,这时该由谁来收拾这些残局呢?通常是由父母或者老师来替他们完成。自然惩罚的原则则是让幼儿自己去收拾,并告诉他们如果还这样的话,下一次就得不到这些玩具了。这显然是一个自然的后果,没有扩大也没有减小。幼儿一般自己也会承认。如果家长坚持这样做,幼儿一般自己会改掉坏毛病。法国思想家、教育家卢梭说:"我们不能为了惩罚孩子而惩罚孩子,应当使他们觉得这些惩罚正是他们不良行为的自然后果。"自然惩罚着眼于让幼儿获得经验,吃一堑,长一智。他们从经验中学会该做什么、不该做什么,知道会有什么后果,等等。

（四）共促成长是目标

在家园共育中，幼儿园应该发挥自己的主导作用，主动迈出建立合作关系的第一步，对家长的教育方式和与幼儿园合作的方法进行指导，帮助家长树立正确的惩戒教育观念。在一日活动中，一些有悖于幼儿自我意识的事物不可避免，如与同伴因玩具产生争执等。这些小事虽然简单，但如果做不好引导的话，则有可能伤害幼儿的规则意识。因此，针对这种情况，幼儿园应和家长保持密切沟通，引导家长对幼儿进行适当惩罚，并在家有意识地结合儿歌、情感教育、讲故事、游戏等活动，让幼儿在有趣的活动中认识正确的生活规则，从而更健康地成长。

调适外部环境，新河镇新河中心幼儿园是这么做的

平度市新河镇新河中心幼儿园　郑素岩

背景分析：随着社会的发展，幼儿园不再孤立存在，它与越来越多的外部环境发生联系，包括与家庭、社区、媒体之间的关系。调适外部环境就是调整、处理好这些关系，以达到最佳状态、最大程度的和谐。

问题梳理：社会在不断发展，环境在不断变化，要实现幼儿园的健康、持续发展，主动、有效、系统地开展幼儿园外部环境调适工作就显得尤为重要了。

实施策略：新河镇新河中心幼儿园处于崭新的历史时期，园长树立主动系统调适外部环境的意识，建立幼儿园对外联系、合作、交流的机制，努力提高外部调适能力，做内外兼修的领航人。

一、外部关系调适之幼儿园与家长

金杯银杯不如家长的口碑，家长既是幼儿园的服务对象，又是幼儿园教育的合作者，更是幼儿园声誉的重要传播者，因此，我们一直引领教师努力把家园关系处理好。

（一）建立有效交流途径

通过幼儿入离园时段的简短谈话、家访等形式确保与家长之间沟通顺畅；利用家长会、亲子活动、家长开放日、家长学校、专题讲座等让家长了解幼儿园的教育理

念、班级活动、幼儿发展状况、科学育儿知识，促进幼儿园与家长之间的相互了解；运用新媒体技术，如微信群、微信公众号等，建立幼儿园与家长的桥梁，拉近家园距离，使家园对话更顺畅。

（二）充分发挥家长作用

——家长委员会。家长委员会是幼儿园联系家长的桥梁和纽带，我们鼓励家长委员会成员参与幼儿园教育、管理工作，为幼儿园发展出谋划策，积极参与各项活动，以身作则，带动其他家长支持幼儿园的和谐发展。

——家长助教。家长来自各行各业，我们引导教师善于挖掘家长资源为幼儿园所用，发动家长发挥专业优势，自愿承担助教，开阔孩子的视野，丰富幼儿园课程资源。

——家长志愿者。幼儿园吸纳关心教育、热心、有时间、服务意识强的家长为志愿者，协助幼儿园工作，如图书整理、大型活动布置、摄影、安保工作等，充分调动家长的积极性，使其成为幼儿园的坚强后盾。

二、外部关系调适之幼儿园与社区

幼儿园与社区是一个利益相关的共同体。我们遵循合作共赢原则，积极整合社区资源为幼儿园服务。

（一）安全工作

幼儿园安全工作单靠幼儿园的力量是远远不够的。我们与物业、医院、派出所等密切联系，保持良好互动，让专业人员对幼儿园设备安全、食品安全、卫生保健给予指导，齐抓共管，为幼儿园安全工作保驾护航。

（二）教育活动

我们对幼儿园的地域性特点做到了如指掌，充分挖掘教育资源，善于发动、运用社区教育资源，以丰富幼儿园教育活动。例如，孩子们参与社区"老少同乐，重阳敬老"活动，让孩子们用实际行动表达对爷爷奶奶的爱；邀请交警来园，与孩子们零距离互动，增长孩子们的交通知识。实践证明，注重对社区资源的挖掘、整合与利用，不仅能丰富教育内容，更能形成强大的共育合力，促进幼儿园和谐发展。

三、外部关系调适之幼儿园与媒体

媒体是把双刃剑：运用得当，充满正能量；运用不当，麻烦不断，严重影响幼儿园的形象和声誉。我们未雨绸缪，高度关注与媒体的沟通、交流，使其对幼儿园发展产生了积极正面的影响。

（一）行积极引导之风

近年来，有关幼儿园的不良报道不绝于耳，将幼儿园推向风口浪尖。我们清晰地认识到问题的严重性，主动出击，用实际行动宣传正能量，正确引导舆论导向。例如，遇到令幼儿园自豪的事件、有意义的活动，主动联系媒体，配合采访，积极互动，形成良性的合作关系、伙伴关系，使报道真实而有正面效应。

（二）立遇危不乱之志

工作中，园长引领教职工做实工作，并能担当作为。每一名教职工都要树立一种意识：若遇危急事件，任何人都不能逃避，更不能方寸大乱，而应沉着冷静，想尽一切办法理智解决问题，坦诚面对媒体，只要方法得当，必然会有转机。

强化三项措施，提升满意度

青岛市即墨区实验幼儿园　丁淑秀

让家长和社会了解和支持幼儿教育是幼儿园的职责所在。我们不断创新思路，用优质的服务赢得他们的理解和支持，实现家、园、社区携手共育。

一、"回头看"，看家长还有哪些不满意

我们通过适时召开"回头看"专题会议，针对工作中家长反映的问题，组织教师们深刻反思，反复展开讨论，对问题的原因进行分析研判，加以整改、落实。我们还通过家长信箱、家长咨询接待日、电话、座谈会等形式再次征求意见、商讨计策，力争做到有事必应、每事必果，切实把工作做好、做实、做彻底。

二、"常换位"，促服务意识再提升

幼儿园始终把"办群众满意的幼儿教育"作为第一追求，在全园开展"假如我是家长"大讨论，鼓励教师站在家长的立场换位思考，急家长所急、想家长所想。我们

根据家长需求,科学地为幼儿量身定制服务菜单,有效解决家长的问题。同时,我们通过家长问卷、家访、座谈等形式,请家长对我们的服务做出客观、公正、实事求是的评价。

三、"拓渠道",让家园沟通更有效

幼儿园通过多种渠道,及时掌握家长对师德、保教、卫生、安全等工作的看法,把他们的益言良策渗入工作,及时调整和改进工作方法,赢得家长的理解和支持。一是实行全面开放。坚持随时面向家长和社会开放课堂,开放管理过程,增进教师和家长间的了解和信任,形成"我们的教育不怕看"的社会印象。二是倡导家园互动。通过家长会、亲子同乐会、家长学校、家长助教等途径,与家长交流沟通有关科学育儿的观念和做法,引导家长树立正确的教育观念,家园携手促进幼儿全面发展。三是积极广泛宣传。利用宣传栏、家长园地、班级 QQ 群和微信群、幼儿园网站等有效途径,把班级新闻、幼儿在课堂中的精彩瞬间及时传递给每位家长,使网络真正成为家长了解园所的窗口,真正做到家园、社区教育同步。

平度市明村镇中心幼儿园多形式助推家园社合作

平度市明村镇中心幼儿园 蒲海霞

在幼儿教育中,家园合作的优劣直接影响幼儿发展的成败。幼儿教育专家陈鹤琴先生说过:"幼稚教育是一种很复杂的事情,不是家庭一方面可以单独胜任的,也不是幼稚园一方面能单独胜任的,必须要两方面共同合作方能得到充分的功效。"只有幼儿园与家庭进行有效的合作互动,整合并充分利用家庭中的教育资源,才能更好地搞好幼儿教育,促进幼儿健康成长。

长期以来,农村幼儿园的家长受教育程度普遍比较低,对于幼儿教育仍然停留在"带孩子吃好玩好"的认知上,同时,家长习惯认为幼儿教育就是幼儿园教育,理所应当地就应以幼儿园为中心,家长只要管好孩子的生活即可。即便幼儿园需要家长合作,有的家长也只是抱着应付的态度对待。近几年,虽然随着家长学历的不断增高,他们的观念有所改变,但许多家长对幼儿教育仍一知半解,仍是重智力、轻能力、重

秩序、轻个性。家园合作出现了表面化、形式化等弊端,很少深入幼儿园教育过程的每个环节之中。因此,以多种行之有效的形式改变家长教育的理念,提高家长参与幼儿园管理的积极性,让家长真正参与到幼儿教育中是必然的趋势,是幼儿园长远发展的必经之路。

一、理论指导,提高家庭教育水平

幼儿园始终坚持幼儿园、家庭、社会一体化教育原则,扎实推进家庭教育的工作实施,以家长会、微信群、家访、家长学校、父母课堂、家教沙龙等形式,向家长传递最新的科学育儿知识。我们实行"大中小授课法":大课就是集体公开课,邀请家庭教育专家为家长和老师讲解儿童教育学、儿童心理学等大众教程;中课就是以班级或级部为单位,根据这一时期儿童的特点,针对家长最关心的问题予以解答;小课就是给管制型、溺爱型、放任型的家长"吃小灶",为他们解惑。

二、利用社会资源,拓宽教育渠道

幼儿园依据本土资源,联系当地社会场所,形成了幼儿园、家庭、社会共同参与,合力育人的工作格局。例如,我们以明村镇特有的资源优势为契机,通过种西瓜、种樱桃、种西红柿、种甜瓜等农忙活动,让幼儿了解家乡的风土人情等。另外,我们充分利用地方资源优势和家长资源,有计划地组织幼儿到明村镇的轮胎厂参观,带领幼儿参观超市、邮局等,让幼儿切身感受地方特色氛围,让幼儿园课程本土化、生态化,让幼儿深刻地感受到身处"山东省特色产业镇"的自豪,为幼儿的全面和谐发展提供更为广阔的天地。

三、发挥特色,争创优秀

幼儿园成立班级、级部、幼儿园三级家长委员会,开通家园一键沟通热线,让家长真正参与到幼儿园的管理工作之中,有效推进了家庭教育工作的常态化、规范化、创新化。我们定期开展"家长进幼儿园""九个一"活动,促进家园共育,以家长助教、"一日代班妈妈"、家长听课、家长参与备课和教研等活动让家长真正走进幼儿园,了解幼儿园的一日活动;定期开展家长驻校、家长节、体育节、爱心义卖、家长开放日、亲子运动会等活动,让家长参与到幼儿园的各项活动之中,看到孩子的成长与进步。每年毕业季,我们都举行"小手传达大爱"活动,以"爱心义卖""跳蚤市场"等形式帮助社区内的特殊、困难群体,形成家园社合力互助的氛围。我们面向社区内 0～3 岁婴幼儿的家长,定期开展公益早教活动与培训,为他们提供科学育儿知识,提高他们科学育儿的水平。我们还设立园外和谐家庭教育服务站,宣传科学育儿知识,实现了家园社共育的良好局面。

调适外部环境,为幼儿发展服务

青岛市李沧区衡水路幼儿园　王　开

美国哲学家杜威在《民主主义与教育》一书中说:"学校环境的职责在于平衡社会环境中的各种成分,保证使每个人有机会避免他所在社会群体的限制。"我国教育家陶行知先生说:"应当将校门打开,应用社会的力量,使学校进步,动员学校的力量,帮助社会进步。"在调适外部环境方面,我们充分挖掘社会资源,为幼儿服务,促进幼儿园、社区高效互动,受益匪浅。

青岛市实验幼儿园(大尧园)地处大尧社区,社区内有市南区图书馆、青岛市海洋发展局、青岛福林小学、各类银行等,社区资源丰富,且与幼儿园课程和幼儿发展有密切的联系。充分利用各类资源,能够发挥教育的最大价值,让幼儿受益。

一、突出海洋特色,从科学家的视角激发幼儿对海洋的探究兴趣

我们在实施海洋课程的过程中,突出的感受是教师对海洋的认识甚少,仅仅是经验层面的了解,经验的缺乏很难激发幼儿对海洋的兴趣。青岛市海洋发展局的工作人员有丰富的海洋知识和实践经验,能够为教师和幼儿带来平时难以涉及的海洋领域的信息。我们在课程实施过程中开展了分层的互动研究。

(一)海洋知识大家学

我们邀请了青岛市海洋发展局的高级工程师李老师来到幼儿园为教师做专题培训,围绕青岛市的海域特点等海洋信息,从认识海洋、海洋灾害、海洋保护以及爱护海洋从我做起四个方面,生动阐述了海洋与我们生活的密切关系,让教师们真切地感受到海洋的魅力、海洋生物面临的危机以及海洋作为生命的摇篮的重要性等。结合自身专业实践感悟,李老师积极倡导当下我们的海洋教育除了要激发幼儿对海洋的探究兴趣,还应培养幼儿对海洋的热爱与责任感。

21世纪是海洋的世纪,海洋不仅是生命的摇篮,也是人类赖以生存的第二空间。关爱海洋、向海图强、以海明德,已吹响了新时代的号角。重新审视我园开放教育蓝色海洋课程的确立与实施,其现实意义与历史使命感更加凸显。

(二)海洋科学家走进幼儿园

幼儿园的课程以活动课程为主,幼儿的学习是在直接经验、实际操作、亲身体验中进行的。我们将青岛市海洋发展局的科学家请到幼儿园,结合中班的海洋动物主题活动,开展生动的讲解,从科学家的视角引导幼儿关注海洋环境,以我们的城市为核心,介绍相关的海洋信息,让幼儿感受到海洋能源、海洋动物与我们的生活紧密相关。同时,教师配合讲座,鼓励幼儿积极提问,通过游戏、实践,在体验中激发幼儿对海洋探究的兴趣。

二、社区文体活动,促进协调发展

社区中的市南区图书馆是文化传播的重要场所。我们倡导幼儿与家长开展亲子阅读的活动,通过图书馆公众号了解新书推荐。图书馆定期开展的手工艺人表演、图书置换等活动都成为幼儿园的资源,我们鼓励家长和幼儿积极参与,体验图书阅读与分享的快乐。同时,我们将图书馆的一些便捷的借阅方式提供给家长,鼓励家长从图书馆定期借阅适合幼儿和家庭阅读的图书,培养幼儿的阅读兴趣。在传统节日,幼儿园与图书馆的主题展示相结合,把幼儿亲手制作的民俗作品送到图书馆进行展览,让社区中的居民也了解幼儿园的活动,丰富社区互动。

"六一"儿童节、"九九"重阳节等大型节日,我们邀请社区的老人走进幼儿园,载歌载舞,和幼儿共同庆祝节日。社区中的老艺人是我们的老师,他们走进幼儿园带领幼儿学习画水墨画、剪纸、做面食,使幼儿在与社区老人的互动中获得丰富的传统文化经验,拉近了幼儿园与社区的关系。

三、科学衔接,从早入手

幼儿园大班的小朋友60%左右毕业后升入社区中的青岛福林小学。为了更好地让家长了解小学一年级的生活以及要求,我们在幼儿升入大班后就及时联系小学一年级的教师围绕"科学衔接"的主题为家长做专题讲座和答疑,引导家长树立"零基础"入学的正确观念,积极与幼儿园教师配合培养幼儿良好的学习和生活习惯,为入学奠定基础。同时,幼儿园组织幼儿走进小学、了解学校环境、和哥哥姐姐一起听课等,激发幼儿入学的愿望,将幼小衔接工作做细做实。

　　充分利用外部环境对幼儿园工作的开展具有积极的作用。外部环境管理可为幼儿园打造稳定的信息环境,可为幼儿园赢得更广泛的资源支持,也可使幼儿园获得更广阔的生存空间。

做有智慧的园长,从调适外部环境开始

平度市同和街道中心幼儿园　孙会珍

一、背景分析

　　《幼儿园园长专业标准》的制定秉持"先角色后职责"的方法论原则。幼儿园园长要承担三种角色,分别是领导者、教育者、管理者。为幼儿园发展营造良好的外部环境,赢得更多的支持与配合,是园长的重要工作之一。随着社会的发展,幼儿园不再是孤立的存在,它与越来越多的外部环境发生联系,包括与家长、社区、媒体之间的联系。

二、问题梳理

　　幼儿园与家长之间良好的关系,是幼儿园公共关系的核心。幼儿园与家长良好的关系在幼儿园管理工作中具有重要意义。那么,幼儿园应如何做好家园共育,助力幼儿健康成长呢?

　　社区是与幼儿园生存、发展关系最密切的外部环境。幼儿园应如何通过社区资源来丰富幼儿的教育活动呢?

　　现代社会是信息社会,媒体传播速度飞快,瞬间就能将幼儿园展示在公众面前。媒体是把双刃剑:运用得当,充满正能量;运用不当,影响严重。幼儿园应如何运用好媒体,与媒体形成良好的关系呢?

三、策略

（一）幼儿园与家长关系的调适

幼儿园与家长良好的关系在幼儿园管理工作中具有重要意义。幼儿园与家长的良好关系,不仅有利于创造幼儿健康成长的良好条件,且易改进家庭教育,密切亲子关系,同时调动家长关心、支持、参与幼儿园教育与管理的积极性,共同办好幼儿园。

1.密切与家长的沟通联系

为与家长共同教育好幼儿,幼儿园与家长的沟通联系显得格外重要。我园建立常规交流途径,通过幼儿离园、入园时的简短谈话、家访、电访等方式与家长沟通,不定期开展家长会、亲子活动、家长开放日、幼小衔接专题讲座、家长进课堂、家长安全导护等活动,让家长了解幼儿园的教育教学理念、班级活动、幼儿发展状况等,有效地促进幼儿园与家长之间的关系。

2.充分发挥家长的作用

我园成立家长委员会,鼓励家长委员会参与幼儿园教育、管理工作,为我园发展出谋划策,并在家长群体中发挥带动作用。我园根据家长职业特点,挖掘家长资源,开展家长进课堂活动,发挥家长专业优势,开拓幼儿视野,丰富我园课程。我园接纳家长志愿者在早晚放学期间与警卫、老师共同进行安全导护,疏导交通秩序,充分调动家长的积极性,为幼儿筑成一道安全保护屏障。

（二）幼儿园与社区关系的调适

幼儿园的社区教育资源都是客观存在的。在工作中,我园深挖社区教育资源,善于运用多样的社区资源丰富我园的教育活动。例如,我园开展"环保小卫士""九九重阳敬老人""陶艺文化进幼儿园"活动;2018年10月26日环卫工人节,我们举行了盛大的欢庆活动,为环卫工人送上了温暖和爱心,同时光荣地成为同和第56家"爱心驿站",被青岛广播电台、山东人民广播电台报道,得到了社会各界的认可和称赞;我们坚持组织幼儿走出幼儿园、走进社区,参与社区田间劳动,清扫社区卫生,进行社区宣讲,丰富幼儿的生活经验和知识;老师们还结合"烛光红遍"活动,开展一系列志愿者活动,向社区宣传科学育儿方法,提供良好的教育服务,搭建园社互动新平台,"和爱"社园共育模式更加深入人心。

（三）幼儿园与媒体关系的调适

首先,园长必须清晰认识到媒体的重要性,用实际行动宣传正能量,正确引导舆论导向。对于有意义、积极向上的活动,主动联系媒体,配合采访,积极互动,形成良好的合作伙伴关系,宣传正能量,使报道具有真实性。其次,若遇到危急事件,园长不能逃避,而应沉着冷静、理智解决、方法得当,用积极的态度去面对、承担,化险为夷。

幼儿园外部环境的调适,需要我们智慧的践行、创意的培植,更需要我们数度长时间的追问和思考,最终的落脚点是幼儿的全面发展。做有智慧的园长,不仅仅要优化内部管理,还要从调适外部环境做起,成为内外兼修的领航人。

播撒幸福的种子

——以幼儿绘本阅读为纽带的家园合作

平度开发区中心幼儿园　官伟丽

一、问题背景

"孩子过生日买什么礼物?""买书吧。拼音啊、识字啊都行。""买了不识字也不会读啊!有些书一个字都没有,还很贵!"

绘本逐渐进入城乡家庭,绘本阅读对于家长来说还是个陌生的话题。家长的理念深刻地影响着孩子的发展。如何让绘本走进城乡家庭后,能够在幼儿的心田播撒幸福的种子,而不是滋生苦涩的源泉?

众所周知,家庭教育和幼儿园教育是幼儿成长的"一车两轮",即家庭和幼儿园相互信任、相互推动,发展合作共赢的关系,这样才能有效促进幼儿发展。对于平度开发区中心幼儿园来说,由于地处城乡接合部,家庭教育指导的难度大、复杂程度高,如何提高家园合作实效,是我们亟须解决的一大难题。

二、案例描述

（一）备好良田：家庭亲子阅读现状调查分析

随着中国社会发展进入快速转型期,家庭的内外部环境急剧变化,幼儿家庭教育出现了诸多亟待解决的问题,家长面临诸多困惑,盲从倾向显著。为了提高幼儿园家庭教育指导的针对性,平度开发区中心幼儿园首先开展了以问卷、访谈等为基础的调查。

1. 摸清家庭教育指导对象的群体特征

从平度开发区中心幼儿园家庭教育指导面对的群体特征来看,城乡幼儿园家庭教育指导难度大、梯度高。一是家长群体居住地跨度大,家庭生活环境差异明显,其中城市家庭占56%,城乡接合部家庭占24%,农村家庭占20%;从家长的受教育程度来看,其整体水平偏低,其中高中或中专及以下占64%,大专及以上占36%;从日常主要抚养人来看,以妈妈为主,妈妈占84%,爸爸占8%,祖辈占8%。

2. 以幼儿绘本阅读为纽带符合家长的普遍需求

绘本作为幼儿文化消费品开始进入城乡家庭。从家庭拥有的儿童图书资源来看,100%的家庭都拥有儿童图书,其中拥有50本以上的家庭约占33%,58%的家庭中拥有20本以上的图书,97%的家庭拥有10本以上的图书。从家庭对儿童绘本投入的情况来看,87%的家长每月为孩子购买绘本的消费在20元以上,43%的家长每月为孩子购买绘本的消费在50元以上,15%的家长每月为孩子购买绘本的消费在100元以上。可见几乎每个家庭都具备开展亲子绘本阅读的物质基础和经济条件。

绘本进入家庭,滋生了众多以绘本为核心的家庭教育困惑和误区,比如,不少家长将绘本当作识字的工具,有的家长不理解书里的图画发挥什么作用,有的家长家里有很多图书却不知道如何利用,等等。因此,选择幼儿绘本阅读作为纽带开展家庭教育指导,符合广大家长的普遍需求,能够吸引全体家长积极参与进来,将大家聚集在一个能够共同参与、共同感兴趣、共同受益的教育学习平台。

3. 幼儿园课题研究为亲子阅读指导提供实践根基

近几年,平度开发区中心幼儿园先后开展了青岛市"十三五"规划课题和中国学前教育与研究会"十三五"课题,为开展以幼儿绘本阅读为纽带的幼儿家庭教育指导奠定了理论基础、人力资源基础和扎实的实践根基。从物质资源来看,平度开发区中心幼儿园储备了丰富的儿童绘本资源可供利用,为以幼儿绘本阅读为纽带的家庭教育指导提供了丰厚的物质条件。

(二)高效播种:构建网络式家庭教育指导内容

为了解决以往家庭教育指导内容之间分离、孤立的问题,平度开发区中心幼儿园有计划有目的地构建了网络式的家庭教育指导活动内容(表1),以增进不同活动内容的相互联系和有机衔接。围绕幼儿绘本阅读主题内容,分别从理念转变、关系建立、策略丰富、习惯养成四个方面,选择适宜的活动内容,课程内容在选择和安排过程中体现以下原则。

表1 幼儿绘本阅读家庭教育指导课程内容一览表

活动内容	活动目的	安排
1.幼儿绘本阅读家庭指导现状调查	了解家长群体特点以及幼儿绘本阅读家庭现状和需求	上学期8月份
2.亲子阅读主题家长会	转变家长绘本阅读指导观念	上学期9月份、下学期3月份
3.亲子阅读专家报告会	引导家长树立科学的绘本阅读教育价值观,丰富其阅读指导策略	上学期10月、下学期4月份
4.亲子阅读经验分享会	丰富绘本选择策略、亲子阅读指导策略,解决阅读指导中的具体问题	上学期11月份、下学期5月份
5."图书漂流"活动	共享幼儿园、班级、家庭中的图书资源,改善家庭阅读物质环境和阅读氛围	持续活动
6.亲子自制图书活动	指导家长以科学的方法与幼儿共同阅读、创编、制作图书	上学期12月份、下学期4月份
7.绘本阅读成长小档案	指导家长观察、记录、反思幼儿在阅读绘本活动中的学习过程和成长变化	持续活动
8.亲子绘本阅读展示活动	指导家长坚持每天参与到幼儿亲子绘本阅读与表演的过程中,以有效的策略支持指导幼儿;通过节庆及专题展示活动分享不同家庭的成果	持续活动,下学期4月份阅读节、6月份儿童节开展全园展示活动

1.螺旋上升的原则

首先,基于全面调查和日常交流观察,平度开发区中心幼儿园确定家长面临的集中性问题和局部性问题,遵循观念转变在前、行为改进紧跟的基本路径,先安排以科学教育观、价值观更新为主要目标的各类活动,之后紧接着提供应用这些观念的实际活动。

其次,随着家长的理念更新和行为转变,家长面临的具体问题在不断发生变化,活动内容也依据家长不断涌现的新需求,分层、分类编排。随着家长在各类活动中获得的成果的不断累积,幼儿园还要提供分享、展示、交流的互动平台,以在更广泛的视野里获得进一步的提升。

2.持续实践的原则

家庭教育质量并非一次活动、一个讲座就能改善,幼儿园必须将家庭教育扎扎实实地落实在每日的家庭生活中,让家长在持续性的实践体验中获得从理念到行动的全面提升。按照活动时间的不同,我们将家庭教育指导活动分为例行性活动和持续性活动。例行性活动是每年或者每月在规定的时间内开展的活动,如每年4月份的阅读节和6月份的儿童节儿童绘本展演活动,每学期开学初的幼儿绘本阅读主题家长会。持续性活动是鼓励每天坚持进行的活动,如"图书漂流"活动、亲子阅读活动等。持续性活动就是亲子共同实践的园地,教师通过建立一定的机制广泛了解、激励、深化绘本阅读。例如,实行微信朋友圈打卡制,教师了解亲子阅读频率、内容和水平,并选取优秀家庭编辑"美篇",分享家长经验;建立"图书漂流"登记卡,教师分析受欢迎图书书目、漂流数量与速度等,在分析数据的基础上,及时点评、调整。

3. 整合互动的原则

家庭教育指导活动内容不是单一孤立的,而是有机整合、互生互动的。这些活动相互联系、相互依赖、紧密互动。

例如,在围绕"幼儿绘本阅读指导策略"这一主题的报告会上,专家为家长提供了一些具体的阅读指导策略,从理念上指明了方向。但家长将这些理论性策略应用到亲子阅读活动中时,还是会遇到很多棘手的问题。班级教师通过微信平台、幼儿成长档案、面对面交流等汇集这些问题后,将家长邀请进幼儿园,让家长现场观摩幼儿绘本阅读活动的组织过程,亲临教师利用绘本与幼儿互动的教育情境,获取朗读绘本、亲子互动等具体经验。随着家长指导幼儿阅读的能力不断提高,教师组织家长以沙龙活动的形式,分享不同家庭的指导经验,在对话和观点碰撞中,解决来自不同家庭的个性化问题。

(三)辛勤耕耘:采取适宜的指导策略

为了提高家庭教育指导的实效性,避免流于形式、浮于表面等问题,平度开发区中心幼儿园一方面依据家长对象群体特点,采取因人而异、因时制宜的指导策略;另一方面,依据不同园所、不同班级幼儿的具体需求,采取因地而异、因势制宜的指导策略。

1. 多元化途径

本园的家庭教育对象群体具有多维性和层次性特点,为此,本园需要提供丰富多彩的活动内容、灵活机动的活动参与时间以及多元且富有弹性的途径,让家长有更多的选择机会、更广阔的参与空间和更自主的互动氛围。以幼儿绘本阅读为纽带的家庭教育指导活动开辟了10余种实施途径,各种途径分别具有自身优势和特点,可吸引不同职业、不同背景、不同特长的家长积极参与。

2.体验式参与

首先,本园在每个活动组织过程中,都吸引家长主动参与活动全程,注重提供家长具体参与的行动步骤,注重帮助家长在实践中反思,在反思中进步。其次,本园特别注重增加家长的实际参与频率,让家长有机会反复体会、体验、体味,引导家长将每项活动的体验收获落实到每天的亲子阅读活动中。

3.多向性沟通

家长既是家庭教育指导活动的对象,也是家庭教育指导活动的主体。为了鼓励信息的多向流动和交换,本园采取多向沟通的策略:不仅幼儿园向家庭传递理念、经验、资源,家庭也要向幼儿园传递理念、经验、资源;不仅教师主动向家长交流信息,家长也需要主动向教师反馈孩子在家庭中的阅读表现以及自己在家庭教育中的成功体验和困惑;不仅有从幼儿园走进家庭的活动内容,也有从家庭走进幼儿园的活动内容,如家长进课堂朗读绘本等。

（四）收获硕果：亲子阅读家庭教育卓有成效

经过五年持续开展的指导活动,以幼儿绘本阅读为纽带的家庭教育指导活动卓有成效。亲子阅读家庭问卷调查采用李克特 5 分记分制,评价结果显示:

——家长在亲子阅读的观念、指导策略、坚持性等方面均有很大程度的提高,其评分均值分别为 4.36、4.58、4.82。

——家长在参与幼儿绘本阅读的收获方面,评分均值为 4.15,整体满意度高。高达 92% 的家长认为自己的收获"比较多"或"很多"。幼儿绘本阅读活动质量评分均值为 4.71,55% 的家长认为活动组织质量"很好",33% 的家长认为活动组织质量"比较好"。

——100% 的家长参与了幼儿园组织的幼儿绘本阅读活动。在提供的九项活动中,平均每个家庭参与 3.4 项活动。地处城乡接合部的两所中心园,平均每个家庭参与 5.3 项活动。71% 的家长经常参与幼儿绘本阅读的各项家园合作活动。

——家长认为最大的收获依次为亲子关系更加和谐(占 78%),亲子沟通的方式改善(占 69%),家庭生活中阅读氛围浓厚(占 57%),参与幼儿园活动的积极性提高(占 53%),指导幼儿阅读绘本的策略丰富(占 50%),绘本阅读的观念转变(占 36%)。

岁月流逝,一颗颗幸福的种子在每个家庭生根、发芽,以绘本阅读为纽带的家园合作使得亲子关系更加和谐,家庭生活氛围更为民主,儿童阅读的兴趣随之浓厚。

三、案例反思

（一）家庭是一切教育的第一场所

前欧共体委员会主席雅克·德洛尔认为："家庭是一切教育的第一场所，并在这方面负责情感和认识上的联系及价值观和准则的传授。"对于幼儿来说，家庭是人生的第一所学校，父母是第一任教师。幸福种子的成长需要每个家庭施以肥沃的土壤、水分和阳光。幼儿园作为家庭教育的主体，扯一根有力的纽带，形成"一车两轮"合力，将幸福的种子播撒在每个孩子的心田。

（二）基于现实的"田野行动"

为了使幼儿园家庭教育指导活动能够满足家长的实际需求，我们将家长面临的具体问题作为家庭教育指导的起点，依循"捕捉问题—理念更新—行为跟进—展示交流"的基本路径，不断解决家长面临的家庭教育问题，如此螺旋上升。部分家长的受教育程度偏低，家庭教育方式以权威式或放任式为主，因此，我们组织各类幼儿绘本阅读家庭教育指导活动时，充分利用实地、实景、实境、实物等，引导家长在亲自参与活动、亲身探究尝试、亲历体验反思的过程中，转变观念，改进行动。正是基于现实的持续的"田野行动"，家园合作才富有成效、富有实效。

和谐的家园，最美的相遇

莱西市望城街道中心幼儿园　张　妍

教育孩子是一个家庭的系统工程。对于家长而言，抚养是精工细活，是点滴付出，教育是以身为范，更是润物无声。教师都希望与家长建立起和谐的家园关系，渴望与家长和孩子相识一场，成为彼此心中"最美的相遇"。为加强家园沟通，密切家园关系，我园创造性地开展家长工作，形成幼儿园、家庭的教育合力，实现教育资源的优化，促进幼儿健康快乐成长。

一、多元培训，引领家长成长

《幼儿园教育指导纲要（试行）》指出："家庭是幼儿园重要的合作伙伴。应本着尊重、平等、合作的原则，争取家长的理解和主动参与，并积极支持、帮助家长提高教育能力。"教师不仅要教育好孩子，更要用专业的眼光来引领家长成长。针对农村家长"对家庭教育的认识较为片面，没有受过任何育儿知识培训，认为教育孩子就是老师的事儿"等问题，我们通过组织"家长大讲堂""宝爸宝妈课堂""父辈课堂""育儿经验交流"等多种形式的活动，采取集体培训和个别指导相结合、专题讲座和座谈沙龙相结合等策略，尝试从转变家长的育儿观入手，并辅之以教育孩子的方法探讨，使每个家庭的教育水平都在原有的基础上逐步提高，更好地促进了每个孩子的发展。

二、走进课程，激活家长潜能

幼儿园课程的建构与实施离不开家园共育，只有家园携手同步，孩子才会健康发展。我们通过多种形式让家长参与课程建构、实施及评价，激活家长的潜能。例如，通过座谈会、问卷调查表，了解家长对课程的认知需求；通过开展家长进课堂活动，邀请家长参与课程，丰富课程的内容；通过定期组织半日开放活动，让家长充分了解幼儿园的课程实施情况，亲自参与课程的监督和评价。家长们给出了许多科学合理的意见和建议，充分发挥了家长的优势，实现了家园的良性互动，为幼儿园课程实施提供了有力保障。

三、多种渠道，畅通家园交流

为了使沟通更顺畅，我园组建了园级、班级家长委员会，邀请家长参与幼儿园的管理；定期召开家长会，及时反馈孩子在园情况；充分利用接送时段的个别交流，有针对性地进行个别沟通。我园还借助现代信息化的媒介，建立起微信群、QQ群等，及时向家长推送育儿知识、疾病预防知识、班级主题活动内容、园所动态等，让家长及时了解幼儿园的各项工作以及孩子在园情况等，架起"空中"交流渠道，拉近家长和教师的距离。另外，还通过宣传栏、活动刊板、家园小报等多种形式，为家园沟通搭建"快车道"，让家园交流更加顺畅、有效。

四、亲子活动，凝聚家园合力

丰富多彩的节日、纪念日活动，是最好的教育契机。我园充分利用每一次节日教育机会，开展丰富多彩的亲子活动。例如，妇女节、母亲节、端午节、儿童节等，我园都组织了大型的亲子活动;"喜迎十九大"百米长卷彩绘、"元宵花灯喜乐会"等活动信息被齐鲁网等媒体转载,并在电视台《莱西新闻》中播放,引起了较大的社会反响。这些节庆日的亲子活动,不仅对孩子进行了传统文化的教育和熏陶,还大大增进了家长与孩子的亲子关系,给孩子的童年时光留下了深刻而美好的印记。

总之,教育是一个使家长、孩子和教师都变得美好的事业。我们将一直致力于提升家园共育水平,形成家园教育合力,构建起和谐的家园关系,成就教师、家长和孩子之间的这场"最美的相遇"。

起步，就是坚持走好每一步

——幼小衔接主题下的家园合作

青岛西海岸新区琅琊中心幼儿园　肖桂芳

一、遭遇误区："我要为孩子的未来负责"

刚升入大班不久,原本性情温和、人见人爱的乐乐连续出现打人、咬人情况,连参与"维和"的老师也不放过。我们通过游戏观察、与幼儿聊天等方式,了解到乐乐正在家中学习"邻居家小姐姐学的数学",做错了题就被妈妈凶,有时候也会被打。于是我们与家长交流,家长很坦诚地说乐乐马上要上一年级了,要开始幼小衔接。我们跟家长解释幼小衔接的内容及衔接不当的危害,家长最后着急地说:"老师,你们说的我都懂。可是,我和你们的立场不同,你们只陪他这一年,我要陪他走的路还长,我要为孩子的未来负责。现在不开始学,万一小学跟不上怎么办? 小学跟不上,中学、大学怎么办?"

爱之深则为之计深远。我们能理解乐乐家长为人父母之大爱,也能感受到"我要为孩子的未来负责"的分量。但是,这真的是在为孩子的未来所做的最好准备吗?

经了解,幼儿升入大班后,大部分家长已开始着手幼小衔接,更为准确的说法是小学知识的传授与学习,如乐乐家长一样正在进行着"我认为"的教育。成人意愿的强加,拔苗式的速成教育,结果却适得其反。乐乐呈现的是不适应、不习惯,甚至于"我不愿意成为小学生"。我们习惯给孩子最好的,但总没想过孩子最想要什么。我们以爱为由，"光明磊落"地将孩子年龄、认知特点抛却脑后，违背教育规律，片面地、一意孤行地进行着自以为是的幼小衔接。

幼小衔接是幼儿园教育与小学教育两个学段的衔接，是幼儿在其发展过程中所面临的重大转折期。解决好幼小衔接问题，对于促进幼儿的发展、提高教育质量都有重要意义。从幼儿园到小学究竟有多远？我们该如何携手家长，帮助幼儿尽快适应小学生活，顺利实现幼小衔接？

二、解决方案：做"看得见"的幼小衔接

（一）从阅读中汲取力量

幼小衔接教育应该从家长开始。家长应通过阅读、学习不断改变自己、完善自己、积蓄力量，送给孩子最好的教育。

在调查中我们发现，大多数家长已经认识到幼小衔接的重要性，但认识比较片面、零碎，信息缺乏系统性和整体性。家长们都知道幼儿园教育要"去小学化"，让每一个孩子"零起点"入小学，却不明白"零起点"不等于"零准备"。于是，我们在大班家长中开展了"图书漂流"活动，精心挑选了关于幼小衔接、幼儿教育的图书、期刊，如《陶行知教育名篇》《卡尔·威特的教育》《好妈妈胜过好老师》《父母课堂》等。"图书漂流"，"漂"起来的不仅仅是书，还有家长的反思以及在育儿过程中的困惑。对于同一个问题，常常会有好多家长愿意发表自己的意见和建议，愿意出谋划策。开卷有益，阅读带给家长知识，改变着家长的育儿观念，家长良好的阅读习惯为孩子提供了榜样与示范，真正的幼小衔接从阅读开始了。

（二）在头脑风暴中思考

我们分班召开家长座谈会，从现状分析入手，开展头脑风暴，想办法、寻出路，帮助幼儿顺利度过"幼升小"的"断奶期"。

头脑风暴一：幼小衔接的目标是什么？家长如何判断幼儿已经具备入学的基本能力？家长们分组讨论，最后总结为七个方面：一是生活有条理，自己的事情能自己做；二是流畅沟通，愿意与同伴交流，有问题能主动告诉老师和家长；三是能理解规则，有规则意识和遵守规则的能力；四是对学习感兴趣，有好奇心，愿意学习；五是具备学习的基本能力，会正确握笔；六是时间观念强，办事不拖拉；七是有任务意识，能专注做事。

头脑风暴二：在幼儿园和家庭中开展哪些活动，有助于幼小衔接目标的实现？只要善于观察，用心思考，总能找到幼儿教育基本原理，回归幼儿教育的本真面貌。

当讨论到培养孩子的专注力时，家长们的普遍反应是"孩子根本坐不住，何谈专注"。"从他喜欢的事开始做起。""他喜欢玩！"一语惊醒梦中人。幼儿的生活就是游戏，游戏如他们的生命一般珍贵。幼儿的学习是一个循序渐进的过程，每个阶段该学什么、怎么学，都是有方式方法的，既不能强加，也无法超前完成。幼小衔接是在学习上尊重幼儿的年龄特点，在形式上与小学过渡，在能力上与社会搭桥。

头脑风暴三：你认为自家孩子目前急需解决的最关键问题是什么？可采取什么措施？需要幼儿园怎样配合？家长们针对自家孩子进行现场剖析。我们根据问题的不同类型，采用分类设组的办法。比如，将老爱迟到的孩子归为一个小组，将专注力差的孩子归为一个小组，组内形成竞争态势，家长单独建群，多交流，共同帮助孩子改掉坏习惯。

幼小衔接，最重要的是"做好眼前事"，立足幼儿成长的需求，本于天性，顺性而为。起步幼小衔接，就是坚定不移地走好人生每一步。

信息技术，赋能管理

青岛西海岸新区第一幼儿园　谭湘菲

青岛西海岸新区第一幼儿园从一所园发展到六所园，越发感觉到传统的管理与发展模式已经不能适应幼儿园高速发展的节奏。如何利用信息技术保障家园有效沟通、如何利用信息技术提高教师工作效率、如何保证后勤工作高效开展等一系列问题成了幼儿园不断思考的新方向。随着信息化时代的发展，幼儿园开发了囊括教育教学、后勤管理、行政管理的整套软件，让幼儿、教师、家长等可以在一个平台上进行数据的共享，运用信息化使各部门信息摆脱孤岛状态，不断为管理赋能。

一、拓宽信息渠道，助家园无缝对接

"小纸条"功能避免微信群聊带来的麻烦。对于容易引起争议的话题或重要通知，教师通过"小纸条"一对一地与家长进行实时沟通交流，且读过信息的家长显示"已阅读"字样，便于教师跟踪沟通的时效性，有效保障了各项工作的透明化。

"问卷管理"功能的使用避免了普通问卷调查烦琐的过程和资源的浪费，确保了调查内容的保密性。"问卷管理"可以根据不同调查内容建题组卷,通过 APP 推送给家长,教师在电脑端可以直接对反馈的数据进行汇总、分析,大大提升了工作效率。

"电子成长档案"模块的建立拉近了家园之间的关系,满足了幼儿个性化发展的需求。教师将幼儿在园活动花絮拍照上传至视频栏目,此栏目支持声音、视频、文字、图片多种呈现形式。教师和家长可根据意愿拖动照片、视频等资源形成交互式成长档案,共同见证幼儿成长的每一个瞬间。

"小蜗牛电视台"内容由教师、家长、幼儿共同编排,栏目包括"气象早知道""新闻直通车""校园明星秀""我有好故事"等。"小蜗牛电视台"的建立不仅促进了幼儿创新学习能力的发展,而且第一时间将信息传送至千家万户,成为连接教师、幼儿、家长、社会的一个纽带。

二、信息技术使资产管理更有实效

"主题资源库"的创建节省了教师重复检索的时间和精力。该模块将课程以主题资源包的形式分门别类地导入资源库中,教师可以按主题进行检索,在最短的时间内找到需要的资源。每位教师在使用后进行点赞、评价,教师可根据点赞数量查找适合的优质资源,因此该功能在提高工作效率的同时也有利于教师教育想法和智慧的交融。

"教学材料库"的使用最大限度地减少浪费。教师可以直接通过手机端在线查询和申请经常用到的教学材料,在负责人审批后领用。所有借用记录都保留在电脑端,管理员定期对库存进行整体分析统计,通过对比物资领用数量制订下一步物资购买计划,使后勤服务更加高效。

"教学设备库"实现设备资产的有效管理。教学设备录入之后,系统会自动生成二维码,二维码代表着此设备的"身份",教师可随时随地扫描二维码了解设备的名称、单价、供应商联系方式、维保期限、入账园所和往来调拨历史等一系列信息,为教师记了一笔清楚的账目。

三、信息技术为幼儿安全保驾护航

"安全巡检"功能将"全园安全无死角"和"人人都是安全员"变为可能。在园内重点安全巡检区域张贴二维码,巡检人员可通过巡检界面扫描二维码,了解此区域需要检查的风险点,若发现安全隐患,直接拍照发至整改人员,整改人员完成整改工作后拍照上传至安全员,使每一处安全隐患的处理流程形成闭环。这项工作不论是家长还是教师都可以操作,真正使幼儿园安全工作落到实处。

"指纹考勤"功能既保障了幼儿在园安全,也提高了各部门工作的便捷性。幼儿入离园时,家长采用指纹考勤,指纹识别后系统自动播报幼儿的姓名,抓拍接送人的照片,指纹打卡所有数据第一时间传输到家长、教师和园长的手机端。每天的考勤数据同时传输到厨房,厨房人员根据实际人数合理配餐,减少浪费;传送至班级,可告知教师幼儿的入离园情况;上传到财务收费系统,可自动核算出当月出勤天数和应交的费用。一次指纹打卡,数据全方位传输。

多方协同,护幼安全

青岛市市北区桦川路幼儿园　李春萍

平安、和谐是立园之本。多年来,我园一直把平安和谐工作作为重中之重,根据省、市、区中小学"平安和谐校园"创建工作的指示精神,将"平安和谐校园"创建工作纳入重要议事日程,充分认识平安和谐的重要意义,牢固树立"安全第一,预防为主,过程监管,责任到人"的意识,加强平安和谐校园的组织领导、校园稳定、校园治安、安全管理、环境治理、校园文化、宣传教育等方面的工作。

在构筑校园内外安全、文明、和谐的环境方面,我们发现,幼儿园开展了各种安全教育,但家庭、社区、社会安全部门的参与度不高,对幼儿进行安全教育的重视程度不够。家庭中缺少专业的安全教育知识,家长"走不出"安全教育的困惑;社会各安全部门"走不进"幼儿园的安全教育中,出现资源浪费及监管不到位的现象。

因此,家园携手,做好家长工作,使家庭教育与幼儿园教育形成合力,是培养幼儿自我保护能力的关键。同时,合理有效利用社会各界的安全管理资源,各部门联动,共建安全监管网络,是幼儿园为孩子支撑起安全防护伞的有效途径。

一、家园携手,巩固安全教育成果

我园通过建立家长"和合智囊团"、建立班级 QQ 群、发放家长信、举行家长会、开办家长学校等方式,宣传安全教育的重要性和我园的具体做法,请家长以身作则,率先垂范,言传身教。我园向家长发放"家庭教育中的困惑"调查表,对收集的内容进行分类梳理,从幼儿生活习惯养成、亲子阅读、体育活动指导等方面有针对性地与家长交流,开展相关培训、经验交流分享等活动。另外,我园还吸纳优质家长资源参与幼儿园管理,家长充分扬己之长,有的警察爸爸、医生妈妈充当"带班教师"的角色,开展"便衣警察本领大""蛀牙虫快走开"等卫生安全教育活动,有的参与幼儿园"六一"会演、阳光体育展示、书香家庭评选等活动的安全保卫及筹备工作……高素质家长团队的介入有力助推了平安和谐校园的创建。

二、各部门联动,共建安全监管网络

我园与公安消防、卫生、防疫等部门密切配合,建立了安全监管联动网络,不断完善联防联控机制,形成了齐抓共管的良好局面。我园邀请公安、消防指导员深入幼儿园,为教师和幼儿做防暴力、消防等方面的专题讲座,引导教师知法、懂法、守法、护法,增强大家的自我防护能力。另外,我园每年主动邀请防疫站工作人员到幼儿园对水质、食堂卫生进行检验,还邀请教育、电业、公安、质检等部门对水、电、燃气、大型玩具、活动设施进行联合检查,及时消除隐患,切实保证了幼儿安全健康成长。

安全责任重于泰山。在各级领导的关心指导下,在全园教职工的齐心努力下,我园祥和、平安,确保了各项工作的顺利开展。

调适家园环境,构建和谐关系

青岛市市南区洪泽湖路幼儿园 隋吉敏

幼儿园园长要树立主动调适外部环境的意识。一方面,要主动把握环境,适应环境;另一方面,可通过目标、结构、战略的调整,塑造有利于组织的外部环境。幼儿园不应只是被动应对,而应当通过主观、积极的战略行为来适应或抵御外界的变化,并且影响其变化的方向、节奏与结果,进而改善所处的环境,以求营造有利的环境。

一、制度先行——认识调适家园环境的重要性

(一)完善家长工作制度,家园合力共育

根据家长网络问卷反馈的"家园沟通交流不够充分"的问题,我园制定了家园沟

通交流制度,改变接送都不进园的方式,采取家长入班送幼儿的方法,保证家长与教师面对面交流的机会,促进教师每天接待家长时能及时沟通幼儿的表现。我园每月对各班的家长工作进行考核、评价,督促各班做好家园共育,及时传达家长的意见,分析存在的问题,采取措施及时整改,促进幼儿的健康成长。

(二)完善家长委员会结构,发挥其参与管理的作用

我园打破以往只有家长和幼儿园双方参与的家长委员会格局,组建幼儿园、家庭、家庭教育专家参与的多成员结构的教育联合体,明晰家长委员会在幼儿园管理与发展中的地位和职能。家长委员会设立会长、副会长、秘书长和委员,统领伙委会、安委会与课委会工作,全方位参与幼儿园管理。会长定期组织会议,成员共议幼儿园的法治管理、课程建设、安全等工作。例如,家长委员会提出了取被褥、接送幼儿时走廊拥堵的问题,我园与家长委员会协商制定了取放被褥和接送规定,由家长委员会出面发布通知,幼儿园协助执行,改善了接送秩序。我园充分发挥"四会一校"的作用,吸纳家长委员会成员积极参与幼儿园健康节、合唱节、亲子活动、义工活动等重大事项的决策、组织过程。

二、策略引领——调适家园环境,眼见为实

(一)广开言路,转变教育观念

幼儿园需要帮助家长转变传统的教育理念,及时了解家长的所思、所需和所虑,定期举办家长学校和家长公益课堂活动。我园先后邀请学前教育方面的专家对家长做了"情绪与幼儿早期发展""情商与幼儿发展""幼小衔接"等专题讲座和培训,每一场讲座和培训都座无虚席。我园通过发放问卷、电话随访等形式,不断调整家长学校课程内容,让每一位家长受益、受用。

(二)广纳贤才,发挥家长资源的巨大潜力

我园充分发挥家长资源的巨大潜力,保持家长参与幼儿园活动的热情,让他们用"看热闹"的眼光,给我们这些"看门道"的教师一些新的启发和思路。例如,早操展示、幼儿主题评价、班级环境创设观摩、幼儿区域游戏研讨等,我们请家长"走进来",用他们"独特"的眼光来评价幼儿园的工作,欣赏孩子们的发展。家长们对教师变废为宝的"绝活"特别感兴趣,个个驻足观赏、赞叹不已:"奶盒子可以盖高楼?""防撞泡沫纸可以做水果?"……在一个个问题的产生过程中,家长对如何协助班级开展工作有了新的理解和感悟。

三、实干为先——创出调适家园环境新途径

（一）创新开展"三环式"家访工作

一环：园长领家访，让"技"循环。园长和班子成员分头陪同教师进行家访，手把手、面对面地交给年轻教师家访的技巧和策略，让教师真正做到家访工作留下的是"爱"，带走的是"忧"。幼儿园党支部成员根据特殊幼儿家庭情况进行有针对性的随访。

二环：家长选内容，让"情"循环。教师制定自选式家访菜单和入户家访时间，把选择权交给家长，请家长把家访顾虑、意向抛给教师，按自己的需求程度选择"解忧型家访""育儿型家访""答疑型家访"，让教师提前为家访工作备足功课。

三环：教师创形式，让"爱"循环。教师创新家访工作记录表，分为家长 A 表、教师 B 表，以"带着爱，走近你""最美的遇见"等名称命名记录表。贴心的名字拉近了教师与家长的距离，A、B 两张表格不单纯是一种记录的形式，更多的是育儿思维的碰撞和家访智慧的结晶。

（二）创新开辟隐形交流方式

我们在每班设立家长信箱。别看这个小箱子不起眼，它却成为家长和教师说"悄悄话"的好地方。家长一句当面不好说出口的话语、一声深藏在内心的感谢、一个放心不下的嘱托，教师握在手心、记在心里，并用不同的方式给家长"回信"：一个熟睡的视频、一张塞进孩子小口袋里的纸条、一朵贴在孩子胸前的小红花……让家长知道，他们的建议教师一直很在意。

（三）创新向不同家长借力

我们向积极型的家长"借力"，充分调动这些家长的参与热情，请他们协助幼儿园进行课程评价、安全巡查、家长义工等日常工作。我们向被动型的家长"助力"，充分考虑到这部分家长因时间受限而无法参与幼儿园各类活动的情况，通过约谈、家访等形式，鼓励家长给孩子多些陪伴。我们向忽视型的家长"发力"，对于不配合幼儿园工作的个别家长，教师首先换位思考，了解其忽视幼儿习惯培养的原因，主动伸手与家庭结成"亲密伙伴"，增加常态沟通次数，增多常态反馈方式，帮助家长重树信心。

此外，我们还通过宣传栏、微信公众号、家长公益课堂、家长委员会等多种途径和方式，积极向家长和社会宣传科学育儿知识、卫生保健常识、幼儿园日常工作成果，保证每周三篇以上高质量宣传文章，扩大了我园的社会影响力。

现如今,幼儿教育日渐受到重视,催生了家园合作的教育理念。调适家园环境大大增加了家庭与幼儿园联系的密切度和开展各项活动的深度,更加有利于幼儿健康成长,有利于幼儿的全面发展。

有效调适外部环境,以达内外合力

青岛市李沧区青山路幼儿园　张　华

幼儿园工作的良好开展,是内部环境(幼儿园内部的人、物、景等资源要素)与外部周围环境(幼儿园周边社区、社会人员及场地等的人与物质资源)共同作用的结晶。

在幼儿园的发展中,我园针对外部环境,从两个角度进行了思考与调适,较为有效地促进了幼儿园工作的开展。

首先是主动变外部环境为幼儿园所用,助力幼儿园工作的开展。我园首先对外部环境进行了综合分析,用"目标—定位"的直线式分析思路,对幼儿园外部客观存在的环境资源进行全面的现状分析和价值分析,确定其对幼儿园发展的价值有哪些,主要从对教师发展的帮助、对幼儿园课程开展的帮助及对幼儿园规划的帮助等方面进行价值判断,再去主动采撷利用这些价值,付诸行动和实践。

例如,我园紧邻原李村大集所在地,百年大集的历史文化和给人们生活带来的便利,深深地影响着我园周边小区的居民生活,也影响着我园的幼儿——他们经常跟着家长去赶集买东西,这已成为他们生活的一部分。为此,我园组织教师自由赶大集,感受大集"容万物,便万家"的热闹氛围与文化特性,商讨对幼儿适宜的价值因素,使其变为幼儿园发展的有利因素。经过教师们的商讨,我园在大班幼儿中开展了主题活动——李村大集,同时也充分吸纳家长的参与,请家长和幼儿一起参观、了解大集的模样、内涵和特性,然后请幼儿创造性地表达对大集的感知和认识,体验大集文化这一民俗文化的魅力,也促进了幼儿动手动脑能力的发展和遵守规则等社会性的发展。

其次是幼儿园根据内在发展的需要,主动改变外部环境,以适应和满足幼儿园发展需求。例如,李村大集搬迁前,每逢二、七赶大集时,幼儿园门口便车水马龙,热闹非凡,也拥挤堵塞,各种车辆密密麻麻地停在门口两侧,一方面给幼儿入园造成了交通困难,另一方面也带来了一定的安全隐患。为此,幼儿园主动联系交通部门、市场管理部门来园进行现场察看调研,并根据幼儿园离园的要求做出了调整,如增加交通标识、取消停车位、增加网格线、请家长协助护导等,以控制车辆在幼儿园门口的行驶速度,也减少了停车数量,保证了幼儿的安全入园与离园。

幼儿园对外部环境的调适对幼儿园的发展有重要的作用。幼儿园应充分调动各方资源,达成内外合力,有效发挥外部环境的价值,最大化地发挥各方力量,促进幼儿园工作更好地开展。

互惠互利,共筑育儿共同体

青岛市崂山区橄榄城幼儿园　邢洪彦

随着教育改革的深入推进,幼儿园、家庭、社区三方建立起三位一体、合作共育的教育模式,已经成为新时代幼儿园的共识和常态。将这项工作做精做好,是我园不懈追求的目标。我园在不断的实践尝试中,积累了以下经验。

一、激发"三委会"工作动力

家长是幼儿园最有力的合作伙伴。为了与家长有效配合,我园立足于"三委会(家长委员会、安全委员会、伙食委员会)"主动管理的整体视角,使家长以主体身份参与到幼儿园的各项工作中,助力幼儿园健康、和谐发展。具体做法如下。

(1)建立了"自荐+互荐"的家长委员会民主选举制和"三委会"工作负责制,民主公开选聘"三委会"成员,举行仪式颁发聘书,激发每一位成员的归属感和自豪感。

(2)建立了家长委员会驻园办公制度,安排家长委员会成员在双周的周五来园办公。制定了驻校办公细则,提供菜单式驻园办公的内容,来园办公的家长需要认真完成工作记录,保证了家长委员会的监督和提议更切实有效。

(3)组织了面向家长委员会的学期初计划交流会和学期末总结述职汇报会,积极听取"三委会"的管理建议,共同谋划园所的发展。

(4)每学期末组织"三委会"成员分享经验,达到学有所思、学有所悟、悟以致用的成效,并评出各类贡献奖,激励他们更加主动地参与工作。

二、创新项目组共育模式

我园以社团招募的方式,分功能成立了家长讲师团、家长助教团、家长服务队和家长活动部四个项目组,引领有资源、有能力的家长各显身手,支持各项活动的有序开展,成为幼儿园大家庭中名副其实的一员。

家长讲师团组织了"教育无痕,静待花开"家长沙龙活动,家长们围绕主题碰撞思想,共享经验;邀请小学教师来园做"爱在路上,我们一起准备——共话幼小衔接"专题讲座,帮助家长们树立正确的育儿观,帮助幼儿做好幼小衔接的准备。

家长助教团围绕"中华人民共和国成立70周年"举办了故事分享会,讲述爱国为国的好榜样;他们还发挥家长的职业优势,组织牙医妈妈讲解如何保护牙齿,交警妈妈讲解乘车安全常识,食品厂员工爸爸讲解食品安全那些事……

家长服务队积极参与幼儿园组织的爱心义卖、春游秋游、剧本创演、防拐骗安全演练等大型活动。

家长活动部开展了"垃圾分类宣传""敬老院献爱心""保护蓝天海洋""消防博物馆"等一个个有意义的班级实践活动。

三、聚力共同体协同活动

我园凝心聚力丰富幼儿园、家庭、社区三位一体协同活动,多边联动促进育儿共同体成长,实现了多方互惠互利、合作共赢的教育新局面。

幼儿园"文明礼仪伴我行"活动中,我园邀请家长及社区义工进园宣讲礼仪规则、表演礼仪节目,寓教于乐的形式开拓了幼儿的视野,丰富了他们的经验。

我园组织教师、幼儿积极参与社区组织的各项实践活动,如党支部活动共建、喜迎国庆长卷绘画、中秋乐节目会演、妇女节感恩专场、参观社区小学等。

针对家长及社区居民的需求,我园组织家长学校专场活动。我园邀请青岛大学应用技术学院施先丽老师做"做好情绪管理,放飞阳光心情"主题讲座,帮助家长领悟在教育过程中怎样调整心态;邀请原青岛市儿童医院儿童保健科主任、儿童保健专家何怡峰老师做"儿童常见疾病家庭观察护理"专题讲座,帮助家长更好地了解秋冬季幼儿护理方法。这些活动得到大家的好评。2019年,我园共组织各种讲座19场,参与者达765人次。

下一步,我们会借助新媒体技术,进一步开发有利资源,深入探索三位一体的合作模式,依靠群体智慧,彰显开放共生的理念,让育儿共同体的工作更加精彩多元、常态优质。

家、园、社会互动促发展

青岛市崂山区王哥庄街道宁真幼儿园　常娜娜

儿童教育家陈鹤琴先生曾说:"大自然、大社会都是活教材。"每个幼儿园周边都有着丰富的教育资源,如何调适与这些资源的关系,为幼儿园发展助力,是我们一直在思考的问题。

首先,抓住机遇,在学习研讨中提水平。在"林梅名园长工作室"这个优秀团队的引领下,我们幼儿园进行了内容丰富、形式多样的学习活动,通过对多所优质园教育教学的观摩学习,收获了宝贵的经验,厘清了思路,赋能前进。依托崂山区的课题协作体,我们加强了与崂山区实验幼儿园等名优园的交流活动,通过参观学习、交流研讨等方式提升课题研究能力和教学能力。在王哥庄教研片区内,我们加强与街道内姊妹园的交流互动,通过档案学习与交流、观摩一日活动等形式提升整体教研水平。通过与宁真小学手拉手开展"幼小衔接"系列活动,我们加强与小学的交流,有效防止和避免小学化倾向,为培养幼儿良好的学习品质和学习习惯打下了坚实基础。

其次,开发课程,在与自然和社会互动中求进步。宁真幼儿园位于美丽的山海小城王哥庄,这里靠山靠海,有崂山茶、王哥庄大馒头、崂山剪纸等丰富的自然、人文资源,开发利用好这些生活中的资源,为我们落实"活教育"理念提供了广阔的空间。儿童的世界是儿童自己去探讨、去发现的,大自然、大社会是孩子们最真实的、最丰富的、最具吸引力的学习环境。我们带领幼儿走向大海,研究海边风景和特产;走进田野茶园,体验采茶的乐趣;参观茶厂,观察炒茶的工序,在动手设计茶叶包装中体验成就感;参观馒头店,亲手制作各式花样的王哥庄大馒头;与爸爸妈妈一起剪纸,了解我国的传统文化;等等。我们还经常邀请当地消防中队、交警中队、食药部门等为幼儿进行有关知识宣讲和实战演练,幼儿在这样的活动中了解了安全保护知识,也提升了自身的安全自救能力。这些平凡又宝贵的资源融入幼儿园课程之中,让幼儿在与大自然、大社会的接触中尽情地看看、听听、摸摸、想想、做做,满足幼儿的好奇心和渴望主动发现、主动探究的心理,让幼儿获得最真实的感受,让幼儿在多彩的环境中学会观察、学会创造,在丰富的社会环境中学会学习、学会生活、学会做人。

再次,形成教育合力,家园共育促发展。家庭是幼儿园重要的合作伙伴。一直以来,我们都在不断努力,通过各种方式积极争取家长的理解、支持和主动参与,与家长携手,共同促进幼儿的全面发展。我们对幼儿、师资、家长、设备、环境等各个方面做了进一步的分析,确定了多元合作的发展方向。通过家长讲座、家长会、家长开放日、家访日、家长支教、亲子运动会、亲子游园会等丰富多彩的形式,向家长传递科学育儿知识和理念,使家长了解孩子的一日生活和教师的一日工作,在与孩子的互动中使亲子关系更加亲密。在这一互相走近的过程中,家长看到了我们为幼儿发展提供的广阔舞台和做出的不懈努力,看到了我们"回归本真"的教育理念和做"真教育"的信心,家园关系不断融洽、和谐,各项工作开展得更加平稳有序、更富有成效。

在宁真幼儿园的发展过程中,幼儿园和家庭、社会(社区)三方坚持良性互动,始终作为一股凝聚的力量共同推动着幼儿不断成长。我们将更加深入开展研究,调适好幼儿园内外环境,真正发挥环境育人、资源育人的功能,不断提升办园品质,促进幼儿全面发展。

畅通六条渠道,搭建与家长的沟通桥梁

莱西市机关幼儿园　林春凤

幼儿园如何与家长建立交流协作机制是推进幼儿园健康发展的一个重要课题。近年来,莱西市机关幼儿园结合本园实际,搭建了六条渠道,畅通与家长的沟通,取得良好实效。

一、家长会——为"老生常谈"注入新内容

家长会是家园沟通的传统模式,但我园一改传统的"我讲你听"的方式,以参与体验式、班级活动展示式、育儿理念讲座式等多种方式进行,内容更加丰富,既引领家长以更科学的教育观念和方法开展家庭教育,又让家长及时了解幼儿园的教育教学管理情况。

二、开放日——让家长实地感受、亲身体验

为了让家长看到孩子的真实情况,了解孩子的发展水平,我们让家长走进幼儿园各项教育教学活动的第一现场,并特别提示家长看什么、怎么看。比如,要着重看孩子的主动性、积极性与创造性,要看孩子怎样与同伴相处,要看孩子在原有基础上的发展,不要总把自己的孩子与别的孩子做横向攀比,等等。开放日后,我们请家长把感想、体会、意见与建议告知教师,这样更有利于促进家园沟通,共同提高教育质量。

三、家教沙龙——让家园共育更具借鉴意义

当家长有个别性的家庭教育问题时,幼儿园的家长学校会为这些家长创设自由、轻松、畅所欲言的环境,让家长借助家长学校这个交流平台,在彼此的交流中,使自己的家庭教育难题得以解决。家长们之间的思想得以碰撞,更好地解决了孩子身上出现的种种问题。

四、亲子活动——让家长与孩子共同成长

每个班级每个学期定期组织亲子活动,成为幼儿园的常规工作。比如,各班级借助节日开展适合幼儿的中华传统文化教育,突出传统文化美、乐、趣的特点,引导家长积极参与活动策划和组织,在寓教于乐中加深幼儿对中华传统节日的起源、风俗、民间故事、诗歌等多方面的了解。在科技小作品的制作过程中,亲子互动,共同合作,既增进了亲情,也为提升家庭教育效果提供了助推力。

五、网上学校——让家园共育实现信息化

我园是山东省家园共育百佳幼儿园,2018 年又被确定为教育部首批"家园共育数字化项目"试点园之一。所有家长都可以在每周五通过手机客户端登录"幼教365"家园共育平台,直接聆听各级专家教授的网上讲座,直接享受教育"大咖"的新理念、新方法。这种网上学习方式充分利用了现代信息技术。家长还可以在平台的指导下开展各种富有教育意义的亲子活动,或者网上直接交流探讨家庭教育困惑、策略和经验,实现即时互动。

六、宣传阵地——在细微之处用心沟通

幼儿园实行每天家长进园进班接送制度,基于此,建立了"四个一"阵地:每班一处家园宣传栏,每周一张爱心纸条,每月一次家长恳谈,每学期一次面对面家访。这些做法引导家长关注孩子的一日生活,注重对幼儿在传统礼仪、行为习惯、品德养

成、社会交往品质等方面的教育。在日积月累中,教师和家长把日常的家园点滴小事当作家园共育的有利契机,逐渐实现家园共育有效对接。

做好外部环境调适,促进园所健康发展

青岛西海岸新区王台中心幼儿园　薛宗艳

幼儿园外部环境调适可及时把握各种利益相关者对幼儿园发展的要求,积极协调幼儿园与各种利益相关者的关系,努力争取获得他们的支持。在外部环境调适方面,我园主要做了以下工作。

一、成立外部环境调适工作领导小组

幼儿园成立了以园长为组长,辅导员及保健、后勤、工会等部门负责人为组员的外部环境调适工作领导小组,统领全园外部环境调适工作,主动搜集、分析信息,把握、适应外部环境,通过幼儿园目标、结构、战略的调整,塑造有利于幼儿园发展的外部环境。

二、做好与上下级的沟通调适

(1)对上级,多请示,勤汇报。主动向上级领导汇报园所工作情况,争取领导的理解与支持。

(2)对同行,多沟通。平时多与平行园所沟通交流,学习别人的优秀经验,创造性地运用到自己的工作实践中,扬长避短。

(3)对下级,多指导。向教职工宣传上级政策和要求,充分发挥教职工的主人翁意识,开展"我为园所发展献计策""金点子"等活动,指导全园教职工积极参与园所管理。

三、做好与家长的沟通调适

幼儿入园前,我园通过微信公众号、宣传栏、朋友圈等宣传幼儿园的教育理念,并提前召开新生家长会,向家长全面介绍幼儿园的基本情况、教育理念及家长如何配合幼儿园工作等,为幼儿顺利入园、家长做好配合工作打好基础。

幼儿入园后,我园一是做好常规家长工作外,并指导教师做好因材施教工作,针对个别幼儿的特殊情况(尤其是负面情况),及时与家长沟通交流,将问题化解在萌芽状态;二是挖掘家长社区资源的教育价值,吸引"家长义工""家长助教"积极参与到幼儿园的各项管理工作中来;三是创建家教指导站、家庭友好互助小组、家教咨询中心等,成立早期教养活动中心,不断拓展家教新思路;四是成立家长委员会,搭建家长参与管理平台,发挥"1＋1＞2"的教育合力。在全体教职工的共同支持和努力下,我园办园水平得到家长和社会的肯定和好评。

四、做好与媒体关系的调适

(1)积极宣传引导。对园里有意义的活动,园长要主动联系媒体,通过公众号、朋友圈、电视台等新闻媒体及时进行宣传报道,形成良性的合作关系、伙伴关系,使报道真实而有正面效应。

(2)遇危不乱。遇到负面事件,园长应沉着冷静,把教职工、家长的力量团结在一起,想尽一切办法理智解决问题,坦诚面对媒体。只有方法得当、态度诚恳、勇于担当,才会得到媒体和公众的谅解,化险为夷。

五、做好与社区关系的调适

幼儿园与社区是一个利益相关的共同体,我们要坚持合作共赢的原则,积极整合社会上的各种资源为幼儿园服务。

(1)积极与社区各部门联系,为幼儿园保驾护航。幼儿园与社区物业、居委会、村委会、街道办事处、社区医院、派出所、消防队、交警大队等密切联系,保持良好互动,让专业人员对幼儿园设备安全、消防设施、食品安全、卫生保健给予指导,齐抓共管,为幼儿园安全工作保驾护航。

(2)充分利用社会教育资源,丰富幼儿园的教育活动。例如,组织幼儿参与社区"老少同乐,重阳敬老"活动,让幼儿用实际行动表达对爷爷奶奶的爱;利用中学大操场,拓宽了幼儿活动的空间;邀请交警来园,与幼儿零距离互动,增长幼儿的交通知识;等等。实践证明,注重对社区资源的挖掘、整合与利用,不仅能丰富教育内容,更能形成强大的共育合力,促进幼儿园和谐发展。

多途径家园合作，共探教育新策略

青岛西海岸新区王台中心幼儿园　薛宗艳

　　家园合作是幼儿园教育的重要组成部分，是做好幼儿园教育的基本保证。《幼儿园教育指导纲要（试行）》指出："家庭是幼儿园重要的合作伙伴。应本着尊重、平等、合作的原则，争取家长的理解、支持和主动参与，并积极支持、帮助家长提高教育能力。"因而，充分发挥家庭、社区的教育作用，形成幼儿园、家庭和社区共育的大环境，建立一种合作、和谐、一致、互补的关系，对幼儿的成长教育起到同步的作用，实现家园共育是高质量幼儿教育的重要任务。我园通过多种途径家园合作，共探教育改革的新策略，促进了幼儿健康和谐的发展。

一、高度重视群众满意度工作，营造和谐的幼教氛围

　　（1）我园设立幼儿园监督信箱和监督热线，随时接受社会对幼儿园办学质量的监督。

　　（2）坚持阳光管理，完善"教育惠民"长效机制。我园开通教育惠民服务热线，加强网站建设，积极回应并认真解决家长、社会关注的热点问题。我园每学期进行家长和社会满意度调查，包括调查问卷、电话随访、设立家长接待室，对家长提出的意见和建议进行汇总分析，及时进行沟通交流、反思和整改。

　　（3）加强法制宣传教育。我园推进依法治校工作的规范化、制度化、日常化，定期聘请法律顾问为全体教职工和家长进行法制专题教育。

二、多途径开展家长社区工作，提高家庭科学育儿水平

　　（1）积极完善家长委员会制度。我园定期开展"金点子"征集活动，引导家长积极参与到学校的各项管理中，共探教育改革新策略。

　　（2）加强父母课堂建设。我园联合镇妇联，定期邀请家庭教育专家给家长们上课。每次父母课堂活动，家长们都会积极参与，而且收获很大，这对促进家园之间的合作起到了良好的作用。

（3）多途径开展常规家长工作。我园通过家长开放日、家长宣传栏、家访、家园联系表、家教沙龙等，积极与家长进行沟通交流，为家长提供科学育儿指导，与家长共同促进幼儿健康发展。

（4）积极开展巾帼志愿行动。一是组织教师走上街头、走进社会，开展学前教育、家庭教育、早教活动指导宣传；二是创建家教指导站，开展"做智慧父母，塑良好家风"家庭教育咨询服务活动；三是组织教师走进社区，关爱特殊儿童，关爱弱势群体，营造和谐的幼教氛围。

（5）成立家庭互助小组。为了使幼儿尽快适应社会，更好地与同伴相处，我们将同年龄段的幼儿就近分成若干个友好互助小组，每组安排一名志愿者指导家长利用节假日带孩子一起玩耍。幼儿逐渐学会了友好相处，互相谦让，这为幼儿以后更好地适应社会奠定了良好的基础。

（6）积极开展早教公益活动。我园成立早教中心，定期开展早教公益活动，至少每季度开展一次早教亲子活动、早教家庭教育讲座等，并定期将幼儿园设施向社区婴幼儿开放，从而提升社区婴幼儿早教水平。

总之，幼儿得到了最大限度的发展，家长和社会满意了，就是我们最大的成绩和最大的满足。

多方对话，赢得发展

胶州市胶北街道办事处北关中心幼儿园　邢立芹

胶州市胶北街道北关辖区内有中心园、村办园、民办园、企业办园四种幼儿园。使性质不同、数量众多的幼儿园得以共同发展提高，是我们的最高工作目标，所以我们以"一盘棋"的思想，积极与各级各类幼儿园互动，多方对话，提升各级各类幼儿园的教学质量。

一、多渠道沟通，改善村级园办园水平

一是协调村委，改善办园条件。村委作为村办园的举办单位，对幼儿园的重视程度直接关系到幼儿园的发展，因此我们争取办事处领导的支持，与村委沟通，加大对

幼儿园的投资力度,改善办园条件。例如,杨戈庄、东庸村、砚里庄新建了幼儿园,告别了低矮阴暗的危房,让幼儿拥有了宽敞明亮的活动室;后王村重新修建幼儿园和标准化食堂,让农村幼儿园的保教质量直线提升;律家庄幼儿园为幼儿创设安全的户外活动场地,购置大型玩具,使农村孩子享受到高水平的活动环境。

二是争取街道办事处支持,加大投资力度。为了使村办园的办园条件逐年得以改善,我们在协调村委投资的同时,积极争取办事处的支持,为幼儿园增添教学设施。办事处每年增加非事业编幼儿教师,提高了村级幼儿园的师资水平,为村级幼儿园投资了十几万元购置大型组合型滑梯、攀爬玩具、中型跷跷板、室内玩具等,为幼儿提供了良好的活动环境。

三是与村镇建设服务中心协调,优化规划布局。北关社区密集,有的村连在一起不分彼此,部分幼儿园一人一班,规模小、幼儿少、教师老,孩子缺乏互动,教师缺乏交流,教学资源得不到有效整合和利用,导致教学质量低。为了更好地优化教育资源,使孩子得到更好的教育,我们与村镇建设服务中心联系,借新农村建设和小区规划,将幼儿园合并。例如,前大王戈庄村与后大王戈庄村仅一路之隔,东庸村与西庸村连在一起,经协调后,两个村的幼儿园合二为一,现在后王幼儿园具三个班规模,东庸村幼儿园具三个班规模。为了使合并后的幼儿园能长远发展,我们协调管区书记,订立合并协议,明确各村在幼儿园合并后资产、后续投资等事宜,确保村委换届领导离任不影响对幼儿园的持续投资与支持。

二、多举措并行,促进区域内幼儿园协调发展

一是中心幼儿园示范引领,带动村办园的发展。中心幼儿园作为办事处举办幼儿园,在教学条件、师资队伍、保教质量等方面较其他幼儿园都有一定的优势,所以我们将中心幼儿园作为培训基地,采取以下三个方面的措施。首先是教研引领。例如,中心幼儿园向其他幼儿园开放集体教育活动、户外活动、集体教育活动等,组织教师们参与评课,引领村办园高水平开展各类活动。其次是送教引领。针对村办园教师少、走出园门不方便的情况,中心幼儿园的骨干教师走进村办园组织教育活动,使教师们不出门就接收到新的教育方法和理念。通过以上两种有效举措,提高了村办园的保教水平。再次是镇村大集备。我们确定集备内容,组织区域内各幼儿园骨干教师参与,形成现场"共同讨论—形成统一方案—多园分头实施—集中反思研讨—提升认识再实践"的基本模式,整个活动过程强调全园参与。

二是加强互动,密切教师之间的联系。我们创设村办园与中心园的互动机会,密切教师之间的关系。例如,我们请村办园教师到中心幼儿园教草编,请个别村办园教

师讲解如何与村委沟通争取投资,请村办园教师传授村办园的有价值的工作方法,等等,树立了村办园教师的自信,也使中心幼儿园教师对村办园教师更加了解、更加佩服。现在村办园教师在教学中遇到不明白的问题能主动打电话与中心幼儿园教师沟通,主动为中心幼儿园搜集农村自然材料。

三是规范管理,避免不正当竞争。个别民办园为了追求经济效益,置幼儿的健康发展不顾,一味逢迎家长急于求成的心理,写字、算题、办特色班,并以此作为与其他幼儿园竞争的手段。针对此现象,中心幼儿园首先专门召开民办园会议,传达上级关于学前教育办园的有关规定;其次,不定期抽查,发现问题,及时纠正。通过两项举措,比较有效地规范了民办园的办园行为,保护了民办园幼儿健康的同时,也保护了村办园的生存与发展。

构建家园共育新模式,促家园共同发展

青岛市城阳区红岛街道办事处邵哥庄幼儿园 王瑞松

家园共育有利于幼儿身心健康发展和良性教育机制的形成。我园有效地利用了家庭、幼儿园、社区这些教育资源,促进家园教育优势互补,形成家庭、幼儿园、社区三位一体的教育合力,有利于地促进幼儿健康成长,为幼儿一生可持续发展奠定坚实的基础。我园在实践中构建了一系列行之有效的家园共育新模式。

一、体验式家长会,让家长变被动为主动

为了提升家长的育儿水平,增进家长的教育智慧,引领家长融入幼儿园活动,奠定家园共育基础,幼儿园开展体验式家长会,引领家长形成科学育儿观,融入幼儿园活动。体验式家长会重视运用动态的方式激发家长参与家长会的兴趣,积极融入家长会的全过程,家长由“被动倾听”转为“主动体验”,渗透式接受教育新理念。富有创意的体验式家长会的召开,架起家园沟通的桥梁,密切了家园关系,增强了家园的有效互动,得到了年轻父母的高度认可。

二、家长公开课活动，传递教育新理念

为了帮助家长不断获取新的教育理念，增进幼儿园、教师、家长之间的联系与沟通，更好地达到家园共育目的，我园开展了家长公开课活动。活动寓教于乐，教师注重以问题情境化的形式吸引幼儿、引导家长，让幼儿和家长在游戏情境中探索、合作、学习，充分体现了幼儿的主体参与性，同时把尊重和相信幼儿、充分给予幼儿操作探索的机会等宝贵经验和教育观念传递给了家长。家长在观摩和参与幼儿集体活动的过程中，增进了对幼儿园工作的感性认识，同时也让幼儿在家园互动的氛围中体验到了无尽的欢乐，加深了亲子间的情感，转变了家长的教育理念。

三、多元化的专题讲座活动，让家长变被灌输为内需

幼儿园根据家长的需求，定期邀请心理专家、幼儿教育专家或有教育学、心理学专业知识的家长面向全园家长开展"智慧父母课堂系列讲座"活动。新生幼儿入园前，邀请专家向新生家长做"如何消除家长的入园焦虑"的专题讲座；当大班幼儿即将毕业时，邀请经验丰富的小学教师面向大班家长做"幼小衔接""大班去小学化"等系列公益专题讲座活动。这些丰富多彩的专题活动，满足了家长的育儿需求，使家长在与专家的面对面交流互动中释疑解惑，不仅加深了家园之间的融合与互动，还得到了家长们的好评。

四、引领家长参与主题课程活动，提升家园共育质量

通过多种方式向家长宣传课程理念，充分发挥家长的社会优势，吸引家长参与拓展课程资源，不断优化课程内容。

幼儿园根据幼儿主题探究活动的需要，重视家长教育资源的挖掘和利用，让家长走进幼儿园教学活动，与孩子们一起感受、体验成长，以家长自身的参与支持孩子们的活动。在教育活动"香喷喷的枣饽饽"中，幼儿园邀请了幼儿的奶奶作为客座教师，组织幼儿进行了"跟奶奶学做枣饽饽"的活动。活动不仅满足了幼儿动手制作的兴趣和需要，优化了课程中主题实施的质量和水平，同时促进了幼儿园教育教学中对家长资源的有效挖掘与利用。

家长委员会结合班级的教学主题活动组织幼儿参与实践活动，延展课程内容，在活动中家长深刻体会到"生活即教育，社会即学校"的内涵。幼儿园通过家园合力的多种途径推动了主题活动的顺利开展，使园本课程不断深化。

五、新型家长助教引领家长助力特色社团活动，彰显家园共育特色

家长中不乏各种类型的专业人才。邀请家长带着自己的专业知识走进课堂，带给幼儿崭新、丰富的活动内容和形式，既弥补了教师在专业领域的不足，又实现了家庭与幼儿园更为平等、更为广泛的教育互动。幼儿园每学期尝试吸收有专业特长的家长加入社团活动，使幼儿获得园本课程之外的教育。在活动的过程中，教师和授课家长共同商讨教案和教学方法，力求社团活动内容适宜、生动、丰富。社团活动的开展让家园力量凝结在一起，充分挖掘了幼儿的聪明才智，彰显了家园共育的特色，收到了良好的教育效果。

创新家园共育活动内容，采取融入、参与、助力的方法，在互动中向家长进行全新的理念渗透，更新其教育观念，家园携手对幼儿进行同步教育，促进了幼儿健康和谐发展。

家园融合互动，合力营造育人环境

青岛市城阳区红岛街道办事处阳村幼儿园　刘淑叶

幼儿园作为社会的一个组成部分，身处社会大系统之中，因此，和谐校园不但表现为幼儿园内部组织结构及各要素之间的和谐，也要充分体现幼儿园与社区家庭之间的融合、互动、和谐。共建幼儿园教育与社区家庭的融合互动，是一个值得研究和实践的问题。它不仅意味着幼儿园教育课程资源的扩大，也蕴含着幼儿园办学理念和制度的变革。充分利用社区与家庭教育资源，重组幼儿园教育资源，丰富教育策略，形成幼儿园、社区教育，共同促进幼儿成长发展的合力。

一、构建家、园、社区合作组织，形成教育互动网络

（1）成立家、园、社区委员会。我们制定相应的家、园、社区协作委员会章程，统一教育思想，确保活动的统筹、信息的流通、运行渠道的畅通。

（2）成立家教社。家教社由家长代表、社区代表、幼儿园代表组成，改变原家长学校主要由教师、部分家长参与的局面，拓展家教社的队伍，由教师指导家长扩大为

家长与教师、家长与家长双向指导,使家长、教师科学育儿能力得到互补。

（3）建立文明社区。我们依托政府建立区域联动体系,整合社区居委会资源,结合文明社区创建等重大活动。

（4）成立早教中心。我们通过早教中心开展亲子游戏、社区讲座等免费活动,满足社区对婴幼儿早期教育的需求。

二、整合资源,完善网络,形成家、园、社区合作教育的融合互动

（一）建立家长社区资源共享机制

由从前的各班家长志愿者参与自己班级活动,转变为本园家长资源共享。我们将各种资源进行汇总,随时使用,充分体现资源的有效利用,将资源最优化。

（二）实行双向开放

我们举办以幼儿园为主,家庭、社区为辅的合作活动,如志愿者活动、家长资源库、亲子活动、早教活动等等。"与社区老人心连心"系列活动中,我们组织幼儿看望孤寡老人,为老人带去和爸爸妈妈共同制作的小礼物,还为老人送上自编自演的文艺节目,和老人共同游戏,为老人带去一份浓浓的关爱。以家庭为主,幼儿园、社区合作的活动有家长进课堂、家长志愿者、家长义工、家长经验交流讲座等。以社区为主,幼儿园、家庭为辅的合作活动有区域联动、卫生文明社区创建等。这些活动推动了我园和谐校园创建工作开展。

三、家、园、社区融合互动,合力营造育人环境

作为幼儿保教专职机构的幼儿园,在三者之间必须发挥主导作用,成为社区教育中心。我们面向社区全体幼儿,以《幼儿园教育指导纲要（试行）》为指导,通过各种科学的途径和方式,架起幼儿园和家庭、社会之间的合作共育桥梁,以便科学有效地促进幼儿健康发展。

（一）积极宣传,鼓励家长学习先进的教育理念,树立科学家庭教育观,优化家庭教育环境

很多家长还存在误区,认为教育是学校的专职,家庭只需要提供物质及生活的供给,对待孩子仅停留在养育的层面;而有的家长缺乏科学的育儿经验,重视教育而不懂教育。类似的现象比比皆是。因此,幼儿园要发挥主导作用,引导改变家长沟通模式,建立情感交流、信息互动的多种合作模式,如设立宣传栏、举行家长会、建设家长

校园信息网络等为家长提供最新育儿信息,树立正确的教育理念,营造爱学习的家庭氛围,感染孩子,与孩子一起学习,一起成长。

（二）充分挖掘家长的教育资源，鼓励家长主动参与幼儿园教育

家长身上蕴含着丰富的教育资源,教师只要充分挖掘这些教育资源,利用其为教育服务,定会取到事半功倍的效果。

（三）主动与居委会等社区组织联系

幼儿园要参与社区的各类建设活动,了解熟悉社区环境,把幼儿园教育融入社区,并邀请社区热心人士参与幼儿园教育,建立园社共育平台。例如,带幼儿参与社区纳凉晚会、社区内各种公益活动等,不仅让幼儿得到教育与发展,而且服务了社区。

（四）加强面向家庭和社区的指导和宣传

我们通过家长委员会、家长会、家长开放日等家长来园参加活动的机会,分批分时段进行会议交流,根据幼儿园发展规划,充分了解家长的需要,并将家长的关注和需求科学合理地引导至与幼儿发展一致的方向。

幼儿教育不是单一的幼儿园教育,它是家庭、社会、幼儿园等共同对孩子进行的教育。家庭是孩子的第一所学校,父母是孩子的第一任老师;社区是幼儿学习和生活的环境,它蕴藏着丰富的学习资源。要实现幼儿园的健康持续发展,家、园、社区的融合互动就显得尤为重要了。

手牵手——多方协作，合力共赢

青岛市即墨区墨城中心幼儿园 张英波

如何将一所新建的公办幼儿园管理好、发展好,是值得我们园长深思的课题。那么,什么是管理? 管理是指通过计划、组织、领导、控制及创新等手段,结合人力、物力、财力、信息等资源,以期高效地达到组织目标的过程。多年的工作实践经验告诉我,"管理"不仅需要幼儿园的内部管理,幼儿的外部调适同样十分重要,只有这两方

面做好了,做到统筹协调、内外兼顾,不盲目做事,才能让一所新建幼儿园管理规范化,外部调适多变化。

一、积极主动沟通,多方协作联动

幼儿园做到规范化管理,不可缺少的是与多个部门沟通、协调,高标准、严要求,更好地开展各项工作。新园所,新起点。搬入新园一年半以来,我们积极和各个部门沟通,做好暖气、供电、供水等多项交接工作:一是请专家领导到园里检查指导,依法办园;二是专家定期检查,留下宝贵意见和建议,短期整改;三是经常请有关部门来园讲座,增强防范意识;四是定期沟通汇报交流,解决实际困难与问题,确保幼儿园健康长足有序发展。

二、携手互信共爱,合力互惠共赢

家庭和社区是幼儿园外部环境调适的重要部分。我园从实际出发,坚持问题导向,经过长期思考与实践,提出并践行"乐行"教育理念,以"手牵手,为快乐奠基"为主旨进行理论建构。在孩子的成长过程中,我们整合多股力量,通过"大手牵大手""大手牵小手""小手牵小手",牵手教师、牵手家长、牵手伙伴,设法多开展活动,积极发挥家长应有的作用,最大限度地保证家长参与进来,以实现共同的目标——孩子能够健康快乐地成长。例如,以社会实践为依托,家园共育产共鸣;以亲子活动为载体,增进家庭亲子情;以丰富资源做支持,推进主题更深入;借家长助教做活动,储备资源优合作。我们认为家园共育是把最好的给予孩子,给孩子高质量的陪伴、尊重与自由,培养孩子的阅读能力和社会实践能力,并提高孩子的科学与艺术修养。

同时,我们积极加强同社区之间的联系,通过各种活动搭建幼儿园与社区、家庭之间的桥梁。例如,开设公益早教活动,为周边社区 2～3 岁幼儿家长提供育儿信息,传递育儿观念;创建亲子社会体验主题活动课程,通过亲子体验活动"三部曲"使家园社区的共育作用得到高效发挥。一是邀家长之行"会面"课程(家长第一课、课程微讲座),二是引家长之心"深入"课程(发放宣传倡议、尽享亲子时光、交流体验经历),三是借家长之力"充实"课程(邀请家长助教、发挥家长专长、分享家教经验)。

三、树立良好形象,赢得品牌口碑

教育是开放的,需要新闻媒介沟通桥梁。一方面,新闻媒介可以介绍幼儿园现阶段的发展状况、帮助学校发布实时信息、宣扬学校改革的成就等,另一方面,社会群众、家长也可以通过新闻媒介来获得幼儿园的信息。因此,我们注重运用现代化多媒体技术提升幼儿园的知名度。例如,我们申请了幼儿园公众号,发布幼儿园各种活动的信息,让家长更加信赖幼儿园;通过《即墨教育报》、"即墨教育"微信号和抖音号等传递幼儿园信息,宣传学前教育相关资讯,让公众更加了解学前教育;组织家长开放日、全区开放活动,让更多人了解幼儿园的一日生活,感受幼儿园的付出,为幼儿园树立了良好的形象。

教育贵在坚持,巧在融合与渗透。墨城中心幼儿园以课程为基点,联合家长、社区、社会多方资源的力量,将内部管理与外部环境相结合,构建幼儿园与外部联系、交流与合作的教育体系,使幼儿园与外部环境真正做到相互适应与协调。幼儿园的兴建从施工第一铲到开园,一直处于基础建设与园所成长的双运行轨道,不仅完成了基础建设,让园所快速提档升级,还将在建园的第一个三年规划内完成完美蜕变,让幼儿园成为老百姓心中最满意放心的幼儿园。为了这一切,我们一直在向前的路上奋进。

多元化教研活动引领片区教育均衡发展

胶州市锦州路幼儿园 臧玉萍

教育公平与均衡发展已经成为基础教育改革与发展的主旋律。胶州市教体局领导高度重视,提出了"成立教研协作片区,促城乡共发展"的均衡发展策略。锦州路幼儿园与胶州西部的胶西、杜村、张应、里岔、铺集五个街道和镇共同组成锦州路教研协作片区。本教研片区立足实际、长远规划、互帮互助、互促共荣,通过形式多样的教研活动有效促进了片区教育均衡发展和共同提高。

一、集体参与式研讨

集体参与式研讨主要是针对常规教育教学进行研究,研究内容普遍适合区片内所有幼儿园。每学期组织2～3次,研讨地点在片区内轮流安排。近年来,片区集体参与式研讨内容涉及五大领域教法研究、室内区域活动观评、户外自主游戏活动观评、早操活动编排研讨等等。2016年,应各园需求,由锦州路幼儿园省级幼儿园教学能手刘老师引领在片区深入开展了唱歌教学研究,为全片区教师做了"唱歌教学策略"专题讲座,指导带领杜村、张应等园的五名教师多次进行音乐活动展示,研训一体式活动使全片区年轻教师了解了唱歌活动的基本组织流程和教学策略。2017 年学期初,由锦州路幼儿园副园长牵头,深入组织了"社会领域教学系列研讨活动",制定详细研究计划,组织专题培训,让教师们深刻认识到社会活动要给幼儿更多的操作、体验机会,研究成效显著。语言教法研究中,锦州路幼儿园张老师对每位执教教师手把手指导;户外游戏活动观摩研讨中,大家就户外环境设置、幼儿自主游戏等广泛交流、互相支着……集中参与式研讨活动有效促进了各园的相互了解与资源共享,带动了领域教学和游戏活动的深入开展。

二、独家邀请式研讨

独家邀请式研讨即个别园的重要活动公开邀请姊妹园参加的研讨活动。2017 年下学期,市教研室在铺集镇开展了"农村骨干教师专业成长论坛"活动,该园向片区内各园园长发出邀请,各园积极参与,共同助阵。在观摩了骨干教师组织的区域活动、教育活动以及聆听了园长的经验介绍后,各位园长和全市骨干教师就乡镇园骨干教师成长展开了热烈讨论,有效促进了铺集园的经验做法在全市的广泛推广。2018 年 11 月份,铺集中心园提出到锦州路幼儿园学习"如何开展课题研究",锦州路幼儿园向片区内所有姊妹园发出邀请、提供现场,进行了"幼儿园如何开展课题研究"专题培训,并提供过程性资料供大家观阅学习。

三、个别互助式研讨

(1)园与园之间的交流互助。一是幼儿园之间的小规模教研。这种园际小规模教研随时可见,2015 年胶西中心园教师来教工园观摩学习区域活动组织,两园教师就组织环节和材料投放展开深入研讨;在科学活动"同课异构"教学研讨时,张应园主动联系去铺集园试讲,铺集园骨干教师主动帮助听课指导;锦州路幼儿园的园长、副园长多次应邀到杜村园、胶西园、铺集园做教师培训、家教讲座;园长之间就园所管理、课程建设等方面的深入交流也时常进行。二是幼儿园之间的人力物力支持。杜村中心园教师在提升课程实施水平方面遇到了"瓶颈",锦州路幼儿园副园长带领骨干教师到该园现场指导、亲身示范、理论讲解,与教师们一起进行主题环境创设、区域活动组织等方面的研究,有效提高了教师一日活动组织水平。另外,各乡镇园也发挥农村优势,帮助锦州路幼儿园收集玉米皮、黄泥、石头等,为锦州路幼儿园的主题活动开展提供了大量的自然材料。人力、物力的双向支持,丰富了各园的游戏材料,实现了资源的共享。

（2）教师与教师间的交流互助。在几年的交流协作过程中，锦州路幼儿园协作片区已经融合为一个大家庭，教师与教师之间也发展为同事和朋友关系，随时交流，随时互动。乡镇园的教师来锦州路幼儿园请领导、骨干一起切磋教法，锦州路幼儿园教师向乡镇园教师借阅教学资料，等等，有效带动了整个片区教育教研水平的全面提高。

四、网络共享式研讨

通过片区园长工作群和教研工作群，各园互相分享好经验、好做法，相互推荐学习优秀的专业文章，交流工作困惑，讨论教学方法，等等，及时碰撞出智慧火花。

"一个人走得快，一群人走得远。"锦州路幼儿园教研协作片区形式多样、内容丰富、按需进行的教研活动有效带动了片区教育教学质量整体提升。

做有温度的家庭教育

青岛西海岸新区滨海新村幼儿园　陈清淑

幼儿园和家庭犹如一辆车的两个车轮，必须同方向、同步调前进，才能产生"1＋1＞2"的效果。近年来，幼儿园按照"幼儿园主导、家庭主体、社会支持"的基本原则，发挥优势，改革创新，努力做有温度的家庭教育。

一、家长工作课程化

一是打造家长园本课程。幼儿园每学期根据不同年龄班幼儿特点制定不同内容的家长学校授课内容，如小班"缓解入园焦虑""如何保护幼儿的专注力"，中班"在家庭中训练孩子的感觉统合能力""学前儿童想象的发展""家庭中的语言教育"，大班"挫折教育对幼儿的重要性""遵循幼儿发展规律，科学进行幼小衔接"等专题，以级部为单位，每年为每个级部家长提供四次共计八课时的免费家庭教育指导服务和两次普惠性公益咨询服务，初步构建起家长园本课程。二是打造家庭教育指导师园本课程。我园重视打造家庭教育指导师骨干团队，依托发展心理学原理，在教师团队打造上形成了自己独有的园本课程。特邀请青岛市家校合作促进会管相忠副会长做

"教育孩子要讲科学"等教师专业成长系列专题讲座,提升教师与家长沟通的技巧与智慧,搭建和谐的家园联系平台。

二、家访工作常规化

幼儿园对家访工作一直十分重视,教师会根据孩子发展中出现的问题,不定期地走进幼儿家庭,进行有针对性的家访,每个月 4 ～ 6 名幼儿。幼儿园制定并实现了"三四五"目标:实现"三个 100%",即教师家访率 100%、学生家庭受访率 100%、面访率 100%;做到"四个关心",即关心思想、关心习惯、关心生活、关心身体;达到"五个掌握",即掌握经济状况、掌握思想动态、掌握平日表现、掌握行为习惯、掌握困难需求。园委会成员带头走进所有幼儿的家庭,及时了解幼儿学习和生活的本真状态,和家长探讨适合幼儿的个性化家庭教育措施,及时发现幼儿的闪光点,让幼儿在幼儿园得到最大限度的发展。

三、家长进园经常化

一是充分发挥家长委员会的组织协调作用。幼儿园成立园级、年级和班级三级家长委员会,并细化为安委会、课委会、伙委会和协调委员会,每月开展一次活动。二是幼儿园全天候、全方位面向家长开放,每个班每天都有一名家长自愿跟踪班级的一日活动、半日活动或某个环节的活动,发现问题及时反馈。三是针对家庭及幼儿园教育中出现的问题,组织"家长沙龙",组织家长讨论和分享教育经验,让家长在学习与交流中获得更多有效的教育信息和教育方法。

四、家长参与课程建设专业化

一是家长积极参与幼儿园主题课程和传统文化课程,每个主题结束都进行主题反馈,让家长了解幼儿在本主题中了解的知识、技能和情感发展目标,让家长在家庭教育配合完成阶段教育目标。二是幼儿园组织的各项比赛中,家长作为评委参与,如早操比赛、环境创设等活动,提升家长的专业水平,以更加专业的眼光评价幼儿的发展。三是家长助教进课堂。充分挖掘家长教育资源,让各行各业的家长参与到幼儿的活动中,形成教育合力,让幼儿了解、体验各行各业的劳动,丰富了幼儿园的课程资源。

五、家庭教育主题活动多样化

幼儿园开展灵活多样的亲子活动,如父子运动会、图书义卖、庆"六一"活动、大班幼儿毕业典礼活动、"博爱敬老，共度重阳"联欢会活动、元旦亲子包饺子活动、研学旅行、亲子阅读等，让家长走进幼儿园，增进家园、亲子之情，让幼儿能够大胆自信地展示对家人的关爱，体验节日的快乐。

家、园、社区齐努力，三位一体成合力

青岛西海岸新区泊里中心幼儿园　逄金华

我园幼儿90%来自农村和外地务工人员，家长文化水平较低，家庭教育观念相对落后。其中一部分幼儿为留守儿童，与祖辈老人在家，老人想要对孩子进行好的教育但难以奏效。家庭教育和幼儿园教育在手段和态度等方面存在差异，教育过程中步伐的一致性有待加强。

因此，家园共育是推动幼儿素质教育最值得重视的问题之一。在实践中，我们坚持大教育观，凝聚幼儿园、家庭、社区／行政村三位一体的最大合力，努力促进幼儿的健康发展。

一、"深入家庭"的互动交流

我们实行"百分百家访日"，即100%的教师进行家访，走访100%的家庭。建立班级微信群、家长委员会微信群等，实现家长直接与教师、与幼儿园沟通，各班积极在家园网上开展工作，每周上传周计划、活动实录，每月更新幼儿作品照片，并及时发布最新通知信息，拓宽家长对幼儿园的了解途径，沟通效果显著提高。开展"家庭快乐时光"活动，倡导家长每天利用一定时间与幼儿一起进行交流活动，结合幼儿自身发展的需要设计不同的活动，如家庭小书吧、亲子玩具制作比赛、亲子绘本阅读活动等。通过家园互动交流，使家长在与教师、幼儿共同学习、交流互动的过程中，形成家园交流网，对促进家长素质的提高和幼儿综合能力的发展起到了积极的推动作用。

二、"走进园区"的教育实践

我们与家长建立平等的关系，以各种渠道让家长参与活动，每学年为家长提供不少于六次参与幼儿园活动的机会。例如，请家长委员会成员、社会人士来园担任"参谋员"——给幼儿园发展出谋划策，提出合理化建议；担任"评审员"——幼儿园开展大型活动的评委；担任"志愿者"——幼儿外出游学、社区活动时协助教师，志愿提供一些帮助；担任"参与者"——参与幼儿园开展的教学活动、家园活动、亲子活动、亲子游戏等，和幼儿一起分享快乐时光，共同成长。

我们多形式开展工作，取得良好效果。例如，建立幼儿园家长委员会，了解家长需求，倾听家长意见，共同商讨决策；召开家长会与家长约访，让家长及时了解幼儿园的教学计划，积极主动配合幼儿园、班级做好教育工作；开展家长开放日活动、专题教育讲座；聘请家长助教，引入家长、社区教育资源，使其成为教师队伍的有效补充和园外教育辅导活动的后备力量；开展问卷调查，提高满意度；等等。

三、"融入社会"的拓展活动

陈鹤琴先生的"活教育"方法论指出："大自然、大社会都是活教材。"因此，挖掘社会资源，将教育延伸到社区、村庄，拓展幼儿教育活动的场所，周边的菜市场、小学、红席体验馆、敬老院、消防队等社会环境，都成为服务于幼儿教育的资源，让幼儿和家长在社会大课堂中学习，在真实情境下感受。家庭、社区、幼儿园三位一体的良好教育网络已初步形成，充分发挥了教育凝聚功能，主要给我们带来了如下优势：

第一，促进了幼儿的全面发展，推进了其对社会生活的探索，促进了幼儿社会交往能力的形成和发展。

第二，拓宽了课程实施途径，弥补了在幼儿园内进行教育活动的不足。

第三，提高了教师的综合素质，教师对外交往和沟通能力进一步增强。

第四，促进了幼儿园、家庭、社区三位一体共育目标的落实。

第五，有效提升了园所声誉，让社会更加了解幼儿园，了解幼儿教育。

在教育的实践研究中我们发现，单纯的幼儿园教育已不能满足现代幼儿教育的需求，为此，我们应着力于创新家、园、社区互动方式，切实转变教育观念，让家长、社区人员不再是幼儿教育的旁观者、旁听者，而是参与者、合作者，甚至是组织策划者。只有多方教育资源优势互补，通力合作，开展丰富多样的教育活动，才能更好地促进幼儿的多元发展。

丰富体验，引领幼儿率性成长

胶州市胶州路幼儿园 李香芸

体验教育是一种以幼儿的生命发展为依归的教育思想，在尊重生命、关怀生命、拓展生命、提升生命的教育价值取向中，回归幼儿教育的本真。胶州市胶州路幼儿园大胆创新，努力实践，做适合幼儿的"真教育"。幼儿园以体验教育为核心，确立了"让每一个孩子体验成长的快乐"的办园理念，在这一理念指导下逐渐形成了体验教育的目标和内容体系。从幼儿园环境创设到教育管理，从园本课程构建到家、园、社区一体化教育，全方位渗透体验教育价值观，引领着幼儿快乐成长。

大自然、大社会是幼儿的精神家园、成长乐园。孩子都具有喜欢自由、喜欢大自然的天性。开展多种多样的户外亲子活动，不仅有助于幼儿身心全面、和谐的发展，而且有助于激发幼儿对户外活动的兴趣。我园积极引领家长学习《3—6岁儿童学习与发展指南》，达成教育共识。并充分挖掘和利用家长社区资源，确定了12个幼儿园体验基地，如"红色基因"爱国教育基地、洋河采摘园、崂山二月二农场、胶北万亩林场等劳动实践体验基地。每个基地能够根据大、中、小班幼儿的年龄特点和发展水平需要，提供丰富的游戏场地和材料，让幼儿体验活动有了更广阔的空间。

一、传统的节日体验活动

节日是文化的体现，是幼儿园重要的课程内容，有利于幼儿主体性的发挥，实现领域综合及多种教育资源的整合，体验基地的拓展更为幼儿的自主体验、深入感受提供了重要的渠道。根植民族文化，以社会生活和家庭生活中的传统节日为源泉，采取多种途径与策略，帮助幼儿了解节日的文化内涵，萌发其积极健康的爱国爱家情感。幼儿走进胶州大沽河博物馆，感受母亲河的深厚底蕴；走进胶州孔子六艺文化园，感受国学魅力；在"红色基因"爱国教育基地中，更加体验到近现代中国人民不屈不挠的顽强精神……

二、亲近自然的体验活动

大自然的资源丰富多变,题材广泛且取之不尽,是一部无可替代的天然教材。户外的活动空间更加广阔,活动范围更加自由,为幼儿学习和探索提供了更加丰富的材料。亲近自然可以萌发幼儿的好奇心和探究欲望,强健体魄,愉悦心灵,更有利于幼儿身心健康成长。在幼儿园的体验基地中,家长委员会带幼儿走进洋河采摘园、胶州万亩林场、九顶莲花山,幼儿和爸爸妈妈一起生火做饭、拣拾树叶、采摘水果……在自然环境里,幼儿获得多种经历和不同体验,不断丰富着生活经验。

三、培育兴趣的社会体验活动

博物馆、动物园、民俗体验馆等都是孩子向往的地方。家长委员会在做好充分准备的基础上带领幼儿走进了大沽河博物馆、青岛贝林自然博物馆、青岛森林野生动物世界、崂山二月二民俗体验馆……在这些地方,幼儿仔细观察,自主探究,俨然"小小科学家"。利用自然环境和社会教育资源,扩展了幼儿的生活和学习的空间,丰富了幼儿的生活经验,使幼儿获得充分的情感体验,也促进了幼儿主动学习,是幼儿增长知识经验的有效途径。

四、感受快乐的职业体验活动

进入成人的世界,对幼儿来说具有莫大的吸引力。社会职业体验是幼儿教育活动不可缺少的环节。家长的职业场所是幼儿进行职业体验活动的良好阵地。"牙医体验日"活动使幼儿了解到应当如何保护牙齿,并通过"我是小牙医"的职业体验克服了治牙的恐惧;"小小消防员之旅",让幼儿了解到消防员叔叔的不易与英勇。另外,家长委员会还带领幼儿走进青岛比如世界,幼儿体验到做警察、做空乘、做医生等不同的职业,懂得了工作的辛苦,从而更加尊重各行各业的劳动者。

美国哲学家杜威曾经说过:"教育教学不应是直观的导入知识,而是要采用有效的诱导方式,引导儿童全身心投入到活动之中,让儿童在无意活动中得到知识体验。"树立正确的教育观,更新教育资源观,让教育跨越幼儿园的围墙,为幼儿提供一个更加丰富、生动的大课堂,让幼儿在自主、开放的氛围中,享受着个性化的学习与发展的权利,丰富体验,率性成长。

规范家访流程，助力家园共育

青岛市市南区和田路幼儿园　侯　杰

家访工作是开展家长工作的重要方面,市南区和田路幼儿园一直将家长工作作为生活课程的一个实施途径。每年新学期开学前,各班教师就会通过入户家访"一对一"的方式,与家长进行沟通交流。因此,幼儿园制定了家访流程图、家访规范流程、家访流程规范解读等家园共育工作导向,帮助教师更好地开展班级家长工作。

第一,访前精准备。为了更全面、直观地了解幼儿生活习惯、家中真实表现情况,帮助他们尽快地适应新学期幼儿园生活,各班级教师结合幼儿园家访流程提前两周对入户家访做好了详尽计划,从身体情况、生活习惯、行为表现、家庭教育等五个方面制定了"幼儿在家生活自理能力如何培养""亲子阅读的方式方法"等"访谈中20个有效问题"。按照"一三一"家访计划,即提前一周联系好时间,提前三天规划好路线,提前一天确认好时间,为家访工作的有效实施与顺利开展奠定了有利的基础。

第二,访中善沟通。为确保家访的有效性,每班教师按照计划对每个家庭进行20～25分钟的有效约谈。家访过程中,教师与家长亲切交流,详细询问幼儿在家的表现,及时了解并记录幼儿的生活习惯、兴趣爱好等。小班教师给即将入园的幼儿送上精美的小礼物——卡通图画本和小粘贴分享,与幼儿一起拉手游戏进行互动,消除幼儿对教师的陌生感。交流过程中,对家长提出的"幼儿良好行为习惯的养成""家庭中社会交往的培养方式""隔代教育的沟通方式""幼儿阅读习惯的养成"等六个方面23个问题,教师也进行耐心细致的解答与记录,并挑取具有普遍性、导向性的问题作为新学期家教沙龙、家长学校、家长成长训练营的主题素材,为接下来班级开展家园针对性教育筑起坚实的屏障。

第三,访后巧反思。家访后,各班教师对幼儿情况有了初步的了解,并对回收的全部家访记录表进行了梳理和反思,初步完善了幼儿身体情况调查表、班级特殊关注日计划表、幼儿成长管理档案、家园联系册等五项内容,为下一步班级有序良好的工作打下坚实的基础。

除此之外,幼儿园也通过不同形式开展家园共育,如微平台。幼儿园每周利用微信公众号开展"快乐宝贝故事屋""智慧父母成长营""安全教育提醒",各个班级也积极开展"班级微信沙龙""幼儿成长分享"等活动。幼儿园积极利用家长资源,建立"家长学术资源团",由不同领域的专业家长每月对班级幼儿开展主题家长执教,每学期对教师开展四次专业执教。另外,幼儿园每月会开展"三会"活动、公益讲座、家长开放、亲子活动、半日开放等形式多样的活动,共同营造良好的家园共育环境,助力幼儿的健康成长。

"悦读阅乐"家庭教育课程

青岛市城阳区上马街道中心幼儿园　周　赞

我园在"用阅读影响幼儿一生"的办园理念引领下,通过开设温馨的图书室、"拐角遇到书""悦读阅乐厅"等信手拈来的书香环境,以及每天的"小话筒故事大王",每周一次的"图书漂流",每学期一次的"故事大王"评选、"我讲英雄故事"、古诗词诵读等幼儿活动和最美书香家庭、最美书房及"悦读阅乐"读书节活动,为开展"悦读阅乐"家庭教育指导课程积累了丰富的活动经验。家长在参与活动、体验交流的过程中逐渐感受到亲子绘本阅读带给幼儿的影响。

一、制定目标,梳理育儿观

课程目标的制定以《3—6岁儿童学习与发展指南》精神为指导,在关注幼儿直接感知、实际操作和亲身体验的基础上,家长通过参与、交流、体验、反思,梳理正确育儿观念,学习绘本阅读方法,体验亲子阅读的幸福。

(1)学习选择适合幼儿年龄段和幼儿发展特点需求的绘本和亲子阅读的方法。

(2)能在倾听、讨论、交流、实践的过程中和幼儿一起阅读、交流,参与幼儿的成长,做幼儿成长过程中的良师益友。家长坚持阅读,为幼儿树立榜样,帮助其养成良好的阅读习惯。

(3)体验亲子阅读的幸福,感受幼儿和家庭在"悦读阅乐"活动后的变化。

二、体验阅读，家园互动

结合我园生活教育课程中倡导的体验式学习、互动式教育，营造与社会、家庭、大自然浑然一体的教育。积极与环境、同伴和家长互动，开展丰富的活动，如"幸福的种子"家长沙龙活动，通过推荐书目、自主阅读、交流分享，家长感受到了"人类的语言，特别是带有感情的温暖话语，会促进幼儿心智的健全发展"。邀请街道学前办主任结合自己多年绘本研究经验和陪伴子女阅读成长的经历与家长交流。推荐适合大班幼儿阅读的绘本书目。通过解读绘本《我爸爸》的陪伴阅读方法，让家长学习亲子绘本阅读要提前了解阅读提示、作者简介，还要正确把握绘本所要表达的中心内容，学会先仔细看封面、封底，再亲子共读内页的阅读方法。各班邀请家长参与绘本讨论课，通过模仿亲子阅读和提问交流环节，教师进一步引领家长梳理亲子绘本阅读的经验方法。

三、关注实施策略，收获亲子阅读经验

（一）把握课程的核心价值，实施整合策略

方式上的整合：我们注重让集体活动、体验活动、讲座、讨论课等各种活动方式互相配合，发挥各自独特作用，提高教育的整体效益。

过程上的整合：使阅读方法知识、亲子情感体验、亲子阅读实践等相互结合，从情感体验入手，关注家长在课程中经验的获得、观念的转变。

（二）关注家长主动参与，实施互动策略

《幼儿园教育指导纲要（试行）》中指出，幼儿是通过与周围的人、事物、环境的相互作用而获得发展的，对家长的指导也要体现互动性。在活动设计时不能一味地"听"，而是通过"听—说—思—变"的过程充分交流互动，在互动过程中体验亲子阅读、活动的幸福感受及获得绘本阅读知识。

四、交流反馈，实施评价

评价最重要的目的不是证明而是改进。评价的目的作用于幼儿的成长和教师及家长的发展。在开展"悦读阅乐"家庭教育指导课程过程中，我们通过家园互动交流单，让家长在课程实施前对活动的目标有清晰的认识；课程评价表是让家长对活动提出自己的意见和建议；"亲子阅读小故事"是家长和幼儿互动后进行的记录，了解家长育儿观念的转变及亲子绘本阅读方法；教师课程评价反馈单是从课程实施的方

案、内容和效果分别提出调整或改进建议;随机交流评价表是教师在课程实施过程中所进行的观察与反思。

"悦读阅乐"家庭教育课程是我园立足"体验",关注幼儿阅读兴趣,引领家长学会选择绘本、能够有效进行亲子阅读的积极探究。从关注亲子关系、亲子阅读体验到利用绘本体验父子、母子相互关心的情感,并在过程中关注个别家长,引领家长获得更多的丰富感受,促进了家长育儿水平的提高。

成就优秀园长,从调适外部环境开始

青岛市市北区银河之星幼儿园　黄　伟

《幼儿园园长专业标准》中指出,园长是履行幼儿园领导与管理工作职责的专业人员,需具有规划幼儿园发展、营造育人文化、领导保育教育、引领教师成长、优化内部管理、调适外部环境六大专业职责。其中,为幼儿园发展营造良好的外部环境,赢得更多的支持与配合,是园长的重要工作之一。以前,当园长"两耳不闻窗外事",以园为家,抓好内部管理即可,与外部环境联系多了还被认为不务正业。随着社会的发展,幼儿园不再孤立存在,它与越来越多的外部环境发生联系,包括与家长、社区、媒体之间的关系。调适就是调整好这些关系,以达到最佳状态、最大程度的和谐。

一、幼儿园与家长关系调适

金杯银杯不如家长的口碑。家长既是幼儿园的客户,又是幼儿园教育的合作者,还是幼儿园声誉的传播者,因此,园长必须把与家长的关系处理好。

(一)建立常规交流途径

通过幼儿离园、入园时的简短谈话,家访,电访等方式保证与家长之间沟通顺畅。运用家长会、亲子活动、家长开放日、家长学校、专题讲座等让家长了解幼儿园的教育教学理念、班级活动、幼儿发展状况、科学育儿知识,有效促进幼儿园与家长之间的相互了解。运用新媒体技术,如网站、微信群、微信公众号等,让其成为幼儿园与家长的桥梁,节能高效,拉近家园距离,让家长有更多发言权,家园对话更顺畅。

（二）充分发挥家长的作用

家长委员会是幼儿园联系家长的桥梁和纽带,园长要鼓励家长委员参与幼儿园教育、管理工作,为幼儿园发展出谋献策,积极参与各项活动,以身作则,带动其他家长,携手支持幼儿园的和谐发展。家长来自各行各业,园长要善于挖掘家长资源,为园所用,让其为教育教学服务,发动家长发挥专业优势,自愿承担助教,从而开阔幼儿的视野,丰富幼儿园课程资源。园长要吸纳关心幼儿教育、热心、有时间、服务意识强的家长为志愿者,协助幼儿园工作,充分调动家长的积极性,使其成为幼儿园的坚强后盾。

二、幼儿园与社区关系调适

幼儿园与社区是一个利益相关的共同体。园长要坚持合作共赢的原则,积极整合社区和社会上的各种资源为幼儿园服务。

（一）安全工作

校园安全已成为社会各界尤其是家长们关注的焦点话题,校园安全工作单靠幼儿园的力量是远远不够的。园长必须密切与社区物业、居委会、街道、派出所、消防队、交警大队等的联系,保持良好互动,让社区专业人员对幼儿园设备安全、消防设施、食品安全、卫生保健给予专业指导,齐抓共管,为幼儿园安全工作保驾护航。

（二）教育活动

无论幼儿园坐落在何方,社会教育资源都现实地、客观地、丰富地存在。园长要了解、挖掘教育资源,善于发动、运用社会教育资源,以丰富幼儿园教育活动。例如,参与社区"老少同乐,重阳敬老"活动,让幼儿用实际行动表达对爷爷奶奶的爱;邀请社区交警来园,与幼儿零距离互动,增长幼儿的交通知识;等等。实践证明,注重对社区资源的挖掘、整合与利用,不仅能丰富教育内容,更能形成强大的共育合力,促进幼儿园和谐发展。

三、幼儿园与媒体关系调适

现代社会是信息社会,媒体传播速度之快,能瞬间让幼儿园赤裸地展示在公众面前,让园长难以招架。媒体是把双刃剑:运用得当,充满正能量;运用不当,麻烦不断,严重影响幼儿园的形象和声誉。如何加强与媒体的沟通、交流,与媒体保持良好关系,使其对幼儿园发展产生积极正面的影响,需要园长好好动脑筋思考。

（一）积极引导

近年来，有关幼儿园的不良报道不绝于耳，将幼儿园推向风口浪尖，作为园长必须清晰地认识到问题的严重性，用实际行动宣传正能量，正确引导舆论导向。例如，对于让幼儿园自豪的事件、有意义的活动，园长要主动联系媒体，配合采访，积极互动，形成良性的合作关系、伙伴关系，使报道真实而有正面效应。

（二）遇危不乱

遇到危急事件，园长不能逃避，更不能方寸大乱，而应沉着冷静，把教职工、家长的力量团结在一起，想尽一切办法理智解决问题，坦诚面对媒体。作为新时期的园长，不仅要苦练"内功"，还要精于修炼"外功"，努力提高调适能力，做内外兼修的领航人！

第二部分

小 学 教 育

智能"家系列"打造合育新格局

青岛定陶路小学　郭晓霞

一、背景分析

2019年全国教育大会上,习总书记在"怎样培养人"的问题上,要求教育工作者健全家庭、学校、政府、社会协同育人机制,形成全员育人、全过程育人、全方位育人的格局。

家庭是人生的第一所学校,家长是孩子的第一任老师,学校有责任指导家长为孩子"扣好人生第一粒扣子"。青岛定陶路小学借助微信企业号,建立了信息化技术支撑的智能家庭教育指导平台,构建了基于智能理念的"家系列"课程。学校的此项课程在青岛市级科研课题"智能教育理念下的家校沟通新机制研究"引领下,深入分析作为家长的必备知识和关键能力,开发以好家风养成、好习惯培养、好家校协作为主要内容的"乐陶家系列课程",设置六大类课程,通过智能平台进行资源推送分享和交流学习,传播科学家教理念,共享适切家教方法,提升整体家教水平。同时,引导家长也成为课程资源的开发者,以家校同频共振促进学生个性化发展。

二、典型做法

(一)整体推进课程研发,统筹家校覆盖全域

"家系列"课程在智能教育视域下,依托智能平台整体建设,重视并充分整合和协作家庭、社区的教育资源、力量,给予"家系列"课程以基础支持和核心载体,通过普适性、个性化的智能资源课程的推送、学习、实践、共享,深度满足家长、学生多元性需求,有效联通家庭和学校教育,智慧众筹,资源众筹,通力协作,合力成就优质的学生团队、幸福的家校集体,实现共同发展。

(二)巧设六大类课程,形成"家系列"课程群

基于家、校、社三位一体育人格局建设的目标,"家系列"课程共开设六大类课程,

即实时传递校园教育教学活动的"乐陶快讯"课程,涵盖宏观与微观、囊括理论与实践的家庭育子指导类课程"校园圈子",讲解学科知识、突破知识重点、实现学法指导的"乐陶微学堂",展示自我、弘扬个性、促进交流的"乐陶小达人",即时反映孩子的童言稚语、学科作品、玩耍瞬间的"乐陶小讲师",民主公平参与学校工作进程的投票与选课评优的"智能评价"。

（三）应用"家系列"课程资源，形成家校共育新样态

学校应用互联网实现学校教育资源与家长手机的互联互通,打破教育时空,将优质资源推送到每个学生家庭。目前,已自主开发千余节微课资源,涵盖习惯养成、学科教学、课后指导、学生才艺展示等多个板块的内容,破解了家校资源如何共享的难题,形成了"发展学生、提高教师、影响家庭、携手共育"的新教育形态。

这其中,最显著的变化是家长陪伴率的提升。调查问卷显示,家长陪伴率达到91.7%,比常态的家长陪伴率上升34.3%。针对学生家长的主动参与,分析了三点原因:

首先,简单易得。学校通过企业号将资源推送到家长手机终端,家长接收资源方式与平日使用微信相同。

其次,合理规划。推送前进行的问卷调查显示,家长在家时间段一般为晚上6:00—7:30,原因在于很多家长是新市民,作息时间与公务人员有差异,因此学校选择在这个时间段推送资源比较合理。另外,考虑到小学生的用眼卫生习惯,一节微课以3～4分钟为宜,每天推送两节微课。

再次,保持与学校教育的同步性。家长在家给孩子讲解题目,孩子总说:"您讲得不对,和我们老师讲的不一样。"其实,家长很少会讲错知识,更多的是家长讲解的语言与老师不一致。一年级《认识教科书》这一节微课最受家长欢迎,评价在第一位。究其原因就是家长通过微课,认识到原来数学课本上的这幅图就是情境图,书上的红点就是老师讲解的例题,而绿点就是学生可以独立完成的仿例练习,在和孩子交流中容易达成与教师课堂用语的一致性。

三、实施效果

在"家系列"课程的建设、推送学习与效果评价中,学校逐渐厘清了家、校、社三位一体循环作用的关系。学校以其教育理念的先进性与专业化,遴选推送"家系列"学习资源,拓宽家长的眼界,引领家庭的学习与亲子的成长。家庭是教育的起点与摇篮,也成为学习育人目标、落实道德言行的实践基地;社会则是家校共同育人成效的

检验平台与发酵场所,促进学校教育行为的进步与完善。在这一循环作用中,逐步形成了家校携手精准开发资源、学校天天推送资源、家校学习互动的工作模式。

"家系列"课程的建设与应用,极大提升了学校服务家庭、服务社会的工作品质,学校先后获得"青岛市优秀家庭教育服务站""青岛市青年文明号"的殊荣。家校共育课程的研发与应用研究,赢得了荣誉,也赢得了家长和社会的良好口碑。

四、问题和反思

智能教育平台推进了"家系列"课程的研发与实施,但是平台在使用中实现真正的个性化学习,为实现家校共育的目标而进一步系统研发和持续优化,是我们进一步努力的方向。

校长有约,家长驻校,携手共育

青岛长阳路小学　戴　茜

"第一次参加学校组织的这种活动,感觉非常实在,能切实体会到学校的一些理念及观点没有是在喊口号,而是扎扎实实地做到了实处,真正做到了'以人为本',很感谢学校!""与卫生老师一同晨检,学生干部认真仔细。老师尽职尽责,课间活动组织有序,班主任态度严谨,工作辛苦。"这是学校开启家长驻校办公活动后,第一次参加驻校活动的两位家长对一上午的驻校办公所发出的感慨。为更好地调适外部环境,进一步提高家长对学校教育的关心程度,落实家长对学校教育教学活动的知情权、参与权、评议权和监督权,激发广大家长参与学校工作的积极性,校长办公会决定,正式启动家长驻校办公活动。

一、谁来参与?

家长驻校活动定于每周二上午8:00—12:00。最初的家长驻校办公是学校安排,由校级、班级家长委员会成员承担的。随着家长驻校办公活动深入开展,学校扩大了驻校家长范围。2014年2月,开学伊始,学校通过学校家长QQ群,向全校家长进行了家长驻校活动的简介,并邀请家长参与驻校办公活动。消息发出后,家长们纷纷报名,根据家长的报名情况,结合学校的实际工作,由家长委员会负责,提前与家长预约,每次邀请两位家长参与活动。2014年9月起,学校又进一步调整了参与驻校活动的家长人数,由每次两人增加为只要家长报名,可以多人次走进校园参与驻校办公活动,报名也完全由各班家长委员会组织,家长们自主参与的积极性更高了。

二、来做什么?

在参与家长驻校办公的一上午时间里,家长们要体验卫生老师的晨检、班主任的晨读、课间活动组织,了解学校的办学理念、校园文化、参观校园环境,参观学生课间操组织以及分餐室管理、午餐组织和午餐质量检查等。根据学校当天的工作内容,有时驻校家长也会跟随老师们一起听课或是参与各种教育教学活动,进行家长读书内容推荐和读书感悟评选,担当学校比赛的评委,处理家长们提出的疑惑或问题,起到家校沟通桥梁作用……

2015年起,驻校办公活动又增设了一项内容:家长陪餐。由各班家长委员会提前统计自愿报名的家长,驻校当天,这些家长与学生共进午餐,协助餐厅管理,从而进一步了解学校餐厅的组织管理、食堂饭菜的质量与口味,协助学校共同保障饮食安全。

"我孩子在家吃饭习惯了喝汤,咱们学校的午餐能否也添加稀饭或者汤呢?""学校各方面管理都非常细致,希望更多家长能走进校园,参与驻校活动!"……每一次的驻校办公活动结束后,家长委员会组织参与驻校办公的家长对学校的安全、卫生、教师精神面貌、学生的课堂常规、课间活动、午餐质量及午餐组织管理等方面进行反馈,提出自己的意见或建议。

三、有何作用?

家长驻校办公是青岛长阳路小学开门办学的一项有效举措。在家长委员会组织下,更多的家长走进校园,了解了老师们一天的工作、学校的各项管理情况、对学生的习惯培养和规矩养成要求,这样家长可以与学校同步,共同来培养学生良好的习惯和规矩。家长驻校办公活动实施已经六年多,这一举措有效地密切了家校关系,增进了彼此沟通。更多的家长愿意走进校园,在每学期初的为学生调高课桌椅、社会实践、父母课堂等学校活动中踊跃报名,主动走进校园、走进课堂,参与各种义工活动、亲子活动,家长满意度也不断提高,形成了教育合力。

发挥海洋教育优势，提高学校美誉度

青岛西海岸新区薛家岛小学　郭太艳

人类的活动总是处在一定的自身周边外部环境之中，并受自身周边外部环境的影响。社会不断发展，环境也随之不断变化，要实现学校的健康稳定、可持续发展，有效、主动、系统地开展校园外部环境调适工作显得尤为重要。

一、学校外部环境调适的内容

薛家岛小学作为全国海洋意识教育基地和全国海洋科普教育基地，充分发挥科普辐射作用。坚持"请进来、走出去"的工作思路，学校积极争取市区科学技术协会和少年科学院的支持和指导，定期邀请专家到校培训教师和学生。

我校与海军博物馆、青岛海底世界、青岛贝壳博物馆达成共建。这几所共建单位成为我校免费的研学基地，师生定期进行社会实践活动，给学生提供学习探究的平台。共建单位积极赠予学校的大型航模实物展和关于石油、天然气开采知识的图文展更是为学生研究有关知识打开了新的大门。同时，聘请有关海洋专家为校外辅导员，对学生进行海洋科普讲座，激发学生的热情，从而增强学生的海洋意识。

薛家岛小学与青岛明月海藻集团合作建立了海洋科技体验基地，实现了小学教育与海洋产学研龙头企业的合作。借助海洋科技馆的资料，编写印制"海洋生物知识卡片"，寓知识性、娱乐性于一体，让学生人手一套，在玩中掌握海洋知识。"六一"举办海洋艺术节、海洋知识竞赛、海洋科技创意比赛、海洋科普大篷车进校园等系列活动，让学生感受海洋的魅力，培养他们的创新意识，激发他们探索海洋的好奇心，让每个学生争做海洋小使者，更好地保护我们的海洋。

定期组织优秀师生和家长参观青岛海军博物馆、青岛海底世界等，通过一系列活动的开展，助推学校海洋教育。我们和同为海洋科普教育特色学校的北京市海淀区向东小学、华山中学、缅甸福庆中学缔结为友好学校，定期开展活动，加强校际合作，互利互惠。校外优质资源的创建和利用必将对我校海洋创新教育起到更大的助推作用。

二、 学校外部环境调适的意义

有效开展校园外部环境调适,与校外各种影响学校发展的主体保持有效的接触与沟通,抓住发展机遇,实现学校更好的发展。学校利用自身优势资源,传播海洋信息,强化海洋教育,开展各种形式的海洋科普活动,为提升师生的海洋科学素养和海洋意识,为国家海洋科普事业做出贡献。

学校定期举办的科普开放日活动,让广大家长、市民及外校学生走进校园,感受学校的海洋科普魅力。科普基地展馆年开放天数达50天以上,年接待量达千余人次,学校老师和学生作为讲解员,发挥科普基地的带动辐射作用。

学校定期开展的海洋节、家长开放日等活动,增强全民海洋意识。积极参加市区组织的科普活动、全国科技周活动等,经常性开展科普惠民、科普推广、科普知识竞赛等科普工作。

学校积极与自然资源部北海局、市区科学技术协会、教体局联合开展全国科普日活动,组织师生开展"送科普进社区"活动,推介宣传贴近大众生活实际的科普知识,加大了科普宣传力度,发挥场馆的社会能力,得到社会家长的认可。

三、学校外部环境调适的策略

(1)充分认识家庭是学校重要的合作伙伴,积极争取家长的理解、支持和参与,促进家校共育。

(2)注重利用海洋环境和社会(社区)的教育资源,扩展学生生活和学习的空间。

(3)重视引导学生适当参与社会(社区)生活,丰富生活经验,提高社会性发展。

(4)在校教师了解学生家庭教育的基本情况,定期培训家校共育的知识与方法。

(5)建立学校对外合作与交流机制,开放办校,形成学校与家庭、社会(社区)及校际的良性互动。

(6)引导家长及社会有关人士参与学校教育、管理工作,吸纳合理建议。

薛家岛小学用海纳百川的胸怀完成了一次又一次的超越,用自我超越的勇气实现着一次又一次的腾飞。薛家岛小学将继续推进特色建设,建设优质学校,提高学校的美誉度。

依托地域优势，开发海洋国防教育资源

青岛八大峡小学　邱　琳

青岛八大峡小学始建于1992年，地处市南区最西端的团岛湾畔，是一所凭海临风的花园式学校，从学校南门走17米就是防波坝，是市南区离海最近的学校。学校门前左侧海域是中国海监第一支队码头，停靠着从事海上维权执法的中国海警的船只；右侧海域有团岛，团岛灯塔指挥着进出胶州湾的轮船。学校向北不足600米驻有海上边防派出所。凭借得天独厚的地域优势，学校聚焦"海洋国防教育"主题，与这些涉海单位签订了教育基地协议，开发海洋国防教育课程，组织系统的海洋国防教育与海洋研学实践活动，在《国家海洋事业发展规划纲要》的指导下，最大限度地发挥沿海开放城市的资源优势，扎实海洋国防特色教育，形成了在区域具有影响力的海洋教育品牌。学生的海洋生态意识、海洋资源意识、海洋国土和海洋国防教育意识得到了进一步的增强，为培养心胸开阔、体魄强健、志向远大、勇于实践、善于创新、敢于担当的"海式少年"打下了坚实的基础。

《中华人民共和国国防教育法》第十三条："学校的国防教育是全民国防教育的基础，是实施素质教育的重要内容。"第十四条："小学和初级中学应当将国防教育的内容纳入有关课程，将课堂教学与课外活动相结合，对学生进行国防教育。"

海洋国防教育是国防教育的重要组成部分。我们都知道，我国陆地面积约960万平方千米，还应该知道我国内海和边海的水域面积约470万平方千米。此外，我国在太平洋国际海底区域，还拥有7.5万平方千米具有专属勘探权和优先开采权的多金属矿区。然而，近年来不断有周边临海国家关于海洋国土的争议。维护海洋权益，开发利用海洋，保护海洋环境，已经历史地、客观地摆在我们面前。

基于以上认识，青岛八大峡小学认为要发挥好学校得天独厚的地域优势，挖掘现有的区域资源，海洋教育就以开发海洋国防教育为切入口。

一、建立基地，从小培养学生的海洋国防意识

2017年11月，学校聚焦海洋国防教育，主动地走出校门，向周边的涉海单位寻

求帮助和支援,先后与中国海监第一支队、八大峡边防派出所、海军博物馆等单位签订协议书,让这些单位成为学校的海洋国防教育基地,形成社会、专业团体、学校共同研发海洋国防教育的合力。

为了充分发挥海洋、国防教育基地的作用,学校认真统筹规划,精心设计每一个签约仪式、每一次专家指导、每一次走访慰问,把学生海洋国防教育课堂建在舰船、灯塔等校外场所中,开阔了我校师生的海洋视野。另外,学校也定期邀请基地的国防教育专家走进课堂,对学生进行有关法律、国防知识等专题讲座,激发学生保护海洋、维护国家领海主权的愿望,激发学生海洋强国的光荣使命和责任感。学校也进一步明确了以基地为依托,以增强学生海洋生态意识、海洋资源意识为抓手,共促海洋国土、国防教育意识的工作思路。

二、开发课程,特色推进学校的海洋教育发展

基地的建立丰富了学校海洋教育课程内容,开阔了师生的海洋视野,推动了学校课程开发、海洋特色教育的实施。学校先后开发了海洋国防课、海洋气象课、海况观察课、"海洋 STEAM 维京时代"等校本特色海洋课程,让海洋国防意识、海洋常识教育从小就印刻在学生的心里,也在海洋教育的特色发展道路上踏出了坚实的脚步。基地的海洋国防教育专家、市南区海洋教育联盟都多次对学校的课程开发研讨进行指导。

其中,海洋国防课结合现有的海洋国防教育内容,在大课程观的指导下,针对小学生的年龄、心理特点和接受能力,整合道德与法制课、德育实践活动、基地资源等,采用由浅入深、由低到高、由易到难台阶式的教育方法,对学生进行以爱国主义和革命英雄主义为主要内容的海洋国防教育。

三、组织研学,达成"海式少年"培养目标

在《青岛市中小学研学旅行工作管理办法》《市南区推进海洋教育行动计划》的指导下,学校将研学活动与海洋国防教育紧密结合起来,科学规划,规范管理,通过尝试主题研学、基地研学、特色研学等不同形式的研学活动,使 100% 的学生能够参与到实践中,成为推进素质教育的重要举措。

2018 年 9 月 15 日是全民国防教育日,青岛八大峡小学的少先队员们在海军博物馆见到了曾经在"长征一号"核潜艇上服役的退休老战士们,和他们同游"长征一号"。这些老爷爷在全民国防教育日这一天又回到自己年轻时坚守的地方,心情格外激动。他们一边回忆,一边向孩子们讲述了这艘核潜艇的意义、作用,以前、现在。当亲眼看到核潜艇,亲自走进舱里,亲耳听到当年的故事,孩子们所受到的震撼和启发

远远超出了学习本身,是非常有纪念意义和教育意义的。孩子们在活动中真切地感受到改革开放 40 年来中国海军的发展变化,进一步加深了对海洋国防知识的了解,进一步增强了海洋意识,激发了强烈的社会责任感和爱国主义精神。五一中队的李明皓同学在参观结束后接受了中央电视台军事频道的采访,他说:"今天我登上了姥爷曾经战斗过的潜艇,我感到非常地荣幸和激动。听说,驾驶这样的潜艇需要很高的科学文化知识水平,所以我要好好学习,将来也做一名像姥爷一样的解放军战士,保卫祖国海疆,为祖国和人民做贡献!"

除此以外,学校联合中国海警第一支队、八大峡边防派出所、团岛灯塔等海洋联盟单位,精心设计了各个年级的海洋国防教育主题研学活动。一次次有意义的海洋国防研学实践培养了学生的国防意识,让他们真正成为能够报效祖国、敢于担当的"海式少年"。

四、经验总结

立足地域优势,开发海洋国防教育资源。青岛八大峡小学扎实的海洋特色教育,形成具有区域影响力的海洋教育品牌,进一步增强了学生海洋生态意识、海洋资源意识、海洋国土和海洋国防教育意识,有效激发学生热爱海洋、保护海洋、探索海洋奥秘的热情,提高学生海洋素养,培养学生亲海、爱海、知海、研海意识。

(一)国防教育基地资源利用最大化,让每一个学生真正受益

与八大峡边防派出所的签约仪式上,武警官兵带领少先队员举行升旗仪式。战士们标准的礼仪和规范的动作为这个特别的升旗仪式增添了庄严的气氛,展示了军人的风采。边防派出所警员为师生做了国旗下的讲话——"为祖国筑起坚固的海岸防线",让师生了解边防所担负的近海海域海上执法、海防工作区治安管理等工作。海洋国防教育基地的建立,开拓了海洋教育视野,丰富了海洋教育内容。

(二)海洋国防实践常态化,激发学生护海爱国情怀

一次实践的收获虽然大,但是如果不规范化、常态化,那就仅仅是一次活动,不能长久、持续地对每一届学生产生影响。因此,学校将成功的研学实践案例做了固定时段、固定地点、固定年级、固定主题的设计,集成"海式少年"品格培养系列研学课程,在基地的支撑、专家的引领下,保证学生的学习内容,真正做到学习方式的多样性。

学校以基地为依托,开发海洋国防教育资源意识的思路,开拓师生的海洋视野,培养学生的海洋生态意识、海洋资源意识、海洋文化意识和海洋国防意识,激发学生海洋强国的使命感和责任感。

家校携手育新人，播撒关爱启心扉

青岛洮南路小学　孙文欣

家庭教育是人一生中起步最早、影响最深的一种教育。办好家长学校，使家长提高对家庭教育的认识、交流家庭教育经验、提高家庭教育水平，有着非常重要的意义。进一步促进学校教育、家庭教育和社区教育的协调发展，为学校和家庭、社区携手培养孩子全面发展而不断努力。

一、健全组织机构，夯实家校管理

（一）两级组织，明确责任分工

每学期初推选学校代表、家长代表、教师代表和社区代表的家校议事会，并通过自荐、投票选出校级家长委员会主任，班级成立由五位家长代表组成的班级家长委员会，组成两级家长委员会组织。各级家长委员会明确分工，设有生活、活动、学习、体育和综合管理的相应人员。

（二）家校携手，完善议事制度

每学期开学的家校议事会，回顾、总结上学期家长委员会日常工作的开展，包括家长义工驻校活动如值勤、中午陪餐及家长志愿者等工作，宣读每学年度各班家长委员会改选的成员名单，学习《青岛洮南路小学家长委员会章程》，传达学校新学期工作计划，讨论新学期家校工作如何开展。家长们对学校工作提出意见、建议，我们及时改进，增进了家校融合。

（三）家长驻校，全程参与管理

连续多年的家长义工驻校的目的是让更多家长走进学校，了解学校和学生的在校生活。家长值勤、陪餐，了解学校生活，寻找安全隐患，向学校提出合理化意见和建议，协助学校搞好各项工作。家长们用文字和图片去记录学校生活的点滴和感受，通过微信的形式,让更多的家长了解学校的管理,更积极地参与驻校活动。

二、拓宽培训渠道,提高家教能力

(一)《父母课堂》,提升综合素养

我们一直积极向广大家长宣传和介绍市北区统一推荐的家长学校教材——《父母课堂》,引领广大家长学习、阅读这本教材,掌握教子方法。这本教材的主要目的就是从根本上提高家长的家庭教育综合素养,避免"问题孩子"的出现。学校在家长中广泛征集家庭教育经验论文,撰写成案例,利用校园网、公众微信号、校报等形式和广大家长共享。

(二)家教热线,指导教子有方

学校开设"悠悠谷"心理咨询热线和接待日,面向家长开展家教咨询服务。我校谷晓格老师作为青岛市教育局家庭教育讲师团成员,多年来参与各级各类家庭教育讲座,对家长提出的在家庭教育中遇到的疑难问题给予较好的解决,受到家长们的欢迎。

(三)专家培训,提高家教水平

我校定期开展开放日活动,每学期都会外聘专家、校领导、骨干教师进行家长培训讲座,与家长们沟通、交流,共同探讨教育的新路子,让家庭教育和学校教育紧密衔接起来。经过几次家庭教育理论培训,家长们对待孩子学习的态度有了很大的转变,尽量避免简单粗暴的教育方式,而采取悉心教育的态度,因此,我校学生也逐渐变得乐观。

三、采用多种形式,丰富家校活动

(一)新生入校,培养良好开端

每年8月份,学校会迎来一年级的新生。他们在爸爸妈妈的陪同下,迈入了洮南路小学的大家庭,父母和孩子一起接受入学培训活动。经过培训,家长们提前了解了孩子入小学可能面临的问题,也知晓了解决问题的方式方法,以尽快地帮助孩子缩短适应期。家长们还明确了学习习惯在小学阶段的重要性,从而可以更好地配合学校帮助学生养成受益终生的良好习惯。学校推送了新生入校小贴士,帮助家长顺利陪伴孩子入学入校。

（二）全员开放，体验学校教育

每学期我校都会举行全员家长开放周活动。让家长走进校园、走进班级，零距离地了解孩子的学习和生活情况。通过听课、亲子讲座、参观作业展、填写调查问卷等，家长在开放日活动中了解了学校教育教学管理的各个方面，肯定了学校的发展现状，一致给出好评。

（三）艺术活动，丰富课余生活

近几年，我校外来务工子女比例逐年上升，目前占学校学生的64.5%。他们的家长平时忙于生计，孩子课余生活比较单一，没有机会欣赏高雅艺术。为了丰富校园文化生活，让更多的孩子近距离感受艺术之美，学校多次联系青岛市歌舞剧院，让青岛市"文化惠民"演出活动走进洮南路小学，家长和孩子们近距离欣赏艺术家们带来的视听盛宴。每年的校园艺术节文艺汇演汇集了歌舞、戏剧、乐器、朗诵、沙画等多种艺术形式，同时融合亲子、祖孙、师生、同学等多种表演方式，每次都有超过100名家长参与活动。

（四）最美教室，学生快乐成长

我校举办了以"让学生在最美教室快乐成长"为主题的最美教室评选活动。学校邀请家长委员会代表做评委，多角度评价班级特色的建设、师生的成长与收获、班级的教育效果等。在创建最美教室活动中，每班都进行了卓有成效的建设活动，各班教室的精心布置传递出温暖、融洽、充满情趣、主题多元的文化气息，有自己的故事，有自己的生活，全面打造"人文化、主题化、书香化"教室。

（五）密切合作，整合共育资源

借助社会优势资源，形成三位一体教育合力。学校长期与青岛大学师范学院心理系建立合作关系，也是心理系大学生校外实践基地。学校还积极促进家校联手育心，通过亲子关系系列培训改善家庭心理健康和育人氛围。

如今，洮南路小学校园里孩子们的笑脸和欢呼、教师队伍的整体面貌，都是心理健康教育潜移默化的结果，这不是冰冷的数字能够量化的。心理健康教育用一种温暖的方式唤起教师、家长和孩子们对心理健康的关注，对孩子们的心理自我调节能力产生重要的启蒙作用。渐渐地，心理健康教育会成为师生生命中不可或缺的一部分，构成师生完整意义上的教育生活。

家校共建，让每朵生命之花都灿烂

青岛百盛希望小学　乔严平

优秀的孩子不是天生的,成功的家庭教育是起点;父母是孩子的第一任教师,家庭教育是人类一切教育的基础,直接影响着孩子今后的成长。中华民族有着良好的家教传统。孔子诗礼传家、孟母三迁、田稷子受贿受母训、诸葛亮教子俭美德已成为家教典范。家长素质的高低决定了学生的发展。长期以来,由于应试教育的影响,家庭教育与学校教育存在着诸多的不和谐。家长学校的工作起到了沟通和桥梁作用。

这些年来,我校十分重视家庭教育,在上级领导的殷切关怀下,实实在在地举办了家长学校,形成了家庭、社会、学校三位一体齐抓共管育新人的新局面,开展了丰富多彩的教育活动,取得了明显的效果。

一、健全组织，形成家校共建网络的全面性

家长学校活动的开展和规范依赖强有力的组织领导机构,为了保证家长学校有丰富多彩的活动内容和实实在在的教育效果,学校进一步完善了组织领导工作。多年来,学校坚持"建立两个机构,落实一个目标"的做法,组建了以校长为主任,副校长为副主任,学校其他领导组成员为委员的家长学校校务委员会,对如何开展好家长学校的各项事宜进行研究,组建了退休教师、法制副校长、本校骨干教师和各班班主任等组成的家长学校教师队伍。通过学校正确的领导,加上对授课的精心组织,最终达到家校合一、共同提高、服务师生的目标。

与此同时,学校还成立了校级和班级两级家长委员会。每学年期初都要调整家长委员会成员。每学年召开 2 ~ 3 次家长委员会会议,一般由学校领导通报学校工作计划及取得的成绩,然后听取委员会成员的合理化建议等。

二、措施到位，扎实办好家长学校

为广泛宣传,提高学校教师的认识,增强责任感,以及提高广大家长对家长学校的认识,我们在平时工作中特别重视做好"六个三":第一是开好三个会,即家长学

校工作会、家长委员会会议、学生家长会,通过三个会,增强了广大家长自觉到学校上课学习的意识;第二是做到三个统一,即领导与教师的思想统一,家长与学校的共识统一,教师的授课内容与教材统一;第三是做好三个落实,即教材落实(推荐家长学习教育部关工委家教中心编写的《成功家教启示录》《失误家教警示录》)、教师落实、工作落实;第四是做到三个不准,即不准歧视家长,不准在授课中提及后进生的姓名,不准违规授课;第五是做到三个认真,即备课认真、上课认真、批改作业认真;第六是授课做到三个结合,即教材与当地实际情况相结合,现行教育体制与家长学校教育相结合,小学教育对学生的要求与社会对人才的需求相结合。

三、开展形式多样的活动,增强家庭教育的实效

家长学校有大型的全校性的活动,有小型的座谈,有班级授课活动。每月活动不少于一次,出勤率能达 80% 以上,受到家长的普遍重视。家长学校的活动具体有以下几个方面。

(一)定期召开家长会

每学期学校都要召开家长会,会上家长们首先听取学校的工作报告,其次听取本班任课教师的情况介绍,再次是与教师互动。会后,每位家长还要填写家长意见反馈表。学校把各班家长的意见汇总,由各部门进行答复。

(二)举办家庭教育讲座

家长学校毕竟是家长在业余时间自愿参加的,故时间不宜占得太多。我们把上课与家长会结合起来,每次学校或年级开家长会,总是先安排一点时间讲家庭教育专题课。多年来我校的家庭教育专题讲座涉及各个方面,如学习、心理健康、意志品质、人际交往等方面,具体包括当好家长的几点建议、学会与孩子沟通、努力创建民主型家庭、学生学习困难的预防与疏导办法、如何培养孩子健康的人际关系、家长的身教与言教对孩子的影响、孩子耐挫能力如何培养等等。所有这些都来自现实生活中家长能接触到的真实问题,尽量让家长听得进、记得牢,达到认同与内化的境界。这样家长既在家教的理论水平上得到提高,又了解到自己孩子在校的表现,从而能更主动与班主任交流意见,加强对孩子的教育。

(三)根据不同情况召开小型座谈会

召开部分学生家长会,如留守儿童代理家长会和隔代抚养家长会等,指出培养学生高尚的情操、坚强的意志、良好的习惯、健康的心理、健全的人格等综合素质的具

体方法。

（四）平时及时与家长联系

一方面鼓励家长校访，一方面通过电话及时与家长沟通学生在校情况，取得家长的支持与配合。

（五）邀请家长来校参加学生的活动

如国庆节"童心颂祖国"、儿童节"我心飞扬，快乐成长"学生素质展示等活动，让家长来校和孩子们同庆同乐。家长通过参加学校丰富多彩的活动，看到了自己孩子的长处，又欣赏到其他孩子的特长，备受鼓舞，调动了其教育子女的积极性，同时提高了自身文化素养。

（六）建立心理咨询卡及微信平台

讲座只是解决一些共性的问题，而学生是独立的个体，具有千差万别的个性，个案也同样需要学校的重视。因此，我校在家长、学生中开展调查问卷，建立心理咨询卡，针对独生子女中出现的心理问题，教师及时进行指导答疑，让家长了解教育的方法，使学生健康、快乐、活泼地成长。

（七）学校和家长、学生需要沟通，家长和孩子需要沟通

我校开展了"六封信"活动，使家长、教师能更好地了解孩子们在想什么、需要什么，为自己的教育指明方向；家长、学生也对学校、教师提出了许多合理建议，为办好学校做出了贡献。

（八）开展家长开放日活动

家长开放日活动是学校开展创新型家庭教育的又一内容。家长开放日活动起到了四个促进作用。一是促进了教师课堂教学水平的提高。每当开放日到来之时，每一位教师都要认真钻研教材、设计教案，都想在家长面前展现自己的教学技艺，提高自己。二是促进了家长责任感的不断强化。家长在课堂上看到自己的孩子活泼主动地学习，都非常高兴。三是促进了学生主动地学习。开放日活动振作了孩子们的精神，激起了他们努力学习的兴趣，课堂上积极思考，大胆地回答老师的问题，课堂气氛活跃。四是促进了教师与家长、家长与学生之间关系的优化。开放日活动让教师、家长、学生之间的距离更近了，从而增强了相互之间的了解、尊重和关心，出现了孩子督促家长做模范家长、家长教育孩子做"三好学生"的可喜局面。

（九）利用家长学校进行普法教育

每学期我们都邀请法制副校长、镇司法助理进行法律、安全等专题讲座。学校还利用"创建廉政文化校园""创建法治校园"等活动契机,发放"兴廉洁之风,建文明家庭""法规在心中,安全你我他"等倡议书,提高了家长们的法律意识。

著名的教育家苏霍姆林斯基说:"每瞬间,你看到孩子,也就看到了自己;你教育孩子,也就在教育并检验自己的人格。"家长对孩子的影响比教师对孩子的教育作用更大,所以说,要想把孩子培养成才,首先培养合格的家长。因此,开办家长学校,提高家长素质,尤为迫切。我校将进一步以高标准、严要求来衡量自己,不断探索家长学校办学的新路子,密切与家长的关系,共同为培养好下一代而不懈努力。

家校合一，全员育人，构建大家朝城

青岛朝城路小学 邓晓红

一、背景

（一）国家层面

1. 指向"全人"的教育

习近平总书记明确指出,"要把立德树人的成效作为检验学校一切工作的根本标准"。当下,教育需要进一步从分数当中解放出来,实现促进学生德智体美劳全面发展的全人教育。

2. 指向全员的教育

2015 年,教育部印发了《教育部关于加强家庭教育工作的指导意见》,将家庭教育工作纳入教育系统。随着大教育观的逐渐形成,整个社会已认识到教育是学校、家庭、社会共同影响和作用的结果。家庭教育作为教育中非常重要一部分,亟须和学校教育并轨,共同产生合力,促进学生全面发展。

（二）区域层面

1.青岛市全员育人工作全面推进

2017年,青岛市教育局下发了《青岛市推进中小学全面实施全员育人导师制工作的意见》,进一步指出落实立德树人的途径,要求全体教师转变角色,成为协助学生身心健康发展的导师。

2.市南区着力打造海洋教育特色

为打造海洋教育特色,市南区提出"以海正德十品行",在区域层面推广包容、智慧、拼搏的海洋文化。

（三）学校实际

我校地处于青岛市西部老城区,学校50%以上生源来自外来务工家庭,大多缺乏自信心和安全感,部分学生表现出一些不良习惯,很多学生家庭都存在着离异、两地分居或夫妻关系紧张等问题,对孩子"顾不上"或"不会教育"的现象十分普遍,迫切需要家校合作。

基于国家、市区以及学校实际,学校以全员育人导师制为载体,联合家庭、社会资源,形成协同育人机制,共同服务学生德智体美劳的全面发展,形成我校家庭教育的特色。

二、主要做法

（一）课题引领，拉动家校协同发展

学校通过课题引领的方式强力推动家校合作。基于国家立德树人的大背景,我校以全员育人导师制工作为落实途径,确立了"全员育人理念下的SFUC多源导师制的实践探索"的家庭教育课题,并申报省规划办课题,目前此课题已通过青岛市选拔,被推荐到省级参与评选。本课题旨在建立以学校（S）、家庭（F）、大学（U）、社区（C）为多种来源的导师队伍,进一步研究多源导师团队的人员组成、目标任务、运行方式、实施策略以及评价,以此建构服务学生全人发展的全域育人生态。

（二）管理布局，架构家校网络管理模式

1.划分部门，落实任务

学校将家庭教育工作作为学校的整体进行管理网络的布局,各部门都承担家庭

教育的工作内容和相应的职责（表1）。

表1　青岛朝城路小学全员育人导师制工作管理分工

处室	负责人	负责项目	人员构成	具体任务
校长室	邓晓红	把握工作方向	校长	（1）每学期给出工作的方向 （2）指出工作中的不足 （3）提出新学期工作要求
副校长室（教学）	林岩	学业帮助	副校长	（1）督办教导处的各项工作 （2）给出部门工作的方向，提出工作建议 （3）负责教师导师培训工作
副校长室（德育）	张绮	思想引导、心理疏导、生活指导、成长向导	副校长	（1）督办德育处的各项工作 （2）给出部门工作的方向，提出工作建议 （3）负责导师家访工作
秘书处	詹小璐	统筹、协调、推进各项工作	德育主任	（1）制定全员育人导师制工作方案 （2）全程推进导师工作 （3）统筹协调各项工作 （4）对家长及导师小组进行多方位的专业指导
德育处	詹小璐、刘惠	思想引导、心理疏导、生活指导、成长向导	专家顾问团	对家长及导师小组进行多方位的专业指导
			班主任	（1）组织全员育人导师制的班级分组 （2）了解班级各小组的活动情况，给予适时的指导和鼓励 （3）定期召开学情分析会和班级教导会
			家长导师	每月一次协调和组织小组活动
			学生导师	重点对学生进行学业指导，为学生树立学习榜样
			大学生导师	（1）进行身体健康指导 （2）进行心理咨询
教导处	刘鹏	学业帮助	教师导师	（1）对学生进行品德教育 （2）对学生进行学业指导 （3）根据自己的特长进行特长指导

2. 细胞模式，活性管理

学校根据学生的特点和家庭住址进行分组，为每个小组搭配多方来源的指导教师。与"S"对应的是学校教师导师，每位教师负责4～5个学生小组；和"F"对应是家长导师，每个学生小组推选一位家长作为导师；和"U"对应的是大学生导师；和"C"对应的是专家或社区志愿者导师。每一个小组都具备细胞功能，既依附于学校的整体管理，又能体现细胞活性，即小组的自主管理。同时，也让学生的管理形成三级网络模式,即学校到小组再到个人,使管理得以自上而下实现渐变,形成了家校紧密合作的实体。

(三)建立模式,透过机制促进工作效率

1.多源导师队伍建设

学校从实际出发,采用双向选择的方式为每个小组搭配最佳导师阵容,形成一小组一导师团队的结构。针对不同导师来源,学校制定了相应的导师职责、工作标准、工作方法及工作分工,提出导师工作五步法,即真心观察、正确诊断、注重品格、适切引导、反思总结。设计制作导师手册,方便导师进行工作记录及反思。教师导师主要的工作主要包括每学期对自己组内的学生进行一次学业指导、一次谈心谈话、一次家访、参与一次小组活动,进行体质达标一对一帮扶。

学校规定周四 16:30—19:00 为家访日,教师导师要提前设计针对家访孩子的问题,以问题为导向,每次家访都要有反思、有成果。在家访过程中,学校薛晶晶老师了解到四年级三班周静同学眼睛的视网膜脱落,急需做手术,但是由于家庭经济困难,周静同学没有得到及时的治疗,手术一拖再拖。薛老师通过朋友圈为周静同学募集了治疗费 18 000 元,周静同学在寒假中得到了及时的治疗,恢复了视力。像这样的事例在学校还有很多。家访进一步打破家校壁垒,使家校成为一家人。

家长导师的主要任务一是定期参与学校培训,二是负责小组家庭活动的策划、组织。我们的学生在家长导师的带领下参与了不少小组活动,如到敬老院看望老人、到幼儿园当义工、参与义卖捐赠等公益活动,利用节假日家长导师带领孩子一起完成探究作业、手工制作、阅读进阶、体验慰问等探究实践活动。通过家长导师的带动,家庭教育也能够在学校管理体系下有组织、有策略地开展。

大学生导师的主要任务则是榜样的示范和朋友的沟通。学校与青岛职业技术学院对接,聘请学院和教育有关的大学生作为导师,定期开展活动:"走出去",大学生导师带领学生进入大学校园,参与高校一日游活动;"请进来",学校的运动会、欢乐节邀请大学生导师来送课。

2. SCCE 项目合作学习

在多源导师引领下的学习小组通过项目学习的方式参与学校各项活动。学校依据学期工作重点,发布项目。项目内容包括四个要素:情境驱动(situation drive)、合作模式(cooperation mode)、项目内容(contents)、项目评价(evaluation)。以健康节为例,学校发布了《本草纲目》的研究性学习项目,各小组自主选择想要研究的对象,领取项目行动书,并在家长及教师的带领下完成项目内容,形成研究报告并展

示。学校依据项目完成情况进行项目评价,给予奖励。组内则通过项目量表完成自评和互评。

3. 彩虹评价

所有的教育最终指向学生的成长,学校通过彩虹评价贯穿家校工作。针对导师的评价,主要依据导师手册的完成情况、导师职责的履行情况进行,每学期评选优秀家长导师、教师导师、大学生导师等。针对学生的评价则通过发行彩虹币的方式进行。彩虹币通过两种途径发放:一是用于奖励班级,班级获得"德润先行班"称号或是在各级各类比赛获奖均可获得彩虹币;二是用于奖励小组,在学校组织的各项比赛和活动中,表现突出的团队、小组可以获得彩虹币。班级内设有彩虹晴雨盘来呈现学生一天的表现,学生名片停留在"你真棒"代表学生有最佳表现,停留在"要加油"则代表学生表现不佳。根据彩虹晴雨盘,班主任将班级获得的彩虹币进行分配,学生获得彩虹币后可以到彩虹超市进行兑换,赢得奖励。学校彩虹超市开张以来场面火爆。这种做法以评价为指向,让学生亲尝通过努力获取实惠的成长喜悦。

三、效果

(一)促进家校无缝合作

以划分小组、搭配多源导师的方式,使家校之间通过实体组织产生连接,家校合作牢固而紧密。

(二)便于家校管理

学校对于家长的管理主要通过家长委员会,这种管理模式往往是散点式,管理面积拓展不开,仅有少部分的家长能够参与到学校管理当中。但是小组搭配多源导师的方式则使学校的管理自上而下、由大到小,形成了网格化的管理模式,覆盖全体师生和家长。四五个学生为一组,由家长导师带领,一方面为当前倡导的合作探究学习提供了土壤,便于开展丰富多彩的课后活动,和学校活动形成互补,另一方面,学校的管理特别是对家长的管理,就可以导师作为中心,向其他家长辐射,使家校管理不再仅仅针对部分家长。这样一来,学校的管理既有大面积的组织策划,又有小单元的组织活动,使学校形成了外部由组织框架支撑、内部有活性细胞组织的教育有机体。

(三)充调动家长积极性

以小组为单位进行组织和管理,使家长的作用得以充分发挥,家长不再仅仅是被动接受学校的管理,而是能够充分发挥能动性。家长的积极性充分调动起来,使家庭教育成为学校教育的另一主要阵地,形成家校并举的局面。

（四）促进学生的全面发展

以小组为单位组织开展活动,学生的个性被充分尊重,多源导师的搭配更是给学生的成长提供了全面而精准的服务,使学生的综合素养得以提升。

四、反思

在以小组搭配多源导师的方式开家校合作的同时,我们越来越感觉到导师的重要性,导师的眼界、素养和育人水平往往决定了学生的水平,因此对导师进行培训,提升导师的综合素养是非常重要的环节。目前针对多源导师的培训虽然已全面展开,但是还不成系统,因此后期还要进一步开发多源导师课程,形成课程体系,全面提升导师的综合素养。

改善办学条件，为学校发展提供物质基础

胶州市铺集镇张家屯小学　丁万春

一、加强硬件建设

张家屯小学按照《山东省普通中小学基本办学条件标准（试行）》规划、建设,现有建筑面积 8700 平方米,有教学楼、实验楼、餐厅各一处,运动场地 10 100 平方米,能够满足学校教育教学需求。

学校现有微机室、图书室、创客教室、实验室、录播教室、阶梯教室等功能室,各专用教室、公共教学用房、办公及生活用房种类齐全、数量充足、面积达标、室内设施完备。

二、完善图书室建设

学校拥有 100 多平方米的开放式阅览区,整体设计新颖别致、格调高雅,座位数充足,图书数量及更新率达标,为师生提供自由开放的阅览环境,借阅率高,能够为

学生个性化学习与发展提供资源支持。

三、建设智慧校园

2014 年实现光纤网络到学校,全校教师人手一机,并实现了"班班通"。建有一个微机室,能满足最大班额需求,为 12 个教室和所有功能室配备了电子白板多媒体教学平台。2016 年投资 30 万元新建多功能录播室、电子书法教室、机器人室、3D 打印室,重新设计改版了张家屯小学网站,开通了微信公众平台。学校启用万朋通和 AM 两套信息办公系统,保证信息及时上传下达。为加快高水平现代化学校建设,又投资 20 余万元新建同步课堂教室一个。设备的提升促进了学校信息技术的应用,2017 年学校参加了青岛市信息化应用示范学校的答辩验收。

调适学校外部环境,家校合作协同育人

青岛市崂山区凤凰台小学　孙吉昌

一、背景

调适外部环境是现代校长专业发展的重要内容之一。校长不仅要关注学校内部管理,更要关注学校外部环境的建设。校长要充分认识到社区和家长资源对于提升学校内涵发展的重要性,积极探索构建学校与社区、家长有效互动的途径与方法,形成和谐、生动的学校、家庭、社区三位一体、有机融合的学校发展合力,促进学生的全面发展和个性化发展。

实现家校合作,调适学校外部环境,培养亲民(亲近家长)、爱生(热爱学生)、敬业(尊敬自己的职业)的好教师,为学校提升教育教学质量加快助力。

二、典型做法

(一)完善制度,明确职责

家长委员会作为高层次的家校合作形式,对学校的建设、发展起着监督、建议和决策作用。为了有效落实家长委员会成员的责任,我校成立了班级、年级、学校三级家长委员会,实行"一年一调整"制度。每学年初,各班自主构建班级家长委员会,再由班主任推荐家长到年级,成立年级家长委员会。依此类推,最后成立学校家长委员会。为健全家长委员会的职能,为了规范家长委员会的有效运行,我们根据本校实际情况制定了《青岛市崂山区凤凰台小学家长委员会制度》。另外,校领导小组协同家长委员会成员结合每学年学校实际工作,制定每学年家长学校工作计划,让家长们参与到学校工作的决策中,共同协调参与学校管理。

(二)专设场所,沙龙互动

学校为家长委员会设立网络群,让家长委员会代表在网络群就孩子教育问题进行商讨,并收集家长对学校教育教学方面的建议,及时改进。学校也推荐符合家长需求的家教类专业书籍,通过阅读他人家教故事,给家长提供经验借鉴。举办家长沙龙、家长开放日活动,采用定期会议、公共邮箱、电话等交流形式,创设家校沟通平台。让家长参与学校管理,为学校的发展出谋献策。

(三)家长义工,拉近距离

考虑到家长希望了解孩子在学校学习情况的心理,同时,也为了进一步挖掘家长资源,学校建立一支庞大的家长义工队伍。家长义工疏导校门口交通,维护上下学秩序;每当学校举办大型活动,家长义工协助学校顺利开展工作。家长义工在帮助学校开展活动的时候,可以切身感受孩子学习环境,了解教师工作的辛苦,拉近家长、教师和孩子的情感距离。

(四)家校特色活动

为了帮助家长建立与孩子之间良性的亲子关系,学校十分重视亲子活动的设计。学校每年有特色活动,如"我与爸妈共成长""亲子诵读""中秋亲子同乐做月饼""家庭植树乐融融""亲子趣味运动会"等,活动内容丰富。我们明确这是家长与孩子一起参与的活动,创设更多家长与学校、与孩子沟通的机会,加强孩子和父母间的情感交流。我们十分重视亲子活动的设计和安排,如在春游时举行低年级的亲子游、"大手拉小手"亲子阅读、好家长评选、书香家庭评选、重阳节到敬老院"送温暖"等活动。

我校善于挖掘家长资源,邀请有专业特长的家长参与到学校的课堂和活动中,利用家长职业特点弥补校园教育的不足,丰富学校教育元素,为学生成长提供更为良好的条件。例如,请擅长讲故事的"故事爸爸妈妈"进校园为孩子们讲述生动的故事,在愉快的氛围中给孩子们心灵的启迪;请医生家长进教室为孩子们上"预防蛀牙"

课；请消防员家长进校为孩子们上"消防课"等。参与活动的家长也在这个过程中无形地增强了对学校的归属感。

三、实施效果

我校根据新形势下教育的发展趋势，借鉴家校合作的成功经验，结合自身实际，探索出新时期下家校合作的新方式。事实证明，这些措施具有可行性和实效性，更好地促进了学校与家庭的共同提升。随着时代的发展变化，我们还将根据素质教育的要求，探索家校合作更为有效的新途径。

四、问题与反思

在与外部环境互动中，经常会遇到这样那样的问题。当问题出现的时候，我们要勇于承担责任，调适得好，人际关系和谐，外部资源丰富，工作效率提高，工作就顺风顺水。善于沟通，敬业务实，建立良好的合作关系，获得社会的了解和支持，为学校、教师和学生的发展争取优质资源，积极参加社会活动，树立良好公共形象，不断扩大学校的知名度和影响力。

"互联网＋"背景下的家校合作

平度市崔家集镇崔家集小学　金海平

在当今信息技术飞速发展的时代，互联网的发展尤为突出。互联网的发展也在促进着其他行业的改革，比如教育行业。移动互联网已取代传统互联网，成为我们关注的焦点。在新时代移动互联网背景下对教育行业的家校合作产生积极影响，这便是"互联网＋"所存在的重要意义，也是我们研究的重要内容。现就其中家校合作的具体方式进行简单介绍。

一、家校合作简介

家校合作是家庭、学校和社会等多方面的合作，是将多种教育资源进行整合的重要方式，是学校、老师、学生、家长间沟通的重要桥梁，是家庭教育和学校教育的相互协调和作用。家校合作以学生为中心,以服务学生为出发点,对促进学生身心的健康成长、促进学生的全面发展具有重要作用。

随着信息技术的发展,家校沟通合作的方式也正进行着一场巨变。"互联网＋"背景下,家校合作主要是利用现代网络应用系统和软件,加强学校、教师、家长和学生之间的实时沟通。

二、传统家校沟通的弊端

家校合作是学校对学生进行教育的重要部分。建立有效的家校合作能够促进学生身心的健康成长,促进学生的全面发展。因此,如何有效地开展家校合作,是家长和教育者长期关注的焦点。但是,早期家校沟通合作的方式存在缺点和弊端。传统家校沟通多以家长会、家访和短信形式展开。家长会和家访在次数和时间上存在很大限制,无法满足所有家长需求。在与家长沟通学生在校情况时,家校通知多为短信群发,内容多以作业布置、学校通知、考试成绩等信息为主,受到短信不能大量传输图片、视频等限制,难以对学生个体思想品质、学习态度和身体健康方面进行形象的表述和传达。家长无法全面了解孩子在校的真实情况,缺乏与老师的互动。

三、 "互联网＋"背景下家校合作交流设计

(一)有效利用移动互联网智能软件

现今智能手机、平板电脑日益普及。我们已经习惯应用微信、QQ等软件,它们已经渗透到每个人的生活中。在新时期家校合作中,我们教师就要利用移动互联网的软件,使自己成为以家长和学生之间的"自媒体"。在教学中,以教师为信息发布主体,以微信、QQ群为媒介,向家长及时、迅速地推送学生日常情况的图片、视频等在校信息。并积极鼓励家长参与讨论,参与班级的活动与管理,提高家校合作程度。例如,我校每年的亲子运动会和"六一"儿童节都会举行活动,如果有的家长工作很忙,不能来学校参加活动,我们可以通过微信和QQ视频电话进行现场直播,家长可以观看或收藏,留下孩子成长的重要资料和美好回忆。这样既能提高家校沟通效率,又能更好地吸引家长参与。

(二) "互联网＋"背景下家校合作的内容

在日常教育教学中,教师可将学生课堂表现、课间活动、校园生活拍摄下来,制作成相册、视频,通过QQ、微信向家长推送,家长也能及时直观地感受孩子的在校表现。

（三）创建家长间交流平台

微信、微信公众平台等社交平台的开放和较高的自由度,不仅可以促进教师与家长间的交流,更能促进家长间的交流与信息共享。家长可分享各自的教育经验,同时能够加强班级团结。家长通过班级家长微信群、年级家长微信群等参与学校活动。

（四）提供有效的课后指导

学生在课后进行自主学习遇到困难和障碍时,可及时通过移动互联网提问。教师可固定时间接收信息并做出应答。在特殊天气时,教师也可通过互联网进行教育教学。比如,平度冬季雾霾雨雪天气比较多,当天气不适合到校学习时,学生可以在家进行正常学习活动,这时候老师就可以通过互联网智能软件告知学生,学生有学习疑问也可以得到及时正确的解答。同时,学生可利用班级群分享课后学习生活。学生之间也可以相互交流,提高自我学习效率。

（五）将自主性学习与探究性学习整合

利用移动互联网技术,学生的自主探究性学习及作业也有了一定的开放性。学生可利用网络进行探究性学习,获取大量课本以外的知识。教师也可通过家校官方网络平台展示研究成果,供所有家长、老师评价修改。也可通过网络平台实现同学间交流,真正做到取长补短,分享他人成果经验,提高自己的学习能力。

（六）通过互联网，家长参与学校宣传活动

我校的活动一般情况下都会邀请家长参加。每次家长参加活动后都会有很多的感悟和想法,他们可以通过制作"美篇"和电子相册等对学校活动进行总结和评价。这不仅能够加深家长对学校的认识,同时也是在向社会宣传我校的教育理念和思想,使更多的人了解并能够支持我校的教育活动。

互联网的发展为教育的进步带来了契机,互联网的应用还应更充分地体现在教育教学中。我们也将继续努力深入研究探讨互联网在家校合作和教育教学中的应用。

家校和谐互动，共促学生成长

青岛市即墨区环秀街道办事处三里庄小学　邱兆辉　李　宁

学校、家庭、社会是构建社会化大教育的三大板块，三者有机结合，教育才能事半功倍。随着独生子女的增多和家庭生活水平的提高，全面提升学生家长的综合素质、确保学生的健康成长引起了全社会的关注与重视。家庭教育是社会主义教育的重要组成部分，是实现"教育社会化、社会教育化"的必然趋势。家庭教育已成为素质教育不可缺少的组成部分，只有提高家庭教育质量，才能提高教育质量。如何以家长学校为重要抓手，坚持家校沟通与合作，努力创办让学生快乐、教师幸福、社会满意的充满民主文化气息的学校，值得我们探索。

一、完善家长学校管理体系

确立先进教育理念，以思想转轨为先导，加强家长学校管理体系建设，要探索以培育人才为核心，创造性开展一系列卓有成效的家长学校工作。

（一）更新教育理念，健全机构和完善制度，保证家长学校工作顺利有效开展

学校充分认识到办好家长学校的必要性和重要性，把创办家长学校、提高家长素质当作建设中国特色社会主义教育事业的一项重要工程。校长任家长学校的校长，学校中层人员也挂职相应的家长学校职务。教师队伍职责明确，分工合理，并建立健全规章制度，有专用场所以及相应的课桌椅，使家长学校做到"有人抓、有计划、有措施、有落实、有效果、有总结"。每年制定工作计划，按照预定目标开展教育教学活动。在家庭和社会中加强宣传，形成一定的气候。

学校实施家庭教育民主化管理，健全民主管理制度，完善民主管理机制。我校已经建立了学生、教师、家长三级民主管理机制，为保障家长的权益，学校制定了家长学校章程、家长学校岗位与职责、班级家长委员会工作制度，通过设立办公场所、定期召开例会、协助学校管理等方式，广泛开展教师满意度调查等家校沟通合作项目，

使家长对学校工作全面、深入了解,有的放矢地监督与评价。围绕"学校教育协力办""家长监督助推学校发展""家长学校凝聚家长心声"等方面,开展了学校管理家长意见征集反馈、家长公益课堂筹建等卓有成效的具体工作。家长委员会工作档案管理规范、资料完整,有专人管理。

（二）加强家长学校教学常规管理，实现家长学校教学规范化和科学化

学校成立家长学校以来,一直根据实际情况制定家长学校工作计划、目标,根据不同类型的家庭教育情况采取分年级、分层次,定期和不定期,集中和个别多种办学形式,以"儿童为本、家长主体、多向互动"为原则,开展家庭教育工作。

1.结合家长会讲课

我校要求班主任利用家长会的时间给家长讲课,讲课内容抓住家长感兴趣的热点问题及家长平时教育子女比较薄弱的环节,做到既有理论性又切合实际,让家长们听得进、学得来、做得到,从而切实有效地提高家长教育水平。

2.充分发挥家庭、学校、社会"三结合"教育的合力

学校建有"三结合"教育网络。每学期定期召开座谈会,交流家庭、社会、学校教育情况,一起探讨研究帮助青少年的办法。我们的具体做法有以下几点:

（1）召开家长会。我校每学期召开四次家长会,定期召开家长委员会会议,征集管理意见,向家长反馈学生情况,收效良好。

（2）建立家访制度。平时各班的班主任及科任教师利用微信、电话与家长进行沟通。学校还开展"万名教师访万家"活动,班主任和科任教师到学生家里进行家访,利用一个学期的时间,将班里全部学生的家庭走访完,并做好家访记录,使家长很好地配合学校教育学生。这项活动受到了家长的欢迎,并且也很好地提升了学校的群众满意度。

（3）开展家教咨询活动。家长在家庭中对子女进行教育,常常会遇到一些问题。家长如有疑问或建议,可来校向校长反映情况或与教师交流,共同商讨如何培养提高学生素质问题。家长也可以就教育、教学工作向学校提出建议或意见。我们还开设了邮箱,如家长不方便来校,可以向学校邮箱发送邮件。这样既加强了家校联系,又增进了家长和教师的感情。

（三）不断改善家长学校的办学条件，促进家长学校工作的优化

随着学校办学水平的提高,家长学校的办学条件也逐步改善。学校的多媒体教学设施、远程教育网络等现代化的教育手段更好地为家长学校的工作服务。学校多

媒体教室、计算机教室等均可成为供家长学校支配的活动场所。

二、搭建家长学校平台，提升家长学校办学品牌

家长学校配合学校制定教育计划，并针对不同年级学生的特点和家庭教育的需要开展不同的活动，精心设计活动形式，以求取得最佳的教育效果。例如，开设专题讲座，同时在家长中开展读书活动，让家长讨论交流，让其增加对孩子的了解，并改善自己的教育方法；举行亲子互动活动，如"我心目中的好家长"和"我心目中的好孩子"亲子交流活动；举办轻松自由的座谈会，如"两代同读一本书"；开展严谨的调查问卷；等等。我们努力开展形式多样、内容丰富、注重实效的各种活动。在活动结束后，要求家长及时反馈效果和感想，并听取家长的各种意见和建议。

除了家长学校给家长上大课外，我们要求教师利用家访、电访、微信与家长保持联系，及时反映学生在校情况，了解学生校外动态，共同帮助学生改正不良习惯和错误，解决学习上的困难，共同做好后进生的转化工作。同时召开家长座谈会，虚心听取家长对学校工作的意见、建议，认真整改。我们还开展一年级"培养学生良好的学习生活习惯"讲座、二年级"培养学生良好的个性特长"讲座、家长半日活动，请家长到学校观摩教师上课，了解学校教育教学情况，请家长填写"关注孩子成长"家长开放日课堂问卷调查表，与家长一起共同帮助一年级新生尽快适应小学学习生活，帮助二年级学生培养自己的个性和特长，起到了良好的辅导作用，进一步加强了家长与学校的关系。

三、探究家长学校发展思路

（一）成功体会和新的挑战

在家庭教育中普遍存在许多误区：有重智轻德、重知轻能、重养轻教等现象；有拔苗助长、要求过急过高的现象；甚至有家长认为教育是学校的事，与家长无关，忽视自身品行修养，给孩子成长带来负面影响。

作为学校工作的一部分，家长学校有力地促进学校素质教育的实施。家长们掌握了一定的科学教育方法，他们自身的品德、行为习惯、文化修养等综合素质都得到一定的提高，家庭教育水平提高了，较好地与学校教育有机结合，立体地培育祖国的花朵。家长的成长和进步不但推动学校的教育教学工作，也促进社区的精神文明建设。

（二）家长学校发展思路

（1）家庭教育工作是一项公益性事业，又是一项民心工程，关系到社会的和谐与

发展。学校扎扎实实地开展家庭教育工作,才能取得明显的素质教育实效。

（2）必须紧紧抓住服务家长这个着眼点。家庭教育为家长服务,是我们家长学校工作的着眼点。要不断开阔思维的空间,拓展工作的领域,创新工作的方法,适应新时代学校德育管理的新要求。

（3）必须发挥家长的智慧和力量,创新家长学校服务方式。家长学校离不开家长们的聪明和才智,在优秀家长中选讲师将是家长学校讲师团扩充新生力量的有效途径。同时,家长学校应创新服务方式,提供更优质的学习、交流服务平台,进一步促进家长学校品牌的提升。

学校要发展,就一定要做到人无我有,人有我优,才能最大限度地实现家长投资教育的增值化,也才能真正做到学校"您把孩子交给我们,我们把您和您的孩子放在心上"的承诺。学校将更加团结一致,再接再厉,精益求精,把家长学校工作做得更好,为教育事业增添新的光彩。

加强家校共育构建，实现高效家校共育

平度市李园街道沈阳路小学 高锡喜

为深入贯彻党的十九大精神和习近平总书记"注重家庭、注重家教、注重家风"重要讲话精神,缩小城乡家校共育差距,提高乡村教育整体水平,有效推进家校合作共育,提升学校家庭教育整体水平,办好人民满意的教育,全面提高群众满意度,沈阳路小学通过召开家长委员会,多方征求意见,商讨出一条既符合教育教学规律,又符合时代发展的家校共育思路。这不仅解决了家校沟通难的问题,而且通过组织多元化的家校共育活动,增进了家校之间的交流,达成了教育理念的共识,解放了教师们的思想,促进了学生的全面发展,形成了家、校、社和谐的共育环境。多元化的活动成为家校之间强有力的纽带和载体。

一、成立家校共育委员会和家长学校，统一思想，达成教育共识

学校成立了家长委员会,由校长担任家长委员会主任,由德育发展中心主任任常务副主任,由各班(为保证每个班级参与)选出 1～2 名优秀家长任委员。在家长委

员会的基础上成立家长学校,由校长任家长学校校长,德育发展中心主任担任常务副校长,从低、中、高三个年级段中选拔六名优秀班主任担任家长学校指导教师。根据上级领导部门的文件内容要求,安排 50% 的机动教材,另 50% 的教材是由学校按低、中、高年级学生年龄发展特点制定的校本教材。学校每学期举行两次低、中、高年级家长学校研讨交流活动。活动内容包括以下几方面。

（1）公布新学期的教育规划及家校建设规划目标。

（2）听取家长委员会建议,补充完善新学期家校共育内容,制定符合本校特点的家校共育方案。

（3）树立家校共育典型,以榜样的力量感召带动全体班主任和家长积极参与家校共育共建。

二、理论为支撑，活动为载体，知行合一

搭建家、校、社共育多元化平台,充分发挥广大家长的作用,整体推进素质教育,全面提高学生综合素养,树立科学的家庭教育观,办教师舒心、家长放心、社会关心的学校,营造和谐、高效、优质的教育体系,建立密切、融洽、信赖的家校关系和师生关系,促进各类学生健康和谐发展,促进学校教育教学水平的提高。

（1）利用"十一"国庆节,进行"我和国旗同框"爱国主义亲子研学活动。活动开展以平度当地为中心向四周辐射,挖掘当地在抗日战争、解放战争中的战斗英模事迹,父母与孩子一起制作绘本故事,让每次游玩变得非常有意义。

（2）利用节假日开展"中华民族优秀传统节日文化研学"亲子活动。中国的传统节日就是一部中华民族文化实践词典,是将中华民族优秀传统文化的结晶转变为现实生活的写照。此项活动反映家风、家训、家教、家书的故事,也反映出民族历史文化的发展。

（3）结合学校校本课程开发,家校共同开发"梅、兰、竹、菊'四君子'"课程。该课程的开发,引导家长和学生对"四君子"有了更加深刻的认识,包括"四君子"的品性、生长规律、喜欢的环境。在搜集课程资料的过程中,家长与孩子、教师与家长通过共同学习增进了友谊,促进了互相了解。

（4）每年 11 月份的家长节活动,让每一位家长走进校园、走进课堂,与自己的孩子共同上一节课,及时了解孩子在课堂上、在学校里的表现,及时与教师沟通解决教育方面存在的问题,参与学校组织的家校共育活动,参观了解学校的发展现状,展望学校未来的发展愿景。学校与家长达成共识,对学校的规章制度达到理解互谅,成为一家人。

三、充分利用信息网络工具，将家校共育走深走实

现今是网络信息时代，为了加强家校之间的沟通联系，我们充分利用网络工具——电脑与手机，进行信息无间隙沟通传播，让家长在第一时间了解教育新动向、社会新需求，促进家校共育往实里走、往深处走。充分利用学校网络公众号和教职员工手机转发朋友圈，传播正能量，让国家的教育政策方针通过网络媒体进入千家万户，做到家喻户晓、减少误解、促进共识。

通过以上家校共育渠道和方法，有效地巩固了家校共育阵地，收到了较好的共育效果。

调适外部环境，促进学校发展

平度市常州路小学　张新宙

当今社会经济文化飞速发展，人民对物质文化的需求也日益提高，同时对教育提出了新的挑战。一个学校要想得到长足、高效、多元的发展，就不能故步自封，而要很好地调适家长、社会、社区、媒体、政府等外部环境，使其协助学校共同做好周边安全秩序、环境卫生、基础建设、文化建设、环境美化等工作。

一、周边安全秩序

为进一步加强学校及周边治安综合治理工作，及时有效协调解决治安突出问题，维护校园及周边良好的治安秩序，学校联合公安、交通、行政执法等单位建立周边治安综合治理联席会议制度。定期、不定期通报学校及周边治安综合治理工作开展情况和联席会议安排、决定事项的办理情况，协调解决学校及周边治安综合治理工作中存在的困难和问题。

当地派出所、协警安排专人在学生上放学期间在学校大门口执勤，疏散交通，维护秩序，保护师生安全。平度市交警大队在我校大门口两侧设立交通警示牌和减速带，有效防范交通事故的发生。学校招募家长志愿者参与到学生上放学的交通疏导和秩序安全管理工作中。

二、基础建设

学校积极争取平度市教体局和东阁街道办事处支持改善办学条件。2012 年，东阁街道办事处投资了 635 万元新建了综合楼，加固了教学楼，并追加了 60 多万元进行供暖等配套设施建设，使教师和学生有了舒适的办公和学习环境。2009 年和 2015 年，东阁街道办事处投资了 22 万元先后两次为学校铺设塑胶跑道。2019 年，东阁街道办事处投资了 9 万余元为学校部分楼顶做防水处理，改建了两个教室，并为新增教室和走廊安装了不锈钢防护栏。2013 年，平度市教体局投资了 60 多万元为教师办公室安装空调并更换师生桌椅。2015 年义务教育均衡县创建期间，平度市教体局和东阁街道办事处又为学校投资了 20 万元，用于铺设塑胶排球场地和配备专用室。2018 年，平度市教体局出资 40 多万元为学校操场全部铺装了人工草皮，使学校的面貌和办学条件得到了极大的改善。

三、环境卫生

我校对面就是永安新村居民区，平时人流量很大，以前无垃圾箱和垃圾存放点，生活垃圾到处堆放，社区卫生清理不及时，致使环境卫生脏、乱、差。学校安排值日生一日三次清扫，但是刚清理完的垃圾、树叶等又会悄悄地"溜"上马路，再加上繁多的生活垃圾，这让学校领导伤透了脑筋。经过多次协商，东阁街道办事处在道路两侧安装了许多小型的垃圾箱，方便居民倾倒垃圾，并安排了两名环卫工人每天不间断地清理卫生，使得学校大门口的道路始终保持干净整洁。

四、文化建设

我校坚持走阅读兴校之路，自从 2012 年起就营造书香校园。我校的读书工作在平度已小有名气，平度电视台、《青岛财经日报》《半岛都市报》等多家媒体多次报道我校的读书工作。为了让学生能在节假日期间借阅到免费、优质的书籍，学校积极吸引社会投资，在校大门口南侧建立"时光小屋"并配备了 20 万元的优质图书和阅读设施，方便学生借阅和现场阅读。为提升学校形象，更好地激励和引领师生读书，学校引进社会投资 10 万元在校园中心花坛前面安装了一座书的大型雕塑，并在其上刻了"书润心灵"四个大字和美国作家狄金森的诗《没有一艘船能像一本书》。现在学生每天在雕塑前阅读、诵读经典、游戏活动。每天清晨，学生走进校园的第一眼就会看到屹立在草坪中的雕塑，它像一叶白帆，载着学生驶向书的海洋，开启一天美好的生活。

五、特色社团活动

为解决师资不足的问题,我校聘请"外援"为学生开设书法、国画、主持、器乐、武术、舞蹈、科技、轮滑等社团活动,丰富学生课余生活,培养学生兴趣特长。

在当今资源丰富、信息畅通、机遇与挑战并存的社会背景下,只有善于打破常规思维,勇于借助外部资源为我发展所用,不断开拓创新、交流互鉴、相互启迪、互惠互通,才能创造性地完成各项工作。

调适外部环境

青岛蓝谷高新技术产业开发区中心小学　秦志昆

一、坚持把合作共赢作为学校对外关系准则,积极开展校内外合作与交流

学校工作的顺利开展,必须有家长的密切配合。教师在与家长交谈时,尽量挖掘学生身上的优点和进步,委婉地提出不足,并与家长一起探讨解决方法。教师要重视与家长的联系。学生的进步离不开教师,也离不开家长。为了更好而全面地了解学生,教师要通过多种形式与家长建立密切联系,进行友好交往。

(1)校内外交流与合作,即家校之间互相理解、互相信任、互相尊重,达到一种和谐状态。目前,家校的沟通方式多种多样,但教师面对的家长、家庭也更复杂了。现在的家长职业多样,文化层次、个人修养、心理状况差异都很大,学生的家庭形形色色,对学生的影响也是复杂、深远的。家校只有有效地进行沟通,才能在师生之间、家校之间架起一座沟通的"心桥",让每一位学生感受到教师的爱,让每一位家长成为学校教育的拥护者和支持者。

(2)沟通现状。我们忙忙碌碌中很少能与孩子好好沟通。有时,面对孩子,我们很惭愧,因为我们并不了解孩子,更不知道他们在想什么,我们只是把他们当作学习的工具,让他们学习、学习、再学习。

(3)探究沟通障碍的原因,是家长对教育工作的不理解,是教育者沟通的耐心不够,还是紧张的生活节奏成了沟通的障碍。

我校会定期给家长和教师进行家校合作方面的培训,同时也利用家长会或其他方式与家长进行沟通联系。家长也积极地参与其中,部分家长的教育观念有所更新,教育能力有所提高。

二、引导家长委员会成员参与学校管理和监督,接受改进学校工作的合理建议

学校和家长委员会成员进行有效沟通。学生的进步是家长和教师共同努力的结果,家长的督促对学生完成作业、好好学习起着十分重要的作用。

(一)转变观念,摆正位置,提高认识,强化责任

以前,家长往往被看作是被教育的对象,甚至因孩子不争气而接受教师的"训话"。现在我们成立了家长委员会,不仅仅要求家长接受培训,还要让家长成为学校的真正主人,并以其自身的魅力与能量参与到学校工作的各个方面。家长委员会成员要通过管理,充分发挥各自的特长,从不同侧面为学校献计献策,从而也能看到自己价值的所在。

(二)目标一致,共享成果

家长把孩子交给学校,希望孩子能有出息;学校希望家长配合,使学生成才。大家的目标是一致的。家长委员会所有成员的愿望都是通过自己的工作,使学校的工作上一个台阶。学校发展了,家长高兴;家长教育孩子有成绩了,学校高兴。

(三)积极参与,办好实事,使家长委员会的工作正常运转

家长委员会要通过办实事带动学校各方面工作的开展。要想开展好工作,首先要沟通。参与学校的管理,必须了解学校的各项情况,包括优势和困难。家长委员会把学校的工作重点、难点告诉给成员,成员也应及时把大家的意见、建议和工作打算反馈给学校,进行双向沟通。家长委员会是学校、家长和教师之间的一座桥梁。当家长有些意见不便直接向学校提出时,可以通过家长委员会向学校提出。学校面临的困难和对一些问题的处理也可由家长委员会向家长做协调工作,增进相互理解和信任。

校园安全事关重大,做好校园安全工作不仅是学校的责任,广大家长也有尽力协助的责任。家长委员会可以组织委员定期、不定期地检查学校各项安全防范措施的落实情况及安全教育情况(主要是通过孩子了解),及时向学校反馈安全隐患(重点是学校门口及周围的安全情况)以及可采取的措施,并尽可能为校园安全提供必要的帮助。家庭是孩子的终身课堂;家长是孩子的第一任老师,也是终身的老师。孩

子的健康成长离不开家长的教育,学校的健康发展离不开家长的支持。教育是合力作用的结果,它需要家庭与学校紧密的配合。为了更好地关心学生、帮助学生、了解学生,为了在教育教学方面收到更好的效果,学校也离不开家长们的支持。

三项活动让家庭教育根植落地

青岛市即墨区鳌山卫中心小学 王 波

苏联教育家苏霍姆林斯基说过:"社会教育是从家庭教育开始的。家庭好比植物的根苗,根苗茁长才能枝繁叶茂,开花结果。良好的学校教育是建立在良好的家庭教育基础上的。"家庭教育是教育的基础,父母是孩子的第一任教师。

通过问卷调查和家庭走访,学校了解到当前家庭教育中存在的诸如包得太多、管得太严、推卸责任、放任孩子、不注重培养孩子的受挫心理等问题。学校将普及家庭教育理论、提供家庭教育方法、传播家庭教育经验作为家长学校的主要任务,力求通过家长学校的教学,让家长了解更多更科学的教子策略,使学校教育与家庭教育互补,促进学生的全面发展。

家长学校的学习交流讲求形式灵活,使家长学校的教学体现因材施教。除了由学校安排专门老师为家长上大课外,还要求各班班主任认真分析班情,在各班内形式多样地与家长共同交流学习。

一、举行学生个性发展家长座谈会

互联网思维的第一条是用户至上思维。家长和学生就是我们的用户,是我们服务的对象。以用户为中心,满足学生的成长需求,为学生和家长提供最优质的服务,成为我们工作的出发点和归宿。

我们一直相信"每个孩子都是优秀的",让每个孩子在爱中成长。但是由于社会因素、家庭因素、学习因素、教育对象的自身因素乃至教育方式等因素,教育的对象是千差万别的。在这样一个群体中,或多或少地存在着家庭困难生、学习后进生、思想落后生,如体质弱的、不准时交作业的、偏科的,甚至在思想或行为方面存在偏差的学生,即我们通常所说"问题学生"。"问题学生"不一定是坏学生,但如果不能及时对他们加以疏导、帮教和转化，他们可能就会演变为基础教育的"次品"。我们要最大限度地理解、宽容、善待"问题学生"，用真情教育他们，用真心关爱他们。

在实践中，转变教师思维，树立服务意识。做好家长学校的"破"与"立"，即打破原先统一时间、统一专题、统一形式的传统，确立以真诚沟通为价值追求的新型家长培训，从形式到内涵上实现三个转变：一是变端坐倾听为共话成长，二是变定期举行为即时交流，三是变面上分析为个体研究。无论什么形式，我们都要做到真诚，从与家长沟通的内容到沟通的语气、语调，都做详细的探讨。然后由优秀班主任、科任教师总结经验，反思不足，与其他级部分享经验，把细节做到极致。各学科教师诚恳与家长进行面对面交流活动，针对孩子的特点，主动与家长沟通，共同商讨教育的方法，得到家长的普遍理解和支持。通过个性发展座谈活动，帮助家长找到适合学生的教育方法，让家长和教师一同挖掘学生的潜能，使学生最大限度地发挥其特长。

二、举行"家长经验大家谈"

每年我们都组织一次以班级为单位的"好家长经验交流会""家教经验大家谈"，邀请在家教方面有成功经验的家长做经验介绍，让他们现身说法，介绍自己教育子女如何学做人、如何对待分数、如何配合学校培养学生成才的经验。同时，学校每年分级部举办家长开放日活动，全方位、多角度地向家长开放学校教育教学工作，让家长走进课堂，让家长看到和感受到教师的教育教学方法，看到自己孩子在课堂上的表现，以便配合学校及时了解、发现和纠正学生的某些不良习惯，同时也促进了教师与家长、家长与学生之间关系的优化，让教师、家长、学生之间的距离拉得更近，从而增强了相互之间的了解、尊重和关心。

三、主题交流

我校在办家长学校的过程中，还组织广大班主任及科任教师学习有关知识，组织教师进行案例分析，让教师懂得与家长相处、沟通、交流的艺术。学校要求教师以尊重、民主、平等的管理理念与家长沟通，围绕一个主题与家长交流；要求家长就参加交流的情况写出心得体会或管理、教学的建议。通过这样的交流活动，使家校之间建立起相互沟通的纽带，从而增进了解。这样便于发挥家长在学校教育中的精神动力和智力支持作用，同时能让家长认识到自己并不是把孩子交给教师就完事了，他们在家庭环境中担当着为孩子树立学习、做人的榜样，创造适合孩子健康发展的家庭氛围的重任。

深化家校合作，共谱教育新篇

莱西市沽河街道中心小学　柳云智

"家庭是人生的第一所学校，家长是孩子的第一任老师"，家庭教育对孩子具有"随风潜入夜，润物细无声"之效。学校教育接力家庭教育，家庭教育配合学校教育，从而使学校教育更加温馨、更为"给力"、更富成效。苏联教育家苏霍姆林斯基曾热情地讴歌赞美家校合作，他说："只有学校教育而没有家庭教育，或只有家庭教育而没有学校教育，都不利完成培养人这一极其复杂的任务，最完美的教育应是两者的有机结合。"对于如何开展好家庭教育指导活动，提高家校合作的有效性，提升家庭教育的水平，柳校长在家校合作方面进行了一些有益的尝试。

一、成立家长学校，定期对家长进行培训

每学期开学第一周召开家长学校集中培训会。培训内容主要是根据学生在不同年龄段，不同学期、学年的思想动态有针对性地进行指导，并请家长说出自己在家庭教育中的一些典型案例，进行分析，旨在增强培训的针对性和实效性。经过三年的探索，这一形式得到了广大家长的一致好评，绝大多数家长认为活动让自己很有收获，愿意参与到这一活动中来。

二、利用微信平台，建立家长学校交流群

为了让家长更好地了解学生在学校的学习、生活情况，展示学校的规范管理，学校每个班级都建立了班级微信群，而且规定每个班的家长必须全部加入，让家长、学校的沟通变得更及时快捷。各班的新鲜事、特色活动、各类成果、风采展示都通过这一平台进行传输，家长们能及时了解学校开展的各项活动情况。如今不少家长已成为班主任和学生们的"铁杆粉丝"，不仅将活动照片和视频收藏，还一有空就会登录班级群参与互动。有些家长还将自己教育孩子的好方法拿出来与老师和其他家长共勉，听取他人意见，并对学校工作提出意见和建议。现在各班级的微信群逐渐成为联系家长和班级的纽带。勤劳的班主任老师用手机、照相机随时记录下学生成长的点

滴,映出学生的七彩童年。家长也将学生在家里的一举一动"晒"在网上,分享给大家,促使学生都把自己积极、阳光的一面展示出来,引导学生朝好的一面发展,达到共同教育的目的。

三、成立家长委员会,推动家校和谐发展

学校通过征求家长、班主任意见,推荐产生班级和学校家长委员会,初步建立家长委员会委员驻校制度,让他们可以"参与、知情、监督、决策、沟通"学校方方面面的情况。为了让家长委员会发挥出应有作用,让绝大多数家长能参与孩子教育,学校明确家校共育目标,并通过家长委员会开展"家长驻校日"等活动,畅通了学校、家长之间的沟通交流。

每周五是家长委员会驻校办公日。一名家长代表走进校园,充当"一日教师",进行督教督学。驻校家长通过参与课堂听课、学生用餐管理等,与老师、学生、学校班子成员、后勤人员交流,全面地了解孩子的在校状态,并可以及时向学校反馈存在的问题和情况。

有学生家长反映学校食堂拥挤、伙食偏贵、卫生状况让人不放心等。学校立即通过家长委员会组织家长代表参与"家长驻校日"活动,让他们亲自到食堂用餐,了解饭菜定价过程等,之后及时在家长微信群公布情况,消除疑问,并提出不同年级适当错开下课时间、缓解食堂拥挤的方法。

学生家长发现校门口的斑马线变浅褪色,存在安全隐患,通过家长委员会向学校提出重新划线的建议。交警大队收到学校对这一问题情况的反映后,立即对不清晰的斑马线进行修补,消除了这一安全隐患。

越来越多的学生、家长、家庭从中受益,一起成长、一起进步,越来越多的家长对学校教育点赞首肯。在柳校长的带领下,我们更加充满信心,随时准备再次扬帆起航!新的时代,新的征程,我们将持定初心,加倍努力办好家校合作。

家校合力，共创优质育人环境

青岛市城阳区实验小学　牛秀娟

父母是孩子的第一任老师,学校教育离不开家庭的参与,家庭教育是学校教育的延伸。创设健康、向上的学校外部教育环境,家庭发挥着越来越重要的作用。

一、发挥家长委员会功能，创设安全、有序学校管理环境

为创设学校安全管理环境,学校发挥家长委员会的参与功能,组织家长每天参与学生上学、放学安全护导工作,组织家长到学校餐厅参与餐厅安全管理工作。在家长委员会的发动下,家长克服困难,志愿为学校服务,为维护学校安全增添了力量,体现出家长为学校工作无私奉献的情怀。应当说,学校教育教学安全工作环境的创设,离不开家长的积极参与和支持。

二、家庭参与，营造"立德树人"家校德育氛围

为帮助家长增进亲子关系,学校定期组织家长走进校园,参与亲子互动实践活动。为引导学生养成良好的家庭生活习惯,学校定期向家庭发放"尚美扬善——家务劳动实践清单",引导家长参与子女成长评价工作。为加强社会主义核心价值观教育,学校先后向家庭发放了《社会主义核心价值观——家风、家训教育活动简报》《尚美扬善家庭教育读本》等,引导家长加强子女社会主义核心价值观教育。为营造良好的家庭读书氛围,学校专门购买教育书籍,鼓励家长积极参与家庭阅读活动,营造良好的家庭教育氛围。

三、鼓励、支持参与社区文明实践活动，提升综合素质和核心素养

文明是社会主义核心价值观的内容之一,现代社会越来越需要文明的人,需要综合素质全面发展的人,培养学生的文明素养需要家庭的参与和支持。每个学期,学校会组织学生参与各类形式的文明实践活动,例如,每个暑假,学校会向学生发放"暑假实践活动清单",鼓励学生在家长的带领下参与家庭、社区垃圾分类实践活动,引

导家长教育子女学会垃圾分类,区分出可回收与不可回收垃圾,学生的文明素养得以提升。每个学期,学校会组织学校特长学生到社区参与各种形式的文艺汇演活动,活动中家长发扬默默无闻的奉献精神,鼓励子女积极参与社区实践活动,让子女的综合素养逐步提升。所以说,学生的文明素养的发展和提升需要家长的参与和支持。

四、学校研学实践活动需要家长的支持和帮助

《青岛市促进中小学生全面发展"十个一"项目行动计划》提出每个学期要组织学生参与一次研学实践活动,鼓励学生走出学校,亲近社会。2019年,学校家长委员会的委员积极创造条件,和子女一起到城阳驻地部队参与研学实践,了解部队发展历史,学习军人遵规守纪的意识,学习军人艰苦奋斗的优秀品质。此外,有条件的家长还带领子女到城阳区法院学习法律知识,感受家长认真工作的责任感,体会法律的严肃和神圣。还有的家长为学校创造条件,和子女一起参观社区古建筑,一起到城阳毛公山感受春天、认识春天。

几年来,学校依托城阳驻地国学公园、青岛奥林匹克雕塑文化园、青岛新天地、青岛流亭国际机场等社会实践基地,积极开拓家长资源的教育优势。家长协助学校,组织学生到机场观看飞机,到青岛奥林匹克雕塑文化园等开展实践体验活动,有效促进了家校共建工作的开展。可以说,学生研学实践活动离不开家长的参与和支持。

五、学校主题教育实践活动需要家长的积极参与

每年,学校都会举行艺术节、科技节、读书节等主题教育活动,家长都会到学校与孩子一起制作帆船、舰艇,一起创作科技幻想画,一起读书、写读书笔记。每年学校的端午节"粽香飘飘"开放日活动中,家长会和孩子一起包粽子,品尝孩子的劳动果实。2019年,学校开展生态环保主题教育活动,家长带领孩子用自己的双手创造鸟巢,悬挂在校园的一棵棵树上,为鸟安一个家。

教育部《关于全面深化课程改革 落实立德树人根本任务的意见》指出:"统筹课堂、校园、社团、家庭、社会等阵地。……促进家校合作,广泛利用社会资源,科学设计和安排课内外、校内外活动,营造协调一致的良好育人环境。"党的十九大报告提出:"要全面贯彻党的教育方针,落实立德树人根本任务,发展素质教育,推进教育公平,培养德智体美全面发展的社会主义建设者和接班人。"

提升家庭文明建设和科学教子水平离不开全体家长的积极参与,更离不开上级领导和社会各界的大力支持。学校将开拓进取,做好家校共建工作,推动学校教育、家庭教育、社会教育有机融合,为学生健康成长创设优质的外部环境,促进学生健康快乐成长。

龙山中心小学家校合作经验交流

青岛市即墨区龙山中心小学　江志林

家庭和学校是一个人能力、性格、人品、道德的加工厂,如果家庭教育和学校教育在这些方面缺失了,就会影响未来人才的质量。这就要求学校构建新型家校关系,引领和帮助家长科学施教、共同成长。为此,龙山中心小学在这方面进行了积极的探索,取得了初步经验。

一、构建有效互动平台,理顺家校沟通机制

沟通的基础和关键是倾听和表达。为此,学校一方面采用问卷调查、座谈和随机访问等方式,另一方面通过设立家长开放日、建立家长委员会等方式,来加强家校沟通,形成了科学有效的沟通机制。

首先,通过多年实践,学校形成了校长、副校长、年级负责人、班主任及科任教师的合理沟通层级。年级负责人联系年级家长委员会,班主任联系各自班委,各个层级负责了解、征求、听取家长及科任教师的工作情况和意见,听取工作对象的建议,保障与各个工作对象的有效沟通。

其次,学校明晰了家校沟通的工作原则,理清了家校沟通的责任与义务。自媒体传播具有私人化、自主化的特点,传播中不可避免地会传递一些非规范信息,给家校沟通带来不良影响。因此,学校根据教师职业道德规范,对教师在微信、QQ 等发布的内容及方式方法,对教师与家长工作沟通的范围进行了约定,对教师与家长之间交往的尺度进行了规范,使教师在沟通中遵循职业操守,行事有分寸,处事有尺度。

再次,学校改变了家校沟通的活动方式,让家长乐于沟通,主动交流,促进家校互动和谐。在实践中我们意识到,家长在参与学校活动中要有成功体验,才会乐于与学校交往及合作。因此,除了传统的家长会、家访、电话访、家校联系本等方式,学校还组织各种活动,让家长在活动参与中主动沟通。例如,在学校一年一度的读书节活动中,我们都会邀请家长志愿者参加。在各种活动中,家长看到了学校和教师对孩子们的尽职尽责,也体会到了学校的良苦用心,进一步增强了配合学校工作的主动性和

积极性。

二、确立问题解决流程，着眼儿童生命成长

学校十分注重家校沟通平台的搭建，通过电话、微信群等多种方式，经常、及时地与家长联系，了解家长的诉求，反馈孩子的表现。同时，学校还主动帮助教师确立问题解决流程，以利他们科学有效地解决问题。

当孩子出现问题时，家长首先可以直接和班主任沟通；班主任无法解决时，提交到教导处，由德育主任协同解决；仍然无法解决时，德育副校长给予支持和帮助。当然，对于突发事件和重大问题，一方面学校会及时上报教育局有关部门，另一方面由德育副校长牵头，组织包括家长委员会在内的有关人员组成工作小组，指导教师和家长协同解决问题。

在处理关系到家长切身利益的事情时，学校坚持着眼儿童生命成长，秉承一切为孩子的身心健康负责的办学宗旨，认真听取家长心声，努力解决他们的实际困难。例如，对广受社会关注的课后托管问题，学校由于人手紧张，曾一度取消了课后托管，但由于双职工家庭多，很大一部分家长无法及时接送孩子，家长们通过家长委员会多次要求学校开设课后托管。为此，学校克服各种困难，恢复了课后托管，消除了家长们的后顾之忧。学校的付出赢得了家长们的肯定，也进一步坚定了他们与学校共同合作、有效沟通的信心。也正是这种基于儿童生命成长的家校合作，学校办学水平连年攀升，赢得了较高的社会美誉度。

几年来，学校通过对家庭教育模式的实践探究，极大地提升了家校协同发展的成效，学校与家庭、教师与家长、教师与学生、家长与孩子之间进一步形成了良性的互动交流平台。

开展好家长学校课程，让家长活润成长

青岛市崂山区林蔚小学　宋林林

为了提高家长的整体素质，我校开展"活润家长成长行动"，按照"整体、同步、渗透"的原则，通过公共课程、班级课程、活动课程、自修课程以及管理参与课程来引领

家长发展,构建了"活教育"整体施教系统,这种参与、共赢是灵动的。

一、开展好管理参与课程

充分发挥社区家长委员会的作用,成立了家长委员会和膳食委员会,使家长参与学校德育管理并形成教育的合力。家长学校社区校长带领家长委员会定期召开会议,明确家长委员会的任务。在家长委员会会议上,学校领导向委员们汇报学校工作开展的一些情况及所取得的成绩,听取委员意见和建议,进一步提高办学质量。自社区家长委员会成立后,每一届家长委员会成员都热衷于家长委员会工作,积极参与学校各项活动,积极参与学校民主管理,为学校的建设与发展发挥了积极的作用。

二、开展好公共课程

近几年,我们先后邀请专家、学校资深老师为家长们做了"一年级新生如何准备入学""做好幼小衔接""关注生命成长""培养有责任心的孩子""关注青少年生理心理健康""让孩子愉快地成长""儿童营养与健康""激发孩子持久的学习动力"等讲座。讲课教师通俗易懂的理论知识讲座用大量翔实的例子吸引了一批批的家长。家长们为了参加学习,放弃了许多休息、娱乐时间,克服种种困难坚持上课。家长会出勤率高、听课纪律好,许多家长在听课时还能认真做笔记,讲座效果理想。会后,家长们反映家长学校讲课内容针对性强、形式新颖,令他们收获不少。

三、开展好班级课程

班级课程即进行各班级老师与家长的面对面交流。为了使家长更全面深入地了解孩子们在校的各项表现,班主任与科任老师精心准备,不仅撰写详细的发言稿,还将平日里记录的孩子们学习、活动的影像资料制作成演示文稿,在会上展示给家长们看,这样的形式使家长们感觉既生动又亲切。一次次的学习、交流使家长们进一步明确了家庭教育的重要性,参与学校、班级管理的意识也越来越强,家长对学校工作的支持也使学校各项工作开展更顺利。我们邀请家长走进课堂,亲身经历、亲眼观看老师的课堂教学。家长们认真地听了课,课后纷纷感慨:现在的课跟自己小时候的课真是大不一样。课后安排的家校互动环节更将活动推向高潮,家长们从"局外人"的角度谈自己对教学的认识、对课堂的理解,还将自己在教育孩子中遇到的疑难问题与老师进行面对面的交流,并提出许多有效的建议。把自己在教育子女中好的思想、好的方法进行了交流,形成了取长补短、互相学习的良好氛围。

四、开展好活动课程

我们通过开展"花花浪基地实践""行健活动""走进极地海洋世界""快乐农家乐"等活动为社区居民进行科普宣传,与社区一起开展反邪教、募捐等活动,进一步拉近了学校与家庭、社区的关系,激发了学生积极参与社会公益劳动的积极性,培养了学生高尚的道德观念、良好的行为习惯,以及对社会、对他人的爱心和对公益事业的热心。

五、开展好自修课程

根据我校家长群体的实际情况,有针对性地分年级开发教材,并在校园网上开设家长学校频道,把评比出的优秀家长、优秀家教论文名单等有关家长学校的内容一一上网发布,以便于家长及时了解信息,互相学习、互相交流,共同教育好下一代。

学校在"亲子阅读,书香中国"活动中被评为书香校园,2014年被教育部关工委授予"全国优秀家长学校实验基地",2017年获评"全国优秀家长学校"。

"千里之行,始于足下。"我们相信,在"活教育"思想的指导下,在全体教师和家长的共同努力下,我校家长学校一定会越办越好,必将为家长增添活润与灵动。

凝聚家长的力量,搭建多元参与的教育共同体

青岛市即墨区北安中心小学 张泽宏

成人的教育在家庭,成才的教育在学校。只有家校携手才能更好更快地培养更优质的孩子。

北安中心小学,作为一所城乡接合部的学校,在区位上明显不同于多数学校。随着即墨城镇化建设的不断推进,北安驻地外来务工人员逐年增多,本地居民、迁入居民和暂住居民交融混合。不同的文化程度、不同的教育理念、不同的社会认知,造成他们对子女的教育也千差万别。

和乡镇学校相比,北安家长对学校对孩子的期望值更高一些,很多家长拿局属小学和北安中心小学相比,所以学校的压力比较大。家长基本上存在三种情况:一部

分人意识到孩子接受教育的重要性,开始关注和重视孩子的发展,可是他们自身的不足导致了教育理念的偏颇和方法的不当,结果适得其反;一部分人因为忙于生计,疏于对孩子的教育;还有一部分家长直接把责任推给了学校,不管不问。这样就形成了家长既要求学校把孩子教好,自身又跟不上的尴尬局面。所以家长对老师的依赖越发严重,家长对学校管理的参与度也不够。

在这样的背景下,凝聚家长的力量,搭建多元参与的教育共同体显得更为重要。

一、转变家长育人理念

首先要从转变家长的育人理念开始。我们有针对性地对家长进行了教育理念的培训指导。一年来,我们进行了四次菜单式专题培训,通过家长会宣讲、"一封信"或者微信平台推送等形式宣讲现代教育理念,解读学校的办学理念。

二、家长参与学校管理

通过家校常态化的互动来达成家校融合。一是每次大型活动都以邀请函的形式,邀请家长到校参与;二是建立各班家长"漂流日记",分享家长的育子心得;三是家校联手助力学生习惯养成,从关注学校习惯延伸到关注家庭习惯。学校每学期下发家庭习惯养成监督卡,通过家长的监督指导,促成学生好习惯的养成。

三、营造和谐的社会教育氛围

加大宣传力度,营造社会关注、社区支持的外部氛围。通过微信平台、《半岛都市报》、即墨教育平台等广泛推送学校办学理念、学校特色活动、办学阶段成果等等,通过宣传赢得社会的关注和赞誉。

一年来,我们通过家校频繁互动,改善了家长的教育理念,提升了他们对学校管理的参与度。家长们感受到孩子的进步、老师的付出、学校的用心。学校群众满意度实现100%的突破。由张泽宏校长主持的青岛市级课题"城乡接合部学校家校合作模式探究"已经立项。学校接受了青岛市教育局的检查验收,顺利创建了青岛市示范家长学校。

回顾一年来的工作,在全体老师努力下,我们收获了家长的支持社会的赞誉,立体多元的教育共同体已初步形成,"正气、书香、阳光、活力"的校园文化日渐浓郁,教育教学质量节节攀高,呈现出蒸蒸日上的良好办学局面。

李哥庄小学多措并举促进外部调适

胶州市李哥庄镇李哥庄小学　于　林

为了形成教育合力,李哥庄小学从多方面多角度地进行外部调适,主要采取以下措施。

一、学校与家庭关系调适

（一）从组织机构入手，完善家长委员会机制，推进现代学校制度建设

家长委员会是代表全体家长参与学校民主管理,支持和监督学校做好教育工作的群众性组织,是现代学校制度建设的重要组成部分。因此,建设好与时代发展和学校办学特色相适应的家长委员会,是实现家校联合,推进现代学校制度建设的关键。

（1）制定家长委员会章程,明确家长委员会的性质与职责。

（2）坚持民主推荐与改选,保持家长委员会的生机与活力。

（3）完善家长委员会的组织机构,突出学校办学特色。

家长委员会一旦产生,学校就将委员的联络方式告知全体家长,以方便沟通与交流。而作为家长们的代表,委员更多的是主动与其他家长密切联系,汇集他们对学校教育教学工作的意见和建议,同时搜集学生和社会对学校教育教学工作的信息,定期以口头或书面的形式向学校领导反映提交。

（二）从家长委员会的职能出发，确保家长的知情权、监督权与参与权

家长有对教育的知情权、监督权与参与权。现代学校制度建设中一个很重要的制度设计理念就是民主监督。如何保障家长的这些权利,让家长有效地监督、约束学校依法办学和自主管理?家长委员会是重要的桥梁与纽带,让家长委员会参与学校的民主管理,实现民主监督的功能。

（1）让家长委员会参与学校的重大决策,确保学校发展的方向。

（2）让家长委员会参与学校重大事项的监督管理,确保学校依法办学。

（3）让家长委员会深入课堂，参与学校的教学评价，推进课堂教学改革。

（三）从提升家长家庭教育的水平着眼，不断完善家长学校的课程建设

家庭教育是一个系统而复杂的工程，为此我们设计并推出一套完整的课程体系。课程分为四种类型：第一类是公共课程，由校领导及专家授课，主要向家长们宣传党和国家的教育方针，推介新课程改革，解读学校的办学理念；第二类是班级课程，以班级为单位，分年级进行，由班主任和科任教师授课为主，向家长传授家庭教育的科学理念和具体方法，帮助家长提高家庭教育的水平；第三类是研讨课程，由家长自愿参加，围绕人格培养、亲子沟通等内容开展，旨在解决有针对性的问题；第四类是活动课程，由家长和孩子共同参与，以增加亲子间的沟通。

通过家长学校系统的授课，家长与学校在育人理念和育人方法上日趋一致，教育的合力在共同探索的过程中日渐加强。

（四）充分调动家长委员会的主观能动性，为学校的教育教学提供支持

家长的力量是巨大的，家长的潜能是无穷的。调动好家长的积极性，为学校教育提供各种资源，丰富学生的社会实践，拓展学生思维，是时代所需，是未来人才培养所需。

（1）依靠家长的力量，培养学生的创新思维。

（2）让家长为学生搭建创新实践的平台，成为教育的支持者和服务者。

不仅家长们提供的支持方便了教育活动的开展，更重要的是，家长们参与学校的教育活动后，对孩子更加理解了，对教育也更加理解、更加支持了，家校的联合在活动中更加密切，教育理念更加一致。

二、学校与社会（社区）关系调适

学校积极与李哥庄镇政府、镇医院、镇派出所、消防队、交警中队等维持良好互动，让专业人员对学校设备安全、消防设施、食品安全、卫生保健给予专业检查指导，为学校安全工作保驾护航。

学校定期接收周边社区的信息反馈，及时规范学生的行为。

学校主动聘请有专长的人员和劳动英模人物到学校，通过开设报告会、集体辅导、志愿服务等形式参与学校的教育活动。

学校密切与社区居委会的联系。倡议学生利用节假日，主动与居委会联系，为所在社区义务服务，如参加社区内的演出、帮助孤寡老人、献爱心等活动。

学校在社区内建立德育基地，包括双拥、绿化、卫生、文体等基地，每学期组织少

先队员深入街道社区内开展两次以上共建文明社区活动,从而培养学生的社会实践能力。

学校拓展教育功能,充分发挥学校在社区教育中的积极作用,为街道社区提供服务,如场地、设施、师资等,积极配合社区组织居民开展社区教育、文化、体育、科普、培训等活动,从而真正达到"双向服务、资源共享、优势互补、共育人才、共建文明"的目标。

利用微信公众平台打造有效的家校互动平台

胶州市第三实验小学　常晓东

微信公众平台可用于进行一对多的媒体性活动。教师、家长及学生通过微信关注学校微信公众号,即可实现与学校进行文字、图片、语音和视频的全方位沟通和互动,形成一个家校互动开放的平台。

一、微信公众平台应用于家校平台的优势

(一)信息推送主动及时

学校通过微信公众平台能将信息主动推送到已经关注该公众号用户的微信中,并及时通过用户微信提示用户信息已送达。

(二)互动信息多样

学校通过微信公众平台给家长、学生和教师发送的信息不再局限于文字,还可以是图片、语音、视频等,为实现更多功能提供了可能,有助于提高学校知名度,打造更具影响力的学校形象。

(三)信息推送精准

学校可以在微信公众平台中根据需要对用户以打标签的方式进行分组,如按学生、家长、教师等类别进行分组,再结合平台提供的群发功能选择群发给不同类别的

用户,即可实现特定信息的准确推送。例如,群发时,发送对象可以选择"全部用户"或者"按标签选择",还可以指定性别和地区等。

（四）互动方式灵活

传统网络平台和手机短信均以单向信息传播为主,互动有限,而基于微信公众平台的家校互动模式,学生、家长、教师可向学校公众号回复文字、图片、语音、视频等信息,并能轻松实现与学校微信公众平台管理员的双向信息交流。既可以实现学校向家长、学生、教师主动及时推送信息,也可以实现与家长在线沟通或异步交流。随着微信公众平台功能的增强,新版客服功能提供了实时回复用户咨询、自动回复、客服数据统计等,并支持多人同时为一个公众号提供客服服务。利用此增强功能,学校就能增加人员来参与互动,增强互动体验。

（五）信息传播社区化

微信既是一个即时通信工具,也是一种社交媒体。学校通过微信公众号向用户推送信息后,用户可以用微信分享功能将自己喜欢的有价值的信息分享给自己的朋友或分享到自己的"朋友圈"。

二、微信公众平台功能在家校平台上的应用

微信公众平台具有推送主动及时性、传播信息多样性、推送信息精准性、互动方式灵活性等优势,除了能用于传统的学校宣传外,还能在家校平台上开展形式多样的应用。

（一）建立学校、教师、学生、家长的互动交流平台

有不少学校仍停留在传统互联网意识上,将微信公众平台用于推送学校官方信息,甚至把微信公众平台作为学校网站的展示窗。这固然可以,但降低了家长、学生、教师的关注度,浪费了微信公众平台所提供的功能。学校微信平台不仅仅停留于宣传学校的功能上。我们充分利用灵活双向互动功能建立学校、教师、学生、家长的互动交流平台。推送问题,问"需"于学生,问"政"于家长。

利用微信强大的互动功能,实现问卷调查或收集家长意见等。例如,在新学期开始之际,利用微信公众平台向学生、家长收集一些对学校教育教学方面的建议,我们编辑这样一条信息:"亲爱的家长们,在新一学期开学之际,您对孩子有什么期待吗?您对学校管理、教学活动、课间活动是否有更好的建议?可以发送给我们。感谢您的关注,为了孩子更美好的明天,让我们共同努力。发送建议的方法:返回学校公众号,

点击屏幕左下角'键盘按钮'即可发送！真诚期待您的建议！"推送出这条针对家长特殊群体的信息，就是一次家校互动的开始。很多家长不仅觉得贴心温暖，而且感觉到自己能够参与学校的建设，能够参与到孩子们的学习中，提高了家长关注学校微信公众号的热情。管理人员就能够在微信公众平台的消息管理中收到家长的建议，之后将收集的结果通过平台及时推送给家长，让家长感受到他们的建议是受到重视的，提高参与积极性。

微信公众平台提供的投票功能非常强大，可设定投票时间、投票权限，每个投票最多可设置 10 个问题，每个问题可设置多个选项，选项可以是文字和图片形式，每个投票总的选项数不超过 30 个。当新建好投票模板后，可以将投票插入图文消息并结合群发功能推送到特定用户群体。投票结束后，可以在微信公众平台查看参与投票的微信号和每个选项的得票数。

（二）为师生提供多方位展示舞台

通过微信推送教师参加各种活动的获奖情况等，让学生和家长了解和关注教师，让教师有荣誉感；不定期推送鼓励每个学生的信息，让所有家长和学生都能感觉到来自学校和教师的关注。

学生的作品，如自制的简报、优秀作文、美术作品、音乐类表演视频等都可通过微信公众平台推送展示。传统展示方式局限于校内，展示部分学生作品，并且只有少部分家长能参观。而通过微信公众平台可以将每个学生最擅长的作品展示给家长，为人人参与、人人有作品提供了可能；而且家长可以发表自己看法，让作品展示从静态变为了动态。

微信公众平台具有的推送主动及时性、传播信息多样性、推送信息精准性、互动方式灵活多样性等特点，在家校互动方面具有非常明显的优势，是实现个性化学习和家校互动的有效保障和服务支撑。学校利用微信对教育教学管理的一步步探索，必将促进学校教育教学管理工作的进步！

大信中心小学多措并举促进外部调适

青岛市即墨区大信中心小学 刘元泽

即墨区大信中心小学采取多种多样的措施积极进行外部调适,主要有以下几方面。

一、学校与家长关系调适

(一)建立常规交流途径

通过学生离校、入校时的简短谈话、家访、电访等方式保证与家长之间沟通顺畅,运用家长会、家长开放日、专题讲座等让家长了解学校的教育教学理念、班级活动情况、学生发展状况、科学教育知识,有效促进学校与家长之间的相互了解。

运用新媒体技术,如"美篇"、微信、QQ 等等,让其成为学校与家长沟通的桥梁。大信中心小学的"美篇"定期发布学校情况、活动展示等等,图文并茂,配上精心挑选的音乐背景,家长喜闻乐见,展现了学校的良好风貌。全体教职工利用微信等社交工具转发、宣传学校活动,让家长看到孩子成长的过程,拉近家园距离,家园对话更顺畅。

(二)充分发挥家长的作用

成立家长委员会,这是学校联系家长的桥梁和纽带。大信中心小学经常听取家长委员会意见,家长委员会为学校提供力所能及的支持。校长鼓励家长委员参与学校教育、管理工作,为学校发展出谋献策,积极参与各项活动,带动其他家长,携手支持学校的和谐发展。

(三)聘请家长助教

家长来自各行各业,学校发动家长发挥专业优势,使其自愿承担工作,从而开阔孩子的视野,丰富学校课程资源。

大信中心小学吸纳了一批关心教育、热心、有时间、服务意识强的家长为志愿者，协助学校完成活动布置、摄影、护导等工作，调动了家长的积极性，使家长成为学校的有力支持者和坚强后盾。

二、学校与社区关系调适

大信中心小学坚持合作共赢的原则，积极整合社区和社会上的各种资源为学校服务，加强学校与社会的联系。

（一）安全工作

大信中心小学积极与大信镇政府、镇医院、镇派出所、消防队、交警大队等联系，保持良好互动，让专业人员对学校设备安全、消防设施、食品安全、卫生保健给予专业指导，齐抓共管，为学校安全工作保驾护航。学校还定期邀请社会专业人员进校园为师生做安全主题讲座，增强师生的安全意识，提高师生的自我保护能力。

（二）教育活动

社会教育资源在各个地方现实地、客观地、丰富地存在。大信中心小学充分了解、挖掘教育资源，积极发动、运用社会教育资源，以丰富学校教育活动。例如，学校组织孩子们参与"老少同乐，重阳敬老"活动，在重阳节到来之际组织进敬老院看望老人，让孩子们用实际行动表达对爷爷奶奶的爱；在消防日到来之际，组织学生们进消防大队，实地参观消防阵地，了解消防知识；邀请交警来校，与孩子们零距离互动，增长孩子们的交通知识；等等。实践证明，注重对社区资源的挖掘、整合与利用，不仅丰富了教育内容，更形成了强大的共育合力，促进了大信中心小学的和谐发展。

调适学校外部环境，提升协同育人品质

青岛市第二实验小学　江建华

能主动、合理调适外部环境，赢得各方支持与配合，是办好学校的重要前提。所谓"调适"，词典中的解释为"调整使适应"。在实际中，"调适"可以理解为"相互作用的主体双方调整至合适"之意,以达到共同发展的目的。

青岛市第二实验小学积极调适、优化外部育人环境,努力争取社会(社区)的教育资源对学校教育的支持,为师生寻求更多学习、提升机会。难忘2019年12月各年级师生走进李沧区新时代文明实践中心这一"大课堂"的经历:参观市民文明会客厅、新时代婚礼礼堂、24小时自助图书馆、李沧区历史文化博物馆、民族风情妇儿家园、自媒体微友会、交通安全体验中心等,在情景再现、体验互动、点击记录等多种形式中倾听李沧发展故事,感受李沧的美好,坚定理想道德信念,让社会主义核心价值观根植师生心中。这样的学习方式在校园中是难以实现的。

作为校长,我们要充分了解学校外部环境,学会适应;同时,我们也要根据学校的发展需要,整合外部环境中各种资源优势,使其更好地服务于学校的工作。

首先,树立调适外部环境的意识。英国学者查尔德认为,组织并不总是被动地适应环境,组织同时有机会和能力去重新塑造环境以满足自身的目标。我们在调适外部环境时,一方面主动把握环境、适应环境,另一方面通过目标、需求的调整,塑造有利于我们学校发展的外部环境。

其次,建立学校对外联系、交流、合作机制。学校成立外部环境调适领导小组,校长是第一责任人,将外部环境调适工作纳入学校的工作计划,有目的、有针对性地开展工作。同时组织和引导家长参与到学校的管理中,学校助校会的七个部献计献策,尤其是资源部,充分发挥其在家校互动中的桥梁、纽带作用及组织引领作用,为教师的研究指导和学生的成长提供了宝贵资源。

再次,发挥社区在学校教育中的作用。学校和外部资源是相互依存的唇齿关系,我们在利用外部环境的同时也要助力其发展。鼓励并组织师生参与服务社会(社区)的活动,如利用节假日参加志愿者活动、爱心义卖、尊老敬老等实践活动等,把学校的教育延伸到社区、社会,从而引导家长、居民正确认识学校教育,并加以配合和支持。如今,我们已达成一种共识:青岛市第二实验小学的"幸福教育"从学校出发,辐射到家庭、弥漫到社区、影响到职后。

总之,学校的发展是学校师生、家长、社会的协奏曲,是推进学生文明进步的整体。"众人拾柴火焰高。"校长要发现、激活、盘活各种社会(社区)资源,让师生的视界与真实的生活世界发生关联、产生意义。

加强社区联系，创设良好外部大环境

青岛市即墨区长江路小学　王道田

1988年《中共中央关于改革和加强中小学德育工作的通知》明确指出："中小学教育阶段是青少年儿童长身体、长知识的时期，是对他们进行道德情操、心理品质和行为习惯养成教育的最佳时期。"学生教育需要社会各方面的配合，学校、家庭、社区合作成为一个目标一致、观点相同、步调配合的整体，学校教育才能取得更好的效果。即墨区长江路小学高度重视社区教育大环境的创设，主要做了以下工作。

一、协调家校合作，促进学生品行习惯养成

父母是孩子的第一任老师，家庭教育是学校教育最大的支持力量。良好的学校教育是建立在良好的家庭教育基础上的；没有良好的家庭教育，再好的学校教育也难以获得预期的效果。

我校充分认识家校合作的重要意义，采取多种方式加强家校合作，促进学生品行习惯的养成教育，在德育工作实践中，把培养学生良好品行习惯作为学校德育工作的重点来抓。2017年4月，我校确立"家校合作促进学生品行习惯的养成研究"省级课题并成功申报立项。

（一）提出"和雅"教育理念

培养学生注重礼仪、遵规守纪、专注高效、团结合作、勤奋刻苦、多才多艺、热爱劳动七个方面的良好品质，依据《小学生日常行为规范》和《小学生守则》制定了我校《学生良好品行习惯评价目标及评价方案》，以"和雅教育，让每一个孩子幸福成长"为育人目标；围绕"专注、有序、诚实、友善、自主、合作、勤奋、宽容、尊重、感恩、责任、坚韧"12个品格，制定了我校"和雅之星"评价方案，引导学生学会做人、学会学习，培养学生良好的品行习惯。

（二）拓宽家校联系渠道，做好家长培训，形成家校合作的畅通渠道

（1）继续加强家长会、家长学校等传统家校联络渠道。学校、家庭联手制定学生品行习惯培养目标，确定一致的培养方向。

（2）积极引进现代信息技术，创新家校联络渠道。每个班级建立家长微信群，还引进"班级优化大师"，学生学习、纪律、品行表现都可以通过"班级优化大师"及时评价并反馈给家长。

（3）丰富家长学校授课内容。邀请校内外专家举办讲座，向家长传授心理教育知识和家庭教育知识，纠正家长教育理念教给家长教育孩子的知识。

（4）学校、家长同步进行学生品行习惯培养、检测、评价。学生有优秀表现则共同表彰，学生有不足问题则协同教育，做到了家校协调一致。

二、加强社区共建，开辟学生课外活动的健康空间

在学校教育之外，我校高度重视学生课外生活，加强与学校周围几个生源小区的共建活动，将学校教育资源延伸到校外，为学生创造健康、良好的课余生活空间。

小学生课业负担较轻，课余时间较多，如何引导学生过好课余生活也是我校考虑的重要内容。我校利用学校师资、资源优势与润发家园、硕辉苑、永和家园等主要生源小区进行共建，为孩子们提供良好的课余生活空间。

我校将图书室每年淘汰的旧书、副本、教师捐献的图书无偿赠予生源小区，建立小区图书室，为孩子们建立健康的阅读空间。

我校利用小区居委会空闲房屋建立乒乓球活动室、器乐排练室等，派学校专业教师每周定时带学校学生进行集训，同时也吸纳小区其他孩子训练。学校不进行训练时，由小区居委会自行对社区居民开放资源，这样既解决了学校校舍临时短缺问题，保证了学生安全，也为小区居民提供了活动资源。

调适外部环境

——以家庭教育工作室为龙头，密切家校合作

青岛市城阳区第三实验小学　王建娥

近年来，习近平总书记做了很多有关家庭教育的重要论述，教育部门也出台了关于家庭教育的指导性意见，这些政策导向为我们更好地开展家庭教育提供了支持和帮助。

城阳区第三实验小学的家庭教育工作一直走在全区的前列。学校以班级为主要教学单位，以班主任为主讲教师，以班级授课为主要教学形式的"三为主"家长学校培训模式开展扎实，在区域范围内广受推崇。但我们清楚地认识到现实存在的问题：一是班主任没有精力也没有能力胜任主讲教师工作，授课效果不佳；二是授课课题尽管是在期初发放调查问卷征求家长意见的基础上确立的，但每学期1～2次专题讲座解不了家长的"近渴"，起不了大作用。

基于此，如何建立集专业化、成体系、全覆盖、重个体、高密度、可选择于一体的家庭教育培训模式？我们尝试成立了"徐先慧家庭教育工作室"，以家庭教育工作室为龙头，全面铺开家校工作。

首先，学校开学初成立以学校分管家庭教育工作的副校长为主持人的"徐先慧家庭教育工作室"，并进行了工作室成员招募。采取七个步骤，确保工作室高效运转。第一步，工作室主持人面向家长和教师举行家庭教育讲座；第二步，发招募通知，家长、教师自愿报名；第三步，进行严格面试选拔；第四步，成员录取公示；第五步，建群，被录取者建成员群，未被录取者建学习群，共享学习资源；第六步，邀请区局领导到校，举行隆重揭牌仪式；第七步，编写详尽的《家庭教育工作室工作手册》，每学期一册，所有成员依规实施。

工作室统领五大培训途径：①工作室成员培训，包括线上学习（成员自学，每学期一个课程体系，每周一个学习专题）和线下集会（三周左右一次，检验自学成果，阶段反馈总结，主持人引领）；②父母大讲堂，包括全员讲堂（一学期两次，学校家长全

员参与,利用家长开放日或家长会统一进行,班主任在工作室指导下授课)和个性讲堂(三周左右一次,提前投放课题,小程序报名,限定人数,外聘专家或工作室人员授课);③班主任家庭教育培训(三周左右一次,携同学校"班主任论坛"进行,采取"15＋35模式"进行。"15"即家庭教育小专题培训,工作室教师成员授课);④官微推送家教指导方法(一周两次,工作室成员推荐);⑤家长和学生个案辅导(随时进行,工作室成员分年级进行)。

制定高质量运转的评价体系。既有明确的评价方向及具体项目,即从线上作业、培训授课、日常个案辅导、阶段讲课测试、特殊贡献等方面进行评价,又有对个体和团队的评价细则,还有对成绩突出的个人和小组阶段性成果的总结表彰。

两个多月的时间,五大培训途径先后累计开展学习培训活动30余次,均由工作室主持人及成员承担培训任务,各途径有机结合、浑然一体、交错共进。

家庭教育培训,让家长感受到了"境由心转"的美妙,亲子关系得到了极大的改善,家校之间流动着爱与信任,形成正向、积极的能量场,受到家长的广泛赞誉。家长对学校的满意度也有了很大的提升。"城阳教育"微信公众号、青岛市教育局微信公众号、《半岛都市报》、大众网等多家新闻媒体报道推介八次。

加强家校联系,共建立体网络式教育机制

即墨区田横中心小学　于海艳

田横中心小学加强和规范学校家校联系工作,增强对孩子教育的合力,使家长在对孩子的教育过程中,积极发挥了家长的沟通、服务、参与和管理作用。

一、举办家长学校

学校举办家长学校,有计划地向家长宣传国家的教育方针、政策,宣传、推广、普及科学的教育方法,从而提高家长的教育能力,提高家庭教育的质量和效益。学校分层开展形式多样的教育活动,如组织开展"五会",即家长委员会、家长会、家长培训会、家长座谈会、家教经验交流会,组建家长学校办公室,搞好家校联合方面的组织、协调、督办、存档等工作。

二、成立家长委员会

家长委员会是学校、教师与家长之间相互联系的畅通渠道,是家庭教育与学校教育相互沟通协调的纽带。家长委员会分三级:学校家长委员会由分管德育的副校长牵头,各年级推举代表组成,其职责是审议学校工作计划、参与学校的重大决策、听取学校工作总结、提出改进意见、督促学校各项工作的开展。年级家长委员会由年级主任牵头,各班推举代表组成,其职责是审议年级工作计划、参加年级组织的重大活动、协助级主任和班主任做好年级的家校联系工作、及时反馈家长信息、参与年级教科研活动、督促年级不断改进工作。班级家长委员会则由班主任牵头,由班内家长推荐代表组成。班级家长委员代表家长的利益和愿望,对班级工作提出意见和建议,还可以审查修订班级工作计划,参与班级教育科研活动,参与班级管理及教师教育教学常规管理,督促班级不断调整工作思路、改进方法,达到最佳育人效果。

三、召开家长会

按照《小学管理规程》规定,学校定期召开家长会。一年级一般在刚入学时,毕业班一般在毕业前夕召开,其他年级根据本班实际情况酌情定时。在家长会上,学校领导及教师要把学校的办学方向、办学水平和教改的成果及举措告诉家长,适时介绍一些科学的育人方法,请有经验的家长做交流,教师和家长相互通报孩子在校在家的表现。也可让学生参加,让他们亲身感受到老师和家长都在关心他们、帮助他们,从而激发学生奋发向上自主教育的意识。

四、举办家长开放日活动

家长往往迫切希望了解孩子在校的成长与发展状况,学校举办家长开放日活动就给家长提供了机会。开放日的时间定为每月的第一周,星期一为一年级,星期二为二年级,星期三为三年级,星期四为四年级,星期五为五年级。活动内容包括参观班级布置、检查教师常规教学工作("备、教、辅、批、考")、翻阅学生作业、参加主题教育活动、观看学生成果展示等。通过开发日,家长看到了学校工作的整体水平和学生的发展水平。

五、教师定期家访

学校规定,到学生家庭进行家访是教师的工作内容之一,家长应热情接待。要求教师家访仪表端庄,语言文明,一分为二地评价学生,与家长达成一致意见,杜绝教师家访时附带与孩子无关的事而有损教师形象。通过家访,家长及时了解孩子在校的表现,主动向教师介绍孩子的优缺点、个性及特长,与教师共同研究教子良方,使家庭教育与学校教育相得益彰。

六、举办家长培训班

为了提高家教水平,达到家校共建的目的,家长学校定期分批举办家长培训班,让家长了解、支持、督促学校各项工作,学习先进的育人经验,不断总结经验,改善方法,为孩子健康成长寻找科学有效的途径。

七、开展家校共建活动

家校共建活动是学校与家庭,教师、家长与学生共同参加的活动。学校开展了形式多样的活动,如亲子运动会、"六一"科技艺术节、主题队会、研学实践活动等等。家校共建融教师、家长、学生为一体,增进相互了解与合作,加深相互感情,充分调动三方的积极性,达到共同成长的目的。

八、建家长信箱

为了提高办学质量,学校面向社会、面向全体家长,随时接受他们的监督。通过征求意见表或微信群建立家长信箱,及时了解家长对学校的反映和对本校教师教育教学、师德师风工作的反映。学校对家长反映的情况进行整理,会同有关部门,和教师共同解决,争取做到公正、求实、快捷、有效。

加强家校联系,促进学生成长

青岛市即墨区龙泉中心小学 潘秀峰

苏联教育家苏霍姆林斯基多次指出:"教育的效果取决于学校和家庭的教育影响的一致性。"要教育好一个学生,不能只靠班主任一个人,要调动一切可调动的力量,形成教育合力。学校领导、任课教师、家长及同学等都是直接参与转化学生工作的人员。要形成一种"包围"的教育环境,家长的力量是最为重要的。家庭和学校是教育孩子的两个重要阵地。探索有效的家校合作之路,逐步实现家校之间行动一致、信念一致、志同道合,才能为学生的健康成长搭建起一个精彩的舞台。

一、让家校联系成为提高学生素质的金桥

(一)真诚——架设起一座沟通的心灵桥

教师和家长联系,并不是为了告状,而是要多方面地了解学生,采取有效的教育措施。所以,教师首先要做一名真诚的聆听者,聆听家长心目中孩子的可爱形象,聆听家长心目中对孩子的美好憧憬,更要真诚地聆听家长的冲动和偏激,将家长对孩子的爱和期待慢慢地渗透到自己的心中,渗透到自己的骨子里。教师还要做一名真诚的慰问者。哪个孩子今天没来上学,教师别忘了打个电话真诚地问候一声;如果学生已经几天没来学校了,教师一定要抽空真诚地探望一回。因为教师一句暖人的话语、一个温馨的举动,会温暖一个家庭很久很久。

当然,教师也是一个平凡的人,也有自己的喜怒哀乐,也会有冲动、不理智的时候。教师若与家长发生冲突,冷静之后要学会真诚地向家长道歉。教师只有付出真心,才能赢得家长(也就是一个家庭)的信赖和托付。

(二)及时——急家长所急,想家长所想

家校联系要经常化,随时随地了解孩子在家中的情况,也让家长了解孩子在学校的方方面面。孩子都将老师的话当作法宝,老师在孩子的心目中有着至高无上的地位。所以教师要及时、经常地主动与家长联系,急家长所急,想家长所想。我习惯每隔一段时间,主动和家长打个电话,汇报一下孩子在学校的表现,聆听一下孩子在家的表现,针对家长提出的问题和家长一起探讨教育的方法。

二、开好家长会,统一教育思想,共同教育学生

家长会是教师面对家长的一扇窗户,是统一教育思想最好的契机之一。班主任要抓住并利用好这个机会,将本班的教育思路、教育方法、教育内容和评价手段与家长进行沟通交流,使得家长明确教育工作的重点,明确如何配合学校工作,达到统一思想、共同教育好学生的目的。

三、家校互动,亲子交流,开放共同成长的精彩舞台

班主任要通过开展各种有效的家校活动,使家长更好地了解学校、了解学生,并积极参与到学生的教育管理中来,与班主任和各科任教师一道为班级的发展建设出

谋划策，为教育好孩子而努力。例如，班主任可开展"给家长的一封信"活动，内容可包括对学校教育教学工作的意见和建议、对学生在校的表现等等，使家长及时了解教育动态，提出教育的合理化建议；也可以开展"教师家长联系会"活动，加强家长与教师的沟通，及时反馈学生存在的问题，共同制定对策，有效教育学生；还可以开展"写给爸爸妈妈的心里话"活动，让家长聆听孩子们的心声，了解孩子们的想法，做好家庭教育……在这样的活动中，学生、教师和家长都成为活动的主体，相互启发，相互感染，相互帮助，共同提高。

四、转变学生思想，引导学生做家校合力的媒介

学生是加强家校合力的最好媒介。班主任可利用班会、晨检和谈话等形式，转变学生对"沟通"含义的理解，培养学生主动与教师和家长沟通思想的良好习惯，使得学生成为家校合力最好的媒介，促使家校合作更加通畅，保证学生的进步更加迅速。

五、与家长密切配合，提高后进生的成绩

一个班级好、中、差生的存在是难免的，后进生并非"朽木不可雕"。"浇花浇根，育人育心。"我在转化后进生的教育中是这样做的：首先了解他们的学习兴趣和对基础知识的掌握，根据后进生的接受能力特点因材施教。其次是多与家长联系，互通在校、在家的表现，并有针对性地、有计划地布置每天的作业，让家长督促孩子完成作业。作业全部完成且作对的，我就在其作业本上写一些鼓励性的评语，大大增强了他们的自信心，对连续三次作业全做对的，就给其"加星"，学生的积极性有了提高。经过一段时间的磨炼，学生进步了并尝到了成功的喜悦，家长也很感激，称这个办法"真有效"，我也感到很高兴。

总之，将家庭和学校教育紧密联系起来，让每一位家长了解教育、理解教育、支持教育，搭建和谐沟通交流的平台，让家校合力，凝聚各方力量参与教育的整个过程，走进孩子的心灵，共同搭建孩子成长的精彩舞台，才能使每一个孩子健康快乐地成长。

校长如何参与学校外部环境的调适

青岛市即墨区蓝村中心小学　于红艳

调适外部环境是现代校长专业发展的重要内容之一。校长不仅要关注学校内部管理,更要关注学校外部环境的建设,要充分认识到外部环境是学校发展的制约力量,更是学校发展的促进力量。校长在使学校获得良好生存环境的过程中发挥着主动性和创造性。

一、专业理解与认识

坚持把服务社会作为学校的重要功能,勇于承担社会责任。把合作共赢作为学校对外关系准则,积极开展校内外合作与交流。学校与家庭、社会的良性互动是办学水平的重要体现。

二、专业知识与方法

要掌握学校公共关系及家校合作的理论与方法。了解所在社区、学生家庭的基本情况,积极获取与学生成长、学校发展有关的信息,熟悉各级各类社会公共服务机构的教育功能。

三、专业能力与行为

优化外部育人环境,努力争取社会的教育资源对学校教育的支持。充分发挥家长委员会支持学校工作的积极作用,引导社区和有关专业人士参与学校管理和监督,接受改进学校工作的合理建议。建立健全家校合作育人机制,建立教师家访制度,通过家长学校、家长会、家长开放日等形式,指导和帮助家长了解学校工作情况和学生身心发展特点,掌握科学育人方法。积极发挥学校在社区建设中的作用,鼓励并组织学校师生参与服务社会的有益活动。用坚定而和善的态度做到友好睦邻,让周围舒适,充分利用家长委员会、家校沟通、家长培训等途径发挥家校共育最大化育人功能。处理好与上级的关系,做到及时汇报,争取支持。集中整合教育资源,有效利用、不断拓展教育资源。

四、要有担当意识与勇气

我们学校的外部环境包括家长、社会、社区、媒体、政府等。工作中会遇到这样那样的问题，当问题出现的时候要勇于承担责任，我想这就是管理者的魄力，是调适外部环境也是管理工作的前提。同时要具备危机处理的能力，能说、会说正是我目前急需提升的能力；目标的提升前提就是读书，我以为有针对性的阅读与积累非常重要。

五、要善于沟通

与家长积极沟通，与教师积极沟通，与中层干部积极沟通。要学会"轻声讲重话"，要提高自己的沟通交流能力，多看书、多充实、多积淀、会说、会写，讲究沟通艺术，我想这就是管理者的能力。这是调适外部环境，也是管理工作的重要基础。

时刻牢记陶行知先生的话："做一个学校校长，谈何容易！说得小些，他关系千百人的学业前途；说得大些，他关系国家与学术之兴衰。"因此，做好调适，意义重大，非常必要。提高调适能力是校长不可或缺的一种职业要求。

拓宽家校沟通渠道，携手和谐共育

平度市新河镇灰埠小学　蔺文燕

近几年来，学校全体师生在蔺文燕校长带领下紧紧围绕"打造师生共同成长的乐园"的办学目标，在"以人为本、面向未来、崇尚和谐、追求卓越""有想法才有真理念，有做法才有真价值"的办学思路的指引下，充分发挥学校、家庭、社会三位一体的作用，突出"诵经典文，立君子品；唱美妙音，做有德人；家校携手，和谐共育"的办学特色，学校乘着科技的翅膀，借助电子平台，架设起家校沟通的桥梁。

一、家校合育交流群

为了切实提高家长家校共育水平，蔺校长邀请潍坊市高新区清平小学校长武际金到校为370名学生家长做了精彩演讲。在武际金校长的指导下，灰埠小学建立了两个家校合育交流群——"灰埠小学家校共育群",又名"爸妈群",只容纳500人。家校合育交流群的主要职能是了解学校动态,延伸学校教育,展示学生表现,共享教育资源,分享教育故事,交流育子心得,拓宽育人功能。学校现有两个校级家校合育交流群,22个班级家校合育交流群,教师与家长、家长与家长能够第一时间进行沟通,不受时间和地域的限制。家长为主要参与成员,其主要目的在于促进家庭间横向交流、家庭教育学习及资源共享、学校重要资讯传递。家校合育交流群是一个重要的交流及学习平台,是实施家校共育的重要途径。以"亲子共成长"为主要目的,增进家校沟通,增加亲子感情,使学校的目标达成一致——"我们是一伙的!"关系重于教育,成长重于成绩,身教重于言教。

二、"书声琅琅——朗读者"语音秀

交流群的开展使人们看到了科技手段的便利性。在学校家长委员会王六主任的带领下,正式启动"喜马拉雅FM"语音平台,建立学校"书声琅琅——朗读者"活动群,开展了丰富多彩的亲子朗读活动。学生可以朗读诗歌、美文、童话、故事、名著片段、英语等。李志渊和妈妈的亲子朗诵受到了几千人的收听和点赞;王凯瑜同学通过朗读,也从内向变得自信、大方起来。

三、《家校合育小报》

在追求家校沟通的无缝隙时代,《家校合育小报》应运而生。小报上有学校的工作动态,有家庭的"飞鸽传书",有先进的育人理念,有学校老师对家长的用心良苦。这就为忙在田间地头的家长及时送达信息,让大家在思想上同步。

四、建立家庭诚信档案

"言必信,行必果。"孔子告诫我们,一个人要言行一致。说了就要去做;只说不做是不讲信用的人,是缺乏高素质的表现。家长学校肩负着培养和提高家长素质的重任。因此,学校为每一个家庭建立诚信档案,里面记录着他们的履行承诺的点滴足迹。这些记录将时刻督促家庭纠正自己的做法和习惯,规范他们的言行,促进学生良好品行的形成。

五、召开家庭亲情会

科研促进发展,课题引领未来。2018年3月,学校申报了山东省教育学会家庭教育专项课题"家校合作促进学生品行习惯的养成研究",旨在通过家校合力,促进学生良好品行的养成。针对农村家长现有的知识能力现状,学校制定了详细的学生品行标准,从早上起床、洗脸、刷牙到晚上整理书包、阅读、睡觉,都提出了明确的要求。学校通过这些要求培训了每一位家长,让家长在家里监督学生的完成情况,并实行家庭积分制。

家庭亲情会就是定期由全体家庭成员参加的会议。会议上有一位主持人,有孩子的成果展示,有家庭成员送给孩子的评价和鼓励,有对孩子在一个周期的表现给予的颁奖活动。"生活需要仪式感。"家庭亲情会大部分是由每个家庭内部组织,也有就近的邻居或比较要好的同伴家庭一起召开的。这个过程是对学生近段时间的"回头看",是也对家庭一段时间的"回头看",适当的反思和交流对于家庭和孩子都有着指导作用。

滴水穿石,积木成林。每天进步一点点,素质提高一大截。

家校共建,促进学校和谐发展

平度市东阁街道蟠桃小学　王俊寿

家庭教育是基础教育,又是终身教育,它对一个人的启蒙、成长、成才有着不可估量的作用。因此,我校始终将提高家校共建水平、提高家长素质放在家长学校工作的首要位置,充分发挥家长学校在社会、学校、家庭一体化教育中的重要作用,为学生创造良好的学习、教育和生活环境。

一、家长驻校

学校将每周一定为家长驻校日,邀请学生家长进课堂、共读书、提意见,了解学校的管理和发展。家长驻校是家长在业余时间自愿参加的,故时间不宜占得太多,每周一两个班级分别来五名家长进入教室,与学生共同度过一天的学习生活。驻校班级所有任课教师提前备课,积极准备,争取家长听得进、记得牢,达到认同与内化的境界。这样家长既在家教的理论上得到提高,又了解到自己子女在校的表现,从而能更主动地与班主任交流意见,加强对子女的教育。

二、家长会

每学期初与学期末都会召开全校家长会,全校所有教师与家长共同参与。家长会以班级报告会的形式召开,分别从学校宣传方面、学生学习方面、安全教育方面、家长方面等进行交流总结。会后个别指导与咨询相结合,尽可能及时解决不同类型的学生家庭教育中出现的个性问题。经过学习,家长们改进了教育子女的方法,在学校和家庭配合下,使学生在学习和行为上逐步地改善。

三、家庭教育讲座

近年来,我校多次聘请社会各界家庭教育名师走进学校,为学生及家长讲解家庭教育方面的知识。例如,邀请孔子礼仪文化学校的朱严华老师来我校进行"教子之道"家庭讲座,平度家庭教育宣讲团田志红老师为我校家长进行分学段家庭教育指导工作,家庭教育指导专家陈同亮老师讲解家庭教育的重要性,平度家庭教育宣讲团史春燕老师为即将毕业的学生的家长专门进行了小初衔接家庭教育讲座。一系列活动得到了家长们的一致好评。我校还邀请中国粉笔书法第一人李再茂先生开启"家校联动写字"活动,为学生、家长、教师指导书法练习。

四、家长节

学校每学期都会举办一次隆重的家长节活动,邀请全体家长委员会成员及班级优秀家长代表等参加。活动的形式丰富多彩,有学生作品展示、教师作品展示、亲子节目、师生节目、优秀家长颁奖、亲子游戏等,让家长和孩子在共同参与活动中增进感情,促进了亲子之间的沟通与交流。

五、落实"九个一"行动

为创新家校沟通模式,我校全面实施家长进校园"九个一"行动:分时间段、分年级邀请家长进校参观校园环境、教学设施、食堂和餐厅环境;每周一分年级邀请家长参与升旗仪式;家长进课堂参与学生课堂活动;家长中午与学生共进午餐;家长参加周一下午的主题班会活动;组织六年级各班优秀学生家长参与学校教师教研活动和语文、数学、英语学科的集体备课活动;学校运动会、"六一"儿童节等节庆活动,各班级邀请家长共同参与;家长委员会成员每学期至少参加两次学校教育论坛;学校每学期都会举办一次隆重的家长节活动,邀请全体家长委员会成员及班级优秀家长代表等参加。

六、积分制助推

我校自实行积分制管理,对家校合作共育起到了较为显著的促进作用。学校每名孩子人手一本《家校共育积分制管理手册》,从孩子每天早上起床开始所做的每一件事都有详细的评分标准和完成标准,家长只需要根据孩子所完成的标准来考量打分,和孩子共同制定奖罚措施。这样不仅拉近了家长与孩子之间的距离,也大大提高了学校教育整体水平,有效推进了家校合作共育,提升了家庭教育的整体水平。

三方互动，自然衔接
——做好幼小衔接工作的几点做法

平度市旧店镇旧店小学　李云峰

幼小衔接是指幼儿园和小学这两个学段之间的衔接和过渡。从幼儿园大班进入小学,面对新的环境、新的教师、新的同学、更多的新课程,学生会有诸多不适应。如何对幼儿园大班的学生适时进行幼小衔接教育,帮助他们有一个良好的开端?对于小学来说,这也是一个需要认真思考的问题。

近年来,旧店小学在平度市教体局的领导下,积极探讨幼小衔接的有效途径,建立了教师、家长、学生三方互动机制,引导学生做好升入小学的心理准备和学习准备,帮助学生顺利完成由幼儿园大班到小学的过渡,收到良好的效果。我们主要的做法可以归结为"三个走进、两个体验、一个见面会"。

一、三个走进

（一）走进幼儿园——幼小教师座谈会

学校一、二年级班主任和科任教师走进旧店中心幼儿园,与幼儿园大班班主任、骨干教师进行座谈,聆听幼儿园大班教师对学生的情况分析。同时,小学骨干教师结合自身班级管理经验,从小学生活与幼儿园生活的差异入手,介绍了孩子进入小学后遇到的问题,又从习惯养成、能力培养、知识准备等几方面给幼儿园提出了合理化建议。座谈会的举行,幼小教师之间的互动交流、深入探讨,梳理出幼儿园和小学总体的衔接点,为深入开展衔接活动奠定了基础。

(二)走进幼儿园大班课堂

学校一年级班主任、科任教师走进幼儿园大班课堂,通过课堂观察和体验,进一步了解幼小课堂的异同点。课后,幼小教师进行反思总结,围绕幼小课堂的有效衔接,深入研讨,形成幼小课堂衔接点。

(三)走进幼儿园大班家长会

学校根据梳理出的衔接点,在幼儿园中班孩子刚升入大班后,与幼儿园一起组织小学一年级优秀班主任参与的家长会。一年级班主任以管理班级过程中的实例现身说法,重点围绕"幼儿园小学化倾向的危害""零起点教学的出发点和落脚点""陪伴的意义""良好习惯的培养"等话题。

二、两个体验活动

(一)开展"未来校园小主人"小学校园体验活动

学校邀请幼儿园大班的孩子来到旧店小学,在幼儿园老师的带领下,走进一年级语文、数学课堂,靠近课桌,真真实实做了一回"小学生";参观教学楼、食堂、操场和劳动实践基地等场所,在操场体验一把仰卧起坐,在劳动实践基地品尝了美味的樱桃。校园体验活动让孩子既兴奋、好奇,又充满了期待。带着这份憧憬与希望,孩子信心十足地准备开启新的征程。

(二)开展"未来校园大主人"小学校园体验活动

学校结合"6+4"家长驻校活动,邀请幼儿园大班学生家长代表到学校参加家长驻校活动,参加学校的导护,参观校园,参与升旗仪式,参加低年级听课活动,参观学校餐厅并体验学生午餐,参加"父母课堂"交流会。同时,家长还可以根据自身实际,有选择地参加主题班队会,参加教师教研活动或集体备课活动,参加学校组织的节庆活动,参加学生教育论坛。体验活动让家长既陌生又期待。通过体验,家长提前近距离了解低年级生活,为给孩子提供更好的准备奠定基础。

三、一个见面会

面向全体一年级新生家长,提前谋划。暑假刚开始不久,学校就组织了"梦想从这里启航——一年级新生家长见面会"。见面会主要包含以下议程：①低年级优秀班主任代表进行了新生入学准备事宜的交流。教师从心理、生活、物质三个方面进行了交流，结合自己教育经历，以实例为依据，深入浅出。②低年级优秀家长代表分享育儿经验。③成才学生学习经历分享。邀请旧店小学学有所成的学生或家长，介绍学生的学习经历。2019级新生家长见面会，我们邀请学校总务主任徐建光做了题为"我是如何力主孩子成为美国高等学府博士后"的报告。徐主任从"学会做人""学会学习"两大方面进行了交流，中间穿插大量实例，让家长受益匪浅。④邀请专家做专题报告，让家长知道做好幼小衔接。2019级见面会我们邀请国家二级心理咨询师张云贵主任做了"做智慧家长，助力孩子成长"的主题报告。张主任从独立性、榜样作用等方面进行分享。⑤校长总结发言。

　　建立在有效幼小衔接点梳理基础上的教师、家长、学生三方互动，使幼儿园、小学的衔接更加顺畅与自然。旧店小学将让幼小衔接工作不断走向深入，探索更加有效的举措，尝试、实践由"活动衔接"走向"课程衔接"。

家长进校园，联手促成长

青岛市崂山区华楼海尔希望小学　王伦波

　　为更好地架设学校、家庭、社会沟通的桥梁，深入推进教育系统行风建设，促进我校教育事业的持续发展与教育形象的全面提升，全面展示我校的办学特色、校园建设以及师生员工良好的精神风貌，全面实施素质教育，创设和谐育人氛围，提升学校的社会影响力，为了让家长亲身经历子女在校的学习和生活，走进教室，关注教育，走进学校，参与评价，增进家长对学校管理、教师教育教学质量以及自己孩子在校学习生活和能力表现的了解，就社会、学校、家长共同关心的问题提出意见和建议，改进学校的整体工作，我校积极组织家长进校园活动。

　　让家长走进学校、走进课堂，不仅仅是简单地让社会人士和家长看到孩子在学校的表现和学习生活，也是对学校教师素质、教育水平全面、立体的检查和展示。全体教师高度重视，用诚意尽心为家长、学生服务，将此作为宣传学校、展示自我的平台，科学安排，精心准备，保证质量，力求实效，努力让家长安心满意，让孩子受益开心。

一、走进教室，参观学习环境

因校舍搬迁，所以无统一的场地集中开展培训活动，但是学校克服困难，以班级为单位，积极组织家长进教室查看现代化教学设施，感受浓浓的班级文化和校园文化。

二、走进教室，与教师面对面交流

班主任、科任教师将与每名学生家长见面，让家长了解孩子的班主任、了解孩子的科任教师、了解孩子新学期学习计划。教师与家长互留联系方式，方便日后及时沟通。现场征集家长对学校整体管理、教育教学、学生管理、后勤服务、课后服务等方面工作的意见或建议，现场解答家长提出的问题，打消家长的顾虑。

三、走进课堂，观摩学生学习情况

认识和了解教师的教学活动和学生的学习生活，从各方面提出宝贵的意见和建议，并由反馈小组对家长所提意见进行加工整理，呈报教导处。

四、走进礼堂，认真倾听家庭教育讲座

学校在大礼堂进行一系列的家长培训，指导家长学习掌握新学段新年级教育规律、孩子成长规律，学习科学教子知识与方法。实施"零起点教学"，针对幼小衔接、小初衔接、初高衔接，对新生家长进行衔接教育指导，共商家校协同育人策略。

五、发放家长调查问卷，听取家长对学校教育的意见和建议

家长进校园这一活动的实施，加强了教师与家长的沟通，密切了学校与家庭、社会的联系，让更多的家长认识到教育的重要性和多位一体教育的必要性，从而建立学校、家庭、社会三位一体的教育网络。活动使家长参与到学校的管理中来，并对学校、教师的各项工作加强监督、提出建议、做出评价，努力构建"家校互动，联手共育，共谋孩子成长"的育人环境。

开放合作，营造良好的外部环境

青岛市崂山区张村河小学　王　平

校长要以专业视野与品质引领学校的公共关系，以专业知识与能力构建学校的公共关系，引领社会公众认同学校的教育目标与价值取向，启迪社会公众接受学校的教育理念与办学特色，营造良好的外部环境。

一、公开透明，让家长及社会公众成为办学过程的评价者与监督者

在工作实践中，我发现家长、社会是非常渴望了解学校的，但家长与学校之间的信息不对称往往会造成一些不和谐因素，所以学校要加大面向社会的开放力度。我校规范家长委员会建设，组建了学校、级部、班级三级家长委员会，加强家校沟通，使其成为家校沟通的好助手。持续开展家长驻校活动，驻校工作做好"七个一"，即巡视一次校园，听一节课，与师生、家长进行一次交流，视察一次学生配餐饭菜质量，对学校提一条合理化建议或说一句赞美的话，参加一次学生课外活动，做一份详细的记录。家长委员会成员深入学校和班级，观察、聆听、体会、评价学校及班级工作，拉近家长和学校老师间的距离，提升家长关注学校、参与学校活动的积极性，也进一步融洽家校关系。家长委员会定期召开会议，研究解决家长学校工作的重大问题和难点问题。组织家长教子经验交流，组织亲子活动，参与学校建设等重大问题的研究并提出意见建议。在每年学校开展的校内外实践活动中，家长委员会委员们主动全程参与；每年开学初配餐企业的考察和选定完全由家长委员会组织进行。家长委员会委员们还在陪餐日进教室与学生一同进餐等，较好地发挥了家长委员会工作职能，成为家校沟通的好助手。开设家长热线电话、校长信箱。学生一入学，班主任老师就将个人、校长电话号码公布给家长，并在校园和学校网站设置了校长信箱，让家长能够通过电话与学校领导、教师进行交流，加强学校与家庭的沟通，随时解决发生的问题。

二、引导教化，使家长及社会公众成为学校教育教学改革的支持者与欣赏者

作为学校的领导者，校长要创设家长及社会公众参与学校课程教学改革活动的条件，让他们在活动中认识学校教育的专业性优势，欣赏学校教育活动产生的效果，以学生的才华展示与学业成就去争取他们的各种支持。为此，需要发掘师生发展所需的社会资源，搭建师生向社会显现才华与成就的舞台，把握师生向社会展示能力的时机。首先，充分利用校园网站、微信群、微信公众号等载体，及时宣传学校的办学理念、举办的各类活动、学生取得的成就、优秀教师的先进事迹及家庭教育方法等，向家长、社会展现师生风采，传播家庭教育知识。其次，通过家长会、开放日、艺术节、读书节、运动会、元旦汇报演出等活动鼓励家长走进学校，扩大他们接触师生工作与学习状况的范围，引导他们对教育教学特点的认识，亲身体验学校发展成果，了解师生的努力，认同师生的才华，赞赏师生的成就，支持师生的发展。同时也使他们体谅学校工作实际遇到的各种困难，理解学校各项工作具有的特殊性、复杂性与艰巨性，让家长逐步由旁观者、批评者变为参与者与支持者。学校口碑在周边社区居民中逐渐提高，家校关系日益和谐融洽。

三、热心服务，让社区居民成为基础教育改革与发展成就的享用者和受惠者

学校要积极支持和参与社区建设，发挥学校作为社区精神文明传播者与示范者的作用，拓展学校为提高居民文化科学素质服务的职能，营造良好的办学外部环境。一是利用专业知识能力，提供家庭教育指导服务。学校在邻近的郑张社区建立家庭教育社区服务站，送教进社区，给家长提供良好的校外学习培训基地。每月开展活动，先后组织了一系列家庭教育专题活动，传播科学的家庭教育理念、知识和方法，指导家长科学教子，提高家庭教育质量。二是为社区供各种人力、物力资源的支持。为缓解我区运动场地不足，满足学校周边社区群众锻炼需求，学校按要求高标准地开展运动场地开放工作。广泛向社会宣传学校体育场地开放的有关政策，安排专人接待，购买了公众责任险并及时对体育设施、场地进行修理维护，为群众开展体育锻炼提供了便利条件。形成学校资源与社区共享的格局，使政府用于中小学的投入惠及更多的居民群众，与居民共享基础教育改革与发展带来的成果。

家校共育面对面，调适教育外部环境

莱西市济南路小学　王忠辉

建校六年多来,莱西市济南路小学积极创设良好的校外育人环境,实现学校和家庭、社会的良性互动,发挥学校在社会中的作用,并积极争取社会教育资源为学校发展做出贡献,坚持家校合作,建立家校合作育人机制,实现合作共赢。

一、以完善制度为前提，认识到位，机构健全

（一）目标明确，层级管理

学校十分重视对家庭教育的指导,在学校教书育人的总体框架下,努力构建立体化的育人网络,并成立了家长学校领导组,校长任组长,做到职责明确、责任到人、分层管理。同时,成立了家校互动机制下的家长委员会,聘请学生家长担任家长委员会委员。学校家庭教育委员会、年级和班级家长委员会每学期召开 1 ～ 2 次会议,研究制订计划,总结家庭教育工作。

（二）制度完善，管理规范

为了加强管理、规范运作,学校建立和完善了家长学校的家长委员会章程、家长委员会职责、家校联系制度、家长行为规范等各种规章制度,同时把家长学校的工作纳入教师的工作量进行年终考核,与绩效工资挂钩。制度的完善使家长学校管理逐步迈向系统化、规范化和科学化。

二、以家校共育为目标，加强沟通，同步发展

（一）举办面对面小型家长会

学校班子全面梳理、总结出目前家长集中关注的问题,商讨解决的策略,依据发展实际,制定了详细的家校面对面工作实施方案。各班教师有侧重点地向部分家长

当面发出邀请,以"教育同行人"的视角,结合孩子的具体情况和家长做面对面的交流,针对孩子日常表现和出现的问题,精确地分析并给出相应指导与建议。

(二)举办面对面家长大课堂

学校邀请青岛市名校长做专题讲座,引导家长提高家庭教育意识,改变教育方式,学会与孩子、与学校沟通,同步和谐发展,达成共育默契。

(三)举办面对面家长小学堂

学校积极挖掘家长及社会资源,增加社会实践机会,发动在医院、交警、书店、律所、军队等不同领域工作的家长深入班级讲课,丰富学生社会知识。例如,会茶艺的家长为学生讲解礼仪规范,组织学生进行礼仪实践;在莱西市食药监局工作的家长为学生进行食品安全教育。

(四)注重推动与社区间的良性互动

在争取校外资源为学校发展服务方面,学校联合社区开展垃圾分类的宣传活动、志愿服务活动。同时,学校在一定程度上向社区居民开放公共设施,促进学校与社区和谐发展和居民精神文明建设,为学校的发展争取政府政策、社会舆论和社会公众的支持。

通过学校、家长、社会等多方面的努力,学校社会满意度达到99%,被誉为"老百姓家门口最有温度的好学校"。

融合各种资源,办家长满意的学校

莱西市滨河小学　赵春萍

学校要发展,离不开社会各界的支持,尤其离不开家长的支持。"家长满意"一直是滨河小学的办学理念之一。对此,我校在家长工作、教辅材料征订、招生考试、教育体育场地对公众开放等方面真诚用心地去沟通,赢得了家长的认可。

一、提高教师素质，激发学生兴趣，让学生愿意上学

我们从加强教师职业道德教育、提高教师业务素质、培养学生学习兴趣入手，对后进生耐心辅导，不讽刺、挖苦学生，善于发现学生的不足和闪光点，使学生乐学、学会、会学，避免学生厌学。一旦发现学生有厌学现象，及时分析其原因，采取科学、合理的策略进行补救。教师胜似父母，使学生在遇到困难、挫折时不至于灰心、逃学、辍学。

二、加强作业改革，减轻家长负担

为了切实减轻家长负担，我校在作业布置方面进行了改革，取消在微信群布置作业的做法，不允许家长批改作业、给学生作业签字。一是加大督导检查力度，将此列入常规管理考核；二是建立分层作业制度。针对作业布置的问题，我们通过每月的家长会和家长开放日，向家长征集意见与建议，建立分层作业及作业公示制度，通过学校常规检查及家长评教等方面，及时了解作业布置情况，坚决杜绝要求家长检查批改作业的现象。但对于个别在学习上有需求或困难的学生，教师会牺牲课余休息时间，在微信上指导学生进步。

三、融和各种资源，做好校内课后托管工作

一是制定了《开展学生课后托管服务工作实施方案》，做到场地、教师、内容、安全措施、带班领导五个到位，实施全员托管，真正做到以人为本、服务至上，竭诚为家长服务、为学生服务。二是为了进一步丰富课后托管内容，目前由足球俱乐部利用托管时间开展足球训练，效果良好。下一步探讨引进跆拳道、羽毛球、乒乓球等俱乐部，对学生进行课后训练。

四、转变理念，增强家校沟通的实效性

家长工作一直伴随着教育，尤其是我们以办家长满意的学校为办学目标的今天，我们本着"简单的事情重复做，重复的事情用心做"的工作原则，从家长工作存在的问题、用什么样方式真正赢的家长认可两方面入手，用心做好家长满意工作。

我们目前与家长沟通方面存在的问题：①思想理念的不平等，教师有一种"我教着你孩子"的高高在上的感觉。②教师以旧有的惯性思维和方式对待家长工作，不会换位思考，从自身找问题，如"这个家长毛病多""那个家长真多事"，或者孩子表现不好就找家长。③教师与家长沟通时存在着简单、粗暴、强硬、说话不讲求艺术的问题，如开口就是"你家孩子"，好像所谓的沟通就是找家长告状，诉说孩子的不是。

通过分析问题，我们深刻地认识到教师特别是班主任是做好家长满意工作的主体。家长工作中改变别人非常难，我们唯一能做的是从改变自己开始，传递温暖，努力朝着促进孩子成长的方向不断努力。

一是理念的转变，采用讲身边家校沟通故事或座谈方式，引领教师反思并努力做到与家长沟通要平等的思想理念的转变。二是内容的改变，与家长沟通中传递好的信息和能量给家长，让家长接到电话就感受到孩子的进步成长，而不是孩子又不好好表现。三是形式的改变，除调查问卷、建议征集、家长会、家访等形式外，我们更注重采用面对面的语言交流、眼神确认，从内心赢得家长。比如，我们开展的家长开放日、家长会中，在常规的项目之外，还设置圆桌会谈，教师与 10 ～ 15 位家长围坐在一起，每位家长都谈一谈自己孩子需要教师关注哪一方面，并交流下一步如何配合。圆桌会议及家访真正拉近了教师和家长间的距离，传递着一股股温暖的力量，让教师和家长体味到教育最初的模样和温暖，获得家长一致认可。

校长调适学校外部环境的必要性

平度市东阁街道崔召小学　綦丰吉

所谓调适，就是调整使合适，使关系处于最佳状态，达到最大程度的和谐。

过去，学校校长不用过多考虑这个问题，那时是计划经济，名副其实的封闭式管理，缺啥给啥。要土地，政府拨一块，或与周边商量圈一块；盖个房子，找几个老百姓，就盖起来了。花钱自己有账，全是白条。外界对学校的影响干扰也不大，家长的维权意识也不高，媒体信息等也不发达。

随着社会的发展进步，网络、微信新兴媒体的兴起，家长的法律意识显著增强。有的学生在校出现一点安全事故，家长首先考虑学校和教师的责任，致使校长疲于奔命，穷于应付，苦不堪言，常常"默默无语两眼泪，耳边响起驼铃声"。有一首歌最能反映校长们的心声——《你说我容易吗》。我们是体制内的人，改变不了现状，只能调适，以追求学校利益的最大化。调适不好，我们举步维艰，欲速不达，甚至寸步难行；调适的好，工作可能顺风顺水，事半功倍。有的人工作得心应手，轻松自如，说明他调适得好；有的人则麻烦缠身，问题不断，说明他调适得不好。因此，做好调适意义重大，非常必要。提高调适能力是校长不可或缺的一项职业要求。

整合教育资源，办学生喜欢的学校

胶州市广州路小学 徐玉梅

随着社会的发展，知识经济时代的到来，呼唤高质量的教育发展。我们广州路小学确立"让每一个学生尽情享受学习的快乐，体验成功的喜悦，感悟成长的幸福"教育目标，整合教育资源，走内涵发展之路，办学生喜欢的学校。

一、整合社会资源，开发学生喜欢的课程

学校的发展，离不开领导的关心和社会各界的助力。我校倾情打造内部管理，调适外部环境，争取社会各界的支持。

（一）快乐周三，课堂学习的延伸

学校举办"快乐周三"社团活动，利用每周三下午两节课的时间，开设了陶艺、木工、手工、科技、舞蹈、国跳等21个社团，聘请校外专业指导教师，指导学生专业发展、特长发展，开设学生喜欢的课程。

（二）传统节日，特长彰显的平台

学校举办艺术节、体育节、读书节、心理活动月等特色活动，活动内容与综合实践活动有机整合，让学生自我策划、自主设计、自己主持。教导处和政教处协助指导，为学生的自主发展提供空间，搭建平台，让他们亲身经历实践、体验、发展的全过程。

（三）校外资源，创新活动的提升

我校盘活校外课程资源，在养正种植园、高凤翰纪念馆、艳丽花卉、福康老年公寓等地建立校外实践基地，分别开展"爱心传递走上田间地头、走进敬老院"等系列活动。多彩活动的开展，让课堂上传来动听的歌声，教室里传来琅琅的读书声，音乐教室里传来悠扬的琴声，操场上传来欢快的呐喊声，校园和社区里活跃着学生创新实践的身影。

（四）家长助力，学生成长的助推器

学校政教处认真规划家长培训课程，编制了家校联系课程，开展了一系列"家长走进课堂、走上讲堂"活动，加强家校联系，提高家长素质。

为培养学生养成良好习惯，政教处制定了"最美宝贝"评选标准，指导家长督促落实"五个一"活动：每一天整理自己的书包和房间，每一周向父母学一项家务特长，每一月总结各班共做家务情况，每学期举办一次共做家务大比拼和一次亲子共做家务表彰会。通过"亲子共做家务"活动，学生体验到了父母的辛劳，懂得了承担家庭责任，增进了父母与孩子间的亲情。

二、盘活校内资源，争做学生喜欢的老师

为办学生喜欢的学校，校委会多方倾听学生心声，了解学生需求，开展多种活动。

（一）开展"我和校长有个约会"活动

新学期组织开展"我和校长有个约会"聊天活动，学生非常愉快地与校长交谈，有的谈梦想，有的提建议，有的说烦恼。这一活动为了解孩子心理，从孩子的角度改进办学行为，为办学生喜欢的学校提供了很好的借鉴。受这个活动的启发，我们又延伸出了两个活动，一是"我和党员干部有个约会"聊天活动，二是"干部走进教室、走进教研组"活动，引领干部践行一线工作法，深入老师和学生群体，倾听师生心声，掌握开展工作的第一手资料，做有亲和力的干部。

（二）开展"幸运学生大抽奖"活动

我校创新升旗仪式，增加了"幸运学生大抽奖"活动，每月抽取"幸运之星"。"幸运之星"可以主持下周升旗仪式，并展示本班学生特长或班级集体学习成果。学生们有的说三句半，有的吟诵，有的合唱……升旗仪式成了学生们展示自己特长的舞台。

盘活校外资源，丰富校园文化，打造学校品牌，任重而道远。学校将用文化凝聚人心，用文化引领学校发展，奏响学校工作的新乐章，擦亮养正教育文化品牌，办好领导放心、家长满意、学生喜欢的学校。

用心提升家长满意度

青岛市即墨区第三实验小学　梁丽丽

苏联教育家苏霍姆林斯基曾经说过:"有许多力量参与人的教育过程,其中,第一就是家庭的力量。"家庭教育是一切教育的起点,家长是学校最大的教育资源。家长学校是加强家庭教育工作有效的组织形式和重要途径,它旨在向家长普及家庭教育科学知识,提高科学教育的水平和能力。我们提出"为了每一个孩子的成功,为了每一个家庭的幸福"的理念,积极推进家长学校工作,扎实搞好课题研究,充分发挥家长委员会的作用,认真开好家长委员会会议,积极构建家校一体、联动互助的协作机制。

一、课题研究引领家长成长

结合家长学校课题研究,我校积极探讨并推广"三备四讲"的家长学校教学模式。"三备"即家长学校的备课模式分为学校大集备、级部集备、班主任特色集备,"四讲"即家长学校授课模式分为班主任讲、家长讲、自助讲、互动讲。

"三备"模式能有效解决教师层面对教育大形势了解不够深入的不足,解决学校层面对各级部不同学生年龄特点和家长特点不能细化指导的不足。

学校大集备中,分管领导充分利用《家庭教育》《父母课堂》等教材,结合国内外、省市内外学校教育、家庭教育现状和发展趋势,结合学校文化建设内涵和当前发展特色进行集体备课,使家长们能从宏观教育层面了解大教育的形式,了解学校教育、家庭教育的形式,结合教材进一步提高家教水平。

级部集备中,级部主任、教研组长、班主任结合学校大集备内容,结合本级部学生特点和家长特点进行备课,使备课内容更科学、合理,从相对微观的角度提出适合本级部学生和家长特点的家教方式方法。

班主任特色集备,就是班主任召集本班科任教师进行集备。从最基本的每个学生的特点进行分析,就每个学生的情况给家长提出合理化、个性化的家教建议。

"四讲"模式能有效解决空洞说教、效率不高、针对性不强的不足。

班主任讲，一是让每一名家长了解学生在各个学科、不同方面的表现。班主任精心选择的家教知识专题能较好地适合本班学生的特点，有针对性地提出家教建议。

家长讲，就是班主任根据自己的家教主题，选择班级中有特点的学生的家长，就某个专题进行典型发言，给其他家长提供学习的机会。

自助讲，是家长就班主任提出的家教专题，自主地选择自己熟知的话题、熟知的典型事例进行讲述，发表自己的观点，引发其他家长一起进行深入探讨。

互动讲，是班主任和家长一起，就某个或某方面话题展开讨论，畅所欲言，引发碰撞，取得共识。

二、创新开展家校共育活动

（一）扎实开展好"四个一"活动

每年一次的家长开放日活动，增强了学校、教师、家长之间的沟通。在和谐的育人氛围中，家长亲身经历子女在校的学习和生活，走近孩子、倾听心声，走进教室、关注教育，走进学校、参与评价，从而更好地配合学校，共同关注每一个学生健康成长。

每学期一次的家长会，是对家长进行集中培训的时间。家长会上，我们会安排优秀家教经验报告、推荐优秀家教书籍、表彰优秀学生家长、倾听子女心声等环节，搭建教师与家长、家长与家长、家长与孩子沟通交流的平台，进一步增强教师、家长和学生间的相互了解，有效解决家庭教育中的矛盾冲突。学校还每学期组织"教子一得"征文比赛活动、"为国育才好家长"评选活动，引导家长在教育孩子的同时，善于学习、善于积累、善于总结、善于反思，在积累中丰富自己的育人方法，在总结中锤炼自己的教育方式，在反思中提高自己的育人水平。

每月一次的家长座谈会，是分层次进行沟通交流的时间。针对不同学生表现和家长特点，我们和家长一起沟通，探讨有效的教育方法。

每周一次的"家教妙招大家谈"活动，由班主任组织实施。学校要求班主任平时加强学习，多收集整理、多归纳总结，汇集一些家教妙招，每周一条，通过网校或班级飞信平台集中发给家长，做到资源共享，进一步提高家庭教育水平。

（二）充分利用好"七彩成功卡"

我们改革了学生评价制度，在学生综合评价中实施了"七彩成功卡"活动。我们特别结合成功卡中"家长申请发卡"一项，让家长参与对学生的评价。学生在家中某一个方面表现较好，家长就可以向班主任申请发卡，很好地促进了家校联系。

（三）用心举办好书香家庭评选活动

我们结合书香校园的创建，开展了书香家庭的评选，举行了"亲子读书会"等活动。孩子和家长一起浸润书香，共读经典，其乐融融。

三、充分发挥家长委员会桥梁作用

家长委员会是家校联系的纽带，是学校教育教学举措的支持者和宣传者，是学校教育效果的监督员。我校2011年成立家长委员会以来，一直非常重视家长委员会在教育教学中的重要作用，每年召开一次家长委员会工作会议，总结回顾学校工作，通报学校下一步的工作思路，布置下一阶段家长委员会工作的重点。同时，进行"家长金点子"征集活动，并精心评选"十大金点子"，召开专门会议进行隆重表彰，以引导家长积极参与学校的教育管理，为学校发展建言献策。

通过"三大课堂"，实现家校融合

胶州市第四实验小学　徐瑞芳

家庭是人生的第一所学校，家长是孩子的第一任老师。父母并不是生了孩子后，就理所当然是合格的父母了；也不是给足了孩子锦衣玉食，就尽到了自己的责任。父母是一种职业，需要岗前培训，也需要专业培训。为了更好地实现家校融和，形成和乐育人的新生力量，让家长给孩子上好"人生第一课"，帮助孩子扣好人生第一粒扣子，学校倾心打造合格化和乐家长团队，主要开展了"三大课堂"活动。

一、开展"父母学堂"活动

"父母学堂"即让家长做学生，让家教专家、学校校长、班主任、任科教师传授家教方法，让家长懂得科学育子方法，懂得如何言传身教，如何尊老爱幼，如何和睦邻里，如何讲究公德，如何爱护花草树木，如何遵纪守法，等等，提升育人水平。

（一）召开家长会

每学年学校至少举行三次父母学堂活动。如每年一年级入学，我们都会召开一年级新生迎新家长会,会上不仅介绍学校教育教学情况,还要通过报告的形式,由校长及有经验的班主任讲授如何让孩子快速适应小学学习生活,作为家长在物质、心理、学习、生活等方面要准备些什么。我们先后多次聘请全国著名的家庭教育专家到校做报告,如王嘉奎老师做的"让真爱撒满人间"、王立国老师做的"亲子有效沟通""幸福家庭的构建"等报告,均产生了极大反响,对家长更新育子理念、掌握育子方法都产生了深远的影响。

(二)举行家长开放日活动

"课改"精神不仅要求教师们领会,也是家长们应关注的。为让家长都关心"课改",学校让家长走进学校、走进教室、走近学生、走近教师。家长和孩子一同听课,领悟学习"新课改"精神;走进餐厅,走进图书阅览室、实验室、微机室、音乐室、美术室等,了解学校管理机制;走到操场观看学生做国学操、眼操、武术操、跳绳等活动场景,感受学校积极向上、生动活泼的学校生活。这让更多家长了解孩子在校表现,了解教师教学情况,了解学校教育环境和发展前景,密切了家校联系,促进了育人水平。

(三)开展百名教师访千家活动

通过家访,沟通教师与学生、教师与家长的心灵,保证家校在教育方向上的协调一致,达到信息互通、交流互助、相互补充的教育功能。促使家长树立家庭教育的新观念、新理念,营造一种"自然、和谐、科学、民主、宽松"的和乐家庭教育氛围。为此,每学期全校教职员工均会分组深入每一个家庭,与家长对接,面对面谈心交流如何有的放矢地辅导教育孩子、帮助孩子、影响孩子。访后,教职员工还要记写家访随笔。

(四)开展心理咨询活动

一是接受广大家长的咨询。引导家长确立以人为本的教育观,尊重孩子的独立人格,使他们懂得孩子的成长需要周围人的尊重和理解。孩子只有在正确的爱中才能学会爱,在理解中才能学会理解,在尊重中才能学会尊重,否则,家校就难以实施有针对性、实效性的教育。二是接受孩子的咨询。父母对孩子教育方式的不当,造成孩子巨大的心理压力,使孩子产生不同程度的心理问题,如自卑心理、逆反心理……学校及时洞察孩子的情绪,与家长及时地交流沟通,消除家庭给孩子带来的心理压力。利用家长会、好家长的表彰会进行交流,让家长互述发生在自己身边的鲜活故事、切身体会,以榜样的力量带动一大批人。

二、开展"父母课堂"活动

让家长当家做主人,辅助学校参与管理,走进课堂当老师,走上街道护学生,走进校委会建言献策。

(1)招聘特长辅导员:聘任有一技之长的家长来校为学生上课,传授做人做事的道理,如护牙课、法制课、韩语课、礼仪课、雕刻课、手工课、旅行文化课等。充分开掘学生家长资源,拓宽学校教育渠道,激发学生认识生活、认识人生的意识与兴趣。

(2)招聘路队护导员:家长轮流护导学生过马路,做学生的"保护神"。

(3)成立三级家长委员会,即班级家长委员会、级部家长委员会、学校家长委员会,分别设正、副会长。定期召开会议,家长建言献策,参与学校重大决策,协助搞"六一"、建队、资助活动等,像老师一样成为学校的主人。为此,家长委员会开设了家校热线电话,家长可随时打电话反映情况、咨询。

三、开展"父母实践课堂"活动

为增强社会的教育意识和学校的开放意识,逐步实现教育的社会化和社会的教育化,学校把"父母实践课堂"作为家庭教育工作的新课题。这也是学校教育与家庭教育的拓展点,促进社会和学校双向启动、协调发展,创造优化育人的社会大环境。"父母实践课堂"即把学校课堂搬到家庭、社会,由家长亲自参与指导,密切家长与孩子的关系,使孩子得到更多技能的实践与锻炼。寒暑假等节假日期间,学校均会开展和乐节日文化活动,如妇女节开展"我让妈妈露笑脸"活动,开展"今天我当家""我跟爸妈上天班""扮靓我的小居室""学做一样小厨艺"活动,锻炼孩子自理能力,培养孩子感恩之情。

学校编印了《和乐劳动生活手册》,每学期要求孩子至少掌握两种家务劳动,小学六年12个学期至少学会24种家务劳动。学校只设课程,家庭作为主要的劳动课堂,家长是主要的劳动导师,针对孩子的年龄特点和个性差异,让家长指导孩子学习洗碗、洗衣、做饭等力所能及的家务劳动,培养孩子的劳动意识、生活能力、社会责任感,从而为孩子的和乐人生奠定基础,对孩子的健康人格产生积极影响,从而由家长帮助孩子达到新时期对少年儿童的发展要求——"学会做人、学会做事、学会合作、学会学习、学会生存"。

总之,家长在三大课堂活动的参与中,实现了家校融合,在育子理念、育人方法、家校沟通配合等方面都得到了极大改善与提升,做合格、优秀的家长已成为大家的普遍共识。

家校互动建桥梁，精准指导促共育

青岛市城阳区流亭街道空港小学　孟　萍

空港小学坚持以立德树人为根本，以"实现全体学生的发展和每名学生的全面发展"为办学目标，秉承"让校园成为师生幸福成长的乐园"的办学理念，以"抓住育人根本，着眼实际，服务每个家庭"为原则，确定了家庭教育工作具体思路为"秉承一种精神、突出两条主线、打造三级团队、四项活动并举"的"1234家庭教育"模式。

一、家庭教育进学校，巩固学校家庭教育阵地

（一）健全机制

家长学校工作体现"四有"要求，即有计划、有落实、有督查、有总结。每个学期分级部、分主题开办父母课堂培训班，做到"三落实"，即落实教材、落实教学内容、落实备课。2019年1月，在原有教材基础上，我们重新整理组织编写《家庭教育指导读本》，结合不同年龄段学生的特点，整合家庭教育专家在不同领域的优势，引导家长科学系统地掌握家庭教育的理念和方法，达到有效指导孩子成长的目的。

（二）搞活家庭教育讲座

我校每月都会针对不同级部开展专题性家庭教育讲座，如"走好人生的每一步""用心感受，陪伴成长"等主题讲座。家长认真倾听，动笔记录。家长认为讲座很有意义，很接地气，着实为想教育孩子却无从下手的年轻家长指引了方向，传授了科学的教育方法。

（三）做好家访活动

家访是了解学生家庭教育的重要途径之一。每学期班主任根据学生及其家庭的具体情况，分类、分时间段进行家访。在家访前充分备课，拟定出切实可行的家访工作计划，体现四个要求：要"勤"、须"诚"、动"情"、导"行"。通过和家长的共同讨论

而达成共鸣,进一步提高家访的质量,找到最适合个体的教育方法。

（四）成立校内家庭教育服务站

近一年来,我校多次邀请城阳区家庭教育讲师团成员在校内服务站举办公益性家庭教育专题讲座,受益家长达 1800 余位;开放校内图书室,供家长借阅家教类图书;多次开展亲子心理咨询服务等。

（五）开展教子心得征集活动

邀请家长根据自己的家庭教育经历,写下自己的教子心得。在学校微信公众号上发布优秀的教子心得,学期末整理成册发放给家长。

二、家庭教育进社区,强化社区家庭教育服务

为了加强家庭教育工作,认真贯彻习近平总书记关于"三个注重"的重要论述,推进家校有效合作,构建家庭、学校、社会无缝隙的教育格局,实现立德树人的教育根本任务,我校在港东社区"幸福·港湾"家庭教育服务站,由校内家庭教育讲师团成员开展了多场家庭亲子教育讲座,共有 200 余位家长参加了活动。

三、以"三级团队"为抓手,促进家长育子水平

为了形成一支高素质家庭教育指导队伍,我们通过聘请专家指导与外派教师学习相结合的办法,提升学校家庭教育指导队伍的专业化水平,推进家庭教育科学化、规范化、制度化、常态化。

（一）班主任队伍建设

邀请专家就"如何与家长有效沟通"开展专题培训。班主任工作室全体成员利用假期赴北京参加了全国班主任专业能力认定高级研修班。我校被评为"全国班主任培训示范学校"。

（二）骨干教师队伍建设

精选 10 名骨干教师组成我校家庭教育服务讲师团,并对骨干教师进行专题培训,让他们从家庭实际出发,做实、做细、做优家长培训等特色活动,当好家庭教育知识的宣传者、传播者。

（三）志愿者队伍建设

2018年，我校志愿服务队正式成立。志愿者热情高涨，积极参与，用无私的爱助力孩子们成长的每一天。无论是上学、放学路上，还是学校重大活动、家长课堂等，都会有他们可爱的身影。

总之，学校多措并举，积极开展多种形式的家教活动，让家长懂得育子理念、育子方法，家校融合，提高育人水平。

家校合作多元，携手共育新人

青岛市城阳区棘洪滩街道棘洪滩小学　万　伟

棘洪滩小学秉承并实践"上善若水，润心启行"的办学理念，特别在家校合作方面，多措并举，家校融合，推动育人工作的全面落实。

一、家校联通，合作共赢

学校在少先队建队节和"六一"儿童节期间，专门邀请家长和学生共同欢度节日。学校举行运动会，邀请家长参与活动，并为受表彰的学生授奖，增加学生的荣誉感和自豪感。"阳光餐厅"活动中，家长进餐厅体验就餐，为餐厅的管理工作把关，为学生的食品安全把关，推进学校餐厅管理不断向规范化、精细化、科学化靠拢。"阳光菜园"劳动实践基地的开辟、"阳光蔬菜"的义卖，让学生和家长感受到劳动和收获的喜悦。每天早晨上学、下午放学，学校门口总是涌动着一片"绿"。他们是我们的义工家长，是我们坚实的后盾，每天的巡湾也会看到他们的身影。每学期学校还会多次召开家长委员会会议，通过会议，学校能够与家长进行深入的交流、有效的沟通。学校以此为契机，更好地发挥家长委员会的作用，家校携手，打造和谐阳光校园，让学生在阳光下快乐成长。

二、家长资源，进校育人

家庭是学生的第一所学校，父母是孩子的第一任老师。为了使家庭教育和学校教育有机地结合,同时更好地开阔学生的视野、拓宽学生的思维、丰富学生的学识,来自各行各业的学生家长凭借丰富的人生阅历、自身专业和特长,精心准备,走进课堂,为学生讲授了一堂堂生动的"生活之课",给课堂带来全新的体验与感受,让学生再次感受了棘洪滩小学多元教育的魅力。

三、教师优势，精准指导

每学期的家长会,班主任都会有针对性地对家长进行家庭教育方法的指导。为了进一步实现学校、家庭零距离沟通,学校每学期进行家访、指导送教上门活动,教师主动走入学生家庭,具体问题具体分析,并对特殊家庭进行跟进式指导和帮助。每一次家长会或家访都能引起教师和家长共鸣,从而共同推动孩子的健康发展。

四、亲子活动，家校融合

每学期,学校都会开展一系列精彩的读书活动,"大手拉小手,书海共遨游"假期亲子"悦读"活动是其中反响最好的一个,让学生灵动的心遨游于书海之中。作为家庭的一员,学生也应有承担自己力所能及的家务的责任,"践行十个一,劳动我先行"活动培养了学生的勤俭美德,激发了学生对家庭的责任感。"纸上得来终觉浅,绝知此事要躬行","小手拉大手"研学之旅让学生在家长和教师的陪伴下走到多个地方学习多样的文化,了解了外面世界的精彩。阳光聚心社的小志愿者们走出学校,来到城阳区世纪公园义卖报纸,来到贫困学生家中进行"爱心无限,心灵相牵"爱心捐赠,来到城阳圣之爱康复中心与"星星的孩子"一起度过温暖时光,来到崂山莲花老年关怀公寓送上重阳节慰问礼品以表达对老人的祝福,来到棘洪滩街道生活垃圾分类启动仪式向大家宣传垃圾分类的知识……

学校一直坚持把服务社会作为学校的重要功能,坚持把合作共赢作为学校对外关系准则,坚信学校与家庭、社会的良性互动是办学水平的重要体现。今后,学校也会不断创新发展,办人民满意的教育。

从点滴入手，做好外部调适

青岛西海岸新区王台小学　马金福

调适外部环境，从学校教育效果的角度说，就是办出上级肯定、公众认可、家长满意的学校。陶行知倡导："应当将校门打开，运用社会的力量，使学校进步，动员学校的力量，帮助社会进步。"对此，王台小学长期以来坚持"开门办学迎家长，家校同心育未来"活动，取得了家长的认可。

一、学校真心实意迎家长

（一）制度保证，开门办学

王台小学制定了《王台小学开门办学实施方案》，成立了以马金福校长为组长的王台小学开门办学工作领导小组，制定了王台小学开门办学制度，印制了王台小学开门办学家长记录表。

（二）错时安排，尊重家长

王台小学规定每周二、三、四为开门办学时间，周二为一、二年级部分家长，周三为三、四年级部分家长，周四为五、六年级部分家长，每次每个班级1～2名家长。学校在学期初出台开门办学方案，由班级家长委员会协调组织家长根据家长时间自愿选择到校参加开门办学的周次，形成班级家长参加开门办学时间表。

（三）学校配合，全天开放

王台小学开门办学方案要求当日参加开门办学的家长到校后的活动有七项内容：①参观一次校容校貌、校园文化氛围、班级环境卫生、班级文化建设。②进教室听一节课，参与课堂教学。③参与一次学生课间活动管理与指导。④观看一次学生课间操。⑤提出对学校工作的意见、建议，找一处校园安全隐患，参加座谈会。⑥陪学生共进一次午餐。⑦与教师进行一次交流谈话。学校通过微信群向没有到校的家长汇报本次开门办学情况。

（四）虚位以待，热情接待

学校规定，每个教室靠近后门的地方增添两桌两凳，为家长听课桌，方便家长随时到校；各班主任提前布置好班级文化展、打扫好教室内外卫生；每次活动班主任负责组织好来校家长的签到、活动进程、开门办学评价表的发放收集；出课的教师提前准备好课案，给学生家长讲一节高质量的课；所有参与活动的教师态度热情、友好，语言文明，有礼貌；各级部主任总体负责本级部开门办学活动的实施，检查指导各班级各项活动的开展情况；总务处负责整个校园环境卫生工作；总务主任组织门卫负责来校家长的登记和校园安保工作。

二、家长当家在学校

（一）家长在王台小学"听看转议"真满意

家长走进课堂"听一听"，了解教师的授课及学生的听课情况。下课之后，家长来到校园"转一转"，参观学校、班级的文化建设，欣赏学生作品，体验阳光体育大课间及各社团活动，亲身感受学校素质教育的精彩。观摩活动之余，各班任课教师与受邀来校的家长"议一议"，深度交流学生在家、在校表现，为学校教育教学、保障学生的健康成长互通有无，建言献策。

（二）家长在家长群中"说发释教"颂师声

1.说

2019年9月20日，五年级一班王健翔家长参加家长开放日后，在"美篇"中这样说（仅摘录几段）：

7点50分，一入校门口，便听到孩子们朗朗清脆的读书声，打破了整个校园的寂静，'一日之计在于晨'，每位早到的孩子都有力地展现了这句话的意义。再进教学楼，楼层间的文化宣传彩页传递着浓厚的文化气息；再进教室，走廊上孩子们的以教师节为主题的手抄报，充分体现了孩子们的才华和对老师浓浓的爱意。

8点，伴随着悦耳的铃声，师生们开启了今日的第一堂课——语文课……

8点50分，第二节李老师的数学课开始了，孩子们开始接受新的数学知识——轴对称图形……整堂课气氛热烈，基本上是让孩子们在近似游戏中，在自己动脑和自己动手中，学习了新知识。孩子的注意力完全被老师吸引，就连我也完全融进了这种气氛中。

9点30分到9点40分的眼保健操，孩子们在小队长的带领监督下，认认真真地做,切实地缓解了孩子们的眼部疲劳。

9点40分到10点,在班主任王老师的指引下,我参观了学校为孩子们新改造的食堂。……新学期,新的老师,新的伙伴,愿孩子们在新鲜的活力下,有好好学习、天天向上的新动力,取得新一步的成绩。也衷心地感谢每一位老师的辛勤付出,你们辛苦了!

2. 发

王健翔家长还制作了"美篇",发到了家长群中。参加开门办学的大部分家长都制作了"美篇",发送到家长群中。

3. 释

举办开门办学短短一年多,类似的家长"美篇"在王台小学已经有二三百篇之多,不断在王台小学家长委员会群中、班级家长群中、教师群中转发着,释放着王台小学教师辛勤付出、乐于从教的良好形象,释放着王台小学提高质量、争创名校的教学之风。

开门办学是增强学校、教师、家长之间沟通的有效渠道。家长通过走进校园、走进课堂,可随时随地了解学校管理与发展趋势,了解课堂教学和"课改"动向,从而更好地配合学校、教师,共同关注每一个学生的成长动态。开门办学也是教育部立足学校、放眼社会,充分发挥学校教育的辐射作用,争取社会各方面对学校管理的大力支持的有效渠道,也是协调好学校教育与家庭教育的关系,进一步推进教育工作向纵深发展的有力保障。随着王台小学开门办学的不断深入,随着王台小学开门办学活动的日益常态化,让家长们走进课堂、走进校园、关注学情、参与管理、凝聚共识、合力办学,必将实现家校携手共促学生成长的愿景,必将家校共同谱写王台小学教育新篇章。

规范家长委员会,盘活学校短板

胶州市里岔镇里岔小学 刘学友

近年来,学校在"安全"这个底线思维的限制下,发展受到了不小的影响。胶州市里岔小学按学校章程规范家长委员会,实现了家长参与学校管理、协助学校解决管理困境的良好局面,为学校的发展和学生的成长打通了瓶颈。

一、规范架构组织

按照学校章程,里岔小学每学年组织召开学校、级部和班级三级家长委员会会议,邀请家长委员会成员讨论学校发展重大事项。家校合作实行校长监督、副校长主抓、政教主任具体牵头落实的模式,家校合作渠道畅通。学校也因家校合作的成功做法先后获评青岛市优秀家长委员会和青岛市优秀家长示范学校。

此外,学校每学期定期组织家长开放日和召开家长会,每学期组织"千名教师访万家"活动,每学期组织干部教师走村入户"送温暖"活动等。定期家校活动的有序开展,让学校教育教学工作与社会紧密相连,紧跟时代步伐,有效提高了人民群众的满意度。

二、拓展社会资源

学期开学初,学校家长委员会结合学校工作计划拟定学校、家长、社会三位一体的合作计划。综合考虑时间、地点、内容和拟邀请人员等,做出详细的月度家校合作安排,并且每次活动学校会安排专人跟踪,从活动计划、备课组织、活动过程、满意度评价等方面落到实处。

例如,学校在调查问卷的基础上,了解汇总出具备劳动技艺、传统文化、民间艺术等特长的家长,特聘他们为辅导员,在学校社团活动时为学生开设草编、书法、象棋、葫芦画等社团课程。通过家长辅导员的耐心指导,不但孩子们的动手能力得到了提高,民间传统技艺也得以传承。

根据家长在不同工作岗位的优势,学校结合有关节假日开展专题讲座。例如,邀请在公安系统工作的家长为师生做法制教育专场报告,邀请在医院工作的家长为师生做健康教育讲座,邀请在教育战线工作突出的家长为毕业班学生家长做"多措并举,为孩子的终身发展奠基"专题教育报告,等等。这样有效地把家长队伍中的优秀资源引入学校教育,填补了学校教育的不足,并且家长们"现身说法"的教学方法更会引发师生的共鸣,激发学生们学习的热情,自然教学的良好效果也日益凸显。

三、参与组织活动

成立家长委员会以来,里岔小学的管理家长也积极参与,破解了不少难题。一是文化建设。学校的发展、师生的成长,特别需要精神文化的引领,但以怎样的精神如何引领呢？那就是认同。里岔小学在拟定学校"三风一训"时，除教师、学生外，充分调查家长意见的做法收到了良好的效果，家长们最后给学校的建议是"三风一训"要通俗易懂、简单明了。最后，学校引领全体师生家长达成共识，形成了"让学生喜欢、让家长放心、让社会满意"的办学宗旨，"环境优、师资强、质量高、特色明"的办学目标，"团结、奋进、求实、创新"的校风，"敬业、爱生、博学、善导"的教风，"尊师、守纪、乐学、善思"的学风，并将"文明向上、勤奋进取"作为校训。二是研学活动。近年来，出于安全底线思维，每所学校的研学活动受到了很大的限制。里岔小学以家长委员会为主体，发倡议，争取家长同意支持，成功举行了"我爱劳动"——走进青岛世博园研学活动、走进孔子六艺园研学活动、"丰收的献礼"亲子手工实践大赛和全体学生参与的"我爱劳动"劳动技能展示大赛劳动教育活动。在家长委员会的大力支持下，学生走出校门，踏上社会大课堂，在活动中得到锻炼，在体验中增长才干，在快乐中见证自己的成长，感受新时代发展的日新月异。

里岔小学通过家长委员会丰富了课程资源，壮大了师资力量，充分利用各种社会资源，帮助学生树立了正确的人生观、价值观和世界观。

保护校园周边环境，我们在行动！

——胶州市少海小学周边环境案例分析及决策

胶州市少海小学　窦永航

"十年树木，百年树人。"加强校园周边环境治理，创造良好的读书环境，保障学生健康成长，已成为学生家长和全社会普遍关注的问题。胶州市少海小学的领导老师们也对此高度重视，采取多种有效措施，做了大量的工作，为学生创造良好的就读环境。但由于校园周边环境治理是一项综合工程，具有复杂性、长期性等特点，校园周边环境的某些问题未能得到有效根治。对此，我们通过调查，就如何加强校园周边环境治理提出对策建议。

一、我校周边环境现状及存在的问题

我校位于营海爱民街道周家村内,拥有在校生约1000人,学校校园周边环境较为良好,但交通安全、校外设施安全、饮食卫生安全等问题依然存在,是危及学生安全的隐患所在。

(一)校门口的超市售卖不健康食品

为了方便学生购买学习用具,学校门口开设了多家小型超市。通过长期的观察,我们发现学生除了购买学习用具外,还经常在此购买垃圾食品,其中不乏三无产品。这些食品因价格低廉、味道诱人,深受学生们的喜欢,我们经常看到学生在放学后流连于此。然而,这造成了放学后师生交通拥挤和遍地都是白色垃圾的问题,严重污染了学校周边环境,同时也存在着严重的饮食安全和交通安全隐患。很多学生在校内食堂吃饭极少,却在放学后在此购买大量三无食品,令人担忧。

(二)校前路段被当作公共停车场和施工场地

小轿车、农用车、三轮车等各种车辆在校前路段乱停乱放,车主们将这条短短的街道视为最佳的公共停车场。当车辆调头转向时,狭窄的道路被堵得严严实实;当车辆启动时,噪声阵阵,烟尘缭绕。以上现象严重干扰了附近居民和学校教职工的生活,并且存在着明显的交通和其他方面的安全隐患。

(三)校门口交通阻塞问题

校门口路面狭窄,尽管三令五申,仍然有个别家长安全意识薄弱,乱停放车辆,学生零零星星在不安全地带行走或三五成群地并排行走。长此以往,在上下学高峰期,难免会造成校门口交通拥堵,师生不得不绕行,成为极大的安全隐患。

另外,学校周边有周家村菜市场和几个大型工厂,偶尔发出的噪音和腥臭味影响了学生的身体健康。大量的外来务工人员、社会闲杂人员的行为素质欠佳,对在校学生的身心健康有一定的影响。

二、加强校园周边环境治理的对策

校墙内教师循循善诱八小时,不及校外浸染一小时。整治校园周边环境是项系统工程。我们就做好学校周边环境治理工作提出如下对策。

(一)统一领导,加强协调

加强对治理工作的督查和指导。领导小组加强协调和配合,各司其职,定期开展巡查,掌握情况,研究对策,切实抓好各项工作的落实,确保学校周边治理工作取得实效。

（二）加强宣传，营浓氛围

大力宣传校园周边环境整治的必要性和重要性,增强村民的法制观念,提高村民参与学校周边环境治理工作的热情。鼓励学校教职工、学生、学生家长和社会人员积极举报流动摊贩等。

（三）掌握情况，打击重点

学校定期开展巡查,掌握基本情况,本着"什么问题突出就整治什么问题,哪里问题突出就整治哪里"的原则,因地制宜地开展专项整治行动,并巩固治理成果。

学校自身要切实加强安全教育和管理,管好我们的学生。学校一定要比较系统全面地向学生做好诸如交通安全、饮食安全、网络安全和有关法律知识的教育,同时要以严明的校纪校规管理好学生,严防学生在正常教学活动期间私自出校,发生事故。

开展净化校园及周边环境治理工作,全面清查校园周边百货零售、食品加工、餐饮等经营活动,要求经营户签订食品、儿童玩具安全承诺书,确保学生人身安全。

大力整治校园及周边的交通秩序。学校配合公安交警部门在学校周边道路增设和完善交通安全设施,设置"学生上下学绿色通道"交通标志,提醒驾驶人礼让学生通行。在学生上下学高峰期间,学校在门口安排交通疏导,确保学生上下学的交通安全。

联合政府治理学校周边环境。校园周边环境治理的责任主要在政府,学校要在政府的统一协调下,与工商、文化、卫生、交通、城建和司法公安部门定期和不定期地开展学校周边环境整治活动,工作力度要大,活动效果要明显,不能出现走过场和反弹现象。

学校周边居民要有社会公德和法律意识,对学生要有爱心,不得违法经营,不得侵害学生权益,不得妨碍学校教学秩序。

（四）完善制度，形成机制

学校周边环境治理要着重在长效机制上下功夫,坚持整治和巩固并重的工作思路,把集中整治与日常管理有机结合起来。第一,要完善学校周边环境治理日常巡查工作小组的职能,发挥其组织协调作用,形成部门间工作合力。第二,建立和完善学校巡查工作小组联系制度。第三,动员社会力量参与治理,形成群防群治工作格局,确保学校及周边安全稳定。

（五）加强督查，强化责任

要狠抓校园周边环境治理工作各项措施的落实，加大对校园周边环境治理工作的督促、检查和评估力度。结合单位行风评议和目标管理责任制，采取自查、群众民主监督等多种方式，把工作落到实处。

保护校园周边环境，我们在行动！为了教育的振兴，为了学校的发展，为了孩子的健康成长，少海小学校园周边环境将逐步得到改观。希望全社会同心同德，携起手来为学校创设一个绿色周边环境，为优化青少年成长环境做出自己应有的贡献！

依托家长委员会，提升课后服务质量

青岛包头路小学　杭　伟

开展小学生校内课后服务，是培养学生兴趣爱好、促进学生健康成长、帮助家长解决按时接送学生困难的重要举措，是进一步增强教育服务能力、使人民群众具有更多获得感和幸福感的民生工程。学校自开展课后服务工作以来，家校携手，职能创新，大胆实践，成效显著。

一、家长委员会主导机构选择，家长放心满意

学校着眼于"办好人民满意的教育，解决广大家长关注的小学生课后安全问题，解除学生家庭后顾之忧"的目标，在校级家长委员会主导下，成立了课后服务工作领导小组。学校通过家长委员会征求了所有家长的意见，决定引进第三方参与学校家长委员会主导、学校参与配合的课后服务工作。学校家长委员会和学校共同考察，全体家长委员会委员投票选出了在学校开展课后服务的第三方。公正透明的程序使家长对课后服务工作的机构放心满意。

二、家长委员会参与制度制定，确保学生安全

课后服务机构选择好之后，学校与西海岸美术培训学校建立了第三方托管关系，让更专业的团队走进学校，承担校内托管工作。

在对家长义工培训的基础上，由家长委员会全面负责学生课后服务需求调研、家长课后服务监督义工队伍组建、课后服务课程的设置等工作，学校负责校内设施的提供、学校干部带班、派出教师协助管理、托管义工队伍培训、第三方课后服务的指导和监督工作。按照课后服务工作"安全第一"原则，结合校园环境和家长工作的实际情况，家长委员会与第三方共同制定了学生交接制度、家长持牌与托管人员学生交接办法、生病学生家长报告制度、学生"双险"（校内责任险和学生平安险）缴纳要求等一系列制度措施，从制度实施上确保学生参与课后服务期间安全无虞。

三、家校联手监督课后服务，确保服务质量

有了制度的保障，有了精细的管理，学校的课后服务工作在学校、家长委员会的协调合作下得以顺利实施。第三方承担的课后服务工作保证了课后服务师资队伍稳定性和专业性，相继开设了学习指导、交通安全知识、围棋、体育游戏、科技活动等一系列课程，使参与课后服务的学生不但有所看、有所管，学生安全有保障，更使其有所学、有所乐，学生健康成长有保障。课程丰富了，课后服务质量提高了，学生快乐了，家长放心了。但是家长委员会的作用不降低，学校责任不减少。家长委员会成员利用每周的驻校办公时间对课后服务工作进行监督，学校的分管领导通过值日校长执勤对课后服务的班级进行检查巡视。分管领导及时收集有关信息，反馈给第三方，督促其及时改进，课后服务质量不断提高。

依托家长委员会开展的课后服务工作，切实为学生和家长解决了后顾之忧，学生们放学后的安全得到了保障。做好课后服务工作，解决学生家长后顾之忧，是学校工作的重要内容，是学校管理的分内之事。有了家长委员会的参与，有了家长的支持，这项工作更贴近家长的需求，校园也更具温情。

调适外部环境，合作实现共赢

青岛宁夏路第二小学　安晓兵

"同学们，《元日》的作者是谁？""你们知道元日是哪一天吗？"百人齐聚的阶梯教室里，一位儒雅温婉的中年女教师向孩子们提问。执教的不是一位小学女教师，而

是一位已过不惑之年、面容清丽的大学教师——青岛大学文学院的周潇教授。周潇教授主要从事中国古代文学、山东地域文学与文化、语文教育等学科领域的研究与教学,兼任山东省小学语文课程专家、青岛市国学会理事。

这是在市南区东二学区小初衔接研讨会上,周潇教授亲自执教四年级的古诗——王安石的《元日》的场景。课堂伊始,周潇教授就提出"知言、明象、见意"的古诗学习三步法。然后由浅入深,层层递进,整堂课如行云流水。周潇教授解析透彻,自然地融入传统文化,从爆竹的词义演变到桃符与门神的由来,从屠苏的释义到古人的岁时饮馔文化,令观课者赞叹不已:原来短短的诗句中蕴含着如此丰富的传统文化。一堂课的时间过得很快,下课的时候,孩子们意犹未尽。难能可贵的是周潇教授和孩子们的互动非常自然贴切,孩子们在不知不觉间提升了语文素养。大学教授亲自在小学上课,树立了岛城高校与基础教育合作的良好典范,这也从一个侧面反映了我校为调适外部环境所做的大量工作。

近年来,青岛宁夏路第二小学秉承"全纳"教育思想,坚持"珍惜并善待每一个孩子"的教育理念,致力于促进每一位学生的全面发展,努力打造一所科学与人文交融的现代化品牌学校。学校从长远规划的角度提出学校、家庭和社会三方合力的策略,共同促进学生和谐发展。学校教育致力于提升学生的核心素养,促进学生的长远发展;家庭教育在儿童成长历程中起到举足轻重的作用,是不可或缺的教育因素;而社会环境对学校的影响是潜移默化的,良好的、安定的教育环境有利于师生的专业成长和全面发展。为实现学校的办学目标,学校重点推进人文教育和科技教育工作,以提升教师专业素养为旨归。学校与青岛大学文学院签约成为青岛大学文学院教育实践基地,在市、区教育部门的组织下与同济大学青岛研究院建立合作关系。

学校先后邀请了青岛大学文学院、数学与统计学院、物理科学学院、环境科学与工程学院的专家、教授走进学校,参与学校研训活动。因青岛大学文学院周潇教授对语文教育及诗歌教学很有研究,学校邀请周潇教授走进学校开展教、学、做一体化的培训活动,指导学校开展中国人文教育协会课题研究以及中国诗歌教育委员会的诗歌教学推广活动。近两年来,周潇教授已有八次走进学校,指导我校及东二学区的语文教学工作。周潇教授先后在我校进行专题讲座两次,分别介绍了《诗经》和文言文教学方法,并多次参与我校的教学研究活动及东二学区小初衔接活动,听课、点评,甚至亲自上课示范,令与会教师受益匪浅。

高校教师有着相对深厚的教育理论优势,基础教育工作者有着较为丰富的一线教学经验。高校与基础教育的一体化衔接,有利于促进教育理论与教育实践的结合;有利于提升基础教育工作者课堂教学的效益,为受教育者提供更加适切的教育,促进受教育者的全面发展;有利于促进高校教师总结经验,提炼方法,进一步丰富和发展教育理论。合作可以实现共赢,联结可以提高效益。"问渠那得清如许,为有源头活水来",教育唯有打开窗户,才能让阳光和新鲜的空气透进来,才能在互动交流中促进自身的发展,紧跟时代的步伐,培养德智体美劳全面发展的社会主义建设者和接班人。

搭建家校桥梁,形成教育合力

胶州市大同小学　代洪霞

大同小学家长学校本着"为家庭教育导航,为学生发展服务"的理念,积极探讨家校工作思路,搭建家校桥梁,形成教育合力,取得了良好的实效。

一、发挥家长委员会优势,参与学校发展

为了更好地发挥家长在学校教育中的作用,学校成立了家长学校组织机构,逐步健全了家长委员会组织,修订完善了家长学校章程,明确了家长委员会委员的权利和义务,通过家长委员会委员向广大家长普及宣传,提高广大家长参与学校活动、协助学校管理、督促学校职能的积极性。家长委员会确立了"参与而不干预,建议而不非议,指导而不指示"的工作策略,时时处处为学生着想,为家长着想,为教师着想,为学校着想。

二、建立实践活动基地,开展社会实践活动

学校结合自身实际,根据家长学校中家长委员会成员的能力和特长,针对学生年级段的特点和心智需求,设计能促进学生身心健康发展的社会实践活动,联系确定符合要求的实践活动基地。

(一)建立多个校内实践基地

校内现有秧歌茂腔基地、三棋活动基地、剪纸基地等。有家长委员会成员做指导老师,采取多种活动方式,既定期到基地搞集体活动,做集体性指导,也定时请家长

到班级进行课堂教学指导。

（二）积极开发校外实践活动基地

校外实践活动基地蕴藏着校园所无可比拟的丰富的教育资源。我校积极拓宽渠道,积极开发新的校外实践活动基地,如三里河公园、山东少海国家湿地公园、大沽河博物馆、高凤翰纪念馆、胶州市烈士陵园等。在家长委员会的积极参与、组织、策划下,学校既可以组织大规模的校级集体实践活动,也有可以让学生在家长指导下以家庭为单位参加的小范围实践活动,在活动中提升学生能力,促进学生全面发展。

三、放大家长学校功能,引领成功家长

家长学校是家长成长的大课堂,是学校教育发展重要的配合力量。学校充分放大家长学校功能,以家长委员会为领导核心,学校进行监督配合,组织开展丰富多彩的学生、家长参与的实践活动,在活动中发展学生能力,提升家长素质,引领成功家长。

（一）励志远足扩视野

家长学校在家长委员会组织下,带领学生参加励志远足活动,带学生走进美丽的大自然,欣赏美丽的家园。各班的远足活动充分发挥家长委员会的组织协调作用,家长学校总活动方案由家长委员会常务策划,各班具体的班级方案及活动内容由各班家长委员会成员设计。针对每次励志远足活动,家长学校和家长委员会都做好沟通交流,做好详细周到的安全应急预案,提前做好布置落实,布置家长、老师提前做好活动准备。每次活动后,有面向家长的活动征文,也有面向学生的征文、摄影、绘画、手抄报展。家长进行指导,在活动中开阔学生视野,促进学生能力的提高,提升家长的组织水平。

（二）书香义工进校园

家长学校在家长自愿申报的基础上,定期聘请一批优秀家长作为书香义工、安全义工走进校园。书香义工协助阅览室老师整理图书,指导学生进行读书;安全义工协助老师值勤,在学生上下学阶段协管学生交通安全。每学期由各班家长委员会成员组织申报书香义工、安全义工,由家长委员会常务进行选拔、推荐,然后排出活动时间表,下发到各班级委员手中,家长义工按计划开展进校协助活动。

（三）亲子共读享书韵

家长委员会成员协同家长学校共同制订活动方案,分年级推荐阅读书目,并由家

长带领学生制订亲子阅读计划,根据计划开展阅读活动。在家长义工参与图书馆管理活动的带动下,家长和学生积极参与亲子共读活动,在全校掀起亲子共读的书香氛围。

大同小学家长学校一直致力于家校合作与发展,开展的一系列工作既受到了家长和学校的好评,也受到了上级部门的肯定。大同小学家长委员会被山东省教育厅评为山东省家长委员会常务理事学校,被青岛市教育局授予青岛市家长委员会项目试点学校、青岛市优秀家长学校称号,被胶州市教体局授予胶州市优秀家长学校等称号。

家校合育,共助成长

青岛市崂山区辽阳东路小学　刘　峰

新校启用以来,我校认真贯彻落实《中小学德育工作指南》,积极争取家庭、社会共同参与和支持学校良好局面,引导家长注重家庭、注重家教、注重家风,充分发挥家长、学校协同育人的作用。使家长学校成为学校和家庭沟通的桥梁和纽带,成为家长交流和学习的课堂,成为家长成长的平台,力争使家长学校工作开展得扎实有效。

一、建章立制,形成家校共建良好格局

为了加强家校沟通,形成家校教育合力,共同促进孩子全面、健康发展,从而实现学生思想道德文化素质的提升,学校于2018年9月和2019年10月,连续成立了两届家长委员会并建立健全家长委员会机构及职责。

为了规范家长学校的管理,学校制定了符合我校实际情况的规章制度,如家长委员会制度、家长学校考勤制度、家长学校工作制度、家长驻校制度、家长学校听课制度、家长学校考核制度等,还颁发了《家长教育行为规范》,进一步规范家长的教育思想和教育方法,使全体家长和学校、社会密切联系,互相配合,保持教育的一致性,使家长学校逐步向科学化、规范化、制度化发展,从而形成家校共建的良好格局。

二、细化常规，做到家校共建"四个落实"

（一）教师落实

学校年轻教师较多，在稳定教师队伍的同时我们非常注重新教师素质的培训与提高，并要求年轻教师每学期的学期中、学期末走上讲台，为家长们执教家长学校教育课。

（二）学员落实

一方面，我校根据各班实际，固定好每次集中培训时的家长，即保证每次集中培训这些家长能够参加，必要时还会邀请部分家长上台对其他家长进行辅导；另一方面，为了保证集中培训的参会率，我校会提前下发邀请函，告知家长培训时间，让家长们提前安排，做好准备。

（三）时间落实

针对每个年级的实际和家长们的需求，我们在新学期开学前一个周对家长进行了集中幼小衔接培训、"儿童行为习惯的养成与管理"专题培训，协助家长帮孩子度过关键期，并为每位家长赠送一年级新生家庭教育指导手册《沐浴阳光　携手成长》。

（四）内容落实

我校按局文件精神，集体或分年级落实内容对家长进行培训。2018届召开了"阅读中的高质量亲子陪伴""陪伴温暖心灵　阅读照亮人生""教育有法　正面管教"等主题教育培训，2019届召开了"培养专注力　从阅读开始""家时有约""'郑'面管教"等主题教育培训。从培训效果来看，家长们普遍认识到家庭教育也需要学习，普遍反映很好。

三、多措并举，推进家校共建"三教"结合

学校教育、社会教育、家庭教育的有机结合是造就一代新人的必要条件。我校除了对家长们进行培训外，还采取多种手段从多个层面来开展工作。

——建立家长学校微信群，使家长在第一时间掌握学生的情况和思想动态。

——开展"万名教师访万家"家访活动，密切家校联系。每学期，学校领导都会带领各班班主任及科任教师对本班学生进行家访，从而加强对学生家长和家庭情况的了解及教师与家长的沟通。

——践行家长培训"十个一"。为了提升每位家长的学习能力,学校编写了《践行"十个一" 我们共成长》家长培训手册。"十个一"即读一本书,参加一次"山海家长大课堂"活动,观看一期"家时有约",参加一次"家长进课堂"活动,参加一次家长驻校活动,参加一次家长会活动,参加一次家长委员会活动,参加一次教育经验分享,参加一次家长沙龙活动,参加一次志愿者服务活动。"十个一"活动的开展,不但帮家长记录下与孩子一起成长的点点滴滴,也让家长对学校和孩子有了更清晰的了解。

总之,学校教育为每个家庭培养优秀的下一代,它应该得到家庭的支持与配合。相信在家长的大力支持下,辽阳东路小学的家长学校也会越办越规范化、科学化、现代化,为国家培养出更多有理想、高素质、能力强的优秀学子!

优化内部管理,调适外部环境

青岛市即墨区蓝村第二小学　解　钢

义务教育阶段,校长的职责很重要的一方面就是优化内部管理,提高教学质量,同时调适外部环境,争取更多的支持。

作为校长,必须协调好学校内部的人际关系。一个学校最优的外在表现就是每个人各得其所,好人有好报;每件事都能落实,事能做成。校长要能识人、会用人,要能团结人、凝聚人,让学校正气氤氲。

一个学校首先要有一个目标,这个目标既要贴合实际,更要成为大家的共同愿景。这就像作文中的中心思想,学校的全体师生要围绕共同愿景作一篇大文章。

学校还要有自己的校园文化。文化包括精神文化、制度文化、行为文化、物质文化。所有的文化主题一定要突出,更要有正确的价值取向。学校文化要润物无声,要成为全体师生的一种意识,一种向往与追求,它需要围绕目标,更需要全体师生用心积淀。

学校激励是优化学校内部管理的重要方面。激励要关注教师的需求。马斯洛的"需要层次论"浅显易懂:人有基本的五个层次的需要,即生存需要、安全需要、社交需要、尊重需要、自我实现的需要。不同的人不同时期有不同的需要。作为校长一定要学会关注,要心中有数。在各种需要中,自我实现的需要是最有挑战性的,也是最有吸引力的。所以校长搭台,助力教师专业发展,让教师在工作中找到成就感与幸福感也是对教师最重要的激励。

校长是学校的一面旗帜,如何让更多的人愿意追随你呢?校长需要有正确的管理理念,要学会优化内部管理,更要学会让自己变得更强大、更优秀。所以说,坚持学习、不断反思提高很重要。

从某种意义上说,学校是一方净土,但也是社会的一部分,不可能完全脱离社会。所以,校长也要有担当意识与勇气,调适好学校的外部环境,如家长、社区、媒体、政府、社会等外部环境。调适过程会遇到这样那样的问题,当问题出现的时候要勇于承担责任,有"为"才有"位","摆平"就是水平!

校长还要善于沟通,与家长积极沟通,与教师积极沟通,与中层干部积极沟通。要学会"轻声讲重话",要提高自己的沟通交流能力,多看书、多充实、多积淀,会说、会写,讲究沟通艺术,不断提高自身的人格魅力。这是调适外部环境,也是管理工作的重要基础。

调适外部环境

青岛王埠小学　范明星

自建校以来,我校一直重视调适外部环境,办出公众认可、家长满意的学校。例如,健全和完善家长委员会制度,建立家长学校,设立学校开放日,提高家长在学校治理中的参与度,形成育人合力;引入社会和利益相关者的监督,密切学校与社区联系,促进社区代表参与学校治理;主动争取社会资源和社会力量支持学校改革发展;将体育文化设施在课后和节假日对本校师生和所在社区居民有序开放。

一、 提高服务意识,打造高品质团队文化

加强物业、餐厅和学校的联席会议,形成堡垒型团队文化,为学生发展全面负责。提高后勤保障系统的服务意识,为师生发展及时补充各项物资;提高节约意识,严格控制支出和资源使用。加强学校安全、卫生团队的建设,按部就班做好各项安全排查、安全演练、教师护导、传染病预防和食品安全教育等工作,确保学生在学校的安全。

二、寻标对标，探索优质学校新路径

联手上海市第一师范学校附属小学、上海市浦东新区竹园小学、英国利物浦圣心小学,努力探索优质学校品质化发展的新路径。

（一）管理层面

派出中层、骨干教师到上海市第一师范学校附属小学、上海市浦东新区竹园小学担任"影子"角色,近距离与对标学校领导进行座谈、交流、听课与研讨,参与对方学校会议和活动等,学习对方的经验和方法;邀请对方学校领导和中层干部到我校讲座和指导,并跟踪后续的实践活动进展情况。双方互相提供、联合开发优质教学资源。2018 年 10 月,英国利物浦圣心小学校领导访问我校,两所学校现在已经建立起日常的网络联系,期待着更深的学习与交流。

（二）教师层面

派出有关的班主任、学科教师到上海市浦东新区竹园小学进行跟岗学习,参与对方学校相关的会议、活动、教研、培训等,明确学习任务,回校后将学习成果在学校层面进行汇报展示。2018 年 3 月,我校英语教师走进上海市第一师范学校附属小学,向王亚琴老师就阅读教学"拜师学艺"。2018 年 10 月,以上海市浦东新区竹园小学第十六届作文节为契机,深入学习该校习作和阅读教学,并以此为切入点,深入课堂学习。刘晨老师学习后,进行了作文指导课的展示,教研室的领导给予高度评价。通过参加学习培训,回校后进一步加强阅读、习作的研讨,借鉴、学习、开展了"阅读经典 畅享阅读"活动、"笔墨文香成长记"习作展示、"小小朗读者"阅读展示。干部、教师将对标学校的检验应用于管理、实践中,取得了良好的效果,完成了阶段性的工作。

三、以家校联动为途径，打造三位一体的向上教育

深入扎实做好家校工作。通过家长驻校志愿者行动、家长会等,使家长参与到学校的活动中来,使家长理解、支持、监督学校的工作。

着力提升家庭教育水平。一是"父母讲坛"让大家究之有道。根据学生发展需要和家长的情况,以多元化方式开展家教工作,打造"父母讲坛"系列家庭教育课程,提升家庭教育实效。二是分级培训让教育有据可循。按照学生发展心理学,分年龄段组建家庭教育讲师团,采取分级家庭教育理论培训来指导家庭教育,以促进学生健康和谐发展。三是结合心理课题开展好家庭教育的指导工作。举办家长心理沙盘互动,将家庭教育与心理健康教育进行整合,在微信公众号中开辟了"家校有约"版

块,定期向家长推送心理剧,引导家长懂得科学的教育方法。部分班级家长委员会将学习内容组织编辑成册,成为大家的家庭教育知识智囊。通过培训、交流和驻校活动,引导广大家长做学生的良师益友,提高家庭教育的质量,并且形成家校共育的良好局面。家长关注教育,家庭教育的认识和水平有了显著提升。2018 年,我校在青岛市家长学校优质课、"我的家教故事"等比赛中获奖,在青岛市家庭教育示范校评选中得到专家的肯定和认可。

网络助推管理

青岛金水路小学　方建磊

学校外部环境是学校发展的制约力量,更是学校发展的促进力量。学校及其领导与社会各方形成良好的公共关系,为学校的生存和发展营造良好的外部生存环境是至关重要的。

一、领导的管理能力

学校不是孤立的组织,公共关系也是为了实现教育内容而存在的,要重视外部环境,更要赢得外部环境对学校的理解和支持。重视外部环境、提高调适能力是对学校领导不可或缺的一种职业要求,学校领导应有意识地加强自身调适能力,用专业、敬业的态度赢得外部环境的信任和支持。

学校领导要有担当意识和勇气。工作中,在与家长、社区、媒体、政府、社会等外部环境沟通时,会遇到这样那样的问题,当问题出现时,勇于承担责任。在与家长、教师、中层干部交流沟通时,要"轻声讲重话",讲究沟通艺术,具有较强的管理能力。这是调适外部环境,也是管理工作的重要基础。

二、网络助推家校合作

网络助推家校合作,促进学生综合素质提升及全面健康成长,转变学校的教育教学和管理方式,使学校各项工作更加透明、高效。

我校构建的资源网络为宣传、交流提供了方便,成为现代家校共育的新载体。学校网站从音像、图文等方面,及时将最新的教育动态传递给家长,以便让家长了解最先进的教育理念、教育资讯,有效地对孩子进行科学教育。利用信息网络的便捷特点,学校时刻关注学生安全问题。例如,在寒暑假利用微信提醒学生防溺水、不燃放烟花爆竹、文明出行等。

学校通过微信公众号、校园网、微信群发布教育教学信息,公布学校的各项规章制度和活动方案,引导学生家长了解、评价、建言献策。学校重视家长提出意见和建议,及时采纳合理建议,并及时对工作中的问题进行整改。

在家校合作工作中,教师和家长之间沟通密切、理解深刻、感情深厚、目标一致、配合默契,教育效果越来越显著。同时,家长还能积极配合教师的教育教学工作及班级管理工作,与学校建立了良好的合作关系。

协调各方力量,努力破解学校交通安全难题

青岛市崂山区朱家洼小学　　蓝永传

青岛市崂山区朱家洼小学位于崂山区政府东侧、朱家洼社区内,始建于1908年。学校现有15个教学班、461名学生。学校是青岛市交通示范学校。

学校有王家村社区、朱家洼社区、钟家沟社区三个办学社区,学校周边有居民小区。因王家村社区距离学校超过3千米,所以崂山区政府补贴,由青岛交运集团提供两辆"温馨校车"负责每天接送学生上下学,惠及学生129人,学生每天交2元钱,政府补贴18元。其他的学生家距学校不超过3千米,自己解决上下学问题。

一、交通安全问题

学校门前就是云岭路,但云岭路不是市政道路,属于村级土路,缺少人行横道、交通信号灯、减速带等必要交通设施。2017年年底,随着学校西侧云岭支路的崂山区政务中心和税务中心的启动,绕行学校门前道路的车辆与日俱增。

钟家沟社区2011年社区改造,特别是学校所在社区朱家洼社区2018年10月启动社区改造,大量的家长搬离了原居住地,学生上下学交通面临着巨大的改变。在校生461人中,上下学家长接送223人,乘坐校车129人,自己步行回家12人,自己乘

坐公交车 35 人,托管班接送 62 人。交通方式的改变使学校面临着新问题。

2018 年 10 月朱家洼社区拆迁以来,学校门前道路的大货车骤增。学校现在三面是建筑工地,大货车经常穿行学校门前道路。

二、学校管理对策

学校针对存在的问题,认真加强学生的交通安全教育,并积极向上级和有关部门反映存在的问题。

(一)与交通部门协调

通过多次协调交通部门,学校门前安装了学校驻地警示牌、限速提示牌等设施。

为了解决大货车从门前通行的问题,学校联系所在地的中韩交警中队。中队刘队长与学校共同研究后,向周边建筑工地和车队下达大货车行驶要求,要求周边工地和车队在学校上下学的时间,即早上 7 点至 8 点、下午 3 点半至 5 点,坚决不允许大货车通行学校门前道路。

学校与交警中队联合车队,举行了"大货车盲区的危险"安全知识讲座、体验活动,把车队的大货车开进校园,让学生亲自体验大货车盲区,以此加强安全教育。

针对自行乘坐公交车的学生,学校联系青岛公交集团崂山巴士有限公司,聘请公司的王群同志作为学校的兼职辅导员,进行交通和乘坐公交车安全教育。王群是501 路公交车驾驶员,是集团公司优秀共产党员、劳动模范,青岛市优秀共产党员、劳动模范。王群制作了多部学生交通安全出行课件,走进学校,给学生做安全知识讲座,带领学生进行乘车体验活动。通过活动,学生的安全意识明显增强,应急能力明显提高。许多学生家长陪孩子听了王群的安全讲座后,都成了王群的"粉丝"。

学校积极联系所在地的交警中队警官每学期到校进行交通安全讲座,还邀请一年级的新生家长参与,特别是针对上下学学校门前容易混乱这个普遍问题,共同进行了研讨。交警和学校向全市的家长发出倡议,倡议大家共同维护学校门前的交通秩序,特别是上下学期间的交通秩序。

(二)携手家长共同维护上下学交通秩序

学校门前的道路因不是市政道路,不能设立交通辅助岗,没有交通协管员指挥交通,学校就充分发挥家长委员会的作用,每天由家长委员会派驻值班家长,共同维护门前交通秩序。

（三）学校开展丰富多彩的交通安全活动

学校每学期开学初开展"安全第一课"主题班会活动,认真学习交通法律法规,提高学生遵守交通规则的主动性和自觉性,进一步深化学生交通安全意识。同时,学校将交通安全常识教育列入学生基础教育课程内容,并把交通安全常识渗透于各个学科教学之中,学生交通安全常识、交通法规应知应会率达到了 100%。

学校每学期的 3 月和 9 月开展"安全教育周"活动。"安全教育周"活动期间,学校通过悬挂横幅、在宣传栏张贴"关爱生命、安全出行"宣传画、学校广播站、以法制安全教育为主题的黑板报和手抄报、"安全的承诺"国旗下的讲话等形式,营造学校交通安全教育氛围,增强了学生的安全意识。

学校定期组织交通安全主题班会,冬季进行交通安全专项整治活动,利用"1530"安全教育时间开展交通安全知识学习。学校还利用青岛市中小学生安全教育平台,定期组织学生和家长学习交通安全知识,进行网上答题。

今后,学校将坚持把交通安全工作贯穿于学校管理和教育教学的全过程,努力协调社会各界力量,确保学生的生命安全。

实施家长轮值,构建学校育人新环境

青岛普集路小学　林立春

一、开拓创新——家长轮值制度形成的背景

学校的发展、教育效果取决于学校和家庭教育的一致性。对学校而言,家长委员会是家长与学校和教师沟通的纽带和桥梁,也是学校教育的同盟者和参与者,彰显着强大的教育生命力。我校逐步规范和完善家长委员会建设与管理,为深入推进素质教育增添了强劲动力。在如何发挥家长委员会的作用方面,我们积极探索,实施家长轮值制度,使家长委员会成为学校和谐发展的合作者和促进者,实现了新突破,取得了新成效。

二、建章立制——家长轮值制度有章可循

家长轮值制度是为有效体现家长对学校班级教育教学工作的知情权、参与权和监督权,拉近家长与学校及教师的距离,使家长对班级的教育教学有更直接的感受和参与。

家长轮值时间由各个班级的学校家长委员会成员自主研究决定,每周设立半天,由 3 ～ 4 位家长代表到校轮值,人员通过各班级自主申报、家长委员会统筹安排来确定。原则上,参加过的家长不重复参与,以便更多的家长能够走进学校,了解学生学习生活状况。

家长轮值的工作内容包括参与每周的干部例会、教师会议,进入课堂听课,参与课间活动、选修课程、课间操、眼保健操等;活动形式包括听课、参观、交流等。学校的所有课堂、组织的所有活动,轮值家长都可以参加并参与讨论研究。允许家长体验学生在校的生活,引导家长参与班级的教育工作,让家长亲身感受教师的教育教学,体验班级管理的复杂、教师工作的繁忙和教育的智慧,从而与教师进行有效的心灵交流。

每次轮值,家长们都会深入课堂听课。与家长开放日、家长视导日有所不同,轮值家长进课堂听课可以随意挑选班级和教师,他们所行使的权力和学校领导是相同的。除了语、数、英这些家长们最为关心的课程外,音乐、美术、体育、科学或者游泳课,家长都可以选择。因为每周都有轮值家长进入学校,所以他们所听到的每一堂课都是教师们常态的课程,看到的课堂更为真实,能够更好地体现出教师们日常扎实的教学和学生们的常态表现。轮值家长也对这些常规课上教师们和学生们的表现尤为赞叹,更使得家长们对学校的日常管理更为放心,这样的听课方式也形成了对学校教师们的督促。

这项活动是为了让家长更深入地观察、了解学校的教育教学工作常规和学生在校生活,并能够从家长角度提出建设性的意见,为学校管理和更好地开展各种工作拓宽思路。而进入学校的家长也要做好各项工作笔记,为下周值周的家长做好资料汇总。对于活动中轮值家长提出的意见建议,学校将组织专门会议进行解决落实,同时就家长存在的困惑进行进一步的沟通及教育培训。

每两个月,家长委员会还会召开例会,既有部门领导向家长委员会汇报工作及有关学生收费及安全方面的意见征询,又有家长委员会成员对在驻校办公中发现的问题予以讨论并提交学校领导小组。

三、双位共赢——家长轮值制度的作用及反思

家长轮值制度不但进一步架起了家庭与学校之间的桥梁,使家长近距离地感受孩子的学习生活和学校细节管理,促进了学校和家长之间的双向互动,使得更多的家长主动关心班级的教育教学工作,更加重视家庭教育的方式方法,讲究家庭教育质量,使得学校教育和家庭教育相辅相成,有效地实现了学校、家庭的双位共赢。随着更多的家长进入校园,参与学校管理和教育教学工作,助力学校发展,相信学校在与家长的通力协作下,一定会成为学生喜爱的乐园、家长满意的家园。

“雅”文化特色创建历程

青岛淮阳路小学　袁海涛

“文化是学校的魂。”青岛淮阳路小学始建于1968年,是一所市级规范化学校。回顾历史,学校艺术教育特色从20世纪80年代起就在岛城小有名气。学校“小天鹅”舞蹈队连年在市、区各级文艺汇演中名列前茅、佳绩连连,大批艺术人才也从这儿走上了全国、省、市专业院团的大舞台。多年来,学校的礼仪教育、安全教育、班级文化建设、环保教育等与艺术特色教育齐头并进、蓬勃发展,深厚的内涵魅力启迪着我们对特色文化教育建设的思索。

近年来,学校通过“三会一问卷”(干部会、教师代表会、家长代表会,面向教师、家长的调查问卷)的形式集思广益,了解大家对学校文化发展的规划与设想。经过汇总与提炼,干部、师生、家长达成共识,将学校的文化定位为“雅”文化。

“雅”文化是以传统文化、艺术教育为主线,用“童年雅学,人生雅正”的教育理念对师生进行“雅”的熏陶和培养,使师生在“雅境”中共同经历与成长,最终发展成为内涵修养丰富、外在气质优雅的“雅士”,开启师生的幸福人生。营造校园的“雅”,培养“雅师”(教师行为博雅、学识博雅、气质高雅)、“雅生”(将学生的培养目标定位于雅言雅行、雅情雅趣、雅学雅正),让每个教师、学生都能在工作、学习中感受到快乐与幸福,由内而外地自然地散发着“雅”,实现真正意义上的教师发展、学生发展,成就最好的自己。

学校实施文化兴校战略,着力于"创建'雅'教育模式,构筑学校文化气质",努力使静态文化与动态文化相结合,做到环境育人和活动育人相结合。

外文化主要体现在校园环境,校园环境彰显"雅",角落文化融合"雅",楼层文化突出"雅",班级文化打造"雅",给师生营造了潜心教学、静心学习的环境。

内文化主要体现于管理文化、教师文化、课堂文化、课程文化和学生文化。

在管理过程中,学校以"民主、科学、和谐、高效"为核心,三线贯穿,一气呵成,优化管理,促进学校和谐发展。

以学习文化、团队文化、师德文化为主线,学校借力"读书工程""博素养修炼"等活动,三招并举,使教师博雅底色日渐浓厚。在教师团队的打造过程中,学校以合作为前提,注重校本培训实效,实现全员发展。

坚持把课堂还给学生,"三导"助力,突出学生的主体地位,培养学生自主学习、自主管理的能力。增设了3类20门学校课程选修课:艺体类的有漫画、国画、古筝、书法、陶艺、武术、网球、国际象棋、跆拳道、舞蹈、演唱等,生活科学类的茶艺、串珠、厨艺、丝网花、科学实验、模型制作、七巧板等,语言类的有主持等。学校课程必修课与国家课程中的思想品德、音乐、美术、体育相整合,试行国家课程校本化。选修课程分普及和提高两层。普及类是每周三下午第二节课为学校课程时间,学生选择喜欢的科目走班学习。提高类是以社团活动为主,每周活动一次。为了让学生参与更多的社团活动,学校将社团活动时间进行了统一规划,错日开展,满足不同个性、不同志趣的学生发展的需求。

学校以习惯养成、校园节日、传统文化等为主要内容,开展丰富多彩的教育活动,为学生搭建成长的舞台,培育明理守信、知行合一、阳光健康的当代少年儿童,让学生在体验成功的同时,彰显自信之美。

教育的路上,我们且行且思。在不断的探索中,学校管理中求精细,挖掘教师潜能,发展学生特长,营造了雅言雅行、雅情雅趣、雅学雅正的文化氛围。展望未来,我们满怀对教育的执着与不懈追求,行走在学校特色文化建设的道路上。我们会不断总结、反思、提升、完善,将"雅"文化贯穿于学校的各项工作,用和谐的音符推动学校稳定、持续、健康地发展,谱写出教育和谐创新的新乐章!

"三大行动"开启家校共育新时代

青岛西海岸新区海王路小学　邵学忠

苏联教育家苏霍姆林斯基有句名言:"没有家庭教育的学校教育和没有学校教育的家庭教育,都不可能完成培养人这样一个极其细微的任务。"家庭和学校形成合力,使学校在教育学生时能得到更多的来自家庭方面的支持,家长在教育子女时也能得到更多的来自学校方面的指导。

一、亲子共读:唤醒家长,深化教育新理念

家庭是社会的细胞,家庭和谐了,整个社会的和谐也就不远了。阅读让孩子拥有一种回归朴素的生活方式,让孩子拥有真正幸福的童年。家长应该阅读童书,这样才能和孩子拥有共同的语言密码,走进孩子的心灵,和孩子一起成长。亲子共读的直接目标是家长素质的提高,间接目标是学校教育与家庭教育的有效整合,归宿是学生的可持续发展。我们一直把唤醒家长作为重要的任务,为此投入了相当大的精力。

(一)举办读书家长会,唤醒新父母读书意识

在孩子们入学的第一天,一年级的老师在家长会上就做了"晨诵、午读、暮省"的小讲座,以直观生动的课件和绘本,向家长们介绍阅读和亲子共读的重要性,并下发第一封给家长的信,倡议家长"先做读书人,再谈教育",赢得了家长的无限信任。然后,老师以"请跟我来"为题,先后根据孩子们的学习、生活状况,每周给所有家长撰写并下发家长信,再根据家长的回信及时调整自己的教育教学,在与家长的交流中建立起互信互助关系,为亲子阅读打下良好的基础。

(二)成立新父母家长委员会,构建和谐的教育共同体

学校的办学思想要得到家长的认可才能可持续发展,比如亲子阅读的图书如何跟进,实践活动中学生的安全如何保障,这些都需要家长的理解和支持。为此,筹建三级新父母家长委员会,包括班级、年级组和校级新父母家长委员会。首先,每个班

挑选了实实在在想为班级管理和学生发展做贡献的家长,成立班级家长委员会。班级把家长分组管理,细化分工,有家长委员会主任,有财务部长等,负责筹划大集体型活动、购置图书等。家长在教育管理中与孩子共同成长,体验生活的乐趣和成功。每学期,新父母家长委员会组织开展一系列主题活动,让家长领悟其中的教育智慧,并激发孩子热爱家乡、建设家乡的美好情感。通过实践,加强学校和家长的交流沟通,建立朋友式的合作伙伴关系。

(三)亲子共读,引领新父母成长

最好的家庭教育是从亲子共读开始的。怎样让家长有计划、更有效地和孩子共读?

(1)举办亲子故事会。为了指导家长搞好亲子共读,学会如何给孩子讲故事,"亲子阅读研究院"的老师利用周末时间,轮流举办亲子故事会,邀请家长带着孩子来听故事。

(2)书信引领。有的老师利用以"请跟我来"为题的家长信,一步步指导家长与孩子共读。

(3)便条引领。"一千个读者,就有一千个哈姆雷特。"经典的文字永远是经典,它是最能震撼人的心灵的。老师把文字提炼、问题化,以便条的形式发给孩子带回家,让孩子和家长边读边议,启迪心灵,丰富思想。通过老师的引导,家长和孩子便有了共同交流的话题,亲子关系更加融洽。

(四)写亲子日记,使新父母学会与孩子对话

亲子共写日记,可以是家长与孩子书信形式的心里话,可以是生活的事例,也可以是家长写给老师的话……总之,表达形式和内容不限,不需要大话、空文,只求微雨涓流般的细言温语,目的是在碰撞思想、砥砺智慧的同时,浸润孩子们的心田。

(五)建立亲子的精神家园——家庭图书馆

苏霍姆林斯基说,孩子出生后,越早建一个家庭图书馆,教育的效果就越好。我们越早让孩子们习惯看到书的封面、装帧、书页,他们就会越早形成一个概念:原来书是日常生活的一部分。

孩子们的图书馆装的已不仅仅是那些美妙的童书,还有那一颗颗被童书熏染的日渐高尚的童心。这样,我们就可以带动更多的家庭,营造起亲情阅读的氛围,让家庭飘溢书香。理想的家庭教育就离我们越来越近了。

（六）评选书香家庭

每年的读书节上我们都要评选 60 个书香家庭，一家人到台上领奖。奖品虽然只有三本书，但这一殊荣的得来却不容易，因为我们有严格的评选标准。

二、家校座谈：调动家长，探索家校沟通新模式

在当今的社会大环境下，教师与家长教育理念相差较大，学校教育与家庭教育严重脱节，这在一定程度上影响了学生的健康成长。我校愿与广大家长统一步调，在充分的交流沟通之中实现对学生全面、优质的培养，因此计划开展家校座谈主题系列活动，主题包括"乖宝宝的困惑""孩子不写作业怎么办""如何平衡能力与成绩的关系"……

三、家长讲堂：动员家长，引领教育浪潮新风向

家长讲堂离不开家长的支持。苏霍姆林斯基曾把学校和家庭比作两个"教育者"，认为这两者"不仅要一致行动，要向儿童提出同样的要求，而且要志同道合，抱着一致的信念"。然而，不少家长并没有真正认识到自己就是教育者。通过家长讲堂，家长们可切身体会教育的重要性，提高家长对家庭教育的认识。家长讲堂促进家长们积极担负起教育者的责任，从而与学校形成合力，实现教育效果的最大化。

"榉"家同行，聚力成长

青岛市实验小学　胡繁华

学校与家庭是孩子教育的天然合作者，教育的成效取决于这两者影响的一致性。只有耕耘好家校合作的沃土，建立融洽和睦的家校关系，构建校内外合力育人的共同体，实现家校教育思想一致、目标一致、行动一致的同频共振，才能以完整的教育助力孩子成长，才能给孩子创造一个别样精彩的发展空间，才能让教育生发无限可能。

青岛市实验小学立足人的发展，在家校立体化融合发展理念引领下，以"'榉'家同行，聚力成长"为目标，深度融合学校、家庭、社会三大教育力量，深耕"7 + N"家

校合育新路径,将家校工作抓在实处、落到细处、融到深处。一个公益性、普惠性、开放型的家校大课堂在青岛市实验小学已蔚然成风,家校建设不断迈向新高。

一、组织管理高起点

学校成立由校长负责、德育主任牵头的家庭教育工作领导小组,制定出完善的家长学校管理制度,工作机制健全,岗位职责分工明确。每月定期召开家校工作计划总结推进会。立足"'桦'家同行"品牌建设,不断探寻有效实施途径,业已形成特色鲜明的家校合育模式。

科学架构学校家长促进委员会机构,建立起学校、年级、班级三级家长促进委员会网络。学校为家长促进委员会的建立与运转提供必要条件和有力保障,确保家长促进委员会依法、规范、有序、有效地对学校、教师的教育教学、管理活动实施监督,提出合理化建议。

学校设立"桦树之家"家长办公室,编写《家长成长指导手册》,组建家长义工团、家庭教育教师讲师团、家校服务团三大志愿团队,定期开展主题鲜明的志愿服务活动。全方位、多领域、深层次的家校组织建构与高位引领,实现了家庭教育的优质高效发展。

二、路径实施高质量

学校不断创新家校合育形式,深入探索实现家校在教育思想、目标、行动上达成高度一致的有效路径,形成了"7 + N"的家校合育模式。

"7"是指学校开放日、校长有约日、教师家访日、成长恳谈日、公益课堂日、家长驻校日、家长课程日的"七日行动"。学校开放日,每班每学期一次,全面打开教育场域;校长有约日,即每周两天校长与家长对话,全面打通教育渠道;教师家访日,每月一天,教师每学期到50%的家庭入户送教,全面打破教育壁垒;成长恳谈日,每月一天,教师每学期与50%的家长进行面谈,全面架起教育桥梁;公益课堂日,新学期立足不同年级开设了六次专家专题讲座,全面打造教育"同行";家长驻校日,每周两天,四名家长驻校办公,全面打磨教育视角;家长课程日,每位家长发挥自身优势,每周走进学校开设广角选修课,全面共享教育资源。"七日行动"把学校和家庭融合成一个温馨的大家庭,家校紧密携手,让成长的声音清晰传递,引领着教育向更高层次纵深发展。

除此之外,家长 N 次走进校园,教师 N 次走近家长,学校与家庭合力开展 N 次融合发展的活动。学校借助微信公众平台,每天向家长发布学校活动信息,定期发布育子文章,使家长全面了解学校,掌握育子良策。儿童节活动、班级特色展示、运动会等邀请家长义工参与其中,见证孩子成长。各班开展师生、家长共同参与的亲子实践活动,托起孩子多彩童年。每学期一次的教师面向家长的教育宣讲,引领家长不断成长为懂教育、会教育的教育同行者……N 次、N 种形式的家校互动,凝聚了多方力量,画出教育最大同心圆。

"$7 + N$"家校合育的同频共振,激发了广大家长关注教育的强大凝聚力,唤醒了家长强烈的社会责任感,营造出一种基于尊重和信任、零距离接触、无缝隙融合的立体化校内外教育治理体系,实现学生、教师、家长三个生命群体的共同成长与发展。

三、评价跟进高品质

学校开展过程中和学期末不同层面的"榜样家长"和"榜样家长促进委员会"评选,最大限度激活家长的主动性和参与性,鼓励激发家长成为孩子成长的榜样。

我校家校工作以敢为人先、锐意进取的积极行动砥砺奋进,坚定前行,让每一个家庭和孩子在专业教育的引领下,在学校这片丰沃的土壤中别样精彩地成长!

学校和家庭有个"约会"

青岛西海岸新区董家口小学 李振来

父母是孩子的第一任老师。孩子能否健康顺利地接受学校教育,取决于孩子所受到的家庭教育。然而,通过观察和走访,我们遗憾地发现,大部分家长不懂得科学有效地对孩子进行家庭教育,很多父母并不能担负起作为孩子第一任老师的重担。

为了更好地普及家庭教育科学知识,提高学生家长的教育水平,增强家庭教育与学校教育同向同步,推动素质教育,我校根据大多数在校生家长的现状,本着让更多的家长体会家庭教育的重要性,使孩子能够健康、快乐地成长的目的,在创办家长学校的基础上成立了社区家庭教育服务站,让家庭教育走进社区,为广大家长提供一个交流与沟通的平台,全面推广和普及家庭教育理念,让广大家长在自己的家门口就能接受专业的亲子教育。

我校于 2017 年 11 月在泊里镇董家口社区成立了第一所家庭教育服务站。村领导专门提供村委会议室作为我们的活动基地,场地可容纳 50 人左右,平时用于对家长的个别辅导,周末还可作为大讲堂对家长进行集体授课或讲座。

我们组织老师深入学习,建立了联席会议制度、开放值班制度、培训服务制度、教研交流备课制度等,制定了实施方案和工作计划,明确家庭教育服务站的宗旨,确保各项工作都做有可依。家庭教育服务站组织机构健全,建立了家庭教育工作协调领导机制,成立了以校长为组长,由社区书记、学校领导、家长委员会代表等多方参与的家庭教育服务站领导小组。学校定期组织召开服务站讲师团成员会议,讨论研究授课内容,有针对性地进行培训。积极与社区联系,设置家庭教育服务站固定活动场所,配备桌椅橱柜,投放家庭教育图书、报刊等,营造文化学习氛围。

借助家长学校已有的经验,家庭教育服务站采取集中授课与分散指导相结合的培训方式进行。

以《全国家庭教育指导大纲》为依据,开发了《我与孩子共成长》家长教育校本教材,使集体授课内容系统、科学、有针对性。

服务站每学期一次邀请家庭教育专家或心理教师,帮助和引导家长树立正确的家庭教育观念,掌握科学的家庭教育方法,关注孩子的心理健康,提高家庭科学育儿水平。

2019 年 12 月 17 日下午,我校在社区家庭服务站举行了以"'爱'是最好的教育"为主题的心理健康讲座。父母认为,给孩子良好的物质基础、金钱等,就是对孩子的爱,其实孩子需要的爱是父母的陪伴和理解。每次面对孩子的叛逆、破坏纪律、打架、厌学等,作为教师的我们,在心焦的同时,总会需要家长的帮助。而孩子那躲闪的眼神或者不在乎的态度,仿佛映射出在家庭中父母对待他的态度。与家长的沟通验证了我们的猜想。四年级有个比较"特别"的孩子,数学能得到优秀,可是语文却得个位数,连基本的生字都不会写。在与孩子沟通后,老师发现他对于学习是一种毫无动力的感觉,对于老师的鼓励也是一种满不在乎的态度。通过与孩子父亲交流,老师发现孩子父亲就是这样的态度。令老师印象最深刻的是孩子的父亲说:"老师,我们孩子随我,我小时候语文就考零分……"孩子父亲对孩子产生了这样的影响,真的是令人惋惜。幸好我们的家庭教育服务站成立了,我们邀请这名家长来参加讲座,通过沟通,他切实认识到自己的家庭教育对孩子的在校学习有着深刻的影响。在老师的帮助下,孩子发生了很大的变化,生字写得端正了,能自己独立默写古诗了。

家庭教育服务站的开办,不仅广泛转变了家长的教育思想,普及了家庭教育知识,还畅通了学校、家庭、社区联系渠道,形成了教育合力,更提升了我校的整体管理水平,使学校的办学思路更明晰,办学理念更先进,办学模式更成熟,受到社区居民的一致认可和好评。我校会继续努力,借助社区家庭教育服务站更好地服务社区百姓。

学校微信公众号让家校保持连接

青岛西海岸新区黄岛小学　王卫杰

　　网络腾飞的信息时代,随着智能手机的普及,微信成为时下最热门的交流平台。借助此平台,黄岛小学建立了学校微信公众平台,家长只需要简单"扫一扫",订阅公众号,就可以随时随地获取学校即时信息、了解最新动态等。学校还可借助该平台拓宽家校互动渠道,积极推动家校联动建设。

　　微信公众平台不仅可以发表学校的官方信息、教育动态等,这可以发送互动问题,问"需"于学生,问"政"于家长。例如,"马上就要开学了。家长们,对于新学期,您对您的孩子在校有什么期待吗? 您对于教师的教学活动、课堂内外的班级活动是否有更好的建议或是金点子? 可以发送给我们。感谢您的每一份贡献! 让我们共同努力,为了孩子更美好的明天!"这样一条短信息,却是一次次有效互动的开端。很多家长不仅会觉得贴心温暖,更会觉得自己能够参与到学校的共同建设中,能够参与到孩子们的学习活动中。

　　新的家校互动不能仅停留在问题反馈,而应时时保持连接,有效保持互动。例如,"同学们,新的剪纸选修课大家喜欢吗? 你对这门课程有什么更好的建议吗? 在你心中有其他更好的课程主题吗?"对于课程,学生不仅可以选择,更可以参与到评价环节。老师可以在不断互动中发现学生最热爱的方面,让学生参与课程建设。

　　学校的微信公众平台除了可以定期用"教师每月之星"评选介绍教师个人的魅力,用"学生每月之星"评选鼓励学生,还可以整合音频、视频等多种元素,全方位展示师生的风采,成为一个多方位的大舞台。

　　借力微信公众平台,可以让虚拟世界有效地与日常生活的融合。每一个班级的一扇门都不仅仅是门而已。在微信公众平台里可以看到一个班级的介绍视频,还可以及时了解一个班级的学生动态和班级文化特色。不仅如此,虚拟现实功能还可以拓展到校园,包括校门、操场等等,达到数字化校园的有效切入。

　　总之,学校微信公众平台整合校内数字化校园,把学校、老师、学生、家长等有机结合在一起,提供快速、便捷、准确、及时的信息通道,提供四方沟通平台,实现智能教学管理,加强家校联系和沟通,提升了学校教学及管理质量,增加了学校品牌竞争力。

科学家访让家校沟通更顺畅

青岛市即墨区通济小学　王治国

俗话说:"情感是教育的桥梁。"家访是学校教育的延续,是班主任进行班级管理和班风建设的重要途径与有效方法。现在,家校联系的方式有很多,如电话、微信、互联网等。可是,通济小学依然强调教师要与家长面对面地交流,因为当教师踏上家访之路时,才能真正体会到打电话、发微信等手段所不能产生的作用。通济小学的班主任及科任教师在长期的家访中总结出了以下经验。

一、要向家长展示学生的学习成果

孩子是家庭的希望与未来,每位家长都有"望子成龙""望女成凤"的强烈愿望。所以,家长最看重的还是孩子在学习中取得的成果。学习成果是孩子学习进步的重要表现之一,它包括孩子学到的知识、本领和技能。在学习生活中,孩子一旦得到家长的赏识、肯定,就会产生巨大的精神满足感,从而产生强大的学习动力。

古语云:"尺有所短,寸有所长。"每个学生都有自己的独特之处。班主任要努力发掘他们的闪光点,并且让家长看到孩子在学校里取得的点滴进步;要抓住展示学生的学习成果的时机,与家长进行有效沟通,以促使家长理解班主任,支持学校教育工作。

二、与家长谈话时要真诚,不要虚情假意

家访是一种情感的沟通,是家校双方在彼此尊重的基础上进行的。尊重家长,真诚地为家长着想,从情感上沟通,做到换位思考,是班主任家访成功的前提。希望学生在学习生活上不断进步,是教师和家长的共同心愿。因此,班主任在家访时应带着真诚之心,把家长当成自己的亲朋好友,把学生当成自己的孩子。

在家访中,班主任说话要谦虚谨慎,态度要和蔼可亲,举止要文明优雅;要熟悉学生的家庭情况,了解家长的教育观念与方式对学生学习和成长的影响;同时,要向家长介绍学生的在校表现,共同制订教育孩子的方案。在互动交流中,要力争让家长感受到学校对孩子的关心,让家长明白教师同样殷切期待学生拥有一个美好的未来。

三、要帮助家长树立正确的家庭教育观念

家庭教育是教育的基础,具有启迪性、个别性、终身性的特点。它对孩子的身体发育、知识获得、能力培养、品德陶冶、个性形成都有至关重要的影响。因此,教师必须与学生家长加强合作,同心协力,携手育人。只有这样,才能达到教育的目的。

家长的教育观念决定着家庭教育的走向。班主任比大多数家长的文化水平高,更熟悉教育规律和教育手段。所以在家访时,班主任要向家长传授科学的家庭教育知识、方法和手段,帮助家长树立正确的家庭教育观念。还要积极鼓励家长阅读一些家庭教育方面的文章,让家长学会用先进的教育方法教育孩子。

教然后知学不足,访然后知育不足。家访让我们对教育事业又多了一份执着与责任。对老师来说,一个学生在班上不过是几十分之一;而在家里,一个孩子却是家长的百分之百,承载了厚厚的期望。在家访时的交谈中,教师们深深体会到家长的期盼,深感责任重大,对今后的工作丝毫不敢有懈怠之心。教育的艺术说到底是师与生的磨合,是心与心的交流。家访,让教育更精彩!

阅读,家长不缺位

——阅读助推家校合作

平度市云山镇云山小学 张春玲

家庭是人生的第一课堂,父母是孩子的首任老师。习总书记说:"广大家庭都要重言传、重身教,教知识、育品德,身体力行、耳濡目染,帮助孩子扣好人生的第一粒扣子,迈好人生的第一个台阶。"

为促进家校共育,丰富家长们的家庭教育知识,我校启动了"家庭读书工程",

利用家长会向家长宣讲读书的意义以及学校开展读书活动的宗旨,倡导建设书香家庭,建立家庭图书角。组织亲子共读活动,让家长与孩子共同分享多种形式的阅读过程,让快乐阅读习惯伴随孩子终身。各个班级利用微信群建立起亲子阅读论坛,为家长提供交流的平台,分享阅读的快乐。我校于2018年9月成立了"春华秋实"家长读书群,每个班级推选一名优秀家长,作为"种子"读书家长,以《不输在家庭教育上》为读本,约定周一至周五晚上7:30到8:30一起读书,由家庭教育指导师耿涛组织并点评。在读书群里,我们用声音把家长们团结在一起,共同学习每一章节,分享感悟。

在启动仪式上,校长张春玲向家长们阐明了成立读书群的初衷,希望家长和孩子共读共写、共同生活。小学阶段是学生阅读的黄金时期。家长参与读书,不仅增长家庭教育知识,更是为孩子树立榜样,培养孩子良好阅读习惯及学习习惯,实现读书群的目的——"父母好好学习,孩子天天向上"。副校长王考训对家长们说:"春发其华,秋收其实,这就是云山小学的'春华秋实'。"家长们坚持读书,并坚持记录自己的感悟。学校定期选取优秀作品,编入校刊,变成铅字,让孩子们更加以父母为荣,并形成学习的动力。

每晚7:30,家长们如约而至,共同阅读《不输在家庭教育上》。耿涛老师做了点评,并鼓励大家"良好的开端是成功的一半,贵在坚持"。读书结束后,家长们怀着激动、喜悦之情,写下并分享了感悟。

徐浩妈妈说:"通过老师的指导和阅读《不输在家庭教育上》这本以家长学校教育为主题的书籍,我感觉自己在育儿教育方式方法上好像找到了心里枷锁的那把钥匙!孩子刚入小学,我作为家长心急、紧张,不知如何教育和培养,不知从何下手,每天只会满怀希望地告诉孩子作为小学生应该做的,必须要怎么怎么样,孩子根本无法理解也无法接受。我一定要先从自我开始,也就是老师讲的'父母好好学习,孩子天天向上'!"

张雅馨妈妈说:"在教育孩子的过程中,我们总是太过着急,总是习惯用简单粗暴的指责和打骂来应对孩子所犯的错误,不仅没有解决孩子的问题,反而将很多负面的情绪、行为习惯带给了孩子,忘了我们家长是孩子成长的一面镜子,孩子有样学样。我们想要教育好孩子应该先教育好我们自己。作为家长,我觉得自身需要检讨的地方太多太多了。很感谢学校为我们家长提供了这么好的学习平台!感谢老师们牺牲自己的休息时间为我们、为孩子不辞辛劳!第一节课就让我们感触颇深,受益匪浅。谢谢!给老师和学校大大的赞!"

韩子璇妈妈说:"通过今晚家长们的读书活动,我学到了不少知识。以前我的教育方式确实不对,爱唠叨,反而让孩子厌倦学习。我要学会对孩子的鼓励和奖赏,不能动不动就说'你真笨,不聪明'等。一个优秀的孩子背后都和父母有关系,我们天天和他们生活在一起,影响着孩子,所以也要陪伴孩子学习、读书,这样坚持下去就成了一种爱读书的好习惯。感谢耿主任建的这个读书群,让家长和孩子们都多读书,为了将来受益。加油!"

张玮笑妈妈说:"家长要有静等花开的耐心,来等待我们的孩子一天天长大,一天天变得越来越好,蜕变成最好的自己!我们家长有时候站在孩子的角度来考虑孩子的问题、处理问题,会更好地解决问题。家长都是爱自己孩子的,通过读书我们可以学到更好的爱孩子的方法和方式。这是我今晚的读书收获,与各位家长共勉。"

当阅读成为一种习惯之后,学生读书的积极性高涨,学生读书特别是读整本经典书的兴趣深厚。学生的观察分析能力、书面与口头表达能力都有了极大的提高。阅读让家校关系更加融洽,家校共育效果更优。

赋予家长权利,构建和谐教育

莱西市南墅镇中心小学　赵仁贵

家庭教育是教育的重要组成部分。为了充分发挥家庭教育优势,形成教育合力,南墅镇中心小学在家校沟通中注重赋予家长知情权、参与权和监督权,用真诚赢得家长的信任,从而让家长理解学校、支持学校、配合学校,实现和谐育人。

一、设沟通平台,赋予家长知情权

(一)成立家长委员会

我们采用学生家长自荐和班主任推荐相结合的办法,把一批责任心强、乐于奉献、具有一定组织协调能力的家长代表选拔出来,组成了班级、年级、校级三级家长委员会。班级家长委员会主要职责是加强家长与老师的沟通与联系,积极参与班级教育教学管理;年级家长委员会从班级家长委员会中推荐产生,主要职责是协助开展年级家长学校工作和家庭教育工作,根据年级学生特点协助制定家庭教育工作目标;校级家长委员会从年级家长委员会中选拔,由15名家长组成,设主任一名、副主任两名、秘书长一名,主要负责履行家长委员会章程,发挥学校与家庭、社会之间的桥梁纽带作用,促进学校与家长、家长与学生之间的亲密联系与融洽沟通。

（二）召开家长会

学校每学期召开三次大型家长会,每次家长会的侧重点不同。第一次是新学期开学家长会,重点由校长介绍学校情况、新学期工作思路、家长如何配合学校工作,以及就教育收费、滥定复习资料、有偿家教等热点问题向家长做出承诺。第二次是期中家长会,重点由班主任结合半学期以来学生的学习生活情况,有针对性地进行讲解,让家长们了解孩子在学校的表现。第三次是期末家长会,以展示学生才能和家长介绍经验为主,让家长切身感受孩子的变化,学习优秀家长教子经验。

（三）设立开放日

学校将每学期期中后第二周的周一设为家长开放日。家长开放日共有四项日程：一是家长与孩子一起参加升旗仪式,感受孩子在国旗下荣誉时刻的自豪感和幸福感；二是家长走进课堂听两节课,了解孩子在课堂上的表现,领略教师的教学风采；三是家长观看孩子的课间活动、巡视校园,感受学校的教育成果；四是学校领导与家长进行座谈,就学生教育、学校管理等问题进行面对面交流。

（四）开展"爱心敲门"家访活动

为拉近家校距离,实现真诚沟通,学校每学期都要组织干部、教师开展"千名教师访万家"家访活动。家访中,我们要求"三必访",即单亲家庭子女必访、特困学生必访、外来务工子女必访。为了提高家访的针对性和实效性,我们要求教师在家访前要详细了解学生的家庭住址、联系方式、家庭基本情况,并要告知家长家访时间,同时要精心准备好和家长的谈话内容。家访中,教师要与家长互通学生信息,针对学生的特点探讨教育方法,并征求家长对学校教育教学工作的意见和建议。家访后,教师还要做好记录与总结,反思工作中的不足,寻找改进的措施。

二、搞亲子活动,赋予家长参与权

（一）举行亲子运动会

学校每学期都要组织亲子运动会,让家长自愿报名与孩子参加亲子项目比赛。亲子运动会不仅缩短了家校之间的距离,而且为亲子互动打造了一个平台。

（二）举办亲子才艺展

本着"亲子同乐"的宗旨，学校每年举行"庆六一·展才艺·享亲情"亲子才艺展示活动。活动中，亲子同台献技，向师生们展示自己的才艺和家庭的和谐。

（三）开展亲子共读活动

我们结合在学生中开展的"书润心田，墨香怡情"读书活动，每学期要求家长与孩子要至少共读三本书，家长与孩子读后要写出读书心得。学校每学期组织开展一次亲子读书征文比赛或读书演讲比赛，并结合评选书香家庭。

（四）开展亲子感恩活动

为培养学生尊重长辈、孝敬父母的传统美德，我们每年都利用妇女节、母亲节、父亲节等契机，组织举行一次以"感恩父母，与爱同行"为主题的班会活动。各班邀请部分家长到班级，共同参与活动。班会上，学生通过歌唱、朗诵、讲述成长故事、亲子互动、制作礼物等多种形式向父母表达感恩之心。

三、敞公开渠道，赋予家长监督权

（一）公开联系方式

利用微信群向家长公布学校全体领导和班主任的电话号码，并给家长致信，欢迎家长随时与学校、老师沟通反馈信息。

（二）让家长评教

为了解家长对学校工作的满意度，学校每学期都要组织两次家长评教活动，让家长对学校的规范办学和任课教师的师德师风、教学水平等方面进行如实评价，评价的结果记入教师的绩效考核，有力地遏制了不良师德师风现象的发生。

通过赋予家长权利，学校与家长形成了教育合力，而且让家长更多地理解了学校和老师。正因如此，学校近几年来未出现一例家长越级投诉和上访事件，有力地促进了学校的和谐发展。

一帆双桨，携手同行，共谋孩子的幸福人生

青岛西海岸新区教育发展研究中心　薛建香

苏联教育家苏霍姆林斯基说："学校和家庭不仅要一致行动，向儿童提出同样的要求，而且要志同道合，抱着一致的信念，始终从同样的原则出发，无论在教育的目的上、过程上还是手段上，都不要发生分歧。"在推进现代学校制度建设、实现学校教育的现代化的工作实践中，我们切身感受到，家长委员会建设是完善学校管理制度的重要内容和重要举措，家长委员会工作做好了，学校工作将事半功倍。

一、价值认同是家长委员会与学校携手合力的根本前提

家庭教育是学校教育的基础，促进学生健康成长是学校教育和家庭教育的共同目标。我们在不断的教育探索中增强家长元素，让家长成为学校教育的同盟军、同路人，以这样的教育价值认同和教育理想，积极推进家长委员会组织建设的制度化、规范化。

首先，我们坚持把家长委员会作为建设依法办学、自主管理、民主监督、社会参与的现代学校制度的重要内容，避免家长委员会成为"应景"的摆设的形式主义作法。

其次，我们坚持把家长的元素、家长委员会融入学校的办学实践中。在确立学校办学理念的过程中，校委会和学校家长委员会一起思考讨论，建言献智，共同确立了"正气树人，品质立校"的办学理念和"不诚无物，见贤思齐"的校训。可以说，这样的办学理念是学校和家长委员会的共识和集体智慧的结晶。

再次，我们坚持把建立家长委员会对于发挥家长作用、促进家校合作、优化育人环境、建设现代学校制度所具有的重要意义作为教师培训和家长培训基础性的学习内容。现在，在我们学校，无论是教师还是家长都能体会到，孩子是父母的，但教育是大家的。教师要尽职尽责，家长也不能在孩子的教育中缺位。家长缺位的学校教育是不完整的。这就是我们共有的教育价值认同。正是这样的教育价值认同才奠定了我们行动的基础。

二、建立长效运行机制是家长委员会与学校携手合力的重要基础

首先,我们高度重视家长委员会组织建设。我们按照市、区两级教育行政部门的要求,成立了由学校主要领导和家长委员会成员共同参加的家长委员会工作领导小组,按程序、按规范建立了班级、年级、校级三级家长委员会。学校按青岛市家校合作促进会要求设立了家校合作办公室,负责统筹协调各级家长委员会工作。现在,学校基本形成了家校联系畅通、分层管理高效的家长委员会工作运行机制,保证了家长委员会工作的常态化。

其次,我们特别强调了家长委员会的制度建设。在家长委员会建设的起步阶段,依章依规办事显得更为重要。所以,家长委员会成立之先,学校即通过召开家长代表大会,制定了《太行山路小学家长委员会章程》。各级家长委员会成立之后,又制定了家长委员会例会制度、家长委员会联席会议制度等系列家长委员会工作制度。

三、突出工作重点是激发家长委员会与学校携手合作活力的重要途径

(一)家长义工是家长参与学校管理、参与教育教学活动的重要方式

我校近几年的教学质量和办学水平不断提高,这其中凝聚了家长委员会和家长们的辛苦,他们进课堂听课,同教师一起研讨,涌现出诸多专家型家长。我校门口有两条交通主干道,车流量很大,严重威胁着学生们的人身安全。为此,家长委员会组建了家长志愿者队伍,门前执勤,疏解交通,消除安全隐患,建设安全通道。

(二)"爸爸妈妈开讲啦"是家长参与教育的有效平台

我校家长素质普遍较高,许多都是大学的教授、公司的高管,他们非常有热情,他们自身的知识与才华更是宝贵的教育资源。于是校家长委员会启动了"爸爸妈妈开讲啦"活动,开阔了同学们的知识面,也弥补了某些方面教师资源缺乏的不足。

(三)亲子运动会是丰富家长委员会工作内涵的创新之举

家长委员会每年举办一届亲子运动大会,至今已连续举办了五届。运动场上,"三人四足跑""毛毛虫竞速""沙包掷准"等丰富多彩的比赛项目令亲情升温。亲子运动会系起了学校与家庭、父母与孩子的感情纽带。

家长委员会的真情付出也换来了肯定和赞扬。我校被评为青岛市家长委员会工作示范校,成为青岛市家校合作促进会常任理事单位。教育部基础教育一司原司长王定华来校视察工作时,称赞学校的家长委员会工作走在了全国的前列。

开发家长资源，搭建成长大课堂

胶州市北京路小学 张坤霞

孩子不仅在学校成长,也在家庭、在社会成长,因此需要学校、家庭、社会共建"大课堂"。这个"大课堂"是智慧的、立体地、多元的,有老师也有家长的共同引领。

一、三级家长委员会和家长学校互为补充

学校有班级、级部、学校三级家长委员会,还成立了家长学校。

家长委员会职责:讨论工作安排,积极参与学校民主管理,为学校班级工作献计献策。

学长学校主要引导家长更新观念,解答家长在孩子教育中遇到的困惑,帮助家长从生理、心理、情感和道德上真正了解孩子,与孩子一起成长。

我们尤其注重"身边人教育身边人,身边人引导身边人",经常邀请教子有方、经验丰富的家长代表登台交流经验,邀请教师代表和学生代表上台发言,让家长更好地了解孩子的所思所想,解决家校教育中的困惑。

二、诵读经典，在家庭播撒"悦书"的种子

当前不少学校都在推动经典诵读,经典诵读也受到了越来越多家长的重视。但各种原因导致这项活动在一定程度上存在着"学校热、家庭冷"的状况,其中的主要原因就是家校未形成合力。

我们通过开展"亲子诵读"活动、发放"阅读存折",比较好地解决了这一问题。

（一）"亲子诵读"活动

在亲子诵读会上,家长和孩子带上表演道具,穿上表演衣,或朗诵经典,或表演故事,或合作舞台剧……沉浸其中,其乐无穷。通过展示,学校评选出活动中最优秀的亲子,发放证书,宣传表彰,这激起了更多的孩子、家长参与其中,大家的读书热情更加高涨。

（二）发放"阅读存折"

学校为每位学生建立一本"阅读存折",用来储存和记录学生们读书的收获。学生平时参照"阅读存折"中的书目每天进行自主阅读,每学期要读完"阅读存折"中列出的必读书目,再从推荐书目中选择2～3本进行阅读。阅读成果由家长和学校共同认证,认证等级分为"金牌书迷""银牌书迷""铜牌书迷"三级,让学生从喜欢读书到深入读书,再到博览群书。

成功的认证,激发了学生们阅读的热情,也让我们的工作思路更加清晰。与此同时,我们相继开发了"生活存折""健康存折"等。

三、聘请"家长教师",打造成长大课堂

（一）聘请学科特长"家长教师",让家长为孩子授课

课堂上,老师是爸爸妈妈,学生是儿子女儿,爸爸妈妈讲得热情,孩子听得认真。孩子与家长的关系更密切了,心更贴近了。

（二）聘请兴趣拓展"家长教师"

学校在一至六年级成立各种社团组织,如乒乓球、篮球、书法、象棋、绘画、主持、秧歌、合唱等社团组织。具有专业特长的家长们都行动起来,每周三、四下午第三节课来到学校,对口指导学生社团活动,促进学生社团活动的开展和学生专业特长的形成和发展。良性的活动极大地调动了学生的学习热情与兴趣,开阔了学生的艺术视野,也获得了家长的一致好评。

四、优化沟通渠道,构建家校一体化育人网络

除了常规的电话沟通、实地家访等形式外,学校积极打造数字校园,通过技术手段实现家校之间的全方位、深层次沟通。创建学校微信公众号,安排人员定时定量更新信息,包括学校出台的方针政策、最新教育动态、教育教学亮点等,让家长便捷迅速地走进学校,了解孩子。每个班的微信朋友圈也得到了有效运用。"我是小老师""亮亮我的绝活"视频录制,古诗诵读、课文美读、英语口语等语音材料的分享,教子过程中出现的问题,通过微信交流,极大地激发了师生家长的学习热情,提高了关注度。

充分发挥家长委员会合作效应，
有效助推教育和谐发展

莱西市洙河小学　王闰生

家长委员会不仅是家长与学校的桥梁和纽带,也是家长参与学校管理的重要载体,家长委员会作用的发挥将直接影响家校合作的实效。洙河小学刚由镇办小学改制为市直小学,家长委员会作用的有效发挥显得尤为重要。为了让家长委员会既有"位"又有"为",我们学校进行了一些有益的探索和实践。

一、坚持民主选举，规范家长委员会的组织机构——有"位"

一是民主选举,保证家长委员会成员高素养。我校依据《教育部关于建立中小学幼儿园家长委员会的指导意见》,采取民主选举的办法,下发家长委员会申报表,按照"自愿报名—民主推选—教师推荐—学校审核"的程序,逐级成立了班级、年级、校级三级家长委员会。

二是召开大会,保证家长委员会成员明责任。每年的9月份,随着一年级新生的入学,家长委员会都会进行适当的调整。新家长委员会产生后,我们都会隆重召开家长委员会成立大会,并为委员们颁发工作证。委员们佩戴工作证可以随时到学校监督、指导、参与活动。

二、坚持参与管理，发挥家长委员会的合作效应——有"为"

（一）搭建三个平台，发挥家长委员会的沟通作用

一是搭建网络交流平台。我校主要采取建立微信群的方法为家长委员会搭建起家长与家长、家长与学校沟通的桥梁。

二是开展家校开放日活动。学校每学年组织一次家长开放日活动,家长们进校参加活动。在家长委员会的建议下,基本形成了开放日观摩活动、体验活动、答疑活

动、反馈活动四大活动模式。

三是开展问卷调查。每学期末的家长会之前,各班级的家长委员会都会协助学校组织家长问卷调查。

(二)落实三项制度,发挥家长委员会的参与作用

一是家长委员会驻校制度。学校设立了家长委员会办公室,为校级家长委员会提供了办公场所。我们还为每一位家长委员会成员制作了工作证,家长可以凭证随时进入学校参与活动。

二是家长委员会参与学校规划制度。学校在制定学校发展规划和学年工作计划时,家长委员会都会协助学校在家长中开展意见征集活动,内容包括学校管理、教学工作、学生管理、学校文化、办学特色、学校课程开发等。

三是家长委员会议事制度。针对问卷调查中家长反响比较强烈的问题,家长委员会召开会议商讨对策。校服的问题是家长比较关注的,家长委员会承担起责任,组织家长参加校服征订洽谈会,从材质到样式再到价钱,完全由家长委员会与厂家洽谈,引导家长由"局外人"向"局内人"的身份与角色转变。

(三)开展三项活动,发挥家长委员会的组织作用

一是社会公益活动。家长委员会成立"小水滴"公益社团,每次活动都提前规划,精心安排,在群里发布通知,家长、学生自愿参加。这项活动和谐了亲子关系,培养了学生的道德情操和奉献意识。

二是亲子共读活动。打造书香校园是我校的办学目标。学校家长委员会积极响应倡导,打造书香家庭,配合学校制定了《洙河小学书香家庭评选标准》,倡导家长在家里设置家庭小书架并藏书,每天陪孩子至少阅读30分钟,为孩子营造良好的家庭读书氛围。

三是亲子运动。学校每年的运动会、跳绳比赛等单项运动项目,家长委员会都会积极参与,或是设计亲子运动项目,或是组织家长当评委,或是组织家长与孩子同运动、共欢乐。

有"位",家长委员会感受到了责任;有"为",家长委员会具有了价值。我们将继续发挥家长委员会"责任共担、文明共建、人才共育"的积极作用,构建多元教育资源合力育人的新体系。

构建家校联动机制，调适学校外部环境

青岛莱西市泰安路小学 滕立人

社会在不断发展，环境在不断变化。要实现学校健康持续发展，主动、有效、系统地开展学校外部环境调适工作就显得尤为重要。我们泰安路小学从以下四方面进行了有效的尝试。

一、组建家长委员会，建章立制，规范先行

学校组建家长委员会，让家长们认识到自己是学校的同盟，双方服务的主体是一致的——学生。

为使家长委员会可持续发展，学校提倡规范化、透明化，家校共同确定家长委员会产生方式：家长委员会成员由班级、年级、学校三级民主直选产生。每届竞选的准备、组织工作都由上届家长委员会成员承担，邀请社区代表见证全程。

学校与家长委员会共同制定了《家长委员会章程》《家长委员会委员行为指导》等规章制度，明确了家长委员会的职能。在规章制度的保障和约束下，家长委员会有效地开展工作，建立了家长委员会主任及其成员任期调整和评估机制、家长委员会成员的行为准则、家长委员会秘书长负责下的办公机制等。学校专设家长委员会办公室、家长委员会秘书处，供家长委员会独立接待家长来访，处理日常事务。需要校方介入的，则按家校协商流程有序执行。

二、放权家长委员会，有效行权，参与学校管理

学校充分尊重家长委员会，放权家长委员会。依照双方认同的章程，家长对不同事务分别享有知情权、发言权、决定权等，教师和学校都予以尊重。家长委员会参与学校的安全、教学监督、财务、矛盾协调等方面，各司其职，和学校、教师平等对话、议事。

每学期初和期末，学校都安排家校沟通会，家校互通工作计划，交流热点话题。每月家长委员会在工作例会后，将意见和问题以通报或会议纪要的形式反馈给学校，学校在行政会议上专题讨论并回复家长委员会。

三、信任家长委员会，传递理念，共铸校园文化

学校搭建了零距离沟通体系，实现多平台交流。班主任全面家访、家长开放日、家长会、校长接待日、校门口校长信箱、校园网"家校直通车"、班级家长飞信群……面对面的、书面的、网络的沟通方式一应俱全。学校充分尊重家长对学校教育的意见和建议，引导教师理解并坦然面对家长的意见和建议。虽说家长不是教育专家，但教师要倾听他们的心声，让家长敢表达、愿表达，择其善者而从之，形成正能量汇聚的舆论导向和氛围。实践证明，每当有家长表达对学校的困惑不解时，家长委员会或者其他热心家长总能主动答疑解惑。久而久之，家长和教师之间不再存在隔膜。

四、家长上讲台、做义工，共促学生个性发展

为充分利用家长们的优质资源，学校开发出"家长大讲堂"课程，家长给师生介绍所从事的行业。学校开发的"舞动拉丁""旋转吧，乒乓球""健康小心灵"等课程，全部由家长主讲。

家长义工参与设计、实施各项校内外活动方案，活跃在学校食堂、图书馆、后勤部，甚至是办公室。

创新家校协同，携手立德树人

青岛西海岸新区兰亭小学 孙传香

一、背景分析

家庭是人生的第一所学校，家长是孩子的第一任老师，家庭教育是立德树人的第一个环节。要给孩子讲好"人生第一课"，帮助孩子扣好人生第一粒扣子，让家庭教育走到前台。

青岛西海岸新区兰亭小学围绕"四度"进行科学施教：一是队伍建设有梯度，打造三支师资队伍，构建立体化的家校共育培训体系；二是课程建设有力度，开发家教校本课程，规范家教课堂流程，打造科学性的家庭教育指导体系；三是家长委员会工

作有深度,确立"三团七部"家长参与管理模式,建立家校联动的家庭教育保障体系;四是"互联网＋"有温度,建立基于云平台的家校沟通新机制,搭起社会化的家庭教育支持体系。实现了家庭教育的制度化、多元化、系统化和特色化,开创了家校协同育人的新局面。

二、典型做法

学校注重家庭、注重家教、注重家风教育,把家长引导和培育成立德树人的一支有生力量。通过家长委员会、家长学校、家长课堂等形式,形成家庭、学校、社会联动的家庭教育工作体系。学校带着对每个生命的无限尊重与对生活的无限热爱,本着"让每个学生都拥有幸福的童年,让每位家长与孩子一起成长"的工作理念,把办好家长学校,构建学校、家庭、社区三位一体工作模式作为学校发展的重要工程。

(一)队伍建设有梯度,构建立体化的家庭教育育人体系

1. 抓好三支队伍,形成培训体系

科学的家庭教育工作离不开队伍建设。学校重视抓好专家指导团队、班主任主讲团队、家长讲师团队三支师资队伍建设,形成了以"父母大学堂"专家讲座为引领、以班主任主讲团队常态授课为基础、以家长家庭教育讲师团研讨为辅助的家校共育培训体系。

2. 做好校本培训,提升指导水平

"老师,孩子磨蹭怎么办?""孩子不愿读书,与家长顶嘴,有什么办法?"……面对家长提出的教育孩子过程中遇到的各种困惑,如何既有针对性又有普适性地指导呢?我们的做法,一是实施"112"工程,做好校本培训。"112"工程即每周一训,提水平;每月一次家庭教育成长论坛,想措施;每学期两次专题授课,教方法。做到培训内容多元化,既有主讲团的分享交流,又有专家的专题培训如"与家校沟通的艺术""小学阶段需培养的孩子习惯",还有家长的具体案例等。二是为每位班主任配发了《父母课堂》等案例式辅助教材,把家庭教育指导作为班主任的必修课程。三是开展"二查一反馈",即查教学准备,查教学过程,建立家长会反馈机制。授课结束后,让家长填写反馈表,交流学习感受,以此了解家长的收获和想法。通过这样的活动,让教师把家庭教育指导做到学生和家长心里,促使每一位成员能主动探索家庭教育的方法和规律,快速成为家庭教育的专家。

（二）课程建设有力度，打造科学性的家庭教育指导体系

1.开发接地气家教校本课程

学校根据不同年龄段的学生身心发展特点，确立各年龄段家庭教育指导的侧重点，通过调查问卷和现场交流的方式，征求家长意见，以家长的困惑为课题切入点，以《全国家庭教育指导大纲（修订）》为依据，坚持儿童为本、家长主体的原则，集思广益，开发出符合我校家长实际的《家教携手 共育未来》家庭教育校本课程。课程包括一年级"入学适应与习惯培养课程"、二年级"如何赏识教育好孩子"、三年级"怎样面对小学生的学习转型期"、四年级"重视培养孩子的独立性"、五年级"勿以善小而不为"、六年级"青春期初期孩子生理、心理教育"等，为家长提供更有针对性、更具科学性的家教指导。

2.规范家教课堂教学流程

科学的课程建设为家庭教育指导提供了有力的保障，但要达到帮助家长树立正确的家庭教育观念、帮助家长掌握科学的家庭教育方法、提高家长科学教育子女的能力的目的，家长课堂是一种经济有效的方式。为此，我校把建立规范的家长课堂教学标准和教学流程作为实施家长课程的第一步。学校规定了基本的授课流程：学校根据每个年级段课程内容组织全校教研；教师提前通知家长，做好课程预习，提交想解决的问题；学校教研室综合意见，形成公共教案；教师个人研究，准备个性教案；教师开课（总结上次作业情况、讲解、互动交流、布置作业）；课后家长上交作业；教师批阅、公布；优秀家长评选。真正将家长学校教学上升到课程实施的高度，形成"四有"，即有课程设置、有教学管理、有师资培养、有系列教材的课程实施体系。

我们精选最能引起家长共鸣、最能启迪家长家教智慧的案例，选择最能调动家长参与的方式来完成每一节课，大大提高了课堂效益，调动了家长的积极性，保证了"所有家长进校园，重新学习做家长"学习氛围的形成，工作良性推进。

（三）家长委员会工作有深度，建立家校联动的家庭教育保障体系

学校家长委员会成立之初，便科学规划，确立了"三团"（家长义工团、家长讲师团、家庭教育专家团）、"七部"（家庭教育部、交通安全部、课程超市部、实践活动部、财务部、宣传部、国际交流部）的家长参与管理模式，家长自觉主动地参与学校的各项教育管理活动。周天早上入校和下午放学，校园门口都能看到家长为孩子保驾护航的身影；每周"七彩课程"，全校46间教室因为家长参与的授课而飘溢出不同课程的气息；每个周末，都有家长带领孩子参与不同级别的实践活动；每天的校园，都有家长参与教研、管理的身影……家长参与学校管理的积极性为学校教育和管理注入新活力。

家庭教育部部长董晶是一名家庭教育专家。在她的带领下,家长讲师团和家庭教育专家团的团长和团员们除了每周聘请专家指导促进自身成长之外,还在每个级部都成立了家庭教育成长小组,定期举办家长成长沙龙、家庭教育培训等活动。通过分享家庭教育中的一个个案例,解决家长的家庭教育困惑;通过邀请专家现身说法,为家长传授最接地气的家庭教育方法,不断提高家长教子水平。参与此类小团体活动的家长已经达到学生家长总数的50%,为实现科学的家庭教育,为教师和家长教育达到"同心"、家庭教育达到同步,形成合力育人提供了有力保障。

(四)"互联网+"有温度,搭起社会化的家庭教育支持体系

学校积极适应当前"互联网+"家庭教育新形势,每个班级建立了基于云平台的家校沟通新机制,班主任和科任教师都能够运用QQ群、微信群、微信公众号等多种方式,征询家长意见、交流学生教育情况、家校共评学生作业等,实现了学校、班级、家庭之间便捷及时的信息交互与数据共享,形成了学校、家庭、社会三位一体的家校共育氛围。

三、实施效果

"学校、家庭不是相互孤立的教育'孤岛',而是彼此联系、互相补充的'环岛'",教育家朱永新这样诠释家校合作共育。学校深入落实青岛市教育局提出的"让家庭教育走向前台"的理念,提出了"写好人生每一笔"的核心思想,形成了"以书润德、以书启智、以书健身、以书育美、以书践行、以书立志、以书圆梦"的"书馨"育人体系。学校先后荣获全国书法教育示范学校、山东省家庭教育基地、青岛市家庭教育示范校、青岛市规范化学校、青岛市现代化学校等172项荣誉。

在今后的工作中,兰亭小学将不断探索家庭教育有效措施,科学谋划,为家长提供科学与有效的家庭教育指导,整体提升家长素质,家校携手,齐奏科学家教的新乐章!

加强宣传教育建设,调适外部环境

青岛西海岸新区育才小学 管延爱

青岛西海岸新区育才小学以"诗慧教育"为引领,充分利用校内宣传文化设施、

阵地开展丰富多彩的宣传教育及文化活动。

一、加强领导班子建设，形成宣传教育网络

学校成立了宣传工作领导小组，由校长全面负责创建工作，工会、学生处、总务处、教导处各负其责，共同做好创建工作。工会主要做好教工的政治思想教育和职业道德规范教育；学生处做好团组织建设，抓好少先队员的思想品德教育，做好全体学生的思想品德、法纪教育，做好环境卫生工作，负责升国旗仪式的组织和文明班级、三好学生、优秀班干部的评选表彰工作；总务处做好创建活动的后勤保障工作；教导处主要抓好健康教育教学工作，负责基础性资料整理收集及各方协调工作。在创建工作中，各处室积极配合，认真开展各项教育活动，促进了学校精神文明建设。

在对学生教育活动中，学校形成了德育教育网络。一是领导包年级，科任教师帮教后进生，班主任定期家访，军校共建，形成全员教育模式；二是定期分层召开家长会，争取家长对学校教育的配合；三是争取社会各界对学生教育及学校工作的关怀和支持，使学生、教师之间，学校、家庭、社会之间形成良好互动，充分体现教育的活力。

二、开展丰富多彩的活动，深化文化宣传教育

（一）抓好一个健康——心理健康教育，培养人格健全的小学生

学校以名师心理健康教育工作室为龙头，坚持做好对学生的心理健康教育，培养人格健全的小学生。学校将心理健康教育渗透在学校教育的全过程中，在各科教学中、各项教育活动中、班主任工作中注重对学生的心理健康教育，还充分利用活动课、班队活动等机会举办心理教育专题讲座。

（二）落实一个方案——德育教育系列化方案，规范学校德育工作

学校制定了《育才小学学生德育教育方案》，月有主线，周有主题，年级有侧重点，使学生的思想教育循序渐进。开办了校园广播站，营造校园育人氛围。充分发挥主题班会课的作用，规范班会课教案，坚持班会课教案审查制度，同时组织主题班会观摩活动。每学期三次召开班主任工作汇报会、德育论文研讨会、班级管理研讨会，优秀班主任做经验交流。

（三）培养一个意识——创新意识，锻炼学生的创新实践能力

每年举办校园科技节，积极参加国家、省、市、区举办的科技实践创新活动。我校航空、航海模型在国家比赛中获得 11 个一等奖、5 个二等奖、14 个三等奖，其中包括

一金两银两铜。我校参与的省市创新活动更是不计其数。丰富的校园文化生活锻炼了学生动手实践的能力,培养了学生探索、创新的精神。

三、加强校园平台建设,开展校园内外宣传活动

近年来,学校积极创造条件,开展校园文化活动,加强校园宣传平台建设。先后改建、扩建了科技活动室,定期开展丰富的科技活动;建成了育才诗社,组织学生进行读诗、写诗、演诗系列活动,开拓"诗慧教育"路径;改建了书画教室,进行书画主题活动;建设了学校微信平台、校园网站;创编的《育才诗报》《育才报》《诗慧人生》等,定期刊登教师、学生、家长的诗歌作品,宣传学校的重大活动及教育教学成果,成为连接家长、与社会交流的特色阵地。

开展宣传教育及文化活动,有效培养了师生健康的审美情趣、良好的文学艺术修养和追求真理的科学精神,引导他们向真、向善、向美,得到全面和谐的发展;促进了家校共建,对推进校园精神文明建设、提高学校的办学品位发挥了积极有效的作用。

以开放的思维引进优质的教育资源

青岛市城阳区仲村小学 栾国锋

争取社会资源弥补教育资源不足,是教育者的责任和担当。我校根据实际,努力调适学校外部环境,开门办学,借助高校资源和社会力量,培养学生,发展学校。

一、借助青岛市实验高级中学开展研学行动和学长制课程实践行动

(一)开展研学教育

研学是当下教育的一项重要工作。我校借助青岛市实验高级中学国学馆、古琴馆、陶艺馆等开展传统文化的研学活动,借助生物馆、光伏大棚等进行科学创新的研学教育。青岛市实验高级中学和我校共同制定研学课程,每周安排两个班级开展研学活动。

（二）建立学长制，实施课程实践活动

基于学生核心素养发展的校本课程建设是目前省、市教育科学研究院在小学、初中、高中三个学段重点推进的工作。我校在校本课程建设方面取得了一些成效，举行了市级现场会，在省、市课程研讨会上进行了经验交流。为更深入地推进校本课程建设，我校结合科技体验、英语阅读、古琴古韵、陶艺创作等课程建设情况，由青岛市实验高级中学选择特长学生参与我校的课程教育，通过建立学长制指导学生课程实践。这样，既弥补专业师资不足，又通过大小学生间的交流，促进学生更好地成长。

二、借助青岛农业大学推进礼仪英语教育和科学研究行动

（一）推进礼仪教育

礼仪是身体的艺术，良好的礼仪彰显优秀的教养、儒雅的气度、高贵的品格。小学教育任务归根结底就是培养习惯，学生从小践行的优秀礼仪习惯会沁润到他们的内心深处。我校借助青岛农业大学开发的礼仪课程和礼仪队伍，对师生分别进行礼仪培训，师生共同践行礼仪。

（二）推进英语教学

我校借助青岛农业大学外国语学院资源，青岛农业大学每学期选派优秀学生走进课堂，深入推进英语课题研究和英语教学，为学生创设更优质的英语学习环境。

（三）开展全员科学教育行动

一是结合学校植物课程，借助青岛农业大学园林与林学院，学习扦插种植等知识技能。二是组织学生以研学的形式到青岛农业大学参观实验室，开展专门为我校学生设计的物理实验学习。三是成立"小小科学家"队伍，青岛农业大学到我校指导开展适合学生的实验活动，指导学生学习设计计算机、机器人程序等。

三、借助区、市科协力量实施科技教育及"大创客"行动

一是借助区、市科协力量举行各类科技知识讲座，启蒙科学思想，埋下创新种子。城阳区科协给学校配置了30万元的科技器材。二是借助科协资源，组织了寓教于乐的科技嘉年华、科技节进校园等活动，普及科技知识，营造创客氛围。

四、借助仲村社区资金支持推动学校快速发展

一是积极争取仲村社区支持，每年学校的水电费、取暖费、物业费、保安费、绿化

费等由社区帮助解决。二是借助社区力量实施传统文化教育行动。由社区和学校共同成立耕读文化传承建设队伍,挖掘仲村社区"耕读传家久,诗书继世长"的历史文化。在学校建立耕读文化展厅,编撰《耕读传家》文化读本。引领学生和社区居民学习道德修养,传承优秀家风,弘扬民族文明。

五、借助青岛市传统文化教育联盟实施经典诵读行动

"观乎人文,以化成天下",教育做到极致一定是文化。文化介入生命的发展有很多形式,其中回归经典、深入民族文化根部毫无疑问是首选。于是,我校把实施中华经典诵读作为"读书无边界"行动的切入点。为系统性、深层次、高质量推进经典诵读,我校加入了青岛市传统文化教育联盟,开展干部教师经典文化培训、经典文化课程体系建设、经典文化特色活动专项研学和比赛活动。

六、借助家长资源实施家长课程教育行动

我校遴选挖掘家长资源,借助家长力量推进课程教育,形成合力,培养学生全面成长。例如,学生迟鹏的家长带着他写的《大鹏手记》走进课堂,讲述他骑着摩托车从青岛到拉萨的故事。他一路的所见、所闻、所思、所感带给了学生别样的震撼和教育,激发了学生读万卷书行万里路的豪情。

引领家长读书，争创书香家庭

青岛西海岸新区风河小学　王明昌

一、案例分析

风河小学坐落于风河南岸,位于原胶南老城区边缘。有些附近居民经济收入不高,文化素质较低,上过普通高中的寥寥无几,家教方法和经验相对欠缺。学校在新建时就对周边环境做了周密的调查。针对这一现状,学校把提高家长素质和家庭教育水平列为学校建设的一项重要任务。考虑到目前每年开课四五次的家长学校远远承担不了此项重任,一项引领家长读书、提升家长文化素质,随之辐射社区、营造区

域文化氛围的措施落入了学校建设方案。

二、对策措施

（一）广泛宣传动员，引领家长读书

学校在落成开学典礼前,学校多次召开部分家长座谈会,引导家长畅谈对学校发展的愿景,畅想对孩子的期望,就势对家长文化现状做了分析,就家长读书学习的意义做了阐述。家长们意识到读书学习是一项责任,一项使命,一种趋势。

开学典礼上,学校特意给家长代表做了读书活动动员,激发家长读书积极性,引导家长以"读书求新知、读书强素质、读书惠子女、读书筑梦想"为己任,坚持"每天读书一小时,亲子成长一辈子"。家长代表表示一定与时俱进地和孩子一起成长,家校同步,集体发力,促进家庭教育观念的更新,掌握家庭教育的现代科学知识和方法,配合学校教育的实施,积极把"做一名读书的家长"的理念普及千家万户,为子女的成长造就一个适宜的社会教育环境。

开学以来,家长读书活动按计划稳步开展。图书推介与活动开展双桨并划,驾驶家长读书成长这艘大船进入了和谐航道。

（二）做好图书推介，助推家长读书

全体家长共读好书。学校按照计划和家长需求,为家长推荐精品家教理论图书作为必读书目,鼓励家长撰写读后感和心得体会,为家长的理论打底,为学生的人生奠基,定期围绕必读书目开展家长讨论会。

亲子共读各学段学生必读书目,营造家庭读书氛围,为孩子阅读提供必要支持和陪伴。各班语文教师建立课外阅读交流平台,读书、感悟、交流、指导,聘任文化层次较高的家长负责平台的日常运转,及时答疑解惑,扫清阅读障碍。积极交流分享,博采众长,吸引更多的家长涌入读书潮流。

充分利用学校图书室资源,定期向家长推介积极乐观、健康向上、情感真挚、富含哲理、给人以感悟和思考、传递正能量、激发希望和梦想的经典选读书目,倡导家长学习经典文化,传承中华文明,提高境界品位,服务家庭、学校、社会,并以诵读的方式固化读书习惯,提升学习能力。

（三）科学指导评价，争创书香家庭

发挥家长学校职能,每月两次召开家长读书交流会,教师根据下阶段读书篇目集中授课;各班教师利用家访时间,向本班学生家长提供读书指导,鼓励家长每天坚持

读书,每天在读书平台上交流分享,养成读书习惯,注重个人成长,丰富集体经验,形成学校风气,辐射区域文化。同时,定期评选书香家庭,举办家长读书经验交流会等,激励家长读书。

学校引领家长读书学习的探索,为家校合作开辟了新方向,为实现区域文化的振兴提供了一系列极具借鉴意义的经验。

优化外部环境，形成教育合力

青岛香港路小学　于庆丽

教育是一项系统工程。优质的教育离不开学校、家庭、社会的密切合作与相互影响,构建良好的教育生态环境才能形成教育的合力。校长只有善于优化外部环境,才能更好地为学生的成长与发展负责。

一、加强家长委员会组织建设，为家校共育保驾护航

家长委员会是学生家长的群众组织,是学校与家庭联系的桥梁与纽带,是促进学校、家庭、社会三方面教育力量整合的一种组织形式。只有充分发挥家长委员会的作用,才能使学校和谐发展,提高育人质量。

近年来,学校建立了家长委员会工作章程、家长委员会工作职责等家长委员会工作制度,使家长委员会的各项工作有章可循、有法可依。学校家长委员会成员任期为一学年,每学年都会根据实际情况进行有关人员的更新或连任工作。每学期学校都会定期召开校级、班级家长委员会会议,交流新学期的工作思路,部署新学期的各项活动,畅谈科学育子的想法。学校在构建校级家长委员会的基础上专门成立了家长委员会义工队伍,储备优秀的家长委员会义工教育资源。学期末学校还会评选优秀家长委员会和品位家长,积极宣传优秀家长在育儿、家校工作中的先进事迹,形成学校发展的重要力量。

二、畅通家校沟通渠道，为科学育子搭建平台

为充分发挥家长委员会功能,学校通过多种方式畅通家校沟通渠道,不断提高家

长委员会委员参与学校管理的积极性。学校设置了家长驻校办公室,定期开展家长委员会驻校办公活动,按照驻校办工"七个一"的工作思路,即听一节课、与一位教师谈话、与一位学生谈心、与一位校委会成员交流、参与一次学校午餐试吃、检查一次学校的校舍安全、给学校提一个合理化的建议。家长委员会驻校办公活动的开展,增进了家校的沟通,完善了学校的管理。

除此之外,学校还设立了家长接待日、家长开放日,定期面向全体家长开放。家长委员会委员积极协同校领导接待家长来访,对家长提出的问题进行归类整理,及时解答。例如,学校每学年都面向所有家长举行"开放课堂"活动,让家长有机会走进课堂,和孩子一起上课,参与孩子的在校生活,让家长充分了解孩子的生活、学习情况,与学校达成教育的共识。

学校广开言路,建立了校园公众号平台、心语信箱,成立了校级、班级家长委员会微信群,树立了"无围墙"的教育观,加强了家校之间的联系,促进了家校教育合作。

三、挖掘社会教育资源,为教育未来凝聚合力

为帮助家长及时了解国内外教育的最新动态,不断提升家长科学育子的理念,学校广泛征集家长的需求,定期邀请有关专家开设不同专题的家长委员会责任大讲堂,如高效阅读研发者田玉校长做的"让教育找到回家的路"家庭教育讲座、知名媒体记者娄蕾老师开展的"今天我们如何做家长"家长学校培训、青岛大学张蕾教授做的"如何培养孩子的学习兴趣"等专题讲座,来不断丰富家长的育儿经验。同时,学校还定期举办部分家长恳谈会,及时地通过学校微信平台、家长学校大讲堂等形式将家庭教育中涌现的先进事例分享给每一位家长。这一系列举措使家长的家庭教育知识日益丰富,方法更加科学合理,学生的发展更加有保障。

学校发展离不开社会各界的支持与帮助。盘活各种教育资源,不仅能丰富学生的见识,还能有力地提升学生的社会实践能力。例如,在"小手拉大手,环保显文明"垃圾分类系列实践活动中,学校多次联合香港中路街道办事处,开展了"童心画文明,共绘新时尚"等主题活动,学生的垃圾分类宣传画张贴到香港中路街道各个小区中,既让学生科学认识垃圾分类的具体做法,又让学生充分认识到实行垃圾分类关系人类的生活环境,是社会文明水平的重要体现。

除此之外,在"致敬壮美70年,我与祖国共成长""向国旗敬礼"和各类场馆研学等系列教育实践活动中,我们的学生走进青岛市博物馆、中共青岛党史纪念馆、中国青岛汉画像博物馆、道路交通博物馆、青岛市儿童少年活动中心等等。研学活动得到了社会各界的大力支持,更拉近了学校教育与家庭和社会的距离,凝聚了教育的

合力。

相信教育有学校、家庭、社会的三方合力,一定会助力学生更好地成长与发展!

合作共赢,赋能成长

青岛辽源路小学 王 宁

教育作为一项系统工程,需要全社会的共同参与。为了切实发挥教育培养人、塑造人的功能,必须树立一种全新的观念,打破学校和社会的界限,以学校为龙头、家庭为基础、社会为平台,把学校、家庭、社会三个方面的力量有机结合起来,形成三位一体的思想道德教育网络,共同创造有利于未成年人健康成长和全面发展的良好环境。

学校的扩建工作顺利完成,令我们深有感触。因为学校处于居住密度较大的居民小区内,近年来入学压力逐年增大,所以学校扩建不得不摆上区教体局工作的议事日程。有关部门经过一年多的多方论证,终于在2018年的暑期来临之际敲定,8月破土动工。这是建校历史上的大事件,全校上下欢欣鼓舞。然而,随之而来的是施工期间给周边居民生活和环境带来的干扰,新学期开学后学生的安置、学习和活动等问题。这些层出不穷的问题困扰着我们。尽管学校反反复复地制订方案,但学校的力量是有限的,必须要借助外部力量来形成合力。

一、沟通前置,加强理解

施工开始前,我们印制了《告居民书》,请社区人员邀请周边居民楼的楼长们到学校面对面,将施工中可能遇到的各种问题提出来,社区、街道党工委、青岛市中心聋校和学生家长对学校的理解和包容,给了我们克服困难的信心和勇气。

二、同舟共济,携手前行

青岛中心聋校的干部教师出于"教育一家亲"的情感,伸出援手支持着我们。每天体育课、课间操时间都在小区内出现一道亮丽的风景线,全校的家长听从各班家长委员会的组织安排,体育课由班主任老师、两名家长为孩子们保驾护航,课间操时全校师生"兵分两路"在小区慢跑。一学年来,家校携手共渡难关。在协作中,老师和家长的心走得更近,老师感谢家长的支持和配合,家长更能体会老师工作的辛苦,增进了彼此的理解和信任。

三、三位一体,合作共赢

教育是人民的事业,不能单纯地把它归为政府的责任、教育行政部门的责任、学校的责任,全社会都应该主动参与。学校扩建一年来,我们真正感受到了"我们不是一个人在战斗"。一年来的酸甜苦辣,只有亲身经历过的师生才能感受到。学校、家庭、社会三者都是教育的重要环节,既要分工明确,又要互为补充、互相配合、互相依赖。在教育过程中,家庭是基础,学校是主渠道、主阵地、主课堂,社会是重要的依托和平台,三者缺一不可,应统一思想,提高认识,增强合作意识。

用好"三张清单",扎实做好党员"双报到"

青岛重庆路第三小学　林　霞

为深入贯彻落实党的十九大提出的完善党员干部直接联系服务群众制度和加强基层服务型党组织建设的要求,充分发挥党组织和在职党员在服务社区、服务群众中的战斗堡垒作用和先锋模范作用,青岛重庆路第三小学党支部精心准备,依据"三张清单",扎实做好党员"双报到"工作。

一、背景分析

我校现有党员 22 人,占全校教师人数的 44%,平均年龄 40 岁,40 岁以下青年党员有 13 人,占全体党员的 59%。近年来,我校办学特色和教学质量等方面都稳步提升,取得了显著的成绩。我们通过微信、校报等方式加大宣传力度,广泛开展了"爱心敲门家访"活动。但这些宣传仅限于周边学生家长,并没有得到社区居民的普遍认同。我校党员驻在社区,但是对社区了解并不多,不能很好地发挥自身优势,为社区居民服务。开展在职党员进社区"双报到"工作,让党员在社区"亮身份",服务社区、建设社区,搭建了良好的平台。

二、主要做法

（一）党建共驻共建，发挥教育优势，服务社区

我校根据省委组织部《关于机关企事业单位党组织、在职党员到社区报到工作的实施方案》要求，以加强党的执政能力建设、先进性和纯洁性建设为主线，以服务社区群众为重点，以"报到"为纽带，以"需求"为目标，根据党员特长、支部资源优势，向嘉定山社区党支部提供资源清单。围绕社区的需求清单，找准资源输出与需求的融合点，既能发挥学校资源优势，又能很好地为社区服务。与社区共同制定共建项目清单，明确共建内容、推进措施、责任人、完成时限等，实行项目化推进，做到办一件、成一件。每年我校与嘉定山社区签订《城市基层党建共驻共建协议书》《党建服务项目认领协议书》，开展党建共建活动。今年，我校认领了廉政文化宣传项目，我校组织党员开展了"庆祝新中国成立70周年廉政书画展"，老师们通过抄写廉政诗词、编写廉政对联等方式，面向社区开展廉政宣传。

（二）民生宣讲进社区，提供多样教育咨询

为了全面做好小学新生入学政策宣传工作，我校成立党员宣讲团，面向社区进行了"市北区小学入学材料准备"宣讲会。社区中的适龄儿童家长和楼长100余人参与会议。会上，宣讲员详细介绍了市北区小学入学需要准备的材料，针对家长普遍关心的问题面对面答疑解惑，使适龄儿童家长明确了要求，心里踏实了许多。宣讲活动架起了学校与家长间沟通的桥梁，取得了良好的成效。

（三）志愿服务进社区，关怀体贴暖人心

每逢佳节，学校党支部都会组织党员教师和学生一起走进社区福彩老年公寓，孩子们为老人献上拿手的歌舞和器乐表演，为孤寡老人送去温暖的关心和真挚的祝福，与老人们聊天、话家常，清理敬老院里的垃圾。敬老院里到处都洋溢着温馨、祥和的气氛。作为书法特色学校，我校每年春节组织师生们到敬老院写福字、送福字，把祝福送到老人们的心坎上。通过慰问活动，增强党员们的敬老爱老意识，提高党员的社会责任感，让尊老爱老的传统美德一代一代传承下去。

（四）青年党员在行动，为民服务零距离

本着为社区"多办实事、多解难题"的原则，学校党支部定期组织青年党员参与社区卫生清理工作。劳动中，党员们充分展现了不怕脏、不怕苦、不怕累，敢于冲在前面、敢于抢挑重担的精神风貌。除了清扫地面垃圾，清除墙面小广告，还向社区居

民做好宣传和引导,呼吁大家参与到环境整治中来,主动清理楼道内乱堆放的杂物。每次卫生清扫活动都会受到社区广大居民群众的欢迎,不仅增强了党员的凝聚力,培养了党员的坚韧与毅力,还进一步拉进了社区与党员的联系,调动了党员服务社区的积极性,更重要的是给社区居民群众的生活带来更大的方便,同时为创建文明城市活动增添了亮丽的一笔,真正做到了为人民群众做实事、办好事。

三、取得成效

在开展党员"双报到"工作中,学校党支部始终坚持"帮忙不添乱、搭台不拆台"的原则,各项工作都是在集体研究的基础上有针对性地开展,杜绝形式主义,实实在在地搭建起了学校与社区沟通协作的桥梁,将"驻在社区、热爱社区、建设社区"的理念落到实处,实现"党员身份进社区、作用发挥进社区、监督管理进社区",充分发挥党员在推动社区发展、服务群众、凝聚人心、促进和谐中的作用,最大限度实现"共驻、共建、共享"社区党建新格局。

家校内外双向互通,引导学校协调发展

青岛广饶路小学　李红玉

学校是社会的一个组成部分。学校和社会之间通常存在着能量与信息的交换,因此,学校在开放办学过程中,必然面对着诸种外部关系,并且时刻受到它们的影响或制约。学校管理工作的效率、教育质量的高低,不仅取决于学校内部的工作状况,而且取决于学校和诸种外部关系的协调程度。

如何调适外部环境,成为当前学校发展的关键问题之一。从学校所处的地位和自身特点来看,一所学校的外部关系主要包括学校与上级部门的关系、与所在社区的关系、与其他学校的关系、与学生家长的关系等几类。明确这几类关系存在的必然性并妥善地处理好这些关系,有利于学校的改革、稳定和发展。以下,我将重点围绕"与学生家长的关系",结合学校家校共育工作,阐述我的认识和举措。

学校的教育对象是学生,而学生来自每一个家庭。学生在接受学校教育的同时,还接受着家庭教育。如果学校与家长的关系不协调,或者对学生的教育要求不一致,那么教育合力就无法真正形成,教育质量也就难以得到最大限度的提高。面对刚刚接手的新学校,为了摸清学校家长队伍的现状,掌握家长对学校持有的看法,迅速拉近与家长的距离以便更好地引导学校协调发展,我确立了"学校主导、信息互通、家校互访、完善培训、携手共建"的家校共育工作原则,不断完善家校共育工作的管理体系,欢迎家长参与现代化学校管理,共同促进学生的身心发展。

一、依托制度管理优势，发挥家校共育作用

为进一步发挥家庭、学校两者的教育合力,共同为学生营造良好的教育环境,积极发挥家长的沟通、服务、参与和管理作用,加强和规范家校共育工作,学校特制定出"家校共育,双向互动"管理制度。从规范"3B1K"模式举办家长学校,到成立家长委员会,落实现代化学校管理职责;从定期召开家长会,及时宣传学校发展现状,到举办家长开放日活动,倡导家长参与学校管理;从开展"教师大走访"活动,拉近师生家校沟通距离,到开展家校共建活动,拓展家长资源,丰富校园生活……有了完善的制度内容,再认真落实评价机制,多方位家校沟通渠道才顺畅打通。

二、变通家长开放日活动形式，欢迎家长走进学校

（一）期初开放日，请家长放心

宽敞的教室、干净的操场、齐备的教学设施……开学之前,学校举办了"家长进校园"开放日活动。教师、学生、家长相互亲切地问候,拍几张合影,说一说新学期的愿望,谈一谈学习上的要求。顺畅的沟通渠道,有利于加深教师、家长、学生的相互了解;敞开心扉的交谈,方便了家长和教师携手为学生的成长保驾护航。

（二）轮值陪餐日，免家长担心

为消除家长对饮食安全的顾虑,解决家长的后顾之忧,学校根据现有条件建造了"广饶微餐厅",每周邀请一个班的学生到餐厅就餐。同时,学校每周设置了轮值陪餐日,欢迎每个班级的家长代表走进学校和师生共进午餐。从参观学校标准化食堂到检查食材采购记录,从考量一周带量食谱编制合理性到了解科学合理烹制,"明厨亮灶"工程的每一项工作都得到了家长们的认可和信任,家校沟通的桥梁在一次次愉快的交流中架起。

（三）亲子运动日，陪家长开心

融洽的亲子关系可以锻炼学生的合作精神。为了促进亲子关系和谐发展,学校

特意举办了"海洋欢乐趣味运动会"活动。赛场上,参赛选手不仅是一至六年级的学生,还有踊跃报名的家长们。通过运动会,家长们再次走进校园,家校之间的沟通在一个个充满欢乐和幸福的比赛项目中深入,进而达到促进家校联合育人的目的。

(四)家长授课日,促家长热心

如何引导家长对学校工作热心,调动家长参与学校教育的积极性?学校常年坚持开展的"我做主讲人"家长授课活动给出了很好的示范。家长们从事不同职业,身上有着很丰富的教育资源。让家长们发挥各自特长,参与到学校教育中,既可以丰富课堂内容,开阔学生的眼界,拓宽学生的思维,又可以弥补教师在其他专业领域中的不足。"神奇的纸飞机""小小理财师""心肺复苏小常识""儿童剧进校园""诵读国学传经典""美食拼盘大作战"等一个个生动的主题,一次次将学生带入了五花八门的社会大课堂。活动的开展,既让教师感受到了家长的热情和支持,也让家长亲身体会到教师的辛苦,拉近了家校之间的距离。

三、发挥学校家长委员会作用,耐心倾听家长意见

本着"敞开大门办学"的原则,为及时发现教育教学中存在的问题,学校不仅每学期召开校级家长委员会座谈会,还诚邀每位家长就学校的教育教学工作留下宝贵的意见和建议,为学校的发展出谋划策。在"家长面对面"恳谈会上,校长亲自面对校级家长委员会成员,就开学以来学校在教学设施完善、学生午餐配备、学校餐厅改造、校园文化氛围提升、教育教学活动跟踪等方面的举措,进行了详细的介绍和宣传,就开学以来的家长意见调查中出现的问题进行了反馈。此外,学校还倡导家长委员会作为学校和家庭沟通的桥梁,要积极参与学校管理,出谋划策,解决学校困难,通过合理化渠道提建议;积极带领家长参与学校活动,组织家长监督学校工作,反映广大家长的要求,让学校了解家长心声,真正协助学校做好家校共育工作,提升家长素质。

四、专家引领授课内容,打造高质量家长学校

关注孩子的成长是家校共建永恒的话题。学校从家长问卷调查中,发现家长们在家庭教育方面有较多共性的困惑。为了提高家长们的家庭教育水平,分享更多科学有效的家庭教育方法,学校联合青岛市妇联,多次邀请青岛市妇联家庭教育专家团首席专家刘杰老师以及"优秀家长讲师团"的家长代表走进学校,举办形式多样、别开生面的家庭教育主题沙龙活动,提升家长学校的教育实效。对身边案例的剖析、

有趣的心理小测试、热闹的现场互动……专家讲座让家长们意犹未尽。有的家长认真地做着记录,有的家长边听边频频点头,有的家长若有所思地与其他家长小声交流,家校共育的观念正在悄悄转变。

外部环境是学校发展的制约力量,更是学校发展的促进力量。校长应该积极发挥主动性和创造性,致力于为学校发展创造优良的外部环境,这是学校顺利发展不可或缺的条件之一。教育家陶行知说:"校长是一个学校的灵魂。"校长掌握着一定的权利,但也肩负着重要的责任。一所学校是否能够得到发展、办出特色、创建品牌、打造优质教育,很大程度上取决于校长。这就需要校长审视自身的角色定位,准确地把握自己的角色,进而提高自己的专业素养,合理高效地运用自身的领导力引领学校的和谐可持续发展。

开放办学,家校融通

青岛无棣四路小学 钟 芳

学校把做好家庭教育指导作为一件大事来抓,建有家庭教育领导小组、家庭教育指导队伍,建立和完善了一系列家长学校制度,每学年初制定好学校家庭教育工作计划,每学期初召开家长委员会会议,介绍学校、年级、班级近阶段开展的工作和学校收费情况,通过座谈会、问卷调查等形式与家长进行沟通,听取意见建议,保证了家庭教育指导教学质量的稳步提升。学校定期以"请进来"的方式,聘请家庭教育、心理健康教育、儿童教育等方面的专家,围绕家长最关心的如何对孩子进行"养"和"育"等问题进行专题培训,围绕教师指导家长进行家庭教育的技巧和方式方法等问题对教师进行专业培训。举行"智慧父母,尊重自己,尊重孩子"的交流与分享活动。举行"智慧父母话家教"沙龙对话活动,家长分享自己的家庭育儿的经验以及在家庭教育过程中经常遇到的难题,让家庭教育指导更有针对性和实效性。

为加强家校双方的理解和沟通,每学期学校都邀请家长走进校园,举行以"立德启智同筑梦,家校共育伴成长"为主题的素质教育开放日。学校巧用节庆活动,精心设计亲子互动教育活动,增进亲子情感,建立良好的亲子关系、家庭氛围,让家庭教育为学校教学助力。端午节举行"端午之忆,五彩绳牵亲子情""我与父母同包粽子"

活动,儿童节举行"亲子环保秀",读书节举行"书香氤氲话教育,亲子伴读共成长"亲子共读活动,文化节举行"古韵悠长沁心田"特色文化展示。一系列节庆活动的展示,让家长和孩子体味到亲情的快乐,看到对方与众不同的一面,为良好家庭关系的建立提供保障,进而促进了家校工作的深入推进。

学校优选社区教育资源,将学生教育从家庭延伸到学校,再到走出学校、进入社区,延展教育领域,汇聚教育资源。学校不定期到社区实践基地开展实践活动,母亲节组织开展了"特别的爱,给特别的你"活动,让学生更多地了解母爱的无私和伟大,引导学生学会感恩,懂得回报父母。与鑫淼社会工作服务中心喜结善缘,建立合作关系,合作开展了"浓情五月天,木屋传亲情"主题活动。活动以亲子手工小木屋制作为主要内容,辅以视频展播、慈母孝子典故宣讲、寄语母亲和交流分享等环节,为母亲和孩子提供了亲密沟通的平台,给孩子创造了向母亲表达感激之情的机会。

遵循家长、学生需要,提升家庭教育水平,架起沟通学校与家庭的连心桥,灵活有效地向家长宣传科学的家庭教育知识和方法,贴心地为学生及家长的教育需求提供服务,以"办家门口的好学校"为目标,在"共"字上做文章,在"联"字上下功夫,努力实现家庭教育、学校教育、社区教育的三联互通。

实施智慧合作,构建家校共育新模式

青岛天山小学　卢华丽

家庭是学生成长第一学校,家长是学生成长的第一任老师。学生的健康成长,离不开学校和家庭的密切合作。

一、好家风,伴成长

学校系统构建了"节育家风、学修家风、德扬家风"三位一体的家庭教育品牌活动。

(一)节育家风——打造家风育人亲情温度

节日是举家团圆的日子,更是亲情交流的时机。因此,每逢重大节日,天山小学都会开展促进家庭建设的特色活动。春节的"亲子年夜饭"、母亲节的"亲情画作"、父亲节的"我的大伙伴"、重阳节的"爷爷奶奶我爱您",家庭成员们在浓浓亲情中培育着孝敬长辈、彼此陪伴、相互关心的温情家风;劳动节的"家务助手"、端午节的"亲子粽子",又让家庭成员们在合作中热爱家庭生活,孕育共同分担与彼此信任的亲情家风。

除此以外,我们还把学校特色节庆作为育家风、扬美德的契机,通过隆重的教育仪式让学生和家长置身于教育氛围之中。入队礼上,父母见证孩子光荣的一刻,亲手为他戴上红领巾;成长礼上,亲子互诉成长的感悟,不禁动情流泪;毕业礼上,家长带领孩子感谢老师的操劳,集体深鞠一躬。一种向上而谦逊、感恩而自信的品格在无形中影响着每一个家庭。

（二）学修家风——挖掘家风育人实践深度

如果说在节日里大家所经历的是家风的一种内部自塑,那么在"学修家风"中所经历的就是一种走出本我家庭、打开视野、融入集体的共同成长与彼此促进。

学校积极开发社会家庭教育资源,将丰富的学习参观作为实践中"学修家风"的重要渠道。大家一同走入交通安全主题公园、消防博物馆,学到的是珍爱生命的意识和自我保护的技能;进入科学实验室、海洋地质科技馆、中国海洋大学,感受到的是对科学的崇尚和对文化的向往;走进市中心血站、健康科普馆,传递的是一种健康生活的理念;到城市展览馆,走入城市景观寻找春天,挖掘的是市民意识和对家乡的热爱……

（三）德扬家风——展现家风育人时代锐度

"德扬家风"是天山小学家风教育展示的窗口。我们将生活奉献团、爱心守护团和家庭讲师团的建立作为引领家庭关注社会生活、融入社会生活的抓手。在提供服务、贡献资源的同时,"德扬家风"的做法实现了让家庭影响家庭、让个体影响集体、让团体影响社会的良好效果。

二、好品格，重培养

学校聚焦家庭教育,做好理念推广和方法指导。我们经常通过《父母课堂》的学刊用刊向家长宣传新家庭教育观,让家长理解"捍卫和睦家庭""尊重儿童权利""关注生活教育""与孩子一同成长"这些教育理念,并针对大家所遇到的关于习惯培养方面的典型问题,推荐"孩子做事效率低怎么办""孩子总是无法养成良好习惯怎么办"等有效的教育专题。

三、好阅读，提素养

（一）建立"享读"创新示范基地

学校依托青岛广播电视台新闻中心和青岛市小作家协会这些优质的社会资源，为师生和家长提供了全新的阅读体验，正式建立了自己的"享读"公众号，成立了"天山校园享读台"。揭牌仪式当天，80 余名师生、家长依次走进"享读亭"，与经典为友，与博览同行。每个学期都会有 300 多个家庭以不同形式，和全校师生分享阅读的美好，发现身边的感动。

（二）使用"阅读存折"

阅读的效果只有长时间坚持才能体现出来，尤其是亲子共读，需要家人在每日的忙碌中固定下时间。为此，学校印制了精美的"阅读存折"，送到孩子的手中，并希望每一个"天山家庭"尽情徜徉书海、品味书香、存储感悟，不断收获智慧的人生。

总之，学校聚焦家庭教育，引领家长做好学生的第一任老师，给学生讲好"人生第一课"，帮助学生扣好人生第一粒扣子。

让媒体成为有效传递正能量的"扩音器"

青岛台湛路小学　张淑世

随着科技日新月异的发展，各种媒体也介入了我们的生活。可以说，媒体在很大程度上掌握着话语权，他们承担着大众传媒的责任，也以其固有的公信力潜移默化着社会舆论与思想潮流。有人说，媒体是一把双刃剑，在传递正能量的同时，也往往会带来一些负面的影响。教育工作者该如何看待媒体的话语权？该如何让媒体成为有效传递正能量的"扩音器"，为学生成长提供更好的服务？我想从以下三个方面谈谈自己的浅见。

一、去伪存真，理性看待媒体话语权

打开窗户，清新空气进来的同时，苍蝇也可能飞进来。事物的两面性决定了媒体

必然也具有正负两面的特征。当今社会，各种媒体良莠不齐，这就导致各种信息同时进入了我们的视野。可以说，好的媒体运用正确导向的力量培养社会栋梁，不良的媒体会给社会造成可怕的灾难。毫无疑问，对大多数教师而言，做出理性的选择并不困难。问题在于媒体的受众并不总是理性的，尤其是未成年人，还没有形成成熟的世界观与人生观，对媒体提供的资源还不能做出正确的判断。这就导致现在媒体推出的积极向上的内容不易被学生接纳，反而那些颓废无聊、充满恶性刺激的东西却对学生有着更强的吸引力。作为学校、作为教师，我们应该如何面对这种现状？有句古诗说："不畏浮云遮望眼，只缘身在最高层。"笔者认为，教师应努力提高自身的人文素养与专业水平，能够理性地、客观地看待媒体呈现给我们的各种纷繁复杂的事物，并在此基础上给学生以正确的引导，让媒体话语权真正发挥出正能量。

二、合作共赢，科学运用媒体话语权

媒体的运作有其自身的原则，而教育自身也有其固有的规律，二者既各自独立，又相互关联。那么，教育与媒体之间该如何共处？笔者认为，合作共赢是发挥媒体话语权正能量、提升教育品质的唯一路径。这就要求双方都能够站在对方的角度去考虑问题。媒体开展宣传时必须兼顾教育层面，尤其是在涉及某些敏感问题时不宜过度。譬如很多学生起初并不知道"网瘾"是什么，但是媒体大力宣传如何戒"网瘾"，反而激发了一些学生的好奇心："到底怎么回事？我试试怎样叫'网瘾'。""你越说这样不行，我就越要试试，试试看到底行不行。"……这样一来，事情反而朝相反的方向发展了。其实，媒体提出这样一个问题引起教育界人士、家长或者全社会关注就可以了，没有必要过分渲染，过犹不及。当媒体的导向违背了教育规律，也就失掉了其话语权的价值，甚至导致负面影响。学校、教师担负着培养人的责任，也应正确运用媒体话语权为教育服务，可以积极向学生宣传推荐好的网站，还可以利用网络建立班级网页、个人博客等，用媒体帮助学生打开一个窗口，实现教育与社会的联结，从而引导学生关注、了解社会，在真实的社会生活中学习、成长。

三、抢占先机，灵活掌握自身话语权

教育有心而无痕。学校、教师除了要发挥媒体话语权的正确导向作用，更重要的是在日常工作中发挥自己在学生、家长、社会中的话语权，在"润物细无声"中追求教育的高品质。教师要善于讲清话语的事实依据、法理依据、情感依据，以增强话语的说服力；善于改进话语的技巧，倡导生动活泼而又朴实亲切、旁征博引而又通俗易懂、情理交融而又深入浅出的文风，以增强话语的感染力；善于抢占话语先机，早谋划、早预断、早发声、早造势，先声夺人、先入为主，以增强话语的主动权。让学生、家长认可教师，认可学校的教育，从而引领学生健康快乐地学习成长。

中华民族的伟大复兴依靠的是每个中国人的托举。无论是媒体还是教育者，都承担着各自的历史使命。我们能够做的就是在相互圆融中走向和谐、走向共赢，让媒体成为有效传递正能量的"扩音器"，更好地为教育服务，为孩子的成长服务！

实施家校畅通计划，增强家校教育合力

青岛敦化路小学　刘艳华

家庭教育的重要性已越来越引起人们的关注。一个问题儿童的背后一定有一个问题家庭，或是一定存在着有问题的家庭教育方式。因此，让家长成为教育孩子的"行家里手"，成为学校的合作伙伴，是每一位教育工作者重点关注的话题。

一、充分发挥联合管理功能，做到"主动参与"

学校组织家长委员会委员参与学校工作计划制订，参与重大工作决策，参与家长学校菜单制订，参与家长学校授课，参与家校活动。委员们提前一周以工作提案的形式向学校提出平日发现的学校教育教学问题以及自己的合理化建议，委员会大会召开时由校长负责逐条答复。新学期工作计划将根据委员们的建议，结合学校实际进行制订，于开学初向全体家长发放。

二、充分发挥评议监督功能，做到"公开透明"

通过实施家长委员会委员轮流驻校办公，提高委员参与学校管理的积极性，使家长委员会能够全方位了解、参与、监督学校的工作。

通过实施"照镜子"教育教学问卷调查，无记名征集学校问题，畅通家校沟通渠道。家长及委员们反映的问题会交由有关负责部门进行调查，校办公会上进行反馈与处理，提出的合理化建议也会在校家长委员会大会上予以反馈。

三、充分发挥桥梁纽带功能，做到"及时反馈"

学校认真落实部门联系制度，中层以上干部与家长委员会举行了牵手仪式，共同签订了牵手协议书。每位家长与一名部门领导牵手，实行一对一的双向负责，做到勤联系、常沟通。学校的校报设"家校直通车"专版，专门刊登家长委员会等家校畅通工作，向全体家长进行公示与宣传。

四、充分发挥合作伙伴功能，做到"携手共育"

在全体家长中开展"护卫队"工作，对早上校门口乱停车、学生不走人行道等行为进行制止；成立膳食委员会，负责学生午餐食谱调研，积极反馈意见与建议，就家长们关心的学生是否能吃饱吃好、天冷时能否吃上热饭等热点问题进行实地考察；成立家长义工团，家长利用自己的业余时间帮助学校进行活动组织、社会宣传、课堂授艺等，成为学校工作的重要补充力量，学期末学校对家长义工工作进行表彰与奖励。

五、充分发挥家长自治功能，做到"榜样带头"

学校建立了公共邮箱，拓宽沟通渠道，让家长解决家长的问题，实现了委员会的民主与自治。实施了自主管理，比如给学生配备课桌垫，从发动购买到来校安装，均由班级家长委员会成员自主完成。再如针对校门口接送孩子的私家车造成拥堵等问题，家长委员会自发起草家长信，发放给全体家长，号召不在校门口停车、掉头。

学校家长委员会建立了微信群学习交流平台，利用网络这一快捷高效的沟通方式，定期学习，共享学习资料，分享学习体会，进行日常事务沟通与交流。通过形式多样的家长委员会例会学习，使得家长委员会能够发挥更大的作用，也使得每月一次的例会学习不流于形式。

多年来，家长委员会充分发挥其组织作用，组织家长们开展了丰富多彩的活动，增进了家校间、亲子间的和谐关系。如增进亲子沟通与交流的"亲子乐"趣味运动会、培养孩子社会责任感的"战浒活动"、培养孩子爱心的《青岛早报》"微尘"义卖活动、教师节庆祝活动、英语节活动、儿童节庆祝活动等，充分发挥了家长委员会组织、协调、参与的作用。

构建家校教育共同体，助力学生健康成长

青岛市城阳区第二实验小学　万　莉

发挥家长力量，助力学生成长，坚持开放办学，调适外部环境，成为学校优质教育的密码。

一、创新家长委员会管理模式，凝聚家校教育力量

完善班级、级部、校级三级家长委员会组织，实行积分制，制定积分内容及标准，让三级家长委员会有章可依。每学期进行总结表彰，调动激励家长委员会充分发挥作用。打造"乐德"家长义工团队，让家长委员会成为家长活动的顶层设计者、活动的组织者和参与者，引领家长全方位助力学校。畅通家校沟通渠道，开展"百万家长进校园"、家长开放日、校长信箱、"校长会客厅""家庭教育交流吧"、驻校家长、"阳光午餐"志愿者等活动，以开放办学的心态鼓励家长走进校园、了解学校，进而理解并支持学校，为学校发展建言献策，使家校关系更加和谐、密切，合力育人。

二、丰富家长学校内涵，提升家长育子水平

以全国家长学校建设实验学校为载体，以《家庭教育读本》为依托，建立专家、干部教师、家长老师三级家长学校教师库及授课课题，根据学生年龄及身心特点，选择适合的课题对家长进行授课，提高家长陪伴学生的质量。

构建"专家引领、教师指导、家长分享、自我成长"的线上、线下学习模式。每个年级每学期确保一次专家授课、两次干部教师授课、一次家长老师授课，确保每位家长每学期四次共八课时的培训学习。鼓励家长自我研修、成立学习社团，切实提高家长的家庭教育水平。

助力家庭心理特色课，重"心"体验好生活。在平等尊重的基础上，才有和谐的交流方式与沟通。现代孩子教育的诸多问题与心理健康息息相关。我校作为青岛市首批心理健康示范校之一，有一支专业的心理教师队伍。利用这个心理教育资源优势，学校专门推出家庭心理健康教育，优化家庭教育环境。学校面向家长开设了体验

式家庭教育课堂,邀请资深专业课程导师为家长授课,每两周为家长学员进行一次成长体验式培训,让家长在安全的环境下,感受自己、释放情绪、积聚力量,在家庭教育中运用改进。

"我与孩子共读书,潜移默化促成长。"作为书香阅读特色学校,学校将"大阅读"系列活动向家庭延伸。让每个家庭制订亲子阅读方案,引导家长积极参与亲子共读,共建书香家庭。每个级部都给家庭推荐亲子阅读书目。家庭为孩子建立了藏书架,每天陪孩子一起读书,共同感受读书带来的快乐。让阅读成为家庭生活方式,并鼓励家长和学生经常在班级群里分享读书的心得和体会。

三、见证成长零距离,共同陪伴心相依

(一)交流平台多样化

学校建立了家校联系册,家长人手一册。每个班级都有班级 QQ 群和家长学校微信平台,加强班主任和家长互通信息。定期开展邀请家长座谈日、家长议事、"千名教师访万家"活动。为每位学生建立"与好习惯牵手共成长"成长册,让家长们参与评价,齐抓共管,帮助学生养成良好的习惯。

(二)深入校园不设限

学校的所有课堂、活动、教学计划向全体家长开放,家长通过预约参观、定期参与或受邀等形式参与体验课堂、管理等。每位家长都可以走进校园与学生一起听课,零距离体验教学情境,自主参与班级"一班一品"家文化建设,与学校携手给学生搭建安全、温馨、快乐的家。每学期,家长委员会与学校携手开展形式多样的家长节活动。家长开放日、艺术节"家庭魅力秀"、亲子运动会、一年级入队仪式等丰富多彩的活动,让亲子关系更融洽,拉近了心与心的距离。

(三)社会实践一起抓

教育的起点和归宿应该是引导人学会生活,儿童品德的形成源于他们对生活的认识、体验和感悟。为了拓展学生的学习和成长空间,各班家长委员会定期组织带领学生走向社会、大自然,开展各种社会实践活动,提升了学生的综合素质,增强了学生的社会实践和认知能力。

密切周边联系，整合教育资源

青岛西海岸新区海军小学　毕许彬

　　陶行知先生说,生活即教育,社会即学校,教学做合一。这是强调社会教育、实践教育、教学工作与实践有机结合的重要意义,因此要把学校周边的社会资源积极整合进教育领域中。

　　海军小学周围有大量的优质教育资源。海军基地、海军公园、世界最大的海藻生物制品公司等都为海军小学储备了丰富的教育资源。

　　校长是非常认同陶行知教育理论的。他主动和海军基地联系,经常带领教师和学生去体验、去学习;和航空企业联系,让学生去参观全国技术领先的发动机和无人机;和凤凰社区联系,让学生去体验地震馆,建议社区将闲置的房屋用于学生免费托管;和大学联系,外教走进校园;等等。

　　海军小学已经和20多个校外单位建立了经常性的参观、交流联系。学校又和贵州风雷小学成为友好学校,让师生经常交流和学习,共同提高。

　　教育应该是全面和全方位的。把任何场景都作为教育资源,不把教育局限在课堂和校园里,在体验中总结和学习,是我们不变的教育初心和永远的追求。

利用钉钉智慧校园加快教育现代化创新，
助力家校协同育人

青岛市城阳区流亭街道流亭小学　韩万青

　　在现代化的教育背景下,办好人民满意的教育工作是每个教育工作者都要做到的事情。在移动互联网时代,学校同样需要借助互联网技术与时俱进,加快教育现代化,加强家校之间的密切联系,实现家校共育。但就教育系统的现状来看,学校的信息化建设还是一个任重而道远的过程。很多学校至今未建设校园办公系统,管理方式还停在原始状态。很多学校还在把微信这样的个人社交软件、生活化的沟通工具用于办公场景,不仅不安全,效率也很低。于是就出现了这样的场景:教师在家长群里发了一个通知之后,家长们都回复"收到",但教师还是要一个个统计。尤其是重要的通知,最后教师还是要打电话确认,增加了教师的工作量。原本作为教师发布通知、与家长沟通的平台的家长群,已经悄然变味,每天动辄成千上万条信息,安全无保障、信息易泄漏等等都让不少家长和教师直呼"受不了"。

"众里寻他千百度,蓦然回首,'钉钉'却在灯火阑珊处。"我们苦苦找寻,猛回头却发现错过了"钉钉"好几年。钉钉智慧校园是阿里巴巴集团打造的一个平台,学校的教师能够通过这个平台开展各种教育教学工作。它为教育行业提供了全套软硬件解决方案,为教师和教师、教师和学生、教师和家长提供了高效的沟通协同手段,最终实现以人为本、扁平化、透明化的管理方式。当我们尝试学习和使用它时,立即感觉到:"这就是我们想要的!"于是,钉钉智慧校园的建设就成为我校工作的重点。

一、创新智慧管理新生态

我校探索在钉钉平台上实现学校各项工作的进行,在应用中不断变革创新,取得了非常好的效果。

(一)管理团队先行,推广平台应用

大部分教师已习惯用 QQ、微信这些即时社交软件进行沟通,新平台的应用在教师中推广起来有一定的困难。所以,学校管理团队率先对平台进行应用,校长向管理团队成员统一学校信息化发展意识。先从团队培训开始,组建团队群,在平台上探索开展学校各项通知、会议、文件的审批等工作。钉钉平台的"已读""未读"功能可使通知等文件的传达情况一目了然,可以通过"DING 一下",利用短信和电话提醒功能提醒未查收信息的人。经过一个多月的尝试,钉钉平台的强大功能得到了管理团队的认可。随后,学校启用了钉钉考勤系统,教师打卡方式升级,可以通过人脸识别、钉钉手机端极速打卡等方式进行,减少排队带来的不便,而且考勤打卡数据每月公开一次。一个小小的考勤打卡升级,让教师感受到科技给工作带来的变化。

(二)强推管理手段

教师接受了钉钉平台,学校开始探索借助钉钉强大的"表单"和"审批"功能,实

现移动办公。经学校梳理,教师的请假、出差和学习可以直接与考勤系统关联,直接在钉钉平台上提交;外出培训心得实行日报制度,每天培训心得体会提交到学校群空间供教师学习、点评;教师值班提醒、课程表、校务日志、学生出勤、卫生情况检查、安全检查、学校意见收集、物品领用、设备报修等也都可通过钉钉平台协同完成。这样,学校领导和教师不论在何处,都能随时了解学校和班级的一天运行情况,减少烦琐的工作,将更多的精力投入教育教学和班级管理中。

二、创新家校沟通生态圈

（一）搭建家长沟通网络

我校共有 50 个班级,在校学生 2500 多名,家长人数接近 5000 人,教职工 120 多人。学校通过钉钉表单在线收集了所有家长的通信方式,导入钉钉平台架构,小学部按照入学年级进行编排。有的班级还对班级通讯录进行安全、隐私设定,家长电话号码是私密的,只有本班教师可见。家长也可见学校管理团队教师电话号码,有问题可直接与学校、教师在钉钉平台上进行交流。

（二）推进家校互联手段

学校要求各班教师每天通过钉钉作业系统布置家庭作业,将学生的因事因病请假通过钉钉平台报送,收集家长对班级、学校的意见也是通过钉钉平台实现。例如,在监测病假中,家长可将请病假的病历拍照上传,晨检教师要将此信息报告给学校安全员,尽早发现易传染病情,采取措施,避免疾病传播。

三、创新大数据下的民主评价方式

钉钉平台上的数据都存储在阿里云端,一个学期会形成完整的大数据库,这些数据有助于教师教学及班级管理。家长也可以通过钉钉平台实时查看孩子的成长档案,包括学业、体艺、德育、出勤等内容,有助于家长更全面地了解孩子一学期、一学年乃至整个小学阶段的在校情况。

（一）创新学生、班级评价方式

我校在钉钉后台设置了班级德育模块,由值日生用平板电脑分上午和下午两次对全校各班对照班级德育标准进行检查,将不文明的现象拍照上传,作为佐证材料,检查结果实时汇总。学校对评比结果每月一分析,作为学校常规管理、班级流动红旗、班主任考核的依据之一。这些创新避免了像传统工作那样浪费大量时间,同时使考核更有据可依。

我校根据学生评价标准,将原有的评价模式"搬"到钉钉平台,实行积分制考核,考核结果作为评先评优的依据。家长在手机端可以实时查阅孩子的成长档案,根据成长档案报告,采取相应的家庭教育;教师根据成长记录适时调整教育教学内容。这些评价内容和照片会记录到阿里云端,这样的大数据将成为学生一生最珍贵的一笔财富,因为它记录了自己小学成长的轨迹,意义深远。

(二)创新教师发展评价机制

根据学校实际情况,我们在钉钉平台创设教师发展档案,分基础项和加分项,形成量化式评价体系,所有项目信息由教师个人提交,级部主任审核后再由分管副校长审核。积分作为教师绩效工资发放、评优评先的依据。

一整年下来,教师可以看到自己辛勤工作的劳动成果,也能够找准自己的差距,以便更好地进行调整。以往年终学校对教师进行考核,都要求教师整理纸质档案并报到学校,费时、费力、费物,而且不方便查阅和保存。现在学校调取或查看教师的某一方面档案,都非常简单、方便。

我们使用钉钉平台,解决了教师和家长的沟通困难,实现更高效、更快速、更安全的沟通交流,极大地节省了教师、家长的时间,提高了效率,实现了人性化管理。这也遵循了以人为本的管理模式,能够为家长和教师提供更多的便利,使其更好地进行教育教学工作。

让祖辈家长成为家校合作的驱动力

平度市仁兆镇仁兆小学　高华军

据一项关于隔代教育的全国范围调查显示,中国近一半孩子是跟着祖辈长大的。小学接送"大军"里70%以上是祖辈家长,这部分家长群体也就成了小学重要的、特殊的合作伙伴。如何正确认识隔代教育,如何让祖辈家长成为家校共育的驱动力,更好地促进孩子的进步和发展,这是我们必须面对和思考的问题。

一、重新认识祖辈教育，分清其利弊

隔代教育也称祖辈教育，是一种现实生活中客观存在的家庭教养方式，对孩子的自我意识、情绪情感、个性发展及社会适应能力培养都会产生一定的影响。祖辈教育有利有弊。

（一）祖辈教育的利

首先，祖辈家长有足够的时间和精力陪伴孩子，有多年抚养和教育孩子的经验，解决了年轻家长的后顾之忧。其次，"隔代亲"现象有利于两代人建立融洽的感情，有利于祖辈和孙辈的心理健康。再次，祖辈家长经验丰富，知道孩子在不同年龄容易出现的问题、处理的方法，是促进儿童社会性发展和有效处理孩子教育问题的宝贵财富。

（二）祖辈教育的弊

首先，祖辈家长长期形成的价值观、教育观比较传统和保守，思维模式不容易变通。其次，祖辈家长交往、活动的范围比较有限，视野、理念容易与时代脱节，不同程度地导致亲子隔阂，甚至引起家庭矛盾。再次，祖辈对孙辈重情感、轻理智的心理特点，容易造成对孩子过分溺爱、迁就和过度保护，从一定程度上延缓了孩子独立性和良好个性的培养。

二、祖辈家长参与家校合作的必要性和重要性

目前，小学祖辈家长队伍的整体素质在不断提升，他们已认识到学前教育的重要性。祖辈家长既是孩子的家长，又是小学教师的亲密伙伴，在家校合作中有着不可替代的作用。

（一）由孩子的地位决定

随着家庭结构和家长素质的变化，在年轻家长的影响下，祖辈家长对孩子的教育问题有了重视，这为家校合作提供了必要的前提条件。

（二）由家庭教育的性质决定

由于大部分家庭接送孩子的任务主要由祖辈家长来承担，孩子大部分时间都和他们待在一起。每天和教师接触的祖辈们直接了解孩子的在校情况，如果得到他们的理解和配合，班级的保教工作就会进展顺利，事半功倍。

（三）由家长工作的特点决定

促进每一个孩子的和谐发展，是家庭和小学的共同目标。做好祖辈家长工作，小学就易与所有家长达成共识，更好地形成教育合力。

三、家校共育中祖辈家长工作存在的主要问题

（一）家校共育双方的沟通存在障碍

第一，沟通定位不准确。大多数教师处于权威地位，祖辈家长被动地接收信息，只能按照教师的意愿执行。第二，沟通频率不高。一些祖辈家长认为，凭借自己多年的经验就能教育好孩子，不需太多交流。第三，沟通内容不够全面。祖辈家长更多关心孩子的饮食等生活问题，不能与教师产生共鸣。第四，沟通缺乏技巧，这是产生沟通障碍的重要原因，教师缺乏语言表达技巧，或者不注重交流的时间和场合，直接影响沟通效果。

（二）家校共育双方合作的效率较低

很多祖辈家长整天忙于家务和接送孩子的任务，对配合小学教育的重视程度不够，导致家校合作的效率较低。例如，在开展主题活动的过程中，祖辈家长对班级需要家长配合的要求难以传达到位，甚至把查找资料、亲子作业等需要配合的事项理解为小学推卸责任，间接影响活动的正常开展。

四、祖辈家长工作拓展和优化的方式和策略

在实际工作中，我们已充分认识到祖辈家长群体是重要的、宝贵的教育资源，并在实践中探索出可行的方式和策略，激发了祖辈家长参与家校合作的驱动力。

（一）注重宣传引导，在学习中树立共育理念

我们认为祖辈家长工作的首要任务就是让自己树立家校共育的理念，保持教育上的一致性，确保儿童在家、校这两种重要的环境中均能获得连贯性的、同质的学习和生活经验。

（二）实现有效沟通，在交流中加深理解和支持

面对性格、职业、文化层次不一的祖辈家长群体，要想实现有效的沟通，必须讲究一定的方法和技巧，晓之以理，动之以情。沟通的形式多种多样，有日常交流、上门访谈、提前约谈等。

（三）鼓励积极参与，在合作中促进共同成长

家长的有效参与被定义为小学的"主动管理"。合作伙伴关系的价值取向，即重视家长的参与，以及家庭和小学共同分担孩子的养育责任。而祖辈家长只有亲历其境，才能真正从思想和行动上积极配合。

1.健全制度和组织，让祖辈家长参与小学管理

让家长参与小学的管理，是小学民主管理的重要体现。我校通过自愿报名和教师推荐相结合的方式，成立了祖辈家长委员会，并注重发挥家长委员会的作用。例如，讨论计划的制订和执行，征求他们的意见和建议。还成立了祖辈家长护导队，有效保证接送环节的秩序和安全。

2.合理利用祖辈家长资源，推出家校共育新举措

实践中，我校充分利用祖辈家长资源开展助教、体验活动，在家校共育方面提出新举措。例如，请医生爷爷来校讲"怎样保护乳牙"的故事，请退休的教师奶奶为孩子组织文明礼貌教育活动，还请孩子的奶奶来校"客串"保育员，等等。这些活动吸引了祖辈家长的参与，更增进了家校之间的了解。

苏联教育家苏霍姆林斯基曾说："教育的效果取决于学校和家庭的一致性。"如果没有这种一致性，那么学校的教学和教育过程就会像纸做的房子一样倒塌下来。祖辈们在家庭与小学之间起着至关重要的纽带作用，这部分家长群体是我们不可忽视的教育力量。我们应不断优化祖辈家长工作，开创家校合作的新局面。只有这样，祖辈家长才能成为家校合作的驱动力，家校共育才能形成教育合力，为孩子一生的发展奠定坚实的基础。

家校共育，立体推进

青岛莱芜一路小学　金　颖

家长委员会是学校与家长、社会相联系的重要纽带。制定切合实际的工作章程和各项制度，建立科学规范、有效参与的组织体系和工作格局，有利于推动学校、家庭和社会共同育人机制的形成。

一、制度先行，夯实工作基础

学校创新家长委员会工作机制，推动四项创新制度。制定家长委员会工作章程，发挥家长参与作用；制定家长代表大会制度，发挥家长促进作用；制定驻校办公制度，发挥家长桥梁作用；制定家校开放互动交流制，发挥家长评估作用；制定家校合作信息通报制，发挥家长助学作用。在此基础上，学校还因地制宜地制定了家长委员会管理制度、家长委员会意见反馈制度、家长委员会评先表彰制度、家长委员会档案管理制度等特色工作制度，并组织教师、家长委员会成员进行学习，了解并执行有关制度，开创了家长委员会科学谋划、高效运作参与学校工作的生动局面。

二、组织完善，促进规范管理

学校积极响应《山东省普通中小学家长委员会设置与管理办法》《青岛市教育局关于加强中小学家长委员会建设与管理工作的通知》等文件精神，学校着手组建了第一届、第二届家长委员会。由于当时家长的家校合作意识较弱、合作教育途径不畅等，家长委员会的建立主要由学校引导。几年来，学校努力提高家长与教师的合作教育意识，拓宽家校沟通渠道，延伸家校合作途径，优化家校双方的教育力量并使之形成合力。家长们争相报名，踊跃参与，最终通过家长自荐、班主任推荐、民主选举，自下而上成立了班级、年级、校级三级家长委员会和家长代表大会，共100人。其中，班级家长委员会设助学成长部、活动实践部、家庭教育部、志愿服务部、后勤保障部五个机构，由五位班级家长委员会委员分别负责。年级家长委员会由20名班级家长委员会主任组成，辐射所有班级，直接对校级家长委员会负责。校级家长委员会包括一名家长委员会主任、三名副主任、一名秘书长，分担五个部门的职责，直接与班级家长委员会部门负责人对接。学校还专门成立了家长委员会办公室，配备办公设备，使委员们拥有了自己的工作空间。

三、创建品牌，实现家校共育

学校在市南区教育和体育局引领下，精心打造"尚美育人"家校共育品牌，与家长委员会一起构思、设计了品牌标识。标识以学校美育教育为创新源泉，通过明快的色彩、活泼的构图，将家校共育的品牌内涵完美展示出来。标识中的画笔代表学校富有个性的美育教育，它绘出彩虹桥和五色花；彩虹桥寓意学校、家庭、社会教育力量的整合，共同架起学生自主发展的平台；五色花寓意家校携手，用美育妙笔描绘学生多彩童年，也代表着学生未来能够各展所长，谱写"尚美"人生。

在品牌创建过程中，家校间增进了理解与支持，以此丰富了品牌内涵，提升了学校教育的美誉度。

家长培训，让家校融通

青岛福州路小学　赵　妤

《人民日报》曾发表过一篇文章——《教育改革要从家长教育开始》。青岛福州路小学作为青岛市家庭教育示范学校，把给家长"加油、充电、沟通、换思想"作为一个重要的切入点，展开家校融通的各种培训。

一、以家长委员会分工开展职能培训

学校在家长委员会建设中，以便于孩子的小组学习和家长陪伴活动为导向，设置"5＋N"的班级家长委员会组织结构，即每个班级设五名家长委员会成员、多名小组长，每个组由 5 ～ 6 名家长组成，会长和组长轮流担当。班级家长委员会呈现出"所有家长都是班干部"的氛围：既让家长轮流"坐庄"履行家长职责，但又不集中占用个别家长的大量时间；既让家长参与到班级的管理之中，又让家长与老师近距离对接沟通，增加信任；既让家长在参与的过程中体会老师工作的辛苦，又能达到双方互相理解的目的。学校通过每学年校级、班级两级家长委员会改选、"最美家长委员会"评选、家长委员会工作报告会等方式进行家长职能培训，让家长逐步对学校、对老师的工作有了解，对学校和班级产生自豪感。

二、以新生入校开展家长培训第一课

新生家长培训是最好的教育契机，习惯和规矩的形成与否，对以后家校合力的形成起到奠基作用。学校每年新生家长培训会上，校长开启上午的家长培训第一课，通过介绍学校优质的教育环境、高水平的师资、高服务质量的餐厅、"用整个身体来学习"的学习方式、学校传统活动、学生装等方面，让家长在了解学校的同时，产生对学校和老师的信任。告知家长学校公开电话、校长室电话，教给家长最直接有效的对接方式，这样可以更及时地帮助家长解决问题。下午的专题培训，每年都请心理学专家就学生的情景绘画分析家庭教育对孩子的影响，并对家长提出权威性的改进建议,帮助班主任排除新生入学后产生不适应情况时家长的质疑。让家长进一步明确,学生的个体差异在上小学前因家庭教育或个体差异引起,教给家长如何积极面对。

三、以校园开放活动开展全员培训

请家长走进学校,近距离了解老师敬业精神和工作的辛苦,观察孩子在学校的表现,渗透学校对学生教育的理念。例如,学校每学期的课堂教学开放日活动,让家长了解生本智慧课堂中前置性学习、小组合作学习、对话分享等学习方式;幼小初家长开放活动培训家长做好三个学段的衔接;校园对外开放活动让周边的居民走进学校锻炼、健身,让学校与社区成为一个大家庭;学校连续四年成功举办的"悦中秋"亲子晚会,是学校一年一度的传统盛宴,也是提升家长满意度的最好时机,邀请家长和孩子身着中式服装入场,共同参与猜谜、做月饼、吟诗作画等活动,共度传统佳节,让家长和学生共享身在青岛福州路小学的幸福与快乐。

四、以菜单式个性化选择开展按需培训

学校每学期都围绕"学生个体差异教育""家校沟通""亲子关系""中小衔接"等四大主题,设计培训菜单,并面向家长公开,由家长根据自己的需求自主选择,每学年至少参加八课时校内培训。学校还针对家庭中祖辈带孩子时间较多的情况,请老年教育专家围绕"隔代教育"主题对祖辈家长开展个性化的培训。

家长通过各类培训,更新了教育理念,与学校教育步调一致,与时俱进。此外,学校每学期开展"万名教师访万家"活动,100%的老师走进学生家庭,走访100%的学生,与家长面对面了解学情、生情、家情,并广泛征求100%的家长对学校工作的意见建议;每学期在家校平台上发布百余次班级家长委员会自发组织的实践活动;通过校委会"十个一"项目发布会,广泛宣传学校"10 + X"项目的实施理念和落地举措;通过家长会,大力宣传学校的优秀师资和优质教学质量。学校多年来在全区各科教学质量调研中均取得佳绩,三科教学质量在全区名列榜首。

挖掘校外资源，创新德育模式

胶州市香港路小学　孙　慧

雅斯贝尔斯曾经指出："教育活动关注的是,人的潜力如何最大限度地调动起来并加以实现,以及人的内部灵性与可能性如何充分地生成。"思想品德教育也是如此。重视学生道德自主发展的内生与内省能力,将学生置于"道德场景"中,去自我感悟和习得道德理念,应当是关注的焦点。学校应该根据少年儿童的年龄特征和认知规律,深入挖掘本土德育资源,积极开发德育校本课程,创新德育教育模式。

一、融合校外资源，开展研学活动

习近平总书记说："一种价值观要真正发挥作用,必须融入社会生活,让人们在实践中感知它、领悟它。"通过研学实践活动,丰富学生的课外生活,让学生走进大自然,并通过校外活动,进一步培养学生的综合技能,让学生在活动中感知,在活动中交流,在活动中学习,在活动中陶冶情操,培养学生的道德素养。我校持续开展了以革命传统教育、爱家乡、爱祖国为主题的"精彩大课堂,体验无极限"系列社会实践活动。一是"长征"活动。组织学生进行了"长征"徒步拉练,全体师生和家长志愿者每人一瓶水、两个小馒头、一块咸菜,徒步走完 18 千米路程,体验伟大的长征精神。二是节庆活动。组织庆祝中国人民抗日战争暨世界反法西斯战争胜利 70 周年歌咏比赛、故事比赛、书画展等爱国教育活动。三是专题实践活动。组织学生到青岛海洋世界、海军博物馆、上海世博会、青岛世园会、即墨市青少年活动中心等,开阔学生眼界,增强实践能力。四是社会实践活动。组织学生走进三里河公园、少海湿地、胶州产业新区、杜村万亩生态林、柏兰食品公司、玉皇庙红色教育基地、九顶莲花山等,让学生感受到家乡的巨变。

二、利用乡土资源，唤醒乡愁意识

我校充分挖掘本土资源,按照教材的体例,围绕"爱家乡"这一主题,形成了《吃在胶州》《走遍胶州》《胶州文化》《青岛印象》等系列乡土教材。《吃在胶州》让学生了解胶州人的饮食文化和烹饪技术,在学到"菜园的礼物"一课时,对胶州的特产——"胶白"有了进一步的认识;《走遍胶州》让学生认识了我们的"母亲河"——大沽河、"胶州古八景"之一的胶河澄月、关于艾山的美丽传说等等。在此基础上,衍生出大量的主题活动,如体现家国情怀的"庆改革开放,看家乡巨变"走进万亩生态林野炊活动、少海踏春等,体现责任意识的"重走长征路,传承民族魂"徒步拉练系列活动,公益情怀类的"为地震灾区献爱心"赈灾义卖活动、"给贵州山区捐衣物"活动,科学探究类的"走进即墨实践基地""走进食品厂"系列活动。这些活动让学生内生出对乡音、乡貌、乡情的眷恋。

三、调动家长力量,固化道德情怀

我校自建校以来就形成了扶贫救困的优良传统,每年走访困难师生,组织为灾区捐款、捐棉衣,为西藏"手拉手"学校捐书等活动。在"四德"工程和"尚德胶州"建设中,学校及时将"四德"内容引入"好习惯银行",与胶州市慈善总会合作,吸引学生争做"慈善少年"。学校充分发挥家长资源的力量,由家长委员会的家长代表成立了"幸福天使"公益服务队,家长带领学生,通过报纸义卖、旧物交换、图书大集等筹款,对校内外的贫困学生精准救助。几年来,已经累计筹集善款近30万元,救助贫困学生10多名。学校有四名学生被评为"青岛市公益小明星",一名学生被评为"青岛市公益小达人",一名学生荣获"全国红领巾十佳公益小天使"称号,学校被评为"青岛市公益明星学校"。

每个学校都具有本校特色的德育资源,也都有各自的德育途径和方法。只有深入挖掘本土的德育教学资源,形成具有本土特色的德育模式,学生的道德素养才会得到进一步提升。

家校携手同行，合力共育精彩

青岛镇江路小学　张晓迎

一、成立学校、级部、班级三级家长委员会

学校始终把家校沟通作为一项重要工作来抓，为确保家校沟通每项工作落到实处，成立了学校、年级和各班级的家长委员会，聘请不同身份、热心学校工作、联系和活动能力强、教育子女有成效且在家长中有一定威信的家长担任家长委员会委员。教导处负责学校家长委员会的日常事务，年级组长负责本年级家长委员会的日常事务。校长定期主持召开学校家长委员会会议，研究学校、家庭之间如何配合、共同教育学生的问题，制定下一步家校合作和学校分流改建等工作计划。家长委员会则反映家长们对学校工作的意见和要求。校级家长委员会还圆满地完成了我校作为市南区十所引进第三方课后服务学校之一的招标、投标、竞标等各项活动，充分凸显了我校家长委员会工作的实效性。

二、精心设计家长学校培训课程

在"家校育人共同体"建设中，学校开展了家长学校培训课程，充分依托学校"家长讲学堂"这一平台，对全校家长开展系统性培训。除了带领全校家长参与区、市开展的家长讲座活动，学校每月还开展一次家长培训活动，联合教育部门提供的优秀培训资源，使广大家长都能成为学习者，在参与、合作、分享、学习中提高家庭教育的有效性。学校开展了"如何帮助低年级的孩子建立良好的学习习惯""让孩子成为最好的自己""青春期亲子教育""亲子快乐阅读""做智慧家长，帮孩子培养影响一生良好习惯"等主题培训和沙龙活动。通过家长学校培训课程和沙龙活动咨询，促使家长转变教育观念，掌握科学的教子方法，提高家庭教育水平，明确家长的责任，有效纠正了家庭教育中的一些问题，取得了良好的效果。

三、全面落实家校对话零距离

学校继续做好家长驻校办公和早护导等各项工作。以"六个一"为内容,即学校的早读、教师上课、课堂常规、学校安全、课间活动、学生放学,组织家长驻校办公,参与学校各层面管理监督,提出意见和建议。通过"校长聊天室"、班主任座谈、任课老师"对对碰"等方式进一步增强家校沟通,驻校学生家长与校长、班主任、任课老师一起畅聊教育及未来规划,拉近了家长和学校的距离,有效建立了深厚的家校情感。我校每个班级都设有微信沟通群,也成为家校沟通的主阵地之一,家长们可在第一时间了解学校或班级开展的活动等,使学校和家长的沟通更快捷,让家长了解该如何配合学校和老师的工作。

四、家校联袂,心手相牵,形成教育合力

为营造良好的家校共育氛围,搭建家校合作、交流的平台,更深入地与家长进行沟通和互动合作,学校每年都会举办内容丰富、精彩纷呈的各年级特色开放活动。通过高位引领专家课堂、妙趣横生的"家长讲台秀""和乐共享"学科开放课堂、精彩纷呈亲子拔河赛、携手育人家校互动交流等系列活动,邀请家长全面了解学生在班级的情况,了解老师的工作,共同参与级部的活动,走进课堂。家长节活动中,学校给全体家长发放了"家校连心卡"和"家校携手,让教育更有力量"家校沟通调研表。调研表主要涉及教师师德情况、学生课业情况、家校沟通情况,由家长对学校、老师进行评价,同时请家长对学校发展提出建设性的意见等,有效增进了家校联系,共同为孩子的可持续发展助力。

助力互推,合作共赢

莱西市香港路小学　周　旭

外部环境是学校发展的制约力量,更是学校发展的促进力量。校长在使学校获得良好生存环境的过程中发挥着主动性和创造性作用。

学校十分重视学校外部环境的调适。工作之余,校长积极学习探索,掌握了先进

的处理学校公共关系及家校合作的理论与方法。在校长的带动下,学校教师特别是班主任也积极主动地学习,利用课余时间学习与家长沟通的理论方法并加以运用。

学校坚信与家庭、社会(社区)的良性互动是办学水平的重要体现。校长经常在上下班的路上及周末深入周边社区,通过观察、闲聊等方式,了解社区基本情况及本社区内学生的有关情况,积极获取与学校发展、学生成长有关的信息。在校长的参与和指导下,学校坚持把服务社会(社区)作为学校的重要功能,勇于承担社会责任,坚持把合作共赢作为学校对外关系的准则,积极争取周边社区对学校的理解和支持,为学校发展创造良好的外部环境。同时,积极发挥学校在社区建设中的作用,鼓励并组织学校师生参与服务社区的有益活动,如垃圾分类宣传、宪法知识宣传等。除了周边社区,学校熟悉各类社会公共服务机构的教育功能,积极争取社会资源,拓展学生的校外研学旅行基地、法治教育基地等外部资源,与东北师范大学、美国加州橙木学院等签订合作意向书,给学校发展、学生成长拓展了丰富的空间和资源。

学校特别重视家长委员会对学校发展和学生成长的重要作用,充分发挥家长委员会支持学校工作的积极作用。学校设有专门的家长委员会办公室,鼓励家长委员会对学校工作进行监督并提出合理化建议。在校长的直接督导下,学校实行"三三三"措施,引导家长们由客体变为主体,由被动变为主动,充分行使他们的参与权、监督权和评议权。

通过搭建三个平台,发挥家长委员会的沟通作用。建立班级、级部、学校三级家长和家长委员会微信群,搭建家长与教师、学校沟通的桥梁,了解家长关注的问题并及时与家长委员会主任或学校领导、教师、级部主任进行反馈沟通,有效保证了家长的问题能够在第一时间得到解决或答复。开展家校开放日活动,家长们走进校园、观摩课堂,与学校领导面对面交流,学习教子策略。开展问卷调查,倾听家长心声,改进教育教学方法。

通过落实三项制度,发挥家长委员会的参与作用。一是家长委员会驻校制度。学校设立了家长委员会办公室,为校级家长委员会提供办公场所,方便家长委员会及时了解学校工作并向学校反馈意见。二是参与学校规划制度。学校在制定学校发展规划和学年工作计划时,家长委员会都会协助学校在家长中开展"金点子"征集活动。三是家长委员会议事制度。针对问卷调查中反响比较强烈的问题,家长委员会召开会议商讨对策,引导家长们由"局外人"向"局内人"的身份与角色转变。通过开展社会实践活动、亲子共读活动和亲子运动会活动,发挥家长委员会的组织作用。

除了家长委员会,在校长的直接领导下,学校建立了家校合作育人机制,建立教师家访制度,并将此项工作作为家校沟通的常态化工作,认真落实,扎实推进。学期初,政教处制定了详细的活动方案。根据学校方案要求,各班班主任和科任教师对学生情况进行了摸底,每位教师根据自己的所教学科和所带班级制定了个人家访工作计划和安排。学校以班级为单位,校长带头,以班主任为主,各科任教师全员参与,学生全面覆盖,进行全面家访活动。教师们利用空余时间,采用电话、网络、面对面访谈等形式,结合平时教育教学情况进行家访。家访帮助了家长们了解学校工作情况和学生身心发展的特点,掌握科学的育儿方法。

我们深知良好的外部环境对学校发展的重要作用。接下来,学校将在调适外部环境的广度与深度上继续探索,努力构建多元教育合力育人的新体系。

发挥网络优势,共建和谐育人氛围

莱西市姜山镇中心小学　赵　明

做好学校管理工作,提高教育教学质量与效率,需要家校良好合作。当前,家校合作途径普遍趋向于网络媒体参与下的新型合作方式。通过网络在线沟通交流,学校可随时随地了解学生在家的表现情况,使"家"和"校"真正及时有效地联系在一起,沟通效率明显提高。从最初的 QQ 群,到微信群,到"晓黑板""爱学班班""V校智慧班牌"等 APP,我们学校对家校沟通交流平台的使用,为教师和家长带来了沟通协作的便利,为班级、学校管理和教育教学提供了良好便捷的沟通渠道。班主任和科任教师能针对学生学习表现情况及时与家长在线交流沟通,获取学生各方面的信息,并及时、有针对性地教育学生。

一、促学校工作健康有序发展

我校利用网络平台功能,对家长进行学校教育工作满意度调查,加强学校与家长之间的交流,让家长为学校的教育教学工作提出合理化建议和意见,促学校工作健康发展。

我们利用"晓黑板"学校后台,制作学校教育教学满意度调查,根据大数据分析,将学生家长关注的热点问题及合理化建议进行统计,并将结果反馈给教师,让教师在工作中能够进行调整,促学校各项工作健康有序开展。

教师不仅可在群里传达班级教育教学信息,与家长沟通学生的进步与不足,以及时进行教育引导,而且可以分享一些家庭教育的文章和视频,帮助家长从中选取适合自己的教育方法,完善自身家教方式方法的不足,提高家庭教育水平及效率。家长也可以相互分享教育心得与经验。这样的沟通使得教师、家长都便于从中获得学生情况,促使学校和家庭教育能够有的放矢。

二、促进学生学习

教师可在群里提醒家长督促学生学习,反馈学生预习和巩固情况。例如,课前家长可将学生的预习情况反馈给教师,也可以分享到群里,与家长们交流;教师可通过家长反馈信息提前预测学情,及早调整授课内容及方式方法。课后,家长还可以把学生学习效果自查情况反馈给教师,以便教师及时帮助学生做针对性的查缺补漏,巩固所学知识。

上完课后,教师可以在群里组织开展课堂上无法进行的实践活动,不仅使学生而且使家长也参与进来,大家共同探讨、相互交流、一起操作。教师还可以将课程重点或是针对后进生的课程内容予以对应分享,让家长在家里就能对学生进行督促辅导,帮助学生理解和巩固课堂知识。

三、发布公告

教师可以为每位学生建立相册,以图像记录他们在班级各种活动中的表现与身影,与家长分享学生的成长过程,从德智体美劳各方面了解学生,对学生因材施教。还可以与家长分享学校、班级各种活动的语音、文字、图像等信息资料,让家长了解学校、班级和学生的学习氛围。教师不唱"独角戏",多种形式邀请家长积极参与学校活动及班级管理。

当然,班级群等不是万能的,存在一些问题,有些个别情况和特殊情况还需要寻求更适合的方式方法。但在通常情况下,班级群等既是快捷便利的交流平台,也是家校沟通的有效途径。只有学校、家长和教师共同努力,充分利用好如班级群这样的媒介进行交流沟通、相互学习,架起学校与家庭互信、互尊、互助的桥梁,才能真正实现家校有效合作,收获良好教育效果。

调适外部环境，促进合力育人

青岛西海岸新区红军小学　王新华

"应当将校门打开，应用社会的力量，使学校进步，动员学校的力量，帮助社会进步。"学校不是一个孤立的组织，教育不能脱离社会。我校重视外部环境，赢得外部环境对学校的理解和支持，建立健全家校合作育人机制，积极发挥学校在社区建设中的作用，整合社会资源，优化学校外部育人环境。

一、重视家校交流

（一）建立常规交流途径

学生的发展是学校与家庭的共同责任。尊重、理解与平等是家校交流的基本原则。校长不仅要善于与教师沟通，更要善于与家长沟通，在提高自己的沟通能力的同时，提升处理危机的能力，尊重每一个学生家庭，特别是了解特殊学生的家庭并关注特殊学生的成长。同时，校长要引导教师在与家长联系时讲究沟通的艺术，通过家访、电话等保证家校之间交流顺畅。

学校开展"万名教师访万家"活动，制定学校家访工作方案。学校领导干部带头参与，督促教师进行家访前培训、家访中记录、家访后反馈等，长期性开展好家访工作，建立家校定期联系。

学校运用新媒体技术，如微信群、微信公众号、"美篇"等，让家长了解学校教育信息等，拉近家校之间的距离。

（二）充分发挥家长委员会的作用

家长委员会是学校与家长联系的桥梁和纽带。校长鼓励家长委员会参与学校的教育、管理工作，积极参加各项活动，为学校的发展出谋献策，以身作则，带动其他家长，携手支持学校的发展。

学校打破听讲座的单一模式，结合不同学段、不同班级学生实际和家长需求，采取多样化的教学形式和交流方式。学校的特色升旗仪式上，家长怀着激动的心情与孩子一起接受精神的洗礼；开放日活动中，家长与孩子共同上一节课；"亲子同读一本书"、优秀家教论文选登学校校刊等活动，进一步促进了家校互动。

二、与社区联合开展活动

学校积极开展与社区共建活动。在儿童节等节日，邀请社区群众参与学校活动；在中秋节等组织师生积极参与社区文化展演；鼓励师生利用节假日开展社区志愿清洁活动等。

三、开展教育实践活动

陶行知先生提倡"生活即教育，社会即学校"。教育需要实践，成长需要体验。过去说，教科书是学生的世界；现在，世界是学生的教科书。我们的课堂，不止于教室。学校要了解、挖掘教育资源，善于发动社会资源以丰富学校的教育活动，丰富学生的社会实践活动。

学校积极利用本地资源，建立校外活动基地。组织师生定期到区委党校、老年公寓、大珠山等参加社会实践活动；组织师生到小口子军港基地参加"热爱祖国，心系国防"主题教育活动；学雷锋纪念日，组织师生走进青岛黄海学院雷锋纪念馆，通过听讲解、温誓词、助老行动等让雷锋精神根植每个红军娃的心中；抗日战争胜利纪念日、国庆节等重大节日，组织学生参观杨家山里抗日战争纪念馆，进行革命精神和革命传统教育，把"传承红色基因，争做时代新人"主题教育活动与"五爱"教育结合起来，不断把"传承红色基因"教育活动引向深入。

学校利用社会资源开展丰富多彩的研学活动。到山东非物质文化遗产展示体验中心、藏马山等开展研学活动，让学生们回归自然、回归社会，实现了校内、校外教育的有效衔接。

学校的发展对内需要良好的管理作为重要保障，对外需要调适外部环境形成教育合力。校长要在专业的道路上不断前行，整合校内、校外有效资源，形成教育合力，努力做好人民满意的教育。

创新授课模式，让更多家长走进家长学校

青岛明德小学 袁 云

青岛郑州路小学位于青岛市市北区北部，处于城乡接合处，并毗邻着闫家山市场。由于特殊的地理位置，学校"新市民"子女人数比较多，占全校学生人数的70%。为了让"新市民"子女和家长能尽快适应从乡村到城市的空间区域转换，提高"新市民"家庭的家教水平，学校针对"新市民"子女的具体情况，反复调研论证，结合"小山鹰"特色文化的创建，创新了家长学校的办学模式，在"新市民"家庭教育工作方面进行了一系列的探索。

学校的"新市民"子女人数多，来源广，居住分散，思想道德情况复杂，家长受教育程度也参差不齐，且大多是个体经营户。因此，家长学校授课时就面临着较大的困难。家长学校授课的时间一般安排在下午的3：00—4：30，而这时正是大多数"新市民"家长最为忙碌的时间，他们根本无法抽出时间参与学习。这些现实性的问题引起了学校高度重视。经过反复研究，学校确定了"1＋3＋N"的家长学校授课模式。其中，"1"是指一次以班级为单位进行集体授课的固定授课；"3"是指点选授课、约见授课、"家校即时通"授课相结合的灵活授课模式；"N"是指以级部和班级为单位，借助学校宣传阵地，形成全方位的家长学校授课格局。

一、一次固定授课——坚持以班级为单位的授课模式

学校针对"新市民"子女家长空余时间不固定的情况，安排了每学期的一次固定授课时间。本次授课坚持以班级为单位集体授课的授课模式，授课时间安排在期末，每次均以邀请函的方式邀请家长参加。家长们每次参加家长学校的授课，均按照"学员签到—领取学习提纲—记录学习笔记—听后交流反思—课后上交感悟"这一流程进行。这种系列化的学员管理模式，久而久之就促进了家长学员意识的逐步形成。

学校德育处具体分管家长学校工作，分三个学段拟定了我校家长学校教师授课的主题，实施菜单式教学，按不同年级学生生理、心理成长规律和现实情况，与家长一起探讨家庭教育的困惑。

二、灵活授课——创新以家长为主体的授课模式

（一）级部为单位，同一课题点选授课

由于"新市民"子女家长的工作时间非常不固定，大部分的时间都在忙碌当中，即使有心学习家教知识，也难以保障学时。学校在保障每学期一次的集体授课的基础上，结合家长们的工作特点，提出了"级部为单位，同一课题点选授课"的授课模式，即每次点选授课，学校都在充分保证家长学校原有授课菜单的基础上，兼顾每一个家长，针对某一课题，设置一天的五个时间段作为家长授课的时间，级部组长安排班主任老师轮流授课，家长可以根据工作时间灵活安排听课时间，这为家长们参与家长学校提供了便利条件。

（二）问题式授课，相同问题约见授课

由于空间区域和心理层面上的转变，一些"新市民"子女出现了多方面的不适应：对自己的学习成绩不自信；在与其他同学的交往中容易发生冲突；行为、处事方面特别想展示自我，又处处自我保护；甚至有的孩子因为对环境的适应不良而产生了抑郁、自闭等心理问题。这些成为学校和家庭教育中工作中亟待解决的问题。学校通过"问题式授课，相同问题约见授课"的模式，提升家长家庭教育水平，寻求家校教育合力。在约见授课前，学校都组织授课教师向家长发放问卷，了解家长发现的子女的某些问题，然后对调查问卷进行汇总、分析、归类，提炼出普遍问题，设计授课主题和授课教案，约见存在相同问题的家长进行授课，这样大大提高了家长学校授课的针对性。

（三）《家校即时通手册》普及家教知识

家长学校从《家校即时通手册》入手，引导家长认真阅读手册中的《教育孩子的十个最佳时机》《培养孩子健康的心态习惯》《家长教育行为规范》等家教文章，同时要求各班主任教师能结合班级学生尤其是"新市民"子女的家教问题进行有特色的"科学家教大放送"和家教优秀书籍、优秀网站的推荐等活动，并通过"家校沟通"栏目及时进行家校练习，对家长进行家长学校的个别辅导，打破了时间和空间的束缚，有效地普及家教方面的知识。

三、N 种阵地——开展全方位多角度空间开放的授课活动

在探索家长学校的授课模式的同时，学校还通过拓展"N 种阵地"的方式进行了

其他授课方式的有效尝试。除了运用宣传栏、黑板报、广播站、"小山鹰"电视台等宣传阵地开展家教知识的宣传以外，学校还结合《翱翔》校报、学校网站、学校家长委员会 QQ 群、班级 QQ 群等多种途径和形式，进行了家长学校授课的拓展，形成了全方位的家庭教育的宣传格局，有力地提高了全校家长的科学家庭教育水平，也增强了大家参与家长学校学习的积极性和主动性。

在对家长学校的一系列探索和实践中，我们通过努力，不但帮助家长们认识到了家庭教育的重要性，提高了全校家长尤其是"新市民"家长的家庭教育水平，形成了家校育人合力，而且通过形成良好的心理氛围，增强了"新市民"家长及子女的自信心，发挥了家长学校的应有作用。在今后的"新市民"家长学校工作中，学校还将继续探索，促进家长学校工作的更好发展。

重视外部环境，提高调适能力

青岛市即墨区潮海启翰小学　万初清

青岛市即墨区潮海启翰小学位于即墨区中心，南邻即墨古城，东依即墨创智新区，地理位置优越。学校现有 102 名教职工、45 个教学班、1900 名学生，服务于五个办学村十几个小区。

近年来，我校以发展自身办学水平为基础，不断加强和改善学校与家长、周围村庄、各教育部门及社会各界的关系，形成以"提升自我—展示风采—加强沟通—学习经验—建立关系"为主线的调适外部关系方案，并取得初步成果。

一、研究背景

随着时代的发展与进步，学校教育受到了广泛的重视，因此如何调适外部环境对于学校发展来说是亟待解决的问题。于学校而言，首先可以稳定教学环境，使全校师生可以在舒适的校园内进行教学活动。于学生的而言，只有在这样的校园里才更能不断地汲取知识，获得更大的发展。

二、实施策略

（一）提升自我，提高教育教学水平

1. 提高教学质量，建设七彩教学

为提高教育质量，我校多次派骨干教师出去研学，并召开会议，报告学习内容，将所学的教学方法与管理模式进行总结汇报，争取做到为每一位教师注入新的思想与理念。

在提高教学水平方面，我校努力做到"一年级一文化一特色"，为孩子们打造七彩童年。其中，葫芦丝、京剧等课程不仅丰富了孩子们的学习生活，也得到了家长及各方的认可与支持。

2. 提高教师觉悟，增强服务意识

为提高教师服务意识，提高教育策略理论的学习，我校开展了习近平总书记讲话研读会，在校长的带领下，全校教师学习中央文件，学习先进的教学理念，增强学校核心竞争力。

3. 薪火相传，经验传授

为了加强新老教师的沟通，学校开展"青蓝工程"，由老教师带新教师，不仅传授讲课及班级管理经验，同时将处理家校关系的方法倾囊相授，加速新教师成长。

（二）风采展示，展现学校教学成果

1. 建立学校微信公众号

学校自 2017 年 2 月 5 日建立微信公众号以来，先后发表近 200 篇文章。通过微信公众号向家长介绍学校工作，丰富家校沟通的方式，使家长对学校有全方位的认识。学校微信公众号自建立以来便受到广泛关注，如今更是好评如潮。

2. 利用媒体展示风采

开学之际，山东电视台生活频道《锵锵校园行》对我校的开学典礼进行了报道。节目里展示了开学当天的盛大情况，让更多的人认识启翰、了解启翰，是展示七彩启翰的有力途径。

（三）加强沟通，营造良好生态

1.家长会

为增强家校合作，及时听取群众意见，促进教师工作改善，学校定期举行家长会。家长会增强了家长对学校工作的理解与支持，是协调家校关系的不二途径。

2.家访

家访活动给家长和教师提供了面对面谈话的机会，不仅双方就学生学习问题进行探讨，教师也对家庭教育提出了建议。家访期间教师所表现出的对学生的关心与爱护使得家长更加信任和认可学校。

3.家长接待会

为深入贯彻落实习近平总书记重要讲话精神，全力推进"不忘初心、牢记使命"主题教育向纵深发展，学校开展家长接待会。接待会当天，热心家长前来对学校周边环境、教育教学等方面提出了中肯的建议。

（四）经验学习，师其长技以自强

1.参加培训

为了不断注入新的教育理念、新的学校管理模式，校长不断向有优秀管理经验的学校学习。在培训过程中汲取优秀学校的管理经验，课后不断反思，课下大胆实践，不生搬硬套，具体问题具体分析，将优秀经验转化成适合本校的有用方案。

2.增强与其他学校的沟通

我校及周边学校面临的问题与困难是一致的，但每个学校都有自己处理问题的方式和艺术。因此，我校联合周围学校，举行校长座谈会，就已经遇到的或可能遇到的问题进行探讨，努力做到对已经发生的问题合理解决，对未发生的问题防微杜渐。

（五）建立合作关系，得到广泛支持

在调适外部环境的过程中，学校始终秉承"先反思，后做事"的理念。把为每一位学生营造良好舒适环境作为做事宗旨。经过启翰全体师生的不断努力，启翰小学与外部建立了良好的合作关系，并将在未来的工作中努力将关系调适到最佳状态，达到最大程度的和谐。

启翰小学在做好自己工作的同时，一直将调适外部环境作为一项重要工作，通过与外部环境和谐相处，为学校争取了更多的发展机会和支持。

凝心聚力，让幸福人生从这里开始

——课后托管工作实践探索

青岛市崂山区东泰小学　梁泽旭

小学生课后校内托管工作已列入 2019 年我市市办实事项目。面对这项惠民举措，我校迅速做出反应，在课后校内托管工作中做了有益的探索。现将我校在此项工作中的几点做法汇报如下。

一、建立四项机制，凝聚建设合力

（一）凝心聚力

学校召开办公会，群策群力商讨制定了《课后校内实施方案》讨论稿，方案初步成型后，立即召开了家长委员会会议。家长委员会成员为课后校内托管形式、内容出言献策，经过讨论研究，形成了《课后校内实施方案》正式稿，并及时付诸实施。

（二）自愿为先

方案确定的当天，学校给家长发放了《关于课后校内托管的一封信》，把学校此项工作的安排告知给每一位家长。同时发放了《自愿参加课后校内托管协议书》，进一步调研家庭的需求。家长们反响热烈，踊跃报名，填写申请书，最终我校 467 名学生全部参加了校内课后托管。

（三）交通保障

课后服务的开展面临的一个最大的难题是本来坐校车的孩子需要家长来接。本着为家长排忧解难的想法，学校与校车公司积极协商，最终把校车发车时间改为下午 5 点，确保每名学生在课后服务后由校车安全地送回家。

（四）全员参与

学校召开了全体教职工大会,传达了各级文件精神。教师纷纷积极响应,不论是上班距离远的教师,还是处于哺乳期的教师,均表示会克服个人困难全力参与此项工作。会议现场,全体教师签订了承诺书、安全责任书。

二、创新课程载体,拓展育人渠道

（一）建章立制规范,确保托管质量

为切实做好此项工作,学校成立了以校长为组长的领导小组,制定并逐步完善了考勤制度、学生监管制度、安全制度、安全预案和特殊天气应急预案等,让教师在工作中有章可循、有本可依。学校与每一位学生家长签订了《课后校内托管协议书》,确保此项工作顺利实施。

（二）丰富多元课程,学生参与性高

在落实兴趣课程的开设方面,学校坚持以共建共享"家门口的好学校"为办学目标,同时将"十个一"任务渗透到学生实践中。在课程的选择上,各班根据学校"十个一"方案统一安排了20分钟花样跳绳时间,开设了阅读、古诗文诵读、合唱、舞蹈、剪纸、象棋、茶艺等20多门课程。丰富多元的课程,满足了学生个性化的需求,学生参与的积极性比较高,真正做到让学生幸福,更让家庭幸福。

（三）校外优秀资源,助力课后托管

为了提高校内托管质量,丰富托管课程,我校聘请了青岛市民间艺人苏霞老师,开设了剪纸课,让"非遗"文化在校园得以传承;聘请了崂山区著名象棋大师张修昌,给学生们教授中国象棋,使国学文化走进校园;聘请了崂山花棍传承人,给学生们教授"非遗"民间花棍舞;聘请专业茶艺师,教授学生茶礼、茶艺。学校积极引进优秀资源协助学校开展课后校内托管工作,为此项工作锦上添花。

三、强化三项保障,完善托管服务

（一）勤于发现,迅速整改

每天都安排了值日领导和教师跟进监督,监督常规工作落实情况,发现问题及时反馈,学校迅速跟进,寻找解决问题的途径。

（二）因生制宜，弹性管理

为了满足不同家庭和学生的不同需求，我们对大量的学生家长进行精细化调研，发现不少家长的下班时间是下午五六点，不能及时接送孩子。因此，我们安排了足够的弹性时间，让家长可以自己安排接送孩子，负责当天值日的领导和教师直到把最后一名学生送到家长手中才下班。

（三）跟进调查，及时反应

定期对家长进行课后校内托管满意度调查，倾听家长的声音，如有好的意见和建议，学校会随时采纳借鉴。家长的意见就是对我们工作最好的鼓励和鞭策。

"大鹏之动，非一羽之轻也；骐骥之速，非一足之力也。"我校全体教职员工在教育和体育局的正确领导下，一定会初心不改，凝心聚力做好课后校内托管工作，为学生的幸福人生保驾护航。

联手中国狮子联会青岛全德服务队精准助学

青岛市青联希望小学　郭光辉

青联希望小学是青岛市青年联合会捐建的一所希望小学，是胶州市一所小规模村级小学。学校辖九个村的收生范围，村庄经济落后，贫困家庭多，特殊儿童多。基于这种情况，学校联手中国狮子联会青岛全德服务队对贫困家庭品学兼优的学生进行帮扶，与孩子们共度节日，捐赠必读书目，提供社团物资支持，同学校一起建造爱心阅览室。

一、对贫困家庭学生进行帮扶

学校设立"寒门英才"助学金，一学年进行两次评价奖励，即在每年的儿童节、元旦重点对那些品学兼优、有发展潜力、懂得感恩回报的寒门学子进行奖励。助学金由中国狮子联会青岛全德服务队资助提供。他们还会对有身体健康、心理健康问题的孩子进行重点观察和治疗，制定合理的康复计划，重在开发其禀赋、健全其心智、培养其综合素质,使他们成为自律、自强、自立的新型人才。

二、与孩子们共度节日

儿童节、元旦对孩子们来讲是两个比较重要的节日。这两天,中国狮子联会的叔叔阿姨们都会早早地来到学校,同孩子们一起布置会场,一起表演节目,还会进入课堂与孩子们分享自己的创业故事,激励孩子们好好学习,将来做一个对社会有用的人。

三、捐赠必读书目

学校重视孩子们读书,可是很多家长没有让孩子养成读书的习惯,没有给孩子买书的意识,也不陪伴孩子读书。针对这种情况,中国狮子联会青岛全德服务队为学校的孩子们购买了大量的必读图书。图书放在教室图书柜,供孩子们课间翻阅和周末借阅。

四、提供社团物资支持

学校开展了丰富多彩的社团活动,这些社团需要以物质保障为基础,太空泥社团、七巧板社团等需要购买材料,这势必加重学校经济负担。中国狮子联会青岛全德服务队了解情况后,每学期为孩子们购买社团物资,支持孩子们的兴趣爱好。

五、同学校一起建造爱心阅览室

青联希望小学近几年提出"读书育人"的理念。中国狮子联会青岛全德服务队决定帮助学校建造爱心阅览室,充实阅览室内的书柜、桌椅、书籍,建设阅览室文化等,让孩子们有书读、读好书、好读书,打通微机室与阅览室,实现学生线上、线下相结合的读书模式,利用一切可以利用的时间和资源多读书,让孩子建立终生阅读的习惯,让读书引领孩子一生发展,最终实现学校读书育人的目标。

中国狮子联会青岛全德服务队给学校的帮助还有很多很多,像给孩子们免费配眼镜、维修课桌椅等等。拥有爱心的叔叔阿姨们真心付出,以最温暖的方式照亮学校和孩子们前进的路。

传承红色基因，做新时代好少年

胶州市正北小学　梁　健

处在中国人民为实现中华民族伟大复兴的中国梦而努力奋斗的新时代,学校应当做好红色基因传承,构建和实施好独具特色的德育课程。基于以上认识,胶州市正北小学根据少年儿童的年龄特征和认知规律,积极开发德育校本课程,创建体验式德育模式,构建起德育实践活动课程体系。

一、传承红色基因，开发立体化德育课程

（一）聚焦习惯培养的修身课程

心理学认为,21天可以形成或改变一种习惯。胶州市正北小学着眼于学生良好习惯的培养,每个习惯针对不同年级有不同层次的训练内容和评价标准,每周训练一个好习惯,每学年轮回一次。每个习惯的培养都包括"读一读""悟一悟""辨一辨""演一演"等环节,增强了实践性。

（二）唤醒故乡意识的乡土课程

学校根据年级段特点,利用传统文化和综合实践活动课时,进行跨学科、跨领域的教学。在此基础上,衍生出大量的主题活动,让学生通过活动内生出对乡音、乡貌的眷恋。

（三）树立远大志向的红色课程

针对当前"网红"和"追星"盛行的社会风气,学校加强了对学生的革命英雄主义精神教育。从2018年开始,胶州市正北小学每年春天都会举行"长征路、民族魂"徒步拉练活动。

二、突出实践特色，创建体验式德育模式

《中共中央国务院关于进一步加强和改进未成年人思想道德建设的若干意见》指出：加强和改进未成年人思想道德建设要"坚持知与行相统一的原则。既要重视课堂教育，又要注重实践教育、体验教育、养成教育，注重自觉实践、自主参与"。

（一）参与社会实践，内化感悟体验

习近平总书记说："一种价值观要真正发挥作用，必须融入社会生活，让人们在实践中感知它、领悟它。"胶州市正北小学持续开展了以革命传统教育、爱家乡、爱祖国为主要内容的"精彩大课堂，体验无极限"系列社会实践活动。一是节庆活动。组织中国人民抗日战争暨世界反法西斯战争胜利 70 周年歌咏比赛、故事比赛、书画展等爱国教育活动。二是社会实践活动。组织学生走进三里河公园、青岛柏兰食品有限公司、九顶莲花山等，让学生感受到家乡的巨变。

（二）开展公益活动，固化道德情怀

胶州市正北小学自建校以来，就形成了扶贫救困的优良传统，每年走访困难师生，组织向灾区捐款捐棉衣、向西藏手拉手学校捐书等活动。

（三）讲述经典故事，强化向善动机

柏拉图说："谁会讲故事，谁就拥有世界。"近年来，胶州市正北小学坚持开展"感动校园人物"评选和"我讲我的教育故事"风采展示活动，先后发掘并总结了情洒教坛的美丽教师肖秀丽、感恩孝亲的美德少年吕潇等先进人物和感人事迹，通过宣传牌、校园网等途径广为宣传，开学典礼聘请英模人物讲述感人故事。事实证明，让每一个学生都能从身边甚至是自己身上找到这种伟大精神和集体人格的影子，往往更能激励学生积德向善的动机，固化学生的美德行为。

春风化雨，润物无声。我们的德育实践探索得到了上级部门的充分肯定和社会各界的广泛好评。我们相信，只要我们长期坚持下去，定会在传承红色基因、养成民族高尚品格、实现中华民族伟大复兴的历史征程中做出积极的贡献。

创新家长学校机制，架设家校互联网桥梁

青岛西海岸新区龙泉小学　王　朋

近年来，随着经济的发展和城乡一体化建设的推进，龙泉小学生源逐渐扩大。学校顺应时代发展的要求和学生家长的实际需要，以提高家长素质，促进家庭教育与学校教育、社会教育紧密结合为重点，大胆创新，拓宽渠道，借助现代网络，扎实有效地推进家长学校建设，有效地架设了家长与学校共育桥梁，促进了学校更好更快发展。

一、不拘一格，创新形式，构建家长学校培训模式

"要办好家长学校，没有家长的广泛参与，家长学校不会有活力。"为此，龙泉小学在教学形式上努力创新，在教学形式多样化上进行了有益的探索。

学校积极探讨家长会的新模式，把家长会开成"三会"统一，即双边交流会、成果展览会、经验交流会统一，向家长展示学校的教育成果、学生的在校情况。开展形式多样的活动，如"对父母的一分钟讲话"、学生才艺表演等，增进家长与子女之间的沟通与关怀，提高教育的成效。

构建"三步""五环节"教学模式：第一步，课前延伸。依托学校建立"学生成长问题"课题资源库，教师结合本班学生情况，整合《牵手两代——家长课程（小学篇）》内容，提前选择所讲课题，精心备课。同时让家长提前阅读《牵手两代——家长课程（小学篇）》书中的内容，结合孩子的表现总结经验或找出困惑，以待家长会上交流探讨。第二步，课内互动。教师采用"谈话导入""话题讨论""家长沙龙""情景表演""感悟收获"五个环节完成课堂教学，打破了原先教师一味地讲和家长单调地观看光盘的方式，让教师与家长共同交流和探讨互动。第三步，课后沟通。利用班级博客加强课后与家长和学生的沟通，家长和学生随时把自己的意见与想法发到博客中，教师及时回帖，使课堂教学无限延伸，为亲子共成长提供了交流平台。

开展专题培训。一是专家专题报告会。学校每学期邀请家庭教育专家做专题讲座，如大型讲座"关爱孩子的心灵"等，让家长对新的教育理论有更深一层的了解，通过回顾和反思自己的家庭教育方法。家长十分欢迎这种通过家长学校来介绍家教知

识和技巧的方式。为了倡导正确的家庭教育方法,家长学校还开展了优秀家长和优秀家庭教育论文评选活动,以典型引路,促进全体家长素质提高。二是优秀家长团队讲坛。家长来自各行各业,他们拥有不同层面的知识技能,可以为学校提供丰富的教育资源。因此我们根据家长的特长,组建优秀家长团队,为家长学校引进丰富的校外资源,主题有"快乐生活,健康先行""道德讲堂"等等。优秀家长团队定期为家长、教师、学生举办讲座,为学校的综合实践活动提供了丰富的资源,使教师、学生都得到了更好的发展。三是家长学校教师咨询团队。家长学校组建教师咨询团队,包括亲子共成长团队、心理咨询团队,依托《牵手两代家长课程》开展亲子共成长培训,依托学校的心理咨询师进行培训,及时解决家长在学习中发现的问题,使家长和学校得到共同发展和提高。

二、依托网络,拓宽渠道,搭建家长学校教育平台

"人人通空间"APP是经教育局许可的西海岸公共服务平台配套移动端。其中,不仅学生和教师有自己空间,每一位学生家长也有属于自己的空间。家长可以通过"人人通空间"随时查看学生的在校学习情况以及教师点评,还可以在线与教师进行互动交流。这个为教师、学生、家长打造的专属空间从时间和空间上都极大地丰富了教师的教学形式和学生的学习方式,提升了家校沟通的效率与便捷性。

学校发挥网络资源优势,建立网上家长学校。在"人人通空间"上设立家校沟通模块,为家长提供了一个学校与家庭快捷沟通的网络平台,并开设家校互动栏目,如"习惯养成""家教乐园""心理导航""风采展示"等,定期发布内容,让家长走进校园网进行学习、沟通和交流。网上学习打破了时间与空间的限制,灵活性较强,能弥补集中面授的不足,使更多的家长参加培训学习,获得指引与帮助,不断提高家长的家庭教育水平。

学校还以班级为单位,通过设置班级家长微信群等方式,请教子有方的家长将宝贵经验与其他家长分享。家长随时发表自己的教育心得,教师可以随时访问,获取及时有效的信息。例如,在一年级入学课程家长经验交流中,家长代表分享了"培养孩子良好的学习习惯"的家教经验,引起了家长们的强烈反响。学校设置微信群的做法引起了家长讨论的热潮。一位家长感慨地留言:"学校真的设身处地为我们家长着想,不仅教育好我们的孩子,还尽力帮助家长成长。非常感谢学校!"

开辟校外基地，打造海洋研学品牌

青岛西海岸新区海之韵小学　赵炳梅

为了让学生将海洋精神外化于行、内化于心，青岛西海岸新区海之韵小学依托独特的地域和资源优势，开发了以海洋为主题的研学课程体系，开展海洋教育专题研学旅行，带领学生看海、学海、护海，引领学生热爱海洋、向海学习。

一、大海边研学，"悦海立人"

生在大海边的孩子有着得天独厚的条件，以海为师、向海而学是最优质的本土资源。每年 11 月 11 日，学校都会带领学生如期在灵山湾举行"发现海之美，悦海立人再扬帆"的研学活动，传达学校"悦海立人"德育品牌的精髓——阳光进取、包容、博雅。

低年级的学子在中高年级学长的带领下，沿着蜿蜒的海岸线前行，他们一边搜索着富有特色的海洋景物，一边进行海洋知识的竞答，好不热闹。一年级的同学通过倾听大海、注视大海，第一次发觉大海的激越壮美。观海结束后，老师们会站在岸边给一年级新生认真讲解学校的办学理念："山情海韵，日新月进"的学校精神告诉我们，要像大海一样勇往直前，做阳光进取的海韵人；"博采知识浪花，汇聚智慧海洋"的学风告诉我们，要像大海一样辽阔深邃，做包容、博雅的海韵学子。

中高年级的学生则在老师的引导下，纷纷表达自己的观海感受："蔚蓝的海洋之所以如此浩瀚，是成千上万条河流的凝聚，是'有容乃大'的宽广胸襟，是无数水滴的团结一致。"人生仿佛是一片大海，挫折是那一朵朵骤然翻起的浪花，只要拥有大海般博大的胸怀，没有什么困难是不能够克服的。"悦海立人"德育品牌作为我校立德树人的切入点和海洋文化的升华，就这样经年往复地被传承着、弘扬着。

二、海洋军事研学，心系祖国

为了提高学生的海洋国土意识和安全意识，我校按照从古到今的时间顺序，专门开辟了"新区古今海洋军事"研学旅行线路：第一站，走进灵山卫；第二站，造访古镇口炮台；第三站，参观古镇口湾；第四站，游览海军公园。让学生充分认识海洋的战略价值,感受国家今日海洋科技的强大,学习现代海军奋发进取的精神。

在灵山卫,学生们在新城中搜寻古老卫城的蛛丝马迹,感受了当年海防官兵枕戈待旦、抵御倭寇、无惧险滩的铁血精神。到了古镇口炮台,学生们从残破的古炮台垛口眺望古镇口湾,遥想当年这里每遇敌情,就会有快马沿着海岸传信。沧海桑田,炮台虽然早已废弃,但它却时时警示我们要提高警惕、严守海防,关键时刻要敢于痛击一切来犯之敌。走进古镇口湾,登上辽宁号航母和祖国新式导弹驱逐舰,科学技术的进步已使我人民海军旧貌换新颜。海军公园里歼-5、歼-6飞机正展开翅膀,好似要直冲蓝天,厚重的坦克和两栖登陆舰正开足马力冲向敌军……每一件海军装备都代表了我国海军一段不平凡的发展历程,都在诉说着中华民族已经把百年耻辱一扫而空。研学旅行结束后,学生们的心情久久不能平静,大家为祖国海军力量的强大而激动不已,表示要心系祖国,为实现中华民族的伟大复兴更加努力学习。

三、海洋环境研学,胸怀天下

绿水青山就是金山银山。每年儿童节这天,我校都会开展"悦海立人,洁滩爱家"海洋环保研学活动,让学生树立海洋环境保护意识和绿色发展理念。

学生在海滩上和老师、家长一起提着竹篮,捡拾废网绳、垃圾袋、烟头、快餐盒等海洋垃圾。他们三人一组,五人一队,像海滩小卫士一样仔细搜寻难以降解、危害海洋生物生存的垃圾,以及阻碍航道、破坏海洋生态平衡的浒苔,还大海一片洁净。在海洋环保研学活动短短的时间里,我校学生用自己灵巧的双手拨动着悦纳自然、感恩自然的悦人琴弦,谱写了一曲人与自然和谐的乐章。学生用自己的劳动,让天更蓝,海更净,海洋生物更安全。

一分耕耘一分收获,在全校师生的共同努力下,在家长和社会各界的关心帮助下,海之韵小学的海洋研学活动取得了丰硕成果,"建设蓝色教育乐园,唱响海韵未来之歌"等海洋教育经验在全国、区级专题会议上推荐交流。深入挖掘海洋教育的文化张力,积极开展海洋研学活动,让蓝色经典成为我校的文化基因,让学生感知祖国曾经的苦难历史,感受家乡的辉煌巨变,提高自己、悦纳他人、感恩自然、心系祖国,珍惜幸福美好的今天! 在未来的道路上,我校的海洋研学之路会越走越宽!

在划片招生的背景下如何提高生源质量

青岛汾阳路小学　仇立岗

在国家推进教育公平的大背景下,划片招生成为目前公立学校主流的招生方式。然而,地域经济发展的不平衡导致部分学校周边存在老旧小区等待改造等问题,这些学校学区内的生源由于居民改善生活和居住条件的诉求而陆续离开,逐步聚集到生活条件更为优质的区域,这使得一些学校本地生源爆棚,而另一些学校本地生源却寥寥无几。大量的空余学位被用来接纳"新市民"子女,这使各学校间生源结构极度不均衡。这给老旧小区内的学校带来了新的挑战,特别是在整齐划一的教育质量评价体系中,如果不能及时调整办学方式,老旧小区内的学校必然在与生源性优质学校的竞争中全面落败。如何在教育质量的"决战"中摆脱生源的困扰,实现全面"突围",是老旧小区内学校管理者必须直面的核心问题。现将我的"突围"思路总结如下。

一、夯实常规,死守阵地

抓教学常规如同战役里的阵地战,只有死守住阵地才能稳固军心,取得胜利。教学常规对于以"新市民"子女为生源主体的学校尤为重要,只有教学常规成为教师的日常行为准则,才能在"战役"中一寸一寸地拓展疆域。

当然,对于生源性劣势学校来说,应当增进一层认识,即在抓教学常规的基础上,还要关注抓智育的常规以及学习科学的常规。不应回避"遗传"因素的存在,在正视努力之外,还需要在常规工作中进行智力训练,用学习科学和脑科学的训练方法去触发学生大脑的发展,从而缩小学习者本身的硬件差距。做到这些,我感觉方能逃出后 10% 的名次。

二、"唤醒"学生,守正出奇

如果将所谓的生源质量拆解来看,我认为影响生源质量最为核心的要素应当是学生的学习品格。学生之间学习品格的差距主要体现在主动成长的动力、自我掌控的能力以及不良习惯的阻力。而这三个因素是学校教育与家庭教育之间的模糊地带,其形成更多是由于学生原生家庭多年影响的累积。对于以"新市民"子女为生源主体的学校来说，必须思考如何缩小在这三个因素上与生源性优质学校的差距。

第一，对于主动成长这一因素，必须重点布局教学中的"趣"，将"学"与"趣"关联起来，将评价与奖励关联起来，给学生原发的和外部的双重驱动。第二，自我掌控这一因素的操作难度最大，小学阶段孩子本身就缺少自律，如果家长不能跟进监督，必然出现"5＋2＝0"的教育悲剧。因此，学校必须将原生家庭忽视的时间管理、目标管理、任务管理、兴趣培养、财物管理、人际管理、情绪管理和健康管理等诸方面有序重塑。第三，不良习惯的阻力也是生源性劣势学校必须重点布局攻克的"山头"和"碉堡"，学校层面必须将德育与教学捆绑推进，充分调动班主任群体的作用，鼓励和调动班主任对学生不良习惯采取措施。做到这些，我感觉才有了突入前70%名次的可能。

三、"点燃"家长，全力以赴

国外教育同行的研究表明，不同地区学生学业成绩的差异与地区经济收入水平的差距基本呈现正相关。当然，这并不意味着我们学校在推进教育质量提升时无能为力。虽然一所学校不可能改变地区的经济收入水平，但是我们可以做的是用好家长学校这一阵地，千方百计地提升家长对子女教育的关注程度。虽然我们改变不了家长收入总量，但是完全可以通过我们的感染力去提升家长对子女教育投入的占比。

要"点燃"家长的关注和投入，学校需要从改变家长的认知和拓展家校沟通机制入手，打一场深度战役。战役的准备需要引入部分课程，如积极人生态度课程、健康生活习惯课程、家庭氛围营造课程、父母角色课程、亲子共学方法课程、自学情况检查方法课程、家校沟通反馈机制课程、学习兴趣的家庭培养课程、家长辅助备考课程、影子教育的选择课程、学生心理状态调控课程等。做到这些，我认为才有可能冲入前50%的名次。

综上所述，在教育质量提升的大背景下，生源性劣势学校不是陷入无牌可打、怨天尤人的境地，而是突入充满挑战、无限可能的地带。学校之间比的既是努力和决心，也是战术和思维，更是格局与远见。学校的干部教师必须同心协力，用信心和激情重新理牌，在极端限制的条件下突破生源质量的障碍，用跨界的视角和全新的策略对待"默认"的学业质量定位，探寻一切可能提升质量的办法和规律，同时对传统管理模式下无法破局的问题进行重新表述，寻求新的解法并进行冷静的考量，方有创造奇迹的可能。

家校联手建和谐社会，师生同心创文明校园

城阳区国城小学　郝玉芹

苏联教育家苏霍姆林斯基曾言："没有爱，就没有教育。"他把学校和家庭比作两个"教育者"，认为这两者不仅要一致行动，向儿童提出同样的要求，而且要志同道合，抱着一致的信念。

城阳区国城小学从一开始的"摸着石头过河"到如今家校"1231"模式的成熟，在长期努力下，逐渐开创出一条具有国城特色的家校共育发展之路，2019 年 8 月被正式确定为全国家长学校建设实验学校。

作为一所新建校，学校成立之初，遇到了很多阻力。更多家长喜欢把孩子送到一所有着丰富教育经验的老学校，对新学校的抵触和抗拒使我们在家校合作的初次探索中陷入困境。就是在这种矛盾中，在家长的质疑声中，我们迎难而上，开始了新的成长历程。面对不同层次的家长，来自不同层次的各种问题，我们成立了学校、级部、班级三级家长委员会，建立并完善家长委员会制度、家长培训制度、家长驻校轮值工作流程、优秀家长评选办法等制度体系，使家长委员会工作尽快走上正轨，让家长融入学校，真正成为推动学校教育的同盟者。

学校成立了以校长为首的家校工作领导小组，成立以名班主任工作室为首的家访协调中心，开展"千名教师访万家"活动。教师深入每一个家庭，与每一位家长面对面交谈，相互了解，从多个角度敞开胸怀与家长手牵手，让家长尽情表达对教育和学校的关注和建议，让家长明确，家校目标是一致的，愿望是相同的，都是为了孩子更好地成长。

学校为家长设置了家长驻校办公室，每周一、三、五家长驻校办公，家长自愿走进课堂听课、察看餐厅、参与学校管理、体验学校生活。在家长委员会的号召下，家长自发成立国城"润爱驿站"组织机构，"润爱驿站"的每一位家长都履行着他们的职责，自愿为学生服务。遇到预警天气或学校组织的大型活动等，车辆拥挤，他们会在路口拐弯处执勤；餐厅里，他们手把手地教孩子们分饭，维持秩序。他们是学校工作的支持者、参与者，更是教育者，他们用行动影响着身边的每一个人。

"金无足赤,人无完人",学校也是如此,在日常管理中肯定存在不尽人意的地方。我们不能在鲜花和掌声中迷失自我。蹲下身子,竖起耳朵,认真聆听家长的声音是学校进步发展的重要方式。今年9月份,学校家校沟通新途径——"校长会客厅"项目正式启动。和煦的阳光照耀着温馨的"爱雅小舍",一杯热水,几声寒暄,校长与家长们同坐一处,聊聊孩子、聊聊老师,聊聊学校,在轻松愉悦的氛围中拉近距离。作为全国家长学校建设实验学校,学校还专门创建"慧爱爸妈成长营"。除定期邀请全国知名专家讲课外,学校领导和教师都是成长营的指导老师,每两周开营一次,让家长全方位、多角度地看待孩子成长的不同经历,并给出具体有效的措施建议。家长自我蓄能,不断探索,不仅获得自身的成长,也拉近了与孩子心的距离。

教育的效果取决于学校和家庭教育影响的一致性。家校互动沟通,立足了学校实际,夯实了家校合作的基础,它的存在与参与完美了学校教育教学的拼图。家校合力,有力地诠释了学校"风雅国城,慧爱童年"的办学理念。爱,是看不见的语言,爱无处不在。在国城,爱的力量得到了传递与分享。国城成为学生成长的欢乐城堡,家校携手共蕴的"润爱驿站"。相信在社会各界人士的帮助下,在家长与学校的共同努力下,国城的明天会更加美好!

三方合作育人,保障学校绿色教育可持续发展

青岛重庆路第二小学 邱 涛

从教育现状来看,学校、家庭、社会三方面的教育均存在一些问题,尤其在教育的一致性上存在着众多分歧。种种情况表明,帮助家长提高教育意识,科学、有效地发挥家庭教育、社会教育对儿童行为习惯的积极作用,使家庭教育、社会教育与学校教育形成合力,是合育模式的重要保障。

我校的特色是绿色教育。我校于2005年被评为全国绿色学校,2010年被国家环境保护部评为国际生态学校。如何让学校特色可持续发展,突破教育发展的瓶颈?我们知道,只有不断完善绿色教育体系才能推进学校长足发展。于是,2017年在国际生态学校复验的过程中,我校广泛征求社会各界、家长、学生、教师、学校干部的意见和建议,构思了"学校、家庭、社会共同培养儿童环保素养的研究"课题,以全国绿色学校、国际生态学

校独特性、示范性的优势,带动家庭、社会共同关注儿童环保素养。

一、三方共育,拓展学校课程课堂,多学科渗透"绿色"

课堂教学是学校对学生进行教育的主渠道。学校把环境教育作为特色学校课程进行分年级开设。我们邀请家长和教师自己动手,搜集资料,编写了《能源的危机》校本课程,并将队日活动班会活动与综合实践活动有机整合,把"绿色"渗透到学科实践活动中去。

二、三方联手,依托生态学校平台,多方位播撒"绿色"

基于多年环境教育课题研究的积淀,学校已形成多个与环境教育有关的绿色网络。一是加入国内生态学校网络,积极与国内绿色学校、生态学校交流。二是动员全校师生、家长义工积极加入"心系碧海蓝天"生态保护志愿者行动,就当前全市市民所关心的环保热点、难点等问题,积极提建议、想办法,共同携手推进青岛市"节能降耗,截污减排"等环境保护工作。三是鼓励师生共同参与保护环境的学习与志愿者行动,通过《环境教育》杂志、绿色校园网站等途径广泛宣传,提高学校环境教育和环境管理水平。

三、三方合作,借助实践活动,多渠道践行"绿色"

为拓宽学生视野,丰富人生体验,学校提出了家长学校牵手学生社会课堂的工作思路,发动"家长义工"参与到学生的社会实践活动中,不仅为家长和孩子提供了更多亲子交流的机会,也使得学生创新实践能力在丰富多彩的活动中不断提高。一是开展"拒碳酸饮料,做低碳达人"活动。提倡每个学生、每个家庭从自己的生活方式、生活习惯做起,控制或注意个人碳排放量。二是开展"护绿小使者,环保在行动"活动。号召同学们发现生活中不文明、不环保现象,根据各班实际情况,由学生自行收集整理班级绿色环保宣言,并制作护绿卡挂在校园和社区的树木上。

几年来,学校秉承绿色教育理念,串起"生长教育"文化主线,依托绿色教育带动了学校持续发展,实现了"尊重生命、尊重规律、尊重个性"的办学理念。"无须扬鞭自奋蹄,开拓创出新天地。"我们深知学校在绿色教育发展中仍有不足,需要我们积极实施、探索、创新。我们愿意在各级领导的悉心帮助下,于细微处见深度,在细小中见广度,与兄弟学校互助成长,不断提高学校教育的社会美誉度。

家长课程，变"消费者"为"合伙人"

青岛南京路小学　位　华

　　家庭是一个人成长的起点，是塑造孩子健康人格的第一环境；家长资源，是学校教育最大的外部教育资源。然而，当前家长步入这样的误区：认为把孩子送进学校，自己的教育职责就解脱了，摇身一变，成为教育的"消费者"，用消费的眼光来评价教育，评判教师和学校。如何引领家长走出误区，让家长变"消费者"为"合伙人"，家校携手办教育？实施家长课程是破解方法之一。

　　青岛南京路小学多年来秉承"培育中国情怀、国际视野的现代公民"的办学理念，着眼于"培养合格公民、有特长公民、走向与世界发展同步的现代小公民"梯级育人目标的达成，逐步形成公民教育特色。"育人者必先自育。"学校依托"十三五"课题"基于核心素养培养的公民教育课程建设研究"，在做好学生小公民教育特色课程建构的同时，不断完善小公民教育课程体系保障机制，着力建设学校教育最重要的外部资源——家长的教育课程，家校合作，深化现代小公民教育特色，培养与世界发展同步的现代小公民。

一、落实"四定"制度，健全家长教育机制

　　学校成立了家长教育工作领导小组，参与指导校级、级部、班级三级家长委员会工作。落实家长教育"四定"制度，定学习时间、定学习内容、定学习地点、定专用经费，保障家长教育顺利实施。

二、构建课程体系，丰富家长教育内容

　　学校以"十三五"课题"基于核心素养培养的公民教育课程建设研究"为载体，以课题研究为抓手，从身心发展与教养策略、家庭建设、家校共育三个领域架构了以衔接课程、理念更新、公民义务为内容的公民教育课程体系，通过家长课程系统实施，架起家校连心桥，教师、学生、家长心手相牵，共铸教育合力。

三、有效实施家长课程，家校联动

通过多种形式，开展主题学习，让家长了解学生成长各阶段身心发展规律，掌握相应的教养知识和能力，构建和谐家庭关系，传承优良家风，家校合作育人。

（一）班级家教课堂

发挥班主任家庭教育指导作用，通过每学期两次的家长培训，进行班级家庭教育通识性培训；针对不同家庭背景下学生情况，各学科教师通过家访、预约访谈等形式，进行个别指导。

（二）家长大课堂

每学期1～2次聘请专家、名师到校，进行先进家教理念、育子经验等讲座，推动家庭教育、学校教育、社会教育的有效衔接，构建全面、健康、和谐的三位一体教育网络。

（三）网络课堂

充分利用学校、班级微信公众号，每周推送育子经验，实施"育子经验家家传"，广泛传播优秀家教经验和良好家风，推动家庭精神文明建设。

（四）家长开放日与家长驻校办公

学校每学年举行一次家长开放日活动，邀请家长走进学校，参与孩子的一日学习；每周一邀请2～4位家长驻校办公，参与学校的教育教学管理，促进家校深度合作。

（五）家长论坛

以班级为单位，通过家长沙龙、家长论坛等活动，进一步深化先进育子理念、育子经验交流，让家长相互了解，提高家校合作实效。

"父母好好学习，孩子天天向上，学校日新月异。"随着家长课程的深入实施，家长的理念、行为都在悄悄地发生着改变，从"冷眼看教育，挑剔看学校"，到理解、参与、协商、合作，实现了从"消费者"到"合伙人"的华丽转变。在2019年社会化评价问卷中，家长对家校合作满意度为88.53%，高出区域均线3个百分点；对学校整体工作满意度为88.02%，高出区域均线4个百分点。

家长课程的实施优化了家长资源，促进了教师专业发展，助力学生全面成长，造就了南京路小学特色优质教育。学校正逐步从规范走向优质，成为真正让老百姓满意的优质学校。

"口袋"家校，智能沟通

青岛北山二路小学 高先喜

在大数据、云计算等科技迅猛发展的背景下，电话、短信、QQ 等传统的家校沟通手段已经满足不了家校共育学生成长的教育需求。因此，我校将家校合作平台（微信企业号）作为有效途径，进一步实现家校沟通的"口袋化"——把家校沟通的平台最小化，装进口袋，随时看、随时听、随时问，犹如在虚拟空间搭建起一座家校沟通的桥梁，使意见畅达，沟通无限。

一、家校沟通"快捷＋便利"

一是最快速的资讯信息。学校将微信公众号的相关内容，与平台中的校园资讯与校园圈子相关联，家长的操作界面会单独提示新消息。同时，班主任、科任教师可以通过平台中的圈子、广场等栏目，随时发布班级和学生的最新动态，确保家长第一时间获取、阅读学校和班级的资讯。二是最直接的通信留言。家长可以利用"校园通讯录"栏目，直接与学科教师、学校有关部门甚至校长进行交流，实现沟通零距离。同时，教师也可以利用该平台直接与家长沟通，实现互动"无拖延"。三是最便捷的查询监督。学科教师通过使用"学生作业"功能，将当天作业进行公示，相比以往发送一大堆文字，现在只要拍一张照片或发一段语音就能解决，在方便家长和学生查阅的同时，也有效落实了学校对学生减负工作的监督职能。

二、平台选课"互动＋直观"

校本课程"男生课堂""女生课堂"通过平台选课已经持续了两个学期，各个课堂在线公布课程特色、报名要求和招收人数，学生和家长统一时间选择感兴趣的课程抢课。部分热门课程经常被"秒杀"，瞬间报满。期末，各课堂任课教师在平台上发布授课图文信息，学生通过点赞、评论功能，推荐评选出学期"十佳课堂"。平台选课告别了烦琐的人工报名、登记和统计工作，实时报名、实时统计，大幅降低教师管理的工作量。

三、校园缴费"方便＋减负"

一直以来,班主任都饱受"收费之累",本来班级管理工作已经非常琐碎了,再碰上代收费的任务,便更加忙乱不堪。自 2017 年起,学校代收书费、餐费、保险费等均通过平台"校园缴费"栏目进行。如此一来,程序瞬间简化,而且数据统计及时全面,一目了然。不仅班主任受益,家长也不必担心学生忘带或弄丢现金,随时随地、点触之间就可以完成缴费,可谓一举多得,与时俱进。

四、问卷调查"线上收集数据＋线下整改落实"

学校连续三年利用平台中的"问卷调查"栏目,广泛征集家长对学校工作的意见和建议。问卷内容既涉及规范办学、师德师风、课业减负、教学成绩等评价类的题目,还包括对教育和体育局、学校学期重点工作、特色工作知晓率统计等验证性的题目。问卷调查规定作答时间,平台会从学校、班级两个层面针对每个题目的作答情况进行统计。学校依托平台提供的大数据,可以非常精准地找到某些工作、班级、教师存在的问题,并及时进行有的放矢的整改。

五、学生评价"大数据统计＋全面分析"

坚持使用好学校的"一得方寸间"学生评价手册,在线下继续使用盖邮戳、换邮票等常规操作的同时,在家校合作平台中开辟专栏,教师在线记录评价过程,并以雷达统计图的形式进行反馈。家长可以通过平台随时查阅孩子的评价结果,全面掌握孩子的综合素养发展情况。

市北区家校合作平台打通了学校、教师、家长三者之间的沟通途径,构建了三位一体的家校互动模式,为家校互通工作建立了良好的基础,带来了使用更方便、沟通更有效、数据更精准、管理更细致等四方面的变革。下一步,学校将遵循"先易后难,逐步加载"的原则,继续扩宽该平台的应用领域,进一步整合目前使用的班级博客、微信群、学科资源库等虚拟媒介资源,实施研发"智慧班牌""空中课堂""预约家访"等新栏目,逐步构建起适应新时代发展的家校合作新型智能系统。

融合家长资源，形成教育合力

青岛长沙路小学 康彦华

随着时代的变迁，当今的学生已经不再是"两耳不闻窗外事，一心只读圣贤书"，同样，当今的教育也不能关起大门办学校，需要从多个角度和多种渠道获得各种信息，整合各种资源，从而推动学校的蓬勃发展。一直以来，长沙路小学秉承"一得育人"文化品牌宗旨，坚持把家长资源作为学校发展的重要推动力，在全面推进素质教育的进程中，努力探索一条家校合作、共助成长的新途径。

一、建立家校议事活动制度，赋予家长常思学校管理权利

为了避免"5 + 2 = 0"的教育状况，学校于 2009 年起建立家长委员会，一方面向家长委员会委员们汇报学校的工作，另一方面，悉心听取家长在教子方面的困惑和对学校的建议、要求，弥补了家长学校教育存在的缺憾，真正起到了桥梁和纽带的作用，更具针对性和实效性，对于家庭教育与学校教育形成优势互补的教育合力，起到了显著的效果。

在学校家长委员会的带动下，班级家长委员会也充分发挥了联动作用，一个立体化的网络也由此构建。班级家长委员会的联动活动里，各班级根据学生的年龄特征、生理和心理特点及家长的素质，由五至八个家庭为一个小组，成立班级家庭教育互助协作小组。小组成员建立了班级型"学校工作议事厅"制度，在班级家长委员会的带动下，以家长 QQ 群作为联络平台，通过相互交流教子经验、小组家庭远足活动等内容，拉近委员会成员间的距离，将班级家长的思想集合到支持学校各项工作的点上。班级联动赢得家长们的信任和支持，使"5 + 2 > 7"，为学校教育与家庭教育的有机结合拓宽了新渠道。

二、开放活力校园真情交流，家长走进校园常得育子经验

家长是学校工作有利的后援军和支持者，无论是教师还是家长，目的都是一致的。一直以来，家长与教师的关系总是一高一低、一主一次，而这种局面往往不利于

学生的教育与发展。我们学校也正是利用家长学校这一密切家校关系的载体,用多样的开放日活动,鼓励家长参与到学校工作中来,从而拉近家长与学校的距离,让更多家长走进校园,经常获得育子经验,达到家校双赢的目的。

为有效加强家校之间的沟通,我校紧密把握家校合作教育的发展规律,在"真情交流,家校合作"的开放日活动中,实施"大开放、小推进"的主题开放模式,并在推进的过程中,注重开放日活动的特色化,以"和谐互动伙伴计划"的思路,有力地促进了家校双层面的和谐发展。

特色一:课堂上的亲子讨论小组。在家长参与活力课堂的过程中,教师针对家长的参与,设计特别的问题,引导家长与学生共同讨论部分问题,让家长与学生进行拓展延伸。这一举措激发了学生课堂学习的兴趣,也融洽了亲子关系,活跃了课堂气氛,拉近了家校距离。

特色二:"妈妈作业"。在家长开放日中,为了使家长更深入地感受课堂、参与教育,也为了使教师进一步了解学生的学习情况,我们还组织了"妈妈作业"活动,让家长在听完教师的课后,根据学生回家写作业的时间情况,布置当天的作业。这种家长布置作业的形式,使家长真正做到了走入课堂、了解教育。通过换位任务,家长也能够真正感受教师工作,使家校教育真正达成一致。

特色三:班级文化的展示。在学校"一得育人"理念的引领下,各个班级都涌现了自己的"一得感悟",并将其凝结为自己的班级文化。班级文化呈现的是一个班级的精神面貌,是一个班级的班风学风。在家长开放日活动中,班级以学生展示的方式,呈现出自己的班级文化,这对于家长来说也是一种感染与共情。让班级文化影响家庭,那么之后收获的就不仅仅是一个孩子的成长。在我们的开放课堂中,家长已经成为教师的最佳搭档。孩子们的小组活动多了家长的参与,孩子们会发现爸爸妈妈的童趣和童心原来和自己一样。同时,家长在参与小组活动之后,完成"爸爸作业"或"妈妈作业",既能关注教师的教学思路,又能关注孩子的学习活动,更能为自己科学地参与学习搭建平台。

三、搭建家校沟通育人平台,形成家校共育常有氛围意识

融合家长资源,拓宽了我校德育网络的途径,密切了学校与家庭的联系。在融合工作的实践中,我们为提高家长的素质搭建了平台,同时也为家长参与学校管理提供了机会,使得学校管理趋于科学、规范,办学水平不断提升。

（一）班主任和谐沟通

在家校和谐发展思想的指导下，家长与教师无障碍沟通。利用家长沙龙活动，班主任也能适时巧妙地表达对家长的建议，而年轻的班主任更是在与家长沟通时从容自如。班级群、班级博客、微信公众号的建立，让教师与家长的沟通更紧密了。

（二）学校构建合力

学校的大型活动邀请家长参与，请家长担任集体舞比赛、朗诵比赛、跳绳比赛等的评委，使家长有参与感，以便今后更好地支持学校工作。学校每年请家长为学校发展献良策，使家长有归属感，以便今后更好地理解学校工作。这些都是家校沟通良好氛围的最好证明。当师生关系融洽、家庭氛围和睦的时候，学生的发展自然会朝着好的方向进行。

（三）挖掘家庭教育资源

一直以来，学校推行"和谐互动伙伴计划"，通过建立家长委员会、成立"同心圆"家长志愿者团队，加强了家庭与学校之间的双向沟通，营造了家长、教师和学生之间互动的教育氛围，使学校教育和家庭教育达到"同心"，教师和家长教育达到"同力"、学校和社区教育达到"同行、同育"。每学期之初，家长委员会向全校家长发出"伙伴计划"邀请信，在家长中广泛招募"家校伙伴"，邀请热心学校教育管理、关爱孩子、具有奉献意识的家长加入学校的"同心圆"家长志愿者团队，并成为"伙伴计划"中的一员。在家长委员会的热情邀请下，全校近95%的家长根据自身的情况积极参与了这个项目。"同心圆"家长志愿者团队已经运营了十余年，近万人次的家长参与过该团队的活动。

有的班级利用课余时间，邀请家长到校教授孩子们一些生活技能和特长内容。例如，三年级一班丰富多彩的家校活动深受家长和孩子的喜爱：青岛市成人羽毛球冠军爸爸，每月两次到学校指导孩子们学习羽毛球技能；热心的幼儿园老师妈妈到学校指导孩子们做手工；海慈医院护士长妈妈到学校教孩子们正确洗手，预防传染疾病；剪纸能人奶奶到学校指导孩子们学习民间艺术。我们充分挖掘家长教育资源，也正是这种良好的交流，使学校的各项工作都获得家长们的鼎力支持，让孩子们的童年充满了美好的回忆。

"爱润生命，家校共育"活动实践案例

平度市胜利路小学　赵艳

苏联教育家苏霍姆林斯基说过："没有家庭教育的学校教育和没有学校教育的家庭教育，都不可能完成培养人这样一个极其细微的任务。"可见，家校共育在教育工作中占有十分重要的地位。胜利路小学为进一步促进家校沟通，经过充分调研论证，每学期组织"爱润生命，家校共育"活动。家校携手，家长走进了美丽的校园，走进了活泼的课堂，走到了老师和孩子们中间，营造了热烈浓厚的家校共育氛围，促进了孩子们的健康成长。

一、开展"爱润生命，做智慧型班主任"论坛

为了促进家校沟通，真正达到家校携手共同培养孩子的目标，我校每月举行班主任论坛活动。班主任利用问卷调查、家访等形式，查找家校共育亟待解决的问题。通过大队部支招、校长培训等途径，我校举行了多次论坛，促进了学校教育与家庭教育的有效衔接。

"爱润生命，做智慧型班主任"论坛以"现在形势下家校共育的意义和方法的探索"为主题展开。老师结合工作实例，分享班级家校共育的具体做法和经验体会，然后校长从不同的角度介绍当下家校共育的重要性。班主任论坛活动的举行，对落实家校共育、形成教育合力起到了积极的推进作用。

二、创新家长会模式，提高教育成效

关爱孩子，从家庭教育开始。家庭教育培训尤为重要，我校针对学生年龄特点，分级部、分主题逐一开展。每个学期至少召开两次家长会，有家长育子经验分享、法制教育专题、心理健康教育专题、习惯养成培训等。

家长会上，校长结合鲜活生动的案例，与家长探讨如何正确引导孩子培养良好的学习、行为习惯等。通过交流，家长们获得了许多科学性强、简便实用的家庭教育

方法。我们还邀请青岛市家庭教育讲师团成员、青岛市中小学教师培训中心主任分别到校做家庭教育报告。报告具有很强的参照性、可操作性,生动地展现了家长作为家庭教育的主体责任人的重要性。参加培训的家长深受感触,一致认为这样的家长培训会应该常态化。

三、亲子才艺大赛精彩纷呈

我校每年为家长和孩子搭建展示特长的舞台,举行亲子才艺大赛。每次大赛在校长热情洋溢的致辞中拉开帷幕,父子、母子同登台,祖孙、姐妹齐上场。气势磅礴的架子鼓表演,节奏明快的快乐歌舞,诙谐幽默的快板相声,以及声情并茂的诗朗诵、讲故事等精彩节目轮番上演。亲子才艺大赛寓教于乐,为大家带来精神盛宴。

四、开展"我来做老师"家长讲师团进课堂体验活动

我校积极开展家长进课堂体验活动,号召家长参与到课堂教学中。课堂上,家长们用生动的语言和形象的材料讲授了交通安全、法制、健康上网、生活理财、环保、书法、美术、传统手工等一系列知识以及绘本故事。具有知识专长的家长走进课堂,大大增强了家校之间的凝聚力。

教子尚须人品高,树直还需勤培育。孩子的成长,不仅是家庭的事、学校的事,还是全社会的事,只有发挥教子的合力效应,才能取得最佳效果。我们将不断开创家校共育新路子,进一步完善学校、家庭和社会三位一体的和谐育人体系,给孩子一个健康美好的童年!

第三部分

中 学 教 育

搭建五大平台，助力家校共建

莱西市南墅镇中心中学　邹希强

近几年来，我们全面启动家长素质教育工程，积极构建家庭、学校一体化工作模式，搭建平台，创新形式，深入拓展教育层次，实现家校携手的广泛开展。

一、搭建家长开放日平台

我们创造性地开展家长开放日活动，向家长全方位展示学校管理。让家长走进学校，走进课堂，参加孩子的活动，零距离与孩子接触，让家长亲自目睹孩子在学校、在课堂的表现，充分了解教师"教"与孩子"学"的真实情景，参与对学校教育教学水平的评价。同时，我们组织家长座谈，听取家长的意见和建议，以便及时改进落实。开放日活动让教师、家长、学生之间的距离更近，增进相互间的了解、尊重和信任。

二、搭建书面交流平台

为了有针对性地教育好每一个学生，我们推出了颇具特色的家校联系卡。周末，班主任负责分发家校联系卡，周一集中收取，再逐一核查、逐一了解，发现问题及时与任课教师联系、与学生联系、与家长联系。

联系卡内容涉及四方面。一是作业内容。由任课教师布置适量作业，教师督促学生真实填写。二是作业表现。由家长如实填写，如填写"字迹工整，按时完成""字迹潦草，不能完成""不做作业"等，家长逐一督查。三是家长寄语。由家长在联系卡上写明学生在家劳动、看电视、上网、走亲戚、交友等活动情况。四是教师评价。结合学生作业和家长寄语两方面内容，班主任对学生进行综合性评价。

三、搭建走进家庭平台

家访的目的是促进家校沟通，形成教育的合力，赢得家长信任与支持。我们深入开展"千名教师访万家"活动，号召中层干部、班主任、科任教师深入学生家庭，有针对性地开展"送知识、送方法、送温暖"的家访。每学期,中层干部至少完成级部六分之一学生的家访,班主任完成班级所有学生的家访,科任教师至少完成班级三分之一学生的家访。通过家访,及时把新理念、新方法送给家长,把关爱送给单亲家庭、贫困家庭,全面了解学生在家的学习习惯、生活习惯和行为习惯,同时积极听取家长对学校的意见及建议,留好家访记录。日积月累,逐步形成"三到位、三跟进、三注重"的家访经验:一是重视到位,组织跟进,注重家访制度落到细处;二是规范到位,措施跟进,注重家访活动创新多样;三是效果到位,总结跟进,注重家访工作切实有效。我们统一从"访前、访中、访后"三个方面对家访提出规范要求。访前准备,要求班主任按学生住址归类,确定对象,并将学生家庭信息告知科任教师;提前与家长预约,定好登门走访的时间;了解学生近阶段在学校的综合表现,提前准备好家访的谈话内容。访中要求教师平等沟通、不指责家长、不状告学生,换位思考、赏识为主、明确方向。访后教师深刻反思、写家访手记、交流家访经验等等。

四、搭建信箱反馈平台

为了更好地为家长贴心服务,及时为家长排忧解难,我们建立校长信箱反馈制度。家长在家庭教育中有什么疑惑、遇到什么困难,都可随时反映到校长信箱。我们做到有求必应,及时回访,耐心做好学生的思想工作和学习结对帮扶工作。

五、搭建网络交流平台

首先,建立专题网站。建立以家校沟通为主要内容的专题网站,开辟班主任寄语、家教故事、家教经验、星语心愿、名人家教、家校动态、心理咨询、教子有方等栏目。通过专题网站的创办,促进家校教育在理论与实践的结合上不断创新。其次,建立 QQ 群、微信群,与学生家长沟通。家长不需打电话给教师,就能了解孩子的最新动态。

我们家校共建工作重过程、讲实效、求创新,努力拓宽学校教育渠道,成为学校可持续发展的不竭动力。

构建学校与社区共同育人机制，促进学生全面发展

莱西市城北中学　仇洪财

现代教育理论认为，教育是一项系统工程，需要全社会的关心与支持。教育理论的本质是促进人的社会化进程，教育从来都是与社会联系在一起的。我们强调教育在人的发展中起主导作用的同时，要使教育的功能得到充分的发挥，必须十分重视学校、社会和家庭对人的发展的影响作用，学校、社会和家庭三方面必须协调一致。为此，近几年来，我们学校对学校与社区共同育人机制在促进学生全面发展中的作用做了一些探索。

一、探索建立新型学校、社区合作伙伴关系，为学校与社区之间的良性互动、促进学校全面发展奠定良好的基础

我校位于市郊农村，一直以来与社会各界保持了良好的合作关系，建立了学校与社区教育指导机构，健全了学校与社区之间的联系协调，建立了学校社区活动站和实践基地，在共同育人方面积累了一定的经验。社区育人环境和谐，设施功能齐全，为促进学生全面发展提供了物质基础。

二、整合学校社区的各类教育资源，建立促进学生全面发展的长效机制

除了学校的各种教育资源外，社区的教育资源也非常丰富，既有我们看得见的许多物质资源，如社区活动站、爱国主义教育基地等，还有大量的人才资源和文化环境资源，如社区老党员、老干部、科技人员和文艺工作者组成的社区志愿者队伍。社区充分利用教育志愿者的人才优势，经常开展多种形式的教育实践活动，引领学生开展具有时代特点、寓教于乐的多种教育实践活动，如请社区老党员、老干部做报告，请科技人员、专家学者开展科普活动，请社区民警宣传安全教育法规……这些活动不

仅对学生进行了思想道德方面的教育,而且拓宽了学生知识领域,丰富了学生的课余生活,使学生受益匪浅。在个体成长的过程中,能够实现学校和社区的双向互动,形成互补的良性循环,可以使社会的教化与个体的内化实现有机的结合,从而更好地培养学生成为会学习、善创新、敢竞争的全面发展的高素质人才。由此可见,充分开发利用社区教育资源,建立学校与社区共同育人机制,有利于提高学生的综合素质,有利于学生的全面发展。

三、在社区实践活动中促进学生素质的全面提高

不仅社区的社会资源是学生健康成长的主要基础,而且社区实践更是学生素质提高的有效实现途径。让学生积极参与社区实践、投身社会实践,不仅能帮助学生认识客观世界,而且可以帮助学生在对生活真切的感受和体验中不断完善自己的主观世界。在社会实践的过程中,学生不仅能获得最真切的现实生活体验,而且能将社会主流的文化价值、传统习惯及行为模式逐步内化为自身的素质结构,不断提高自身的综合素质。

四、把学校评价、社区评价和学生自我评价相结合,探索综合评价学生的模式

过去我们对学生的评价往往停留在对学生的学习成绩和在校表现的评价上,非常片面,不能客观全面地评价学生。我们的实践已证明,把学校评价、社区评价和学生自我评价相结合,不失为一种对学生全面综合评价的模式。我们为班级每一位同学建立了学生成长成才档案,用以收集学生在校学习、在校活动、在社区实践活动中的表现、进步和成就,从而对学生发展状况做出评价。设计学生成长成才档案的基本理念是树立综合育人的大教育观,打破传统教育的评价模式,在设计过程中充分考虑了学校、社区、家庭对学生的教育的影响。在档案中,我们设计了"我的爱好与特长""班主任评价""家长寄语""社区居委会的鉴定"等栏目,让学校、社区和家长都来关注学生的成长发展,让评价变得精彩、丰富,体现学生的全面发展。评价方式也应该多样化,如档案评价、成功展示评价、文明进步评价、特长评价、时间表现评价等等,还可以针对一些特殊问题学生召开专门的诊断会,组织学生、老师和社区工作人员共同寻找学生的闪光点和不足之处,提出教育方案。

教育作为一项系统工程,需要全社会的关心和支持。学校与社区共同育人机制的建立对于培养遵守社会公德、具有良好文明习惯的优秀学生,对于创建学习型社会、构建和谐社会都有积极而深远的意义。通过近几年的实践和探索,学校和社区在

学生的道德行为教育、学生综合素质共建工作上已实现良好的互动,取得了一定的成效,得到了群众的充分肯定。但这种探索还处于初级阶段。在创建和谐社会新形象形势下如何更好地服务于学生的全面发展,构建学校与社区共同育人的机制,仍然是需要我们深入探讨的一个重要课题。

做优秀校长,从调适外部环境开始

莱西市河头店镇中心中学 王晓东

《义务教育学校校长专业标准》中把校长定位于履行学校领导与管理工作职责的专业人员,从规划学校发展、营造育人文化、领导课程教学、引领教师成长、优化内部管理、调适外部环境六个方面提出 57 条专业要求。其中,为学校发展营造良好的外部环境,赢得更多的支持与配合,是校长重要工作之一。

以前,当校长"两耳不闻窗外事",以校为家,抓好内部管理即可,与外部环境联系多了还被认为不务正业。随着社会的发展,学校不再孤立存在,它与越来越多的外部环境发生联系,包括家长、社区、媒体之间的关系。调适外部环境就是调整好这些关系,以达到最佳状态、最大程度的和谐。

一、学校与家长关系的调适

金杯银杯不如家长的口碑,学校办学的目的之一也是得到家长的认可,提升家长满意度。学校与家长的关系,不应该被曲解和孤立。家长应是学校教育的合作者,还是学校声誉的传播者,因此,校长必须把家长关系处理好。

(一)建立常规交流途径

1. 日常交流

通过学生离校、入校时的简短谈话,电话交流,微信群交流等方式保证与家长之间沟通顺畅。

2. 请进学校

运用家长会、家长驻校日、学校活动、专题讲座等，让家长了解学校教育教学理念、班级活动、学生发展状况和先进教育方法，有效促进学校与家长之间的相互了解。

（1）学校召开多种形式的家长会，如全体家长会、级部家长会、班级家长会、"后进生"家长会、"优培生"家长会等，力求多角度、全覆盖地与每一位家长有所交流。

（2）学校把每周四设立为家长驻校日，让家长走进校园，深入课堂，与学生同听课、同运动、同就餐，亲身感受学校的教育教学氛围，面对面与学校领导、教师进行交谈，对学校提出合理的意见和建议。

（3）学校邀请家长入校参与丰富多彩的学校活动，如观看军训展演，感受冬学誓师大会，与孩子一起走红毯参加开学典礼和毕业典礼，为合唱比赛、朗读比赛、演讲比赛做特邀评委，等等，让家长亲身参与活动，见证学生的努力与成长，更积极地配合学校开展各项活动。

（4）学校定期邀请专家为学生和家长开展讲座，如感恩讲座、法制讲座、教育讲座等，为家长提供一个便捷的更新教育理念、提高教育素质的途径，也加深了家校之间的沟通。

3. 数字化平台

利用好数字化平台是学校做好家校合作、家校共育工作的一大助力。运用好数字化平台也就是运用好新媒体技术，如学校网站、学校微信公众号、专门的教育公众号等，让其成为学校与家长的桥梁，节能高效，拉近家校距离，让家长更直观地了解学校动态，让家长有更多途径进行学习，也让家长有更多发言权，家校对话更顺畅。

4. 走进家庭

走进家庭就是传统意义上的家访活动。在家校合作的过程中，不仅邀请家长走进校园，学校领导和教师更应该走出校园、走进家庭，切实地了解学生的家庭条件、环境、氛围等影响其学习的重要因素，面对面地与家长进行深入有效的沟通。

（二）充分发挥家长的作用

家长委员会是学校联系家长的桥梁和纽带，校长要鼓励家长委员参与学校教育、管理工作，为学校发展出谋献策，积极参与各项活动，以身作则，带动其他家长，携手支持学校的和谐发展。

家长来自各行各业，校长要善于挖掘家长资源，为校所用，让其为教育教学服务，发挥家长发挥专业优势，自愿承担助教，从而开阔孩子的视野，丰富学校的课程资源。

校长要吸纳关心学校教育、有时间、服务意识强的家长为志愿者,协助学校工作,如整理图书、大型活动布置、摄影、安保、除草等,充分调动家长的积极性,使其成为学校的坚强后盾。

二、学校与社区关系的调适

学校与社区是一个利益相关的共同体。校长要坚持合作共赢的原则,积极整合社区和社会上的各种资源为学校服务。

(一)安全工作

校园安全已成为社会各界尤其是家长们关注的焦点话题。校园安全工作单靠学校的力量是远远不够的,校长必须密切与社区、居委会、街道、派出所、消防队、交警中队等的联系,保持良好互动,让社区专业人员对学校设备安全、消防设施、食品安全、卫生保健给予专业指导,齐抓共管,为学校安全工作保驾护航。

(二)教育活动

无论学校坐落在何方,社会教育资源都现实地、客观地、丰富地存在。校长要了解、挖掘教育资源,善于发动、运用社会教育资源,以丰富学校教育活动。例如,让学生们参与社区劳动,亲身体验劳动的辛苦与收获。实践证明,注重对社区资源的挖掘、整合与利用,不仅能丰富教育内容,更能形成强大的共育合力,促进学校和谐发展。

三、学校与媒体关系的调适

现代社会是信息社会,媒体传播速度之快,瞬间让学校赤裸地展示在公众面前,让校长难以招架。媒体是把双刃剑:运用得当,充满正能量;运用不当,麻烦不断,严重影响学校的形象和声誉。如何加强与媒体的沟通、交流,与媒体保持良好关系,使其对学校发展产生积极正面的影响,需要校长好好动脑筋思考。

(一)积极引导

近年来,有关学校的不良报道不绝于耳,将学校推向风口浪尖。校长必须清晰地认识到问题的严重性,主动出击,用实际行动宣传正能量,正确引导舆论导向。例如,对于学校自豪的事件、有意义的活动,校长要主动联系媒体,配合采访,积极互动,形成良性的合作关系、伙伴关系,使报道真实而有正面效应。

（二）遇危不乱

遇到危急事件,校长不能逃避,更不能方寸大乱,而应沉着冷静,把教职工、家长的力量团结在一起,想尽一切办法,理智地解决问题,坦诚面对媒体。只要方法得当,危机可成为转机,校长的态度、担当、责任等积极的一面也会得到媒体的谅解,让事件化险为夷。

新时期的校长不仅要苦练内功,还要精于修炼外功,努力提高调适能力,做内外兼修的领航人!

校长如何引领教师专业发展

平度市冷戈庄中学　辛绪照

冷戈庄中学是一所普通的农村偏远中学,共有在校学生 512 人,教学班 12 个,在编教职工 65 人,其中 50 岁以上教师居多,占在编教职工总数的 58%。拥有这样一支教师队伍,应该说有机遇和优势,也充满挑战和困难。优势在于绝大多数教师工作认真,教学经验多;困难在于教师教学理念陈旧、接受新生事物慢,师生关系不融洽,等等。我校教师队伍的现状是众多农村学校教师队伍状况的缩影,教师队伍的建设与专业成长成了我们共同面临和亟待解决的一大课题。

一、校长在教师专业成长中的地位与作用

校长是一个学校的核心人物,也是关键人物,更是重要的决策人。校长的管理理念、办学思想、办学目标、治校策略等都是学校发展的关键所在。可见,校长是教师专业化发展的第一要素。校长要重视教师队伍的专业化发展,以现代科学的教育理念引领教师的专业化发展,营造教师专业化发展的优良氛围,打造一支高素质的教师团队,推进教育事业的发展,办好人民满意的教育。

二、科学管理引领教师专业成长

（一）发挥校长的示范带动作用

（1）诚信。诚信是我们中华民族的传统美德，是人与人沟通的根本准则，也是校长与教师间构建良好关系的基础所在。简单说就是校长讲话要算数，不能今天说，明天就变了，找不到主心骨。一旦决策过的事情，就要坚持到底，有再大的阻力也要克服，不能半途而废。

（2）规范。俗话说，没有规矩不成方圆。校长管理要按章办事、依法行事，要做到这一点不容易。校长必须熟知各项教育法律、法规、政策，并且能遵守规范操作程序，做到公开、公正、公平。

（3）细节。人们常说细节决定成败。一个学校管理重在细节，从大处着眼，但要从小处着手。我每日要做到"三查"：一查环境，早上一到校，我会巡视整个校园环境，尤其是环境卫生，保证校园环境干净整洁；二查课堂常规，及时巡查课堂教学情况，保持教学秩序良好；三查安全隐患，随机检查一些不被关注的地方，进行安全排查，创设一个平安和谐的校园环境。

（4）求新。创新是发展的动力。在学校发展中，校长是决策者，因此，创新办学思路，创新办学举措特别重要，这也是特色办学的需要。

（二）理顺关系，促进团结

（1）尊重教师的人格，以理服人。无论是安排工作，还是处理日常事务，首先要尊重教师的人格，要量材使用，客观条件要基本适合其施展才能，使其乐于接受任务并尽力完成。即使教师违了章，也要以理服人，说明原委，使其接受批评，服于处理。

（2）做教师的知心朋友。校长要关心教师的工作、生活、身体健康和其他事情。经常和教师谈心，了解他们工作中的问题，征求他们对学校的建议和意见；了解他们生活上的困难，关心他们的疾苦，帮助他们克服困难，安心工作；要使他们对自己有话敢说、有话愿说、有话可说，使教师把校长当作工作上的领班人、生活中的知心人。只有这样，教师才能肯干、干好，学校才能有凝聚力。

（三）善于学习，不断提高

（1）校长是个领跑者，首先要自己跑得快。做一个优秀的领跑者必须比别人跑得快，比别人跑得远。校长获得这些素质和才能，唯一的途径是学习。好的校长是善于学习的校长。在使用中学，向教师学，向学生学，向书本学，这是校长工作的精髓。

（2）真诚地聆听教师和学生的心声，并了解他们所要传达的信息，是身为一个好校长必须具备的条件。一个好校长懂得如何分享教师教学的经验和心情，并在必要的时候给予适当的建议。同时，校长必须以诚恳的态度去体会诉说者的心情，建立彼此信任的关系。学生、教师一旦对校长产生信赖，就会更愿意向校长表达自己的想法和意见，而校长所要推动的各项计划也就容易取得他们的支持。

（3）听课是校长向教师学习、进行调查研究的一种极好方式，是最生动而真实的现场调查方式，也是深入教学的必要手段。因此，我校实行推门听课制度，听课的方式随听课的目的而定。校长听课的立足点在于学习和研究，在这个前提下，发现教师的优点，对其鼓励表扬，同时指出教学上存在的主要问题，提出建设性意见。

（四）热情服务，激励教师

（1）服务好教师。教育是一种服务行业，没有什么了不起，校长别把自己当作什么"官"，校长就是一个为学校服务的人。校长一定要处理好与教职工的关系，千万别形成对立格局。

（2）服务好学生和家长。现在有一种说法："教育的产品就是服务。"我觉得很有道理，哪所学校为学生和家长服务得好，那么这所学校就能生产出优秀的产品，生源就会多，生命力就强。当更多的家长选择你的学校时，你的学校就"牛气"了；当有好多家长想选择你的学校，而你的学校不能满足他们时，你的学校就成了名校，校长就成了名校长。

（五）公平公正，提高公信力

公平公正，也就是人们常说的"一碗水端平"。有时候，教师不图什么，毕竟评优秀的名额总是有限的，职称评聘也是有政策有制度的。教师就是图个真实，就是图个校长做事公平公正、阳光操作。不管组织何种类型的评优选先，我都力争让榜上有名者理直气壮，让榜上无名者心甘情愿。只要你办事公平公正无私，就有号召力。这样的校长就是为人师表的带头人，就是教师可信任的人，校长的人格魅力就成了学校的一种教育资源。

总之，作为校长，要始终牢记"办好让人民满意的学校"这一根本宗旨，树立"一切为了学生，为了一切学生，为了学生一切"的办学理念，做到在困难面前身先士卒、冲锋在前，在利益面前大公无私、先人后己，在廉洁方面以身作则、严于律己，在待人方面关心人、理解人、尊重人、爱护人，努力使自己成为品德高、作风正、修养好的校长。这样，就一定会凝聚教师积极向上的热情，不断地促进教师专业成长。

"乐教乐学"——学校管理的助推器

平度市旧店镇祝沟中学　耿军强

"乐教乐学"是由北京乐教乐学教育科技有限责任公司专门为学校打造的家校沟通软件,是跨平台开发的"人人通"教育教学平台,集教育管理、微课中心、新闻传播、作业通知、平安校园、竞赛活动、游戏化学习等若干应用于一身。学校以"乐教乐学"平台为依托,构建全方位的网络管理,取得了良好的管理效果。

平台的使用由教导处负责规划,具体由班主任工作室负责人负责管理,进行平台的维护、使用方法的培训、使用效果的评估等。

学校层面利用平台可以进行视频会议或培训直播,大大节约了集会所需要的时间。教师利用同步课堂也可以进行课程直播,足不出户就能享受到高科技带来的便利。数据统计和调查问卷是平台的又一强大功能,特别是调查问卷,省去了打印纸张及数据统计带来的麻烦,既节约了成本,又节省了时间。

教师层面的应用突出表现在可以利用平台布置作业。平台上所有科目都准备了大量的作业,教师只需按照所需,点击"布置作业"即可,并且可以随时监控学生的完成情况。平台会自动对学生的作业进行批阅,然后利用平台"错题快拍"功能对学生出现错误的原因进行分析。教师还可以自己上传资源。资源的形式十分多样,可以是 Word 文档,也可以是图片或视频形式。平台使用起来非常灵活方便,是教师布置作业的得力助手。

平台上有现成的微课资源,教师和学生都可以利用这些微课资源进行学习。学校规定每个教师制作的微课都要上传到平台,大家相互切磋学习,共同提高。教导处牵头,每学年对教师在平台上发布的微课进行评比,将优秀作品推荐到市级的微课比赛,使平台的微课数量与质量都有了大幅度的提高。

如果将期中、期末学生各科的成绩上传到平台,班主任还可以对班级数据进行分析,对学生的成绩进行横向或纵向比较,了解学生的偏科情况,做到有的放矢,对症下药。

平台可以记录班级中每位同学的活动、才艺、成长、荣誉等,还可以对同学为班级所做的贡献进行量化评比,在期末三好学生评定中作为一定的依据,鼓励同学们积极参与到班级活动中去,为班级增光添彩。

平台上还有大量的趣味学习内容,如"华夏诗魂""成语攻擂""华夏汉字""速算森林""乐学阅读""课本点读"等内容。这些小游戏具有极强的趣味性,能将学生从网络游戏中解救出来,使枯燥的学习变得生动有趣。编程学习已经成为学生学习的主要内容,新编的小学六年级信息技术教材就新增了编程内容,编程也是改变学生学习思维的主要手段之一。平台上的"蜜蜂编程"很好地解决了这一问题,使学生在轻松愉快的游戏中不知不觉地学会了编程,起到了意想不到的效果。

最神奇的是"课本点读"功能。平台更新非常及时,无论是对老版本的教材还是新的部编版教材,都可以进行点读。特别是对于暑假或寒假想预习课本的学生来说,这简直就是一个良师,既省去了借阅课本之苦,又避免了英语单词发音错误的问题。

"乐教乐学"平台以其强大的功能在学校管理中发挥了越来越重要的作用。相信还有许多功能我们没有挖掘出来,在平台的使用方面我们将进一步完善。

练好"外功",办人民满意的教育

平度市古岘镇古岘中学　李宝进

一所学校教育的成败、教学质量的高低不仅仅取决于学校内部管理,对外部环境的调适也极为关键。国家行政学院余海波副教授指出:"教育是社会生活的过程,学校是社会生活的一种形式。"美国哲学家杜威提出了"学校即社会"的思想,在此基础上,我国教育家陶行知提出了"社会即学校"的思想,提倡教育要与大社会和社会生产实践相结合。学校是社会大系统中的一个小系统。学校的发展与外界发生着极为密切的关系,这是学校发展的重要保障。

时代的发展、现代学校管理理念要求校长善于调适与外部世界的关系,为学校的发展奠定基础、铺平道路。这些关系既包括与教育主管部门和学生家长的关系,也包括与其他行政、业务部门的关系。只有将这些关系理顺,才能为学校营造一个良性的发展环境。

一、调适与上级党委政府、教育行政主管部门的关系

教育是国家发展之本,校长必须与上级党委政府、教育行政主管部门保持高度一致,坚决执行上级政策,切实做到办好人民满意的教育,为学生的明天奠基,对民族的未来负责,培养更多的有理想、有道德、有文化、有纪律的社会主义建设者和接班人。

二、调适与有关职能部门的关系

校长还要与其他与学校有关的部门,如司法、发改、财政、国土、住建、交通、卫计、食药监等政府组成部门保持沟通协调,争取他们对学校的理解、支持和帮助,让这些部门为学校的发展起到增力、助推、保障作用。

三、调适与学校所在地的党委政府及有关部门、社会人士的关系

校长要与学校所在地的党委政府、社区及有关部门保持密切联系,争取当地政府对学校加大投入,确保学校的硬件建设能跟上时代的发展,满足优质均衡发展的需要。争取让其他部门也参与到学校的发展中来。例如,争取让公安部门帮助维持学校周边秩序,消除安全隐患;争取让水电部门优先保障学校的水电供应;争取让社会各界人士资助贫困学生;等等。

四、调适与学生家长的关系

要与学生家长保持良好关系。家庭是学生的第一所学校,父母是孩子的第一任老师,家长对孩子的影响是非常巨大的。校长要充分认识到这一点,通过家长学校、家长进校园、家长会、家长委员会等形式,让家长理解学校、理解老师,帮助家长提升教育理念,提高教育子女的水平。

总之,校长要充分构建个人良性关系网络,积累"亲""清"人脉关系,这些都将转化为学校发展的重要资源,为办好人民满意的教育提供有力的保障。校长要善于利用各种渠道和资源,调动一切积极因素,学会处理各种社会关系,让学校在一个良好的外部环境中实现发展,切实办好百姓满意的学校、人民满意的教育。

实践是课程最美的语言

——市南区中片学区以仪式课程助推学区内涵发展

山东省青岛第二十六中学　张　艳

市南区中片学区自组建以来,按照"统筹协调、统中有分、分中有合、统筹有序"原则,建立学区运行良好机制,统筹推进学区教育资源调配、教育教学管理一体化改革。学区制定学区工作和学区议事、决策制度,搭建学校教育教学管理交流平台,通过学区"一体两翼"的管理模式,谋求区域优质资源共创共享,逐步形成市南区中片学区学校管理规范化、课程设置精品化、师资队伍优质化、教育质量一流化的均衡发展目标。办好每一所学校,彰显特色个性教育,突出市南中片学区每所学校的品牌,努力促进教育公平,实现均衡发展,是学区学校的共同心愿。

经过学区理事会反复的交流、沟通、会商,确定以仪式课程建设为引领,整合学区各校,大力推进省市级文明校园创建活动,通过仪式课程、专题研究、主题培训、特色活动、参观考察等形式,协助孩子走好每一步,以积极推进学区制"面上联动"与"点上突破"的有机结合,促进幼小和小初融合,促进校园文明之风的形成。

各学校在学区长学校青岛二十六中的组织下,落实工作职责,推进工作任务,分享交流经验。根据实际共同参与开发仪式课程,统筹教育教学工作,建立必修、选修与社团活动相统一的仪式课程体系,共同开发仪式课程教学资源,努力实现仪式课程学校互补、学区共享。学区致力于通过仪式课程的资源开发共育学生核心素养,并形成了以下共识。

一、仪式课程的设计背景及目标

（一）设计背景

仪式是促进个体社会化的重要方式。自古以来,仪式就是一种非正规的"正式教育",体现了中国人"天人合一"、尊重生命的理念。仪式是由传统习俗发展而来,被普遍接受并按某种既定程序所进行的活动。仪式承载着深厚的价值内涵,可以给予人性以力量。它是具有可重复的程式,表达共同价值、信念的活动。

学校仪式能丰富学生的真实体验,让学生在体验中实现理解和认同,从而形成长久坚持的动力。学校仪式注重学生综合素质提升,整合教育资源,培养学生健全人格、健康体魄和综合素养。将仪式融入德育,让学生在仪式中体验、感悟,这是价值观教育的重要路径。作为教育活动的重要组织形式,仪式课程已经成为校园内不可或缺的一项教育内容。

市南区中片学区仪式课程包括入学衔接仪式、开学仪式、升旗仪式、入团仪式、成长仪式、领导力(社团)仪式、毕业仪式等课程。在仪式课程中结合社会主义核心价值观内容,坚持尊重、责任、体验和自主的原则,构建主体性、体验式的仪式课程,让学生在课程中体会责任与担当,增强自信心、自豪感。

(二)课程目标

仪式课程的核心是"成长""感恩",通过课程活动,让学生寻获"真"知,让学生涵育"善"情,让学生养成"美"行,实现"真善美"的生命追求。

二、仪式课程的实施

洛蕾利斯·辛格霍夫在《我们为什么需要仪式》中说:"仪式能令我们在自由和秩序之间达到一种平衡,更有意识地去感觉、珍惜生活中的特殊时刻。"怎样才能使生活中普通的事件成为不普通的经历,从而点亮生命中的美好?我们认为,"仪式"的作用是不可估量的。仪式课程点亮孩子生命中每一个重要日子,点燃璀璨斑斓的生命,帮助学生发现美、体悟美、欣赏美、表现美。它鲜明地指向学生的素养发展、精神润泽和生命丰盈,并内化为他们的人格力量。目前仪式课程有代表性的内容包括以下几项。

(一)入学衔接仪式——美丽开篇

入学衔接仪式是学生人生启航的标志,对幼小、小初衔接意义深远,学区各校都会为学生精心设计入学衔接仪式,其内容、形式、氛围会深刻影响学生的学习心情和态度。

1.幼小衔接仪式

青岛市实验小学开展"学区携手,共助小萌娃顺利入学"的幼小衔接活动。榉园学校以品格教育为根基,以习惯养成为目标,量身定制了绘本阅读、实践活动等一系列幼小衔接课程。文登路小学通过开展"海文化"活动,使学生步入小学后,做"亲海爱海的好儿童"。湖南路幼儿园、栖霞路幼儿园通过组织"四会一校",做好"平稳过渡,轻松入学"的幼小衔接仪式。大学路小学邀请文登路幼儿园小朋友入校参加主题仪式,培养爱国情怀。德县路小学扎实推进"德宝上学,启智明理""幼小衔接,共同成长"衔接仪式课程。太平路小学开展"亲子进小学"课堂活动,培养幼儿逐步养成良好的听讲读写学习习惯。莱芜一路小学把握教育新脉搏,开展幼小无缝衔接活动。

2. 小初衔接仪式

青岛七中推选精品课走进学区片小学的毕业班,通过体验式活动,引导学生在感恩中培养自主意识和自我规划能力。学校定期安排优秀班主任为六年级家长们量身打造"立足小初衔接"活动,缓解了初中"准家长"们的焦虑。

青岛二十六中每年都开展"大美京山,同助成长,共绘美好未来"微游学,让同学们通过参与地球探秘、谈古论今、魅力电声等奇妙有趣的社团课程,感受初中课堂的生活化、初中生活的多彩多姿。连续三年开展"遇见""HELLO朋友""你是我的阳光"主题入学衔接仪式,引导学生在学习广博知识的同时,拓宽自己的视野,以开阔的眼光悦纳世界。

中片学区各校秉承工匠精神,以匠心的育人情怀,脚踏实地、精益求精做好衔接仪式教育。学校、家长多方共同关注、爱心呵护、正确引导,协助孩子开启升学梦想之门。

(二)成长仪式——浸润心灵

成长仪式课程以情感教育为主线,坚持"以情动人,以情育人"的思路,深入挖掘师生内在的情感因素。市南区文登路幼儿园为大班幼儿举行了难忘的六岁"成长礼",在成长、别离之时书写出最美、最动人的诗句。每位小朋友用毛笔写下了大大的"人"字,这是教师、家长寄予的希望,希望小朋友们能成长为一个正直的人、快乐的人、勇敢的人。青岛市湖南路幼儿园开展红歌会"我与祖国共成长",引导孩子们爱祖国、爱家乡,感受节日的气氛,在孩子们的心中撒下"爱国"的种子。文登路小学组织的"我的青春不毕业"毕业典礼仪式课程,让孩子们以一腔真情感恩母校,感恩师长,感恩自己在母校度过的每一个快乐而激扬的日子。青岛七中的"传承薪火,赢在初心"仪式课程,优秀校友、应届毕业生代表分享学习经验,通过生动的方式,鲜活地解读了中学生文明礼仪、行为规范,提振了全体学生的精气神。青岛二十六中为学生设计了富有实效的"三感"系列主题教育活动:初一年级是"感动14岁",初二年级是"感悟青春",初三年级是"感谢成长"。

（三）领导力（社团）仪式——体验未来

依托于市南中片学区的学区制建设与发展,青岛二十六中与青岛七中牵头,定期策划中片学区十多所初中、小学、幼儿园共同参与的领导力(社团)仪式课程活动。学区各校共同的参与,不仅帮助学区学子开阔了眼界,也加强了学校间的联系与交流,丰富了学区的课程建设体系。

1."Y＋X京山杯"数学节

学区内九所学校共同合作,协力联动举办了"Y＋X京山杯"数学节,进行"益思·思维比知识重要""益智·探究数学之奇美""益进·A＝X＋Y＋Z（成功的秘诀）"三个板块的展示与学习,让学生们在轻松的氛围中了解到、学到有趣的数学知识,提升数学思维,了解数学文化,也给更多喜欢数学的同学提供锻炼自己、展示自己的平台。

2.踏歌向未来——"京山杯"学生干部领导力峰会论坛

"京山杯"学生干部领导力峰会论坛为市南区优秀学子们搭建起了相互学习的平台。中小学生理智的头脑、客观的分析、独立的思考、开拓进取的精神、创新发展的眼光、大气磅礴的胸怀、舍我其谁的态度,令人拍案叫绝。学生们锻炼了各项能力,培养了良好的意识。

3."京山杯"创客冬令营

寒假时,来自初、小不同学校的创客爱好者们以创客为纽带,在"京山杯"创客冬令营人工智能、3D打印设计等课程学习体验中,一起接受创新挑战,分享创新快乐。

三、仪式课程的成效与反思

尊重个性、多姿多彩的仪式课程及活动,为学区每一个孩子搭建起自主发展的舞台,营造了浓浓的文化氛围。仪式课程遵循学生成长规律,围绕学校育人目标,分年级、分阶段、有层次、有侧重地对学生进行相关主题教育,对学生认同感和归属感的强化,集体荣誉感、团队意识、感恩意识的培养以及顽强意志的磨砺起到了积极的促进作用。

我们在探索实践仪式课程的过程中,不断加强青少年思想道德建设,更新教育观念,创新教育途径和方法,解决教育工作中"假、大、空"的问题。当然,在仪式课程的探索与实践中,有几个问题还需要进行反思:一是要避免程序化,二是要避免单一化,三是要避免固化。

在今后的实践中,我们还需要充分挖掘学区内的社区资源和家长资源,充分激发教师和学生潜力,进一步确立学生主体地位,发挥家长积极性,发挥社区参与作用,让我们的仪式课程更加富有生命力和创新力。

四、学区理念下学区管理的启示

德国哲学家叔本华曾经这样说:"世界当然不是指理论上可以认识到的世界,而是在生命的进程中可以体验到的世界。"管理是科学,更是一门艺术。我们将不断思考、不断实践、不断探索,提升仪式的精神和内涵。仪式唤醒我们心中的美好情感,是心灵的港湾和力量的源泉;仪式增强了人的自信,鼓励人们面对充满压力的环境。中片学区也会以此为抓手,继续完善学区的各项工作制度,协调、探讨学区的教育教学管理工作,更有效地统筹学区内教育资源,促进学区、社区、家庭等多元主体参与学校的建设,使学校的治理结构和制度建设更为完善和科学,推进义务教育优质均衡发展,提高办学水平和教育质量,把学区打造成汇聚正能量的家长、师生的精神和实践家园。

以创新求发展,打牢家庭教育工作坚实基础

青岛西海岸新区实验初级中学　李　颖

西海岸新区实验初级中学自建校以来,紧紧围绕"教育让生命臻于完美"的教育思想,突出家庭教育的核心和根本,拓宽家庭教育指导服务阵地,让家庭教育走向学校教育的前台,促进学生健康成长和全面发展。

一、抓住主渠道,落实"三为主"家长学校办学模式

(一)强化培训,组建优秀家庭教育讲师团

将提高家庭教育指导的专业水平作为开展家庭教育工作的重中之重,纳入学校日常工作计划。聘请山东省家长委员会建设指导专家及市家校合作促进会专家担任

指导专家,开展家庭教育专题培训,高位引领。成立以班主任、骨干教师为主体的学校家庭教育讲师团,学校特聘专家、齐鲁名校长王明阳亲自担任家长学校首席讲师。组建优秀家长家庭教育讲师团,通过家长现身说法,增强案例教学的针对性,发挥家长的自我教育优势和优秀家长、优秀家庭的示范带动作用,丰富家长学校的师资力量。

(二)立足实际,研发家长学校特色校本课程

针对家庭教育中的热点和普遍问题,研发具有学校特色的家庭教育教材和活动指导手册。校本课程分为"如何做好小升初衔接教育""如何做好家庭教育工作""如何督促孩子尽快完成作业"等六个家长学校必修课程和"分享家长教育智慧""培养孩子的良好习惯""陪伴孩子学习"等六个幸福家庭教育论坛选修课程,构建起学校、家庭、社会三位一体育人模式。

二、创新驱动,发挥"三级"家长委员会平台作用

(一)强化职责,推进优质家庭教育指导服务

将家长委员会纳入学校日常管理,建立班级、年级、校级三级家长委员会,制定家长委员会章程、家长委员会工作制度等规章制度,明确职责,实现学校、家庭、社会教育一体化。指导家长委员会发挥自身资源优势,组织开展家长沙龙、亲子活动、优秀家庭教育案例评选等形式多样的家庭教育实践活动,传播科学家庭教育理念和方法,做好家庭教育指导服务工作。

(二)激活动力,协助开设幸福家庭教育论坛

针对家庭教育中的困惑和问题,家长委员会充分发挥平台协调作用,协助学校组织开展幸福家庭教育论坛,邀请经验丰富的骨干教师担任主讲教师,优秀家长代表分享家庭教育心得,群策群力研讨解决方法,加强了家校教育深度融合,提升了家长的教育素养。

三、拓展阵地,构建"三维"家庭教育服务网络

(一)开设微信课堂,构建网络家长学校

利用现代信息技术,开设微信课堂,每天上传一篇教育美文,每周一次班主任微信答疑,每月为家长推荐一本好书,提高网络服务的可及性和有效性,为家长提供便捷、个性化的指导服务。

（二）服务周边社区，建设家庭教育服务站

向周边居民开放篮球场、足球场、乒乓球场等全部室外体育设施，丰富社区居民娱乐生活。面向周边广大少年儿童开放音乐、舞蹈、美术、科技等各种功能室，满足孩子个性化、多样化发展需求。面向社会开放阅览室、图书馆，深入实施全民阅读工程，开展丰富多彩的家庭读书活动。组织教师和家长讲师团到社区开展亲子活动，推进家庭教育公共文化服务。

现代家长学校的建设和发展，只有起点，没有终点。我们愿在各位专家的指导帮助下，不忘初心，努力前行，积极打造优质家长学校，向家长和社会提供优质的家庭教育指导服务。

营造良好生态，落实服务保障，优化办学环境

青岛大学附属中学　彭念东

一、深入推进依法治校

以学校章程为抓手，进一步规范学校制度建设，严格执行校务委员会制度、校长办公会制度、教代会制度。引导社区和有关专业人士参与学校管理和监督，不断完善科学民主决策机制。进一步发挥家长委员会的作用，不断丰富学校资源。加强教育国际交流，提高教育国际化水平。

规范选聘学校视导员，建立学校视导员制度，加强学校内部督导工作。加强干部队伍建设，发挥"八个中心"的职能与作用。进一步落实现代学校的精细化管理工程，全面强化"干部在前、计划在前、服务在前"意识。在教师专业成长、新闻宣传、家庭教育、安全管理、艺术修养、体育健康、科技创新、实践活动等方面有更大的突破，提升学校的发展活力，提高现代化学校建设水平。

二、认真做好家庭教育指导工作

新的一年，将进一步形成"家长主体、学校推动、重点突出、载体新颖、因地制宜、

"特色鲜明"的家庭教育工作推进机制,科学、有针对性地开展家庭教育。组织好家庭教育论坛,开好"家长大讲堂"和各级部家长委员会会议。进一步发挥学校、级部、班级家长委员会的优势和作用。继续开展家庭教育系列沙龙。充分发挥家长作用,开展"亲子同劳动"主题活动,将劳动教育纳入"家长大讲堂"。

通过家庭作业等各种形式开展平均每周不少于一课时的劳动教育课,开展"大国工匠进校园""劳模进校园"活动,积极参加学工、学农实践教育活动,将每月第四周的周六确定为劳动日,并将学生劳动情况纳入青岛市中小学生"十个一"评价记录手册和信息平台,纳入中小学生综合素质评价体系。

三、切实抓好安全维稳工作

加强安全检查防控工作,继续完善和制定各项应急预案。与教导处、学管处、总务处等部门配合,进一步抓好学生的常规安全教育;开展有关安全活动,对师生进行自救、自护方面知识的教育;用好《安全教育读本》,让安全教育渗透到教育教学的每一个角落。

加强校园周边环境综合治理。继续维护好与派出所、消防、街道等的社区联动机制,做到安全工作校内、校外一起抓,并通过档案的形式记录安全工作的过程与痕迹。

做好安全、消防器械的后勤保障服务,落实食品安全、和谐平安校园的各项要求。继续坚持安全工作上报制度,及时贯彻落实上级各主管部门有关安全文件的思想及要求等。

四、做好人事管理工作

做好会议接待及上级主管部门的各项检查和调研工作;做好新教师入职的相关工作;严格教职工的考勤管理;做好职称评审准备工作,完成教师能力的指标化提升;更有效地提高办公室的执行力,抓好落实,提高服务效率。

五、做好对外宣传工作

积极发挥宣传中心的作用,把握正确的宣传舆论导向,传播正能量。

积极开展活动,采取多种形式宣传校园文化。将全体教职工紧紧围绕在校园文化周围,形成一股强大的力量,以促进学校的长远稳定发展。

配合学校中心工作,宣传好各阶段的重点工作。宣传好先进人物和典型事例,推广有价值、有意义的工作经验。

六、发挥工会组织作用和教代会民主管理作用

组织召开教代会,推动学校规划建设及调整教职员工薪资、提高福利待遇。组织丰富多彩的工会活动,进一步推进落实对教职员工的人文关怀制度,增加教职员工的职业幸福感。

七、规范工作细节,抓好后勤服务

对原有规章制度重新审查、充实、完善,不断提升后勤服务工作的档次和水平。

加强校产管理、水电管理。进一步完善购物、保管、维护、使用等财产保管制度,做到制度健全,职责分明;提高水电工作人员业务水平,使其规范操作,增强责任感,确保水电安全运转。

学校因地制宜,在现有条件下尽最大努力优化教育教学环境、场地,改善办公条件,尽量满足教学和师生工作和生活的需求。

改善就餐环境,加强食堂管理。严格贯彻落实新食品安全法,确保不发生任何大小食品安全事故。

家校共赢,调适学校外部环境

青岛西海岸新区外国语学校　薛秀花

学校管理应该始终坚持把合作共赢作为学校对外关系准则,积极开展校内外合作与交流。优化外部育人环境,建立健全家校合作育人机制。通过家长学校、家长会、家长开放日、家校联谊等形式,形成家校合作共赢局面。

一、完善工作机制,参与学校管理,落实民主监督

我校自 2012 年秋季开始,正式成立三级家长委员会,并及时开展家校融合相关工作,多次荣获市级优秀家长学校和优秀家长委员会称号。家长委员会成员由热爱教育事业、关心学生发展的家长组成。每学期初,根据情况随时增加成员。每学期末,召开家长委员会总结表彰会议,总结汇报学校发展动态以及家庭教育方面的得

与失,表彰先进,激发家长委员会成员参与学校管理和学生发展的热情和积极性。

学校常年实行家长委员驻校办公制度和家长午休协管制度,即各班级家长委员会主任轮流到校办公一天,班级每天都有一名家长参加午休协管。家长委员会制定了班级家长委员会轮值制度,轮值主任要做六件事:走进课堂听课、巡视校园、与校领导对话、提出一条改进建议、写一句赞美的话、做好值班记录。驻校家长委员会委员要参加每周一的升旗仪式,每周五列席学校的行政办公例会。家长委员会每月召开一次午餐菜谱商讨会,由学校领导、家长委员会成员、学生代表、配餐公司共同参加,讨论供餐服务和菜谱构成等具体问题,做到发现问题及时解决,有效地促进学生健康发展。这样能使家长参与学校具体的管理工作,及时了解学校的工作动态,通过微信群和各种信息向家长传达学校各个阶段的工作重点,并搜集家长意见反馈给学校,科学参与学校管理,充分发挥民主监督作用。

二、搭建交流平台,促进家校融合,提升教育水平

学校的工作离不开家长的支持与配合,孩子的进步离不开家长的关心和爱护。为推进家庭教育工作,提高家长素质,促进家校融合,学校和家长委员会携手搭建各种微信工作群交流平台,组织家教征文,开办《我的家风故事》《家长委员会通讯》《陪伴》等刊物,开设家庭教育讲座,倡导家长进班授课,开展丰富多彩的亲子活动。

邀请知名教育专家为广大家长开展了一系列的家长课堂活动,每学期定期举行各个年级的家长论坛。近年来举办的家长课堂有团中央《知心姐姐》杂志心理健康教育全国巡回报告团成员楚艳玲老师为部分家长做的"关注心理健康,关爱学生成长"主题报告、青岛市家校合作促进联合会孙增信主任主讲的"传承好家风,共圆幸福梦"主题报告、国际心理咨询师艾瑞主任主讲的"完整人格,完成成长"主题报告,以及"青春期孩子学习问题及学习心理调整""有爱在,希望就在""孩子教育的几个关键问题""改进学习方法的建议与分析"等讲座,有力地推进了家庭教育的科学化进程。

三、助力班级工作,积极参与活动,展示团队力量

家长委员会不但积极地参与学校的工作,还积极地参与到班级文化建设工作中,为班级显性和隐性文化建设出谋划策。绝大部分班级家长委员会协助班主任进行了运动会入场式方队、班级合唱比赛、国际文化节展演等大型活动的筹划和排练工作,取得了显著成效,成为学校发展的重要同盟和坚强后盾。另外,学校充分发挥家长的资源优势,动员家长委员会成员为学生开设各种综合实践课,如"安全与自救常

识""专注力的培养""怎样保护眼睛""安全用电""前湾港运输特点""家长辛苦为谁忙""玻璃制造及安全应用""规范写字""青春期知识讲座""电脑平面设计趣话"等课程。这些课程与学生生活密切相关,起到了拓宽视野、增长课外知识的效果,深受学生们的喜爱。

各班级家长委员会每学期都会制定出社会实践活动方案,开展丰富多彩的亲子活动,如班级亲子运动会、爱心捐赠、郊游、拓展训练、亲子烘焙"相约大珠山"、徒步金沙滩、畅游世园会、参观香博园、走进山科大等等,增进了家长与孩子的交流,有力地促进了亲子关系。

深度参与,让家长对学校的教育教学工作有了更深刻的理解,也取得了家长和社会的更大支持。让我们在探索中总结经验,为学校发展调适最优的外部环境。

依托家长委员会推动家校建设

青岛市即墨区潮海中学　黄祖润

苏联教育家苏霍姆林斯基有句名言:"没有家庭教育的学校教育和没有学校教育的家庭教育,都不可能完成培养人这样一个极其细微的任务。"从这句话可以看出,家校合作在一个孩子的教育中的确是非常重要的。为此,潮海中学以家长委员会为依托,全面推动家校建设。

一、成立家长学校,促进家校合作

学校、家庭、社会三位一体的学生教育是一个整体,潮海中学努力构建和完善学校、家庭、社会有机结合的教育体系。家校合作是合力教育的一种教育形式,是全面推进素质教育的重要渠道。成立家长学校就是为了促进学生更好地健康成长,也是优化教育环境的基石。

二、建设有格局的家长委员会

优秀的家长委员会是和学校同心同德的,主动为学校出谋划策,所以成立一个有格局的家长委员会非常重要。

在班级里成立班级家长委员会,选择有威信、能担当、支持学校教育的家长担任家长委员会主任,再选取一名家长担任家长委员会副主任,一名家长担任秘书长。他们同班主任一起,共同为班级管理提建议、出点子。

在班级家长委员会的基础上,学校从所有的班级家长委员会主任中选出一名校级家长委员会主任,多名家长委员会副主任,多名家长委员会秘书长。召开家长委员会大会,制定家长委员会工作要求与职责,颁发聘书。

除面对面的交流,学校还把最新的教育政策、教育信息和教育活动通过微信公众号传递给家长委员会,由他们在家长群里进行传达解读。这样,学校与家长之间的误解矛盾就会消除。

三、家长委员会与学校协商,定期组织多种活动,使家校合作取得成效

学校多次组织教育性讲座,如"启心明智——如何做家长""如何让孩子成为生命中最美的遇见"等,参加学校活动的家长们的组织工作,全部通过家长委员会利用微信群进行,让家长们都能看到学校为学生的成长所做的努力。

家长委员会利用自己手头资源,通过与学校沟通,自发组织家长参与学校工作,如参观学校伙房管理、为学校伙房献计献策,为确保学生能够吃饱吃好提出建议。

组织家长开放日活动,家长们走进课堂,参与学校教育教学活动,切身体验学校在教学中的做法。

开展"万名教师访万家"活动,由家长委员会组织家长分片区集中与教师面对面交流,使许多由于工作原因不方便参与的家长也能够及时了解孩子的状况。

由学校牵头,家长委员会辅助,在学校、学生和家长中开展"亲子共读,书香校园"读书活动,为学生的长远发展奠定基础。

校长要做的事

青岛市即墨区第二十八中学　李志刚

一、校长每天必须做的

总结自己一天的任务完成情况；考虑第二天应该做的主要工作；了解至少一个级部、处室的情况并进行相应的指导；考虑一个级部、处室的不足之处，并想出改善的方法与步骤；记住学校每一名教职工的名字和其特点；考虑自己一天工作失误的地方；考虑自己一天工作完成的质量与效率是否还能提高；批复文件；看一份有用的报纸。

二、校长每周必须做的

召开一次中层干部例会；与一个中层领导进行一次座谈；与一个你认为现在或将来是学校业务骨干的人交流或沟通；召开一次与教育教学质量有关的校长办公会议；纠正学校内部一个细节上的不正确做法；检查上周纠正措施的落实情况；进行一次自我总结（非正式）；熟悉教育教学的某一个环节；整理自己的文件或书柜；与一个非本校的朋友沟通；了解学校财务的变化；与一个片内村领导或企业领导联络；看一本杂志；表扬一个业务骨干。

三、校长每月必须做的

总结一次各级部的教育教学情况；拜会一个可能赞助学校的村领导或企业领导；自我考核一次；查看学校月财务报表；监督教育教学质量改进情况；读一本书；了解职工的生活情况；安排一次培训；检查投诉处理情况；去一个在管理方面有特长，但与本校没有竞争关系学校学习；有针对性地就一个教育教学问题做深入分析并提出建设性意见；与上级领导沟通一次；与一个员工座谈；进行双周总结并布置之后两周工作安排。

四、校长每半年必须做的

组织一次体育比赛或有教育意义的活动；进行人事考核并及时调整人事岗位；收集全校教职工的建议；进行半年工作总结；适当奖励一批员工；进行一次对政策的有效性和执行情况的考评。

调适外部环境，打造阅读基地

青岛李沧实验初中　李雅慧

所谓调适，就是调整使合适，使关系处于最佳状态，达到最大程度的和谐。

也不知从何时开始，学校被推到了风口浪尖，沦为弱势群体的一员，好像什么机构都可以管你。外界骚扰也变多了，家长也与学校对立，有点事就找学校，哪怕学校没责任，也给你闹得沸反盈天、鸡犬不宁。学校在越来越多的情况下站在了被告席。改变不了现状，只能调适，以追求学校利益的最大化，同时提高自己的舒适度。调适不好，我们举步维艰，寸步难行；调适得好，我们可能顺风顺水，事半功倍。

因此，做好调适，意义重大，非常必要。提高调适能力是校长不可或缺的一种职业要求。在此简单谈一下我协调各方力量保障学生读书活动顺利进行的事实。

一、协调周边社区为学校捐书

在李沧实验初中，我们的口号是"天天都是读书节，每天读书一小时"。学校图书室全天候向学生开放，课间饭后，常有学生流连于书架之间，或一人静读，或三两讨论。书籍是最美的食粮，阅读是最"潮"的时尚。

我们还为每个班级配备了一个大书柜和300册图书。学校组织语文教师反复讨论，优中选精，向学生推荐36种图书，以文学名著为主，涵盖名人传记、天文地理、科幻经典等内容，如《平凡的世界》《苏东坡传》《流浪地球》等等，每种图书学校为学生配备50册。这36种图书在各个班级之间"漂流"，语文教师组织学生在某一时间段内同读一本书，以便触发思想、引发交流、激发争辩。初中三年内，每个学生都要以读完这36本书为阅读底线。

但是,这些书从哪里来? 我想到了周边社区,于是协调周边社区按我们开出的书目为学校捐赠图书。周边社区领导踊跃支持,很短的时间内,这 36 本书每本 50 册就配备到了班级学生的书柜中。

二、联系吕思喜先生,建立思喜书馆

吕思喜先生是李沧区政协委员,是一名成功的企业家,热切关注李沧实验初中发展。在了解到我校重视阅读之后,慷慨决定在我校图书馆建立思喜书馆,计划在三年内投入 100 万元,为思喜书馆配备高质量的图书。现在,思喜书馆正在建设中,硬件建设已经完成,开始分步配备图书。学生阅读有了更好的去处。

三、协调社会与家长力量保障学生阅读

我们给学生创造了良好的读书条件,但是学生读书习惯的养成还需要逐渐培养。我校处于新城区,学生以"新市民"子女为主,家庭文化氛围相对淡薄,学生阅读习惯较差。培养孩子的阅读习惯,就成了我们的一项重点工作。

我们首先引进了"墨汁读书"APP。运营方被我们推动读书的热情所感动,免费提供相关服务。我们又向家长发放"致家长的一封信",召开家长会,宣传发动家长配合学校,养成孩子的读书习惯。

现在,每天课外阅读半小时已成为李沧实验初中每个学生的"标准动作",课外阅读蔚然成风。我校成为人民教育出版社名著阅读教学实验基地。

学校如何调适外部环境

青岛大学城阳附属中学　牟　兵

现代教育是社会性的教育,只有更好地外联内通,才能最大化地发挥学校教育主阵地的功能。所以,学校不仅要关注学校内部管理,更要关注外部环境的建设。

一、广泛持续开展媒体宣传工作

宣传工作在学校管理中起着非常重要的作用。宣传工作为学校的改革发展提供

理论指导、舆论力量、精神支柱和文化条件,着力创造舆论氛围,营造良好育人环境,对学校的形象、师生的精神风貌都起着舆论引领作用。宣传工作有明确的任务,对重大节日和重大活动的宣传,如教师节、国庆节、建党节、毕业会、运动会、志愿者活动、爱心义卖等等,都需要利用校园网站、微信公众号发布教育信息和学校宣传信息。

二、深入开展家校合作

家校合作是学校和家庭以沟通为基础,相互配合、合力育人的一种教育形式,是相辅相成、相得益彰的。学校本着教育、教学为生命线的办学理念,严格要求学生。家校合作促使家长将社会上的一些教育建议带到学校,同时将学生生活情况反映给学校。学校利用家长这一丰富、有力的资源,可以不断优化教育环境,从而为学生提供更好的教育服务。学校应树立"家长是学校的合作者"的理念,既尊重家长,又引领家长,让家长会沟通、会关心、会示范、会共建。为此,学校可以定期请教师、优秀学生家长、外聘专家为家长举办丰富生动的讲座。要开好家长恳谈会,让家长发现自己教育孩子过程中的不当之处,并有办法加以改正。在学校校刊和网站上,要设立家教专题,分享教子经验,征集教子心得,推广育人经验。学校还可以整理优秀家庭教育事迹,评比优秀家长,分享各自的家庭教育经验。一要有组织引领,成立家校联盟、开办家长学校等;二要有制度保障,明确家长委员会职责,制定信息反馈等家校联系制度;三要有活动开展,利用便利的通信手段,让学习成为家长日常生活的一部分。

三、开展多种形式的学校合作

充分认识自己学校的发展与现状,借鉴区域内外优质教育资源的成功经验,在提高教育管理水平和教育教学质量等方面建立合作关系,开展合作与交流。共同探讨学校良好运行的有效机制,形成具备有效决策、执行、评估、反馈、调节功能的运行系统。共同探讨校园文化、师德建设、教师团队精神打造等方面的经验,全面加强党员、干部、教师的作风建设,进一步提高干部教师的思想水平和工作能力,共促两校快速发展。一是可以互派领导挂职锻炼。挂职锻炼的干部要认真学习对方学校管理的先进经验,参与校务管理,并向对方校领导班子传授本校先进的管理经验。挂职学校还要定期安排挂职干部到附近兄弟学校学习交流。 二是互派教师进行教学交流。教学交流的教师要向对方学习先进的教育教学理念、方法和经验,兼任一定课时的专业课,向对方教师传授本校教育教学的经验和方法,进行教育教学改革的尝试,并完成对方学校安排的其他工作任务。三是双方开展教育教学科研合作项目,包括各学科的课题合作,建立学科教研联组,合作开展校本教研、校本培训等活动。充分发挥双方校本研修骨干的示范与辐射作用,适时相互参加对方组织的重要教育教学会议及研究课、优质课赛课活动,以课例研究为载体,以课题研究为突破口,提高教师的教育教学能力,提升教师专业水平。

家校联动，共促发展

胶州市第十九中学　罗济京

一、积极发挥家长委员会的监督和管理作用

学学校非常重视家长委员会的建设工作。充分发挥班级、级部、学校三级家长委员会的监督与管理的作用,收到了良好的效果。

学年初,七年级新生家长成立新的班级家长委员会,对校服款式、价格,学生食堂的卫生情况、进货渠道、储存方式、加工过程、就餐方式等方面进行了讨论,提出了意见,形成了决议。八、九年级各班级根据各委员的表现情况调换,改组了班级家长委员会;在此基础上,由班级家长委员会成员选举产生级部家长委员会;再由级部委员会成员选举产生学校家长委员会。三级委员会通力合作,排班驻校,积极参与学校管理,为学校发展发挥了积极的作用。

二、积极落实家长进校园活动

从上一个学年开始,学校大力开展"123(一天时间,两个交流,三重感受)家长进校园"活动。家长拿出一天时间,深入到学校中,在与学生一起学习、生活的过程中,体验学生的学习生活,感受学校对教师、学生的管理,提出宝贵的意见,提报家长进校园活动反馈表。家长在校期间,与学生和教师进行"两个交流",在交流中,深入了解学生在校期间的学习、生活、心理、想法;与班主任、科任教师了解学生在校期间的各方面的表现,同班主任一起制订有针对性的个性化培养方案。家长在校期间,积极走进三个地点,即教室、宿舍、餐厅,感受学生学习、生活的氛围。家长进入教室听课不少于三节,对教师的授课、学生的听讲给予评价,结合自己的感受提出宝贵意见;家长和学生一起就餐,在就餐过程中,对饭菜质量、食堂卫生、学生就餐秩序等方

面进行评价；学生晚睡期间，家长和值班干部、值班班主任一起参与学生晚睡管理工作，感受学生良好的住宿环境和严格的纪律要求。

三、组建和维护好学校微信公众号和家长微信群

为方便快捷地传递信息，学校组建了学校微信公众号，并积极做好微信公众号的维护工作。在微信公众号内及时公示诸如《胶州市第十九中学选用教辅材料公示》等信息，让家长做到心中有数；实时发布诸如《第十九中学举行反校园欺凌主题教育活动》等学校活动信息，让家长了解学校开展的活动，以便做到家校联手对孩子进行教育；在微信公众号内发布《校园雪景》《胶州市初中语文公开课在第十九中学举行》《我校寒假星阅读活动取得优异成绩》等信息，让家长感受到学校优美的育人环境、兢兢业业辛勤耕耘的教师和刻苦努力的学生。微信公众号收到了家长的一致好评。新学期的第一周内，各个班级均成立了家长交流群，所有任课教师、家长、分管干部均在群内，任何家长都可以反映关于孩子教育的方方面面的问题，且均能够快速得到解决。学校微信公众号和家长微信群的使用，使家长获得信息渠道、反映问题通道更加快捷畅通，极大地提高了家长参与学校管理的积极性和有效性。

四、积极开展"千名教师访万家"活动

在我校，家访工作已经是工作的常态，深入学生家庭，和家长一起，将"培养社会发展的栋梁"的意识植入每位教师和家长的内心。我校开展的"千名教师访万家"活动已经形成校长牵头、中层干部领头、班主任带头、全体教师参与的固定格式，并且开创性地采用了普遍性问题集体访、区域性问题小范围访、专项问题专题访、特殊学生即时访的"四访"模式。所有教师走进学生家中，督促和指导学生学习，交流学生学习和生活中遇到的问题，解答家长教育过程中的疑惑，消除学生成长过程中的烦恼……随着这项工作的持续开展，学生的德、智、体、美、劳各项素质也得到了显著的提高。

家校共育，静待花开

青岛市即墨区新兴中学　吴成海

新兴中学自创建以来，一直重视家庭教育对学生成长的重要性和必要性，一直把家庭教育作为学校教育的重要组成部分。多年来，我校多措并举，有策略性地开展家庭教育工作，取得了一定的成绩，也积攒了丰富的教育教学经验，其中最为突出的做法集中在下面四个方面。

一、成立家长委员会，共同努力，共谋发展

为了更好地指导家庭对孩子的教育，也为了增强学校工作的透明度，增进学校与家庭的相互了解，确保教育的自律和公正，加强学校与家庭在学生教育工作中的沟通与配合，便于家长对学校工作的监督，帮助学生解决学习过程中所遇到的困难，新兴中学成立了家长委员会。家长委员会的成员由了解和关心教育、懂得一定的教育规律、具有认真负责的工作态度、关心学校、热心支持学校工作的家长组成。家长委员会的成员有权对学校的教育教学工作和日常管理提出意见和合理化建议，同时，家长委员会成员也有义务听取和反映家长们所关注的问题，协调学校联系，促进家校的相互了解和交流，向家长公开个人联系电话，接受他们的咨询和求助。

二、家长进教室，和孩子一起学习，共同成长

为了进一步加强学校与家庭、教师与家长之间的密切联系，增进每一位家长对学校工作的了解，让家长感受孩子在校的学习氛围，真正达到家校携手共同培养孩子的目标，新兴中学邀请部分家长以"班主任助理"的身份，在自习课时间走进教室。教室里精心准备了许多关于家长如何教育好孩子的书籍，让家长走进教室与孩子共同学习，共同进步，共同成长。通过这样的活动，家长了解了孩子的学习和在校表现情况，也学到了一些家庭教育的方法，拉近了学校与家长之间的距离，融洽了教师与家长的关系，对学校的科学发展和孩子的健康成长起到了积极的促进作用。

三、搭建高效的家校互联平台

教师与家长之间的沟通,对学校与家庭教育"工作战线"的统一起着不可忽视的作用。为了便于沟通,新兴中学通过多种形式和家长保持联系。

(一)开学第一周:家访周

开学一周内,学校根据学生提供的家庭信息,由级部牵头组织,班主任和科任教师具体负责,包生到个人,开展"爱心家访"活动。"爱心家访"在教师和家长、学校和社会之间架起了一道五彩缤纷、心灵相通的彩虹。一番番和风细雨的情感交流,一场场深入人心的亲密接触,快速拉近了学校与家庭之间的距离,增进了教师与家长、学生的感情,促进了家庭教育与学校教育的互动。

(二)充分利用好现代化沟通工具,微信在线,资源共享

微信这一互联平台是学校教师与家长联系的主阵地,它具有开放、共享、互动、自由等便捷高效的功能,利用它,就能使家长在网上与自己孩子的任课教师展开双向便捷的交流。例如,班主任可以利用自习或者课下时间拍摄学生在校的视频,家长能及时关注自己孩子的表现;家长和教师在群里可以及时交流,询问孩子的表现;有的教师还直播每周一的主题班会课,收到了很好的教育效果。

四、家校联谊,举办丰富多彩的感恩活动

感恩,一直是新兴中学德育教育永恒的主题之一。学校通过多种形式,把教师、家长、学生相聚在一起,用文艺表演、图板展示、主题演讲等形式,共同营造和谐的气氛,增进感情。每年的初三毕业生典礼,新兴中学都会邀请初三毕业生的家长参加,并对优秀毕业生的家长进行表彰,感谢他们在孩子成长中的辛苦付出,同时也教育学生,他们的成绩凝聚着父母的心血,要懂得感恩。每年的元旦,学校都举办学生、家长、教师共同参加的元旦联欢,通过联欢,增进交流,增进感情。在"三八"妇女节、母亲节期间,学校启动孝敬父母"六个一"体验活动,让学生给父母过一次生日、给父母洗一次脚、帮父母做一项家务、和父母谈一次心、写一篇感恩的家信、改正一个缺点或取得一项进步。

通过家校共育活动,新兴中学的各项工作开展得非常顺利。新兴中学将继续探索家校合作的新机制,让孩子们的双翼更加丰满有力,展翅翱翔在未来的天空里。

多渠道培养创新性人才

青岛启元学校　马新卫

一、培养优秀学习品质和素养

我校树立正确的课堂教学价值取向,坚持因材施教、学思结合、知行统一,将传承知识、培育能力、涵养品性、助长生命的理念落实到教学过程中,倡导启发式、探究式、讨论式教学,激发学生的好奇心和求知欲,全面优化课程与教育教学活动。创设适合个性化培养的环境,设立学生工作室、启元论坛和启元先修课程体系,设立启元学校优秀学生学科助教制度。

二、提升学生人文科学素养、创新精神和实践能力

我校不断建立并完善学生社团、学校自治组织、学生议事会、校园新华书店、启元周末大舞台、学生书画院、文学院、体育院等组织和阵地,为学生的个性发展及走向成功搭建多元平台。

三、建立培养创新人才机制

我校依托驻青高校、科研院所,为有余力的学生提供适当学习机会的长效机制,有步骤、分层次、有主题地组织学生走进高校和科研机构,开发拓展型、研究性课程,加快学生个性化素质培养。引进特色科学教育资源,培养学生科学素养,提升学生创新素质。

四、积极开展小初高美育一体化研究

我校加强与青岛第十七中学合作,继续开展丰富的美术教学研究活动,探索美术课程的开发和整合研究。在初中高年级发现学生美育能力发展的倾向甚至职业发展的方向,开展个性化培养,引导学生个性化发展。小初学段衔接的研究要把着力点放在教学思想和学生思维培养的衔接上。

五、推进学校基础建设，提升育人功能

我校完成对生态园地和教学楼窗户等设施的改造。整修学校生态园地，为学生学农实践提供条件。高标准、高起点设计，对学校现有绿化进行升级改造，在绿化设计上突出学校特色，将学校"中华情怀、国际视野"的理念渗透到设计中，通过升级改造，达到整个校园春有花、夏有荫、秋有果、冬有绿的怡人景色，融花园、学园、乐园为一体，使学生受到艺术的熏陶和感染，增强学生欣赏美、创造美的能力，营造校园绿色地面文化教育，充分发挥环境的育人作用。

家校合力共进步，快乐教育谱新篇

山东省青岛实验初级中学　陈　思

青岛实验初级中学以"厚德博学、广雅和谐、务本求实、志存高远"为育人理念，把家长委员会建设作为推进学校现代化建设的重要内容。经过不断的实践、反思、探索，学校家长委员会工作取得了一系列成绩，学校家长委员会建设经验多次在教育部门微信平台进行报道。

一、建章立制明确目标，统一认识畅通渠道

按照现代学校建设要求，制定符合时代要求的制度是工作开展的基石。同时，以人性化的制度章程设计，进一步发挥家长委员会沟通的作用，是体现家长委员会育人作用的重要目标。

（一）制定家校工作章程，总领合力育人方向

学校积极开展家长委员会工作制度制定和修订工作。根据实际工作中的经验，不断反思总结，广泛征求师生、家长意见，制定了《山东省青岛实验初级中学家长委员会章程（修订稿）》，分总则、组织、权利和义务等多个方面架设工作机制。

（二）细化家校工作程序，保障制度顺畅执行

家长委员会是家校联系的重要渠道，学校积极将家长委员会工作制度予以落实

落地,用制度的程序化和日常化确保家长委员会工作能够发挥实际效用。

1. 做好家长委员会换届组建工作

按照要求,秉承"学校牵头、家长自愿、依章选举、强化自主"思路,按时进行家长委员会换届、组建工作,将加入家长委员会的家长进行社会公示,为其颁发聘任证书,以制度的章程化体现家校工作的严肃性、程序性。

2. 设立联席例会制度

为提高家长委员会工作效率,创新制定了《青岛实验初级中学家长委员会联席例会制度》,由家长委员会代表、学校领导、专职干部、教师代表、班主任代表、学校职员代表等共同参加,确保学校工作思路在家长群体中的宣传引导和贯彻实施,争取家长的支持,实现家校工作的同步性、一致性。

3. 发挥信息技术优势

在"互联网+"的背景下,积极借助科技力量的时效性和广泛性,建立校、级、班三级家长委员会工作微信群、QQ群,并制定家校工作网络使用有关规定,避免信息传输的损耗,使沟通信息能够第一时间翔实有序地进行传达,提高了家校工作制度的信息化程度。

二、组织架构清晰合理,权责明确合力共进

为增强家长委员会工作的向心力和一致性,以家长委员会章程为依托,大力配合做好家长委员会组织建设,吸引广大家长参与家校工作,学校努力完善组织体系建设,明确权责,合理分工,促进家长委员会工作能够发挥育人的实效作用。

(一)建立"一主两翼"机制,彰显全面育人实效

为充分发挥家庭教育作用,我校建立起了"一主两翼"工作机制,即由德育副校长统领,中层干部对口负责,充分发挥班主任队伍和家长委员会组织的作用,实现全面育人。

(二)完善工作体系设置,搭建有效沟通平台

学校积极融合学校发展目标与家长期待目标,二位一体,对应补位,以家长委员会工作体系部门的设置作为育人有效途径的延伸和补位。

1. 精心设置家长委员会工作部门

调动家长积极性,发挥家长特长、资源等优势,各用其才,创设为学生服务的家长

委员会功能部门。学校家长委员会先后成立了校级家长委员会义工部、宣传部、实践部、课程资源部、校园伤害纠纷调解部等多个职能部门,为学生活动组织、实践项目供给、素质能力提升、学校形象宣传、校园矛盾解决等方面提供了极大的帮助和支持,也实现了家校合作育人的目标。

2. 做好学校与家长委员会的组织联动工作

学校支持并协助家长委员会解决有关问题,是推动家长委员会工作的重要力量。学校设置中层干部专人对接家长委员会工作,与家长委员会进行平行对接沟通。对于家长反映问题,学校有关部门立刻落实情况、协调解决,然后由家长委员会及时将学校回复传达给家长,并监督把事情落到实处。此外,每月一次的家长入校轮值,家长代表入驻,亲身视察,体验学生日常,对学校教育建言献策。目前为止,累计参与人数已达 1000 人。

三、携手搭建成长平台,家校同心全员育人

在全员育人思想的指导下,家校携手同心,为学生创造发挥才干、展现自我的优秀环境,以期为学生提供发展成才的舞台。

(一)整合家长优势资源,破冰学校课程改革

根据学校整体规划发展的需要,结合当前课程改革,家长委员会开展了"整合家长资源,破冰课程改革"系列工作,实施"引进来"的育人模式,在法律安全教育、社会实践教育、爱的阅读教育、科技环保教育等方面,邀请家长入校,先后进行了"法律大讲堂""深海探秘"等系列课程活动。

(二)亲子共读 600 分钟,创建书香乐读校园

学校历来重视学生阅读习惯的养成,并注重将阅读工作推入家长委员会的工作。学校自 2015 年开展了"600 分钟亲子共读"活动,得到了学生和家长的高度重视,家校共同制订读书计划,设定每天读书的时间、内容、进度、交流方式,活动有序、有效。家长委员会从学生投稿中选取学生阅读量较高的作品,组织了"名家领读"读书沙龙。亲子共读 600 分钟,已成为实验初中家长委员会的传统特色活动。

(三)挥手告别美丽童年,亲子拥抱活力青春

围绕如何让家长与孩子能够更好地进行跨年龄的情感沟通,家长委员会主办每年一度的"告别童年,拥抱青春"教育活动,引领孩子们感恩生活、励志青春、实现心灵成长。此活动自 2013 级启动,已连续举办四届。从主题、形式到内容,由表及里,

由外而内,不断探索创新。

四、建设学习型家长委员会，提升家校工作水平

学校下大力气进行家长委员会工作建设,重点提高家长委员会的家庭教育意识和能力,注重理论与实践相结合,为广大家长提供切实有效的家庭教育经验。《微微海风报》已成为实验初中家长们共同学习、成长的有效平台。

（一）广泛开展学习培训，深入研究育人课题

每月一次的家长委员会联合例会,首要任务就是学习探讨最新法律法规,找到学习提升落脚点和突破口。同时,积极组织家长委员会工作培训,赴潍坊广文中学取经学习,参加青岛市第二届家庭教育论坛,倾听陆天明等育子名家讲堂,组织加入青岛市好妈妈俱乐部,等等,积极营造良好的学习氛围。目前,学校家长委员会正在承接"家校合作育人机制的研究"国家"十三五"研究课题,以研究促成长。

（二）育子经验共同分享，借鉴得失携手进步

学校家长委员会创建了"青岛实验初级中学家长委员会"博客,家长们的学习心得、讲座会议影像资料都会同时发布,所有家长都可以进行同步学习。学校还倡议家长结合自己的育子经历,记录学习感受,结集成《手拉手,一起走——实验初中育子实录100篇》,家长人手一本。这对家长们既是一次沉淀,又是一种激励,为每位家长提供了可以借鉴的育子经验,使家长们互通有无,共同进步。

（三）发挥学校育人优势，服务家长哺育英才

学校积极以智力支持为家长委员会提供切实有效的工作保障,开展校内名师"走出去"活动,在学校、学生聚居区开设社会讲堂,对家庭教育进行有针对性的指导。先后开展了名班主任与家长面对面、家长沙龙、育子心理座谈等活动,以家长委员会征集的家长所关心、所期待的问题为切入点,结合实际,与家长进行行之有效的育人经验沟通。

寻求家长支持，构建和谐校园生态

青岛第六十二中学 刘文波

现代学校的发展越来越体现出开放性的特点。随着青岛的不断发展,家长的学历层次不断提高,思想也越来越多元化,家长越来越关注对学校教育的知情权、参与权、监督权等。在这种情况下,学校要思考和探索新型家校联动机制的构建,更好地调适外部环境,充分寻求家长的支持,发挥家长的作用,构建和谐校园生态,实现高品质发展。

一、家长委员会的有效运行

各个班级都已经成立了家长委员会,参与学校和班级的管理工作,代表学校广大学生和家长与学校平等对话,在规章制度的保障和约束下开展有关工作。对此,学校必须有正确的认识,尊重家长委员会的权利,激励家长委员会的工作积极性,充分利用家长专长等资源,让家长委员会成为家校沟通的有效桥梁。要放权给家长委员会,不怕暴露学校存在的问题。比如,学校午餐众口难调,矛盾主要集中在饭菜花样、荤素口味等方面。家长委员会可以不定期抽查食堂,检视卫生、菜谱等情况,将家长意见建议汇总,并与学校进行沟通,达成一致意见。针对学生剩饭的问题,通过召开家、校、食堂三方座谈会,商议解决对策。再如校门口的交通安全问题,都曾由家长委员会提出问题,家校共商解决方案。家长们也在有需要时轮流担任志愿者,积极参与学校工作。

二、开发家长资源，开展多彩课堂

家长们来自各行各业,其知识覆盖面远远超过中小学所能够给予的范畴。当下的家校合作已不再停留在沟通层面,家长们也为学校带来了精彩的课程,让学生体验到更多的精彩。学校依托家长资源,整合社会资源,建立了家长资源库,开办家长讲堂,开展"听爸妈故事,品别样人生"等多种活动,先后有从事科技、艺术、中医等领域工作的家长进入学生课堂。

三、形成教育合力，提高家庭教育质量

对于学生成长来说，学校是一块阵地，家庭是一块阵地，两块阵地同样重要。当前，我们也发现一些问题：家庭教育缺位，家长忙于工作，很少顾及孩子；家庭教育越位，对孩子要求过高造成拔苗助长；家庭教育不到位，由于缺乏教育孩子的技巧和知识，家长有热情但履职能力差。这些问题都需要学校在工作中对症下药，帮助家长解决问题，为学生成长提供和谐完整的环境。学校开发了多层次的校本课程，开设"智慧家长"课堂，为学校教育、家庭教育提供理论保障和扶持。

构建家校发展共同体，助推学校健康特色发展

青岛市市北区实验初级中学　陈庆祥

海尔总裁张瑞敏有个"三只眼理论"：一只眼看市场，一只眼看企业，一只眼看世界。如果用"三只眼理论"来看教育，那么学校要将相当一部分精力用于外部环境的调适。学校的外部环境主要有教育行政机关、家长、校友、社区、新闻媒体、教育科研机构等方面，是学校发展的制约力量，更是学校发展的促进力量。其中，家长在市北区实验初级中学发展过程中主要发挥以下几方面作用。

一、参与决策

家长参与学校管理，是建设现代学校制度、促进学校管理优化升级的重要途径。学校在重大项目建设、五年发展规划调整、年度待办实事确定、重点事项过程监督这几个方面，都要提前征求家长委员会成员的意见，并邀请他们参与决策的整个过程。这种参与既可以最大限度地避免重大决策的失误，也可以为学校工作的顺利推进提供外力支持。

二、参与评议

校委会每学年定期向家长发放学校工作满意度调查表，了解家长对学校工作的意见，协助学校及时制定和改进措施。同时，学校每学年还要对教师的师德表现和教

学情况进行调查，以便全面地制定加强教师队伍建设的措施和方法。

三、参与活动

学校每年的艺术节、体育节等活动都邀请家长参与；每学期的家长开放日，认真听取家长意见，解答家长的疑惑；每学期的教学开放日，家长可以自由观摩课堂，积极参与教学管理。

家校共同体建设为宣传学校的办学目标和办学理念，为扩大学校的影响力和知名度，为学校的可持续发展创造了良好的外部环境。

搭建家校融通平台，引导家长参与学校管理

青岛市即墨区大信中学　刘泽涛

学校教育离不开家庭教育的配合。学校必须把增强家长教育孩子的责任意识，提高家长教育孩子的艺术水平作为学校教育的有效补充。我们认为，家长不应该把自己的兴趣、爱好和志向强加于未成年的孩子，而要结合自己孩子学习成长的现状，配合学校做好学生管理。为此，在做好学校工作的同时，学校经常举行家庭教育培训、理论研讨、社区交流等专题活动。

一、建立家校联系手册

学校定期、及时向家长反映学生在校的思想品德、学习态度、学习成绩和其他成果，家长也把学生在家真实具体的品德、学习情况反馈给学校，配合学校做好学生个性化培养，用阶段性的数据和成果架起家校共育的平台。

二、开展家校联系系列活动

学校积极开展"我进步我快乐""我给家人做汇报""我给家人争荣誉"等系列活动，引导家长关注孩子，培养孩子的责任心，让孩子不断实现阶段性学习目标。

三、引导家长积极参与学校管理

家长要配合支持学校的工作,根据自己孩子的实际情况,帮助孩子找准自己的定位,并帮助孩子树立明确的责任目标,引导孩子为实现目标制订计划,采取相应的措施,不断进步。

运用信息化,打造智慧校园

胶州市第十七中学 史文江

胶州市第十七中学环境整洁优美,具备良好的办学条件,专任教师人手一机,多媒体教学实现"班班通"。学校 2014 年建成 400 平方米的现代化综合阅览区和 120 多平方米的心理教室;2015 年建成 200 多平方米的海洋教育基地,被评为青岛市海洋特色学校;2016 年建成 150 平方米的航空航模训练室和棋类活动教室;2017 年建成 130 多平方米的同步课堂录播教室和 70 多平方米的孔子学堂。

学校将现代技术与传统文化和艺术素养教育有机结合起来,让农村的孩子同样得到优质全面的教育。

一所学校的真正魅力应该来自对人类优秀文化的追求,并应用到现实的社会需求中。"读书"是一条切实、有效的途径。为了让师生在这个不懈的追求中提高精神艺术修养,成为有博爱之心、个性健全、主动发展的人,也为了实现数字智慧校园,我校于 2014 年建成了以图书、计算机、网络通信技术为基础,集电子文献、阅览、咨询、培训、服务为一体的现代化多功能阅览室。师生人手一卡,通过图书借阅机借还图书,真正实现图书阅览一卡通。

为了充分运用现代信息技术,发挥数字智慧校园的作用,我校成立了数字智慧校园工作领导小组,由校长亲自任组长,每学年召开两次以上校级会议,布置安排数字智慧校园有关工作。配备专职的网络管理人员和电教管理人员两名,且都是计算机专业毕业。学校还制定了数字智慧校园管理、使用、网络安全、人员培训等制度,制定学年计划并按照计划实施。定期召开教师的教育信息化新技术新媒体培训,派专人到外地培训学习。学校还组织每学年的课件制作、微课制作评选,组织"一师一优课"活动评选,效果显著。

　　学校还为每个班级安装新"班班通"设备,让师生利用新技术、新设备上课。教师办公自动化,达到专任教师人手一机。学生计算机达到课上每人一机,建有配备50台学生机的多媒体计算机教室。为实现学校网络的畅通和安全,还建有多媒体网络管理中心,有专门的交换机、防火墙、服务器、校园监控等,实现了局部无线网络覆盖。学校图书阅览室、海洋教育基地、食堂实现一卡通,方便快捷。等青岛市学校数字智慧校园平台建成后,学校将组织教师好好研究、充分利用好服务平台,为学生和教师做好服务。学校有专门的数据库,教师可以通过校园网进行访问,可以浏览学习学校的特色校本课程。还建有鼓励教师使用资源的激励机制,让每一位教师都成为新时代的教师。自从实现教师人手一机,教师能熟练使用计算机和网络进行集体备课,制作适合学生的导学案。学校还组织教师学习微课制作方法,并应用到课堂中去,利用计算机进行班级管理和学生的学习活动设计。教师每节课都利用"班班通"设备进行教学,使所有学科都达到与信息技术的有效融合。

合理运用社区资源,构建和谐家校关系

青岛市崂山区第十中学　尹相京

　　教育是一项系统工程,仅靠学校自身的力量是远远不够的,还需要家长、社区、媒体、政府等各方面的配合。随着家校教育的重视程度日益提高,学校纷纷开展多种家校合作模式。但随着千家万户家庭教育观念的转变,让家长保持持续的热情并不像我们想象的那样轻松。学校教育和家庭教育的观念、学校和家长的关系或多或少会出现一些不和谐音符。

　　我校不断尝试运用社区资源构建和谐家校关系,充分利用学校、家庭、社区三者相互影响、相互制约、相互依存的密切关系。

一、积极探索互动方式,充分利用社区资源,搭建家校密切联系

　　我校位于城乡接合地带,家长大部分时间忙于生计。为了便于和家长沟通,学校和社区领导多次协商沟通后,利用社区大礼堂、文化站、服务区等场所先后建立沟

崖、东陈、峪夼社区服务站,定期为家长解答困惑。一改过去会议型、报告型的家长会形式,而是举行更利于家长参与的多种形式的家长会,通过和家长们在文化服务站的亲密畅谈,让家长们放开心扉、真诚交流,不但能更好地让家长了解学校,学校也能更直接地了解家庭教育情况。

二、通过与社区互动,疏通家校沟通渠道

我校与社区利用各自资源优势加强互动。例如,社区大型活动利用学校场地或人力资源,我校的运动会、艺术节、结业典礼等也积极邀请社区参与。这种形式极大地调动了家长参与的积极性,家长发自内心的驱动力被调动起来,家校沟通更进一步。利用这种形式,可以更方便地召开部分学生家长座谈会、班级家长座谈会、问题学生家长座谈会等,让家长彻底了解学校的育人环境、育人目标和育人宗旨,以及学校的教育内容、教育方法和教育活动。

三、开展各类活动,提升互动效果

我校积极开展服务社区的活动。例如,组织学生到崂山区北宅街道办事处旁的小广场上、东陈村等地开展"汗水洒落,青春有我"志愿服务活动,到老年公寓开展"以人为本,善待老人"寒假志愿者活动,组织学校党员教师到峪夼、洪源社区参与社区建设,进行以"垃圾分类,青岛有你"为主题的垃圾分类知识宣讲,等等,以此提升与社区互动的效果。

通过与社区密切联系,改变家长"在孩子上学阶段一切教育责任都推给学校,家长没有任何责任与义务"的错误观念,避免出现学生"在家一个样、在校一个样"的不和谐因素,使学校教育真正和家庭教育和谐起来,让孩子每时每刻都处于一种和谐的教育环境之中,让家长彻底感到家庭教育的影响力,赢得社区和家庭对学校的理解和支持,有效促进和谐校园、和谐家庭、和谐社区三位一体共同发展。

家校合作的几点做法

青岛九联中学　解　磊

一、完善家长委员会建设，建立学生成长档案

首先,在成立学校家长委员会的基础上成立了班级家长委员会,选出了家长委员会主任等主要成员,制定了家长委员会章程、家长委员会工作制度,每年召开两至三次家长委员会会议,研究探讨促进学生健康成长的思路和建议。

其次,为每个学生建立了成长档案,包括学生的个人情况登记表、学生在家表现综合评价表、学生在校表现登记表等三份记录表格,把学生在学校的主要活动和表现进行档案管理,不仅方便家长了解学生,也方便家长及时对学校、对班级提出宝贵的建议和意见。

二、运用交流工具，及时有效沟通

首先,入校之初,请每个家长写一封对孩子总体情况的介绍信,以便教师第一时间全面客观了解每个孩子,也为以后的家校沟通奠定了基础。此后,每个学期都让家长写一封信,收到了很好的效果。

其次,建立了班级微信群。这里成为家长与教师、家长与家长之间最主要的沟通平台。每一次班级活动,家长都通过这个平台进行图文现场直播,使未能到场的家长也能有身临其境般的感觉。

三、注意沟通技巧，保质保量沟通

教师与家长沟通时,注意以下问题。

（1）树立自身形象,多看关于教育学的书籍,以便随时能解答家长所提出的关于孩子学习的问题。

（2）提高自身素养,注意自身的言行举止,让家长放心地将自己的孩子交到自己的手中,同时用自己的一言一行影响孩子。

（3）与家长多沟通，孩子的学习及上课表现情况要及时向家长反馈，也可以多向家长了解孩子的性格和在家学习的情况，在家长面前要做到绝对专业、敬业。孩子在上课时有一些细小的情绪变化或者受到惩罚、表扬等，都要及时与家长沟通。

（4）与家长的沟通和相处过程中要把握好度，可以多与家长交流一些教育方面的问题，不要涉及太多私人的问题及教师之间的私人事情。

（5）不要随便向家长承诺自己不能确定的事情。

（6）不要与某几位家长建立特别好的关系，而引起别的家长的猜疑和不满。

（7）每逢节日，可通过短信方式向家长传达问候，保证对每位家长都一视同仁。

（8）不要过分讨好家长。

（9）尽量不要因为一点点琐碎细小的事情拨打家长手机，建议多采用短信方式与家长联系。

（10）注意对细节的处理，让家长能时刻感受到教师对孩子及整个家庭的关心。

加强农村家长学校建设，创造良好家庭教育环境

青岛西海岸新区宝山中学　王学纲

家长学校是以幼儿、中小学生家长为主要对象，以家庭教育的科学知识和方法为主要内容的创新教育形式。其教育使命是帮助家长为孩子的成长创造良好的家庭教育环境，同时引导家长与学校一起更好地致力于孩子的成长和成功。基于农村中学教育的现实，笔者认为农村中学家长学校的建设应注重以下四个方面。

一、加强教育观念的宣传

意识形态影响行为选择。农村学生的家长教育水平相对较低，而且大多数是农民，与人际圈子或信息的接触有限。在某种程度上，这导致了他们的育儿观念落后。"农村孩子不需要受如此高的教育，到处都能挣钱"这样的想法甚至深深植根于一些学生家长的认知之中，这显然是非常不恰当的。因此，要建设好家长学校，学校和教师要从宣传科学教育理念入手。教师应该让家长充分认识到教育对学生乃至整个家庭的重要性。为此，教师可以采用比较教学法。学生容易模仿父母的言行，这是家庭

教育的潜在影响。教师应该教父母如何进行家庭教育以及如何成为孩子的榜样,提高他们对自己的要求。

二、加强教育方法的示范

在日常交流中,不难发现有些父母确实非常爱他们的孩子,渴望他们的孩子好好学习。然而,这一热切的希望很难通过合理的手段来实现。外在表现是许多父母不得不用惩罚、恐吓和训斥等手段来逼迫孩子,但效果往往适得其反。因此,在家长学校建设中,教师应重视加强教育方法的示范,这样父母就可以逐渐提高自己行为的有效性,从而更好地在家庭教育中教育孩子。

三、关注特殊家庭的需求

与城市教育相比,农村教育有许多特殊性,这样的家庭我们通常称之为特殊家庭,如那些有留守儿童的家庭。一些学生的父母一年到头都在外地工作赚钱,花在孩子身上的时间更少。他们只能为孩子的教育提供财政支持,而提供的精神关怀和友谊相对缺乏。家庭教育的责任落在老一辈人身上,即孩子的祖父母或其他家庭亲属。显然,老一辈人年龄较大,受教育水平较低。他们中的大多数只能在孩子的日常生活中提供支持和照顾,对孩子的学习无能为力。这些学生的家庭教育实际上非常不足甚至缺乏,这种现象在农村小学很普遍。

因此,在家长学校的建设中,应该充分重视这些特殊家庭的需求。教师应与学生的父母和亲属进行协商和沟通,并在时间、距离等因素的障碍下努力寻找合适的家庭教学方法,以保障学生的教育。

四、重视亲子活动的建设

家长学校的初衷是帮助家长成为"合格的导师",这反过来又取决于亲子关系的密切程度。一般来说,亲子关系越密切,开展家庭教育就越容易,家长学校的教育支持将更加有效。因此,在家长学校的建设和管理中,教师也应重视亲子活动的建设。例如,可以尝试举办亲子游戏,邀请并鼓励家长和学生报名参加游戏。在为游戏做准备的过程中,家长可以尝试用他们自己的教育方式与孩子交流,与孩子成为好朋友。

综上所述,与城市学生家长相比,农村学生家长对教育的重视程度和投入程度较低,缺乏符合当前社会发展和时代特征的科学先进的育儿方法。所有这些都会影响学生的健康成长,同时也容易削弱学生对未来生活的热情和信心。因此,在农村中学建设、完善家长学校非常必要,这不仅有利于直接促进学生身心发展,也有利于间接提高社会对农村教育的重视程度,从而提高我国国民教育质量。

父母讲堂引领"家长进校园"新航标

平度市南村镇郭庄中学　侯　刚

郭庄中学精心筹备家长学校父母课堂,以"三便于"为出发点,即便于家长有时间参与讲座,便于家长接受讲座内容,便于循序渐进培养家长科学的家庭教育观,以"父母讲堂,为您的家庭教育导航"为号角,向全体家长诚挚发出聆听父母讲堂的邀请。

为确保讲座质量,郭庄中学结合当地家长大部分种植蔬菜的实际情况,从讲座安排时间、主讲教师、讲座内容、讲座时长、会场布置等多方面制订详细方案,即每期讲座于周五下午放学前两个小时开讲,以问卷调查的形式确定家长关心的热点问题并将其确定为讲座主题,提前一周向家长发出邀请函。为确保"家长进校园"活动质量,学校充分挖掘利用各种校外资源,如优秀毕业生、各级家庭教育讲师等,让家长每期都能有所收获。

郭庄中学在家校沟通中搭建了良好的桥梁,各项工作蒸蒸日上。一年来,我校除了召开期中、期末四次常规性家长会,每周一家长委员会成员驻校,还在开学典礼、毕业典礼、运动会、庆祝元旦、入队仪式、十四岁集体生日、评优评先等大型活动邀请家长参与,并成功举办了首届家长节。在父母讲堂中,"女生学校"为女生的女性家长进行讲座培训,生涯指导课为毕业生的家长进行培训,小初衔接讲堂为小学六年级和中学七年级的家长进行培训。一年来,我校"家长进校园"活动参与者达万余人次。

一、加强组织领导,做到"四落实"

学校把"家长进校园"工作纳入学校工作的总体规划,进一步细化"家长进校园"的具体内容,制定了郭庄中学"家长进校园"工作实施方案。

(一)组织落实

学校成立了家长委员会组织,进一步发挥家长委员会的作用。开学后分别召开三级家长委员会会议,听取广大家长的意见。进一步加强与委员们的联系,通过每周一家长委员会驻校、家长来访日、座谈会、问卷调查、家长节等形式,进一步探讨办好家长学校的措施,及时反馈家庭教育信息,收集并反映家长对学校工作的建议和意见,让家长协调并参与学校管理,进一步提高学校管理的实效。

（二）时间落实

家长学校每学期安排两次授课,分年级进行,每次课后都安排班主任及科任教师与家长见面交换意见。

（三）教师落实

家长学校聘请学校教育教学及管理经验丰富的教师担任教师,聘请家庭教育方面的有关专家担任家长学校顾问。

（四）教学内容落实

根据不同年龄段的学生安排具体的教学内容,做到有计划、有序列地进行授课,使教学内容序列化、系统化。并且要求教师认真备课,力求课上得精彩、实用。

二、加强教学研究，提高业务水平

学校定期组织家长委员会成员会议,充分发挥家长委员会的作用,研究并解决家庭教育有关问题,不断提高广大家长参与学校教育教学管理的主动性和积极性。

学校定期组织教师学习家庭教育理论,提高业务水平;帮助家长提高思想道德、科学文化和教育水平,加强法制教育,规范家长自身的教育行为,促进孩子身心的健康成长。

学校根据各年级学生的年龄特点开展家校联系工作和家庭教育工作,分层次、分年级召开学生家长座谈会,沟通家校联系,促进经验交流。

在家长学校中积极宣传培养学生良好的心理行为和心理品质的重要意义,使家长能够支持学校开展的耐挫教育、成功教育、个别教育,配合学校科学地消除后进学生的心理障碍,与学校教师一起培养学生良好的行为习惯和心理品质。

学校进一步做好家长学校的资料积累工作。做到"六有":有家长学校,有家长学校组织网络,有教材,有教学计划,有讲师队伍,有家长学校工作计划、记录、总结。学校每学期为家长安排六学时的专题培训,对家长进行全方位的社会主义核心价值观及习惯养成教育、教子之道教育、家校合育教育等。

三、开展丰富多彩的活动，提高家教水平

学校主要开展以下活动。

（1）利用学校平台，建立家长学校，普及家教知识。

（2）充分利用多媒体辅助教学和教育手段，组织家长观看学校的宣传片，帮助家长深入了解学校。

（3）请家庭教育获得成功、具有丰富经验的家长到校为家长学员们介绍经验。

（4）组织家长参与学校或班级的有关活动，引导家长配合学校共同教育好孩子。

（5）开展亲子爱心互动行动，加强亲子沟通，促进家庭和谐。

（6）举办家长节活动。首届家长节以"拓宽教育渠道，携手同向前行"为主题，从"青春讲堂树理念""走进课堂同成长""书香引路润心灵""典型交流重引领""政策解读话沟通""歌声嘹亮展新颜"六个篇章拉开活动大幕，受到家长好评。

（7）开展家风家训征集活动。

四、创新家长会模式

传统的家长会，教师讲、家长听，谈的多是共性问题，孩子的个性问题难以涉及，家长参与性不够，主动性发挥不出来。针对这一现象，在家长委员会的配合下，学校对家长会积极创新。召开家长会前，要提前两至三周召开级部家长委员会会议，确定家长会内容；再以班级家长委员会为单位，协助各班主任进行集体备课。家长会以家长与教师互动为主，以探讨孩子个性问题为主，同时又各有侧重：或以学生展示才艺为主要内容，开成成果汇报会，引导家长赏识孩子；或组织教子有方的家长做经验交流，开成经验交流会，实现资源共享；或提出案例，组织家长讨论，开成学习研讨会，相互交流心得。从根本上杜绝以往家长会开成"差生告状会"的模式，贴近家长需求，很受家长欢迎。

五、协调好教师家访

家长委员会一头连着学校，一头连着家庭。在大力推行开门办学、把广大家长"请进来"的同时，我校充分发挥家长委员会的桥梁和纽带作用，积极组织教师"走出去"，全面推行教师家访。教师家访由各班级家长委员会牵头组织协调，家访前预约好家长、协调好教师，配合学校做好教师培训工作，确定家访对象，谋划家访过程，提高家访的针对性、激励性和实效性。家访后及时跟进反馈，配合教师做好访后分析，全面提高家访成效。

家长进学校，搭建了家校沟通的桥梁，更搭建了家校携手共同培育孩子健康成长

的平台。家校共育,同心同力同向前,共育共赢共发展!

调适外部环境之家校合作

胶州市第二十三中学　刘作星

苏联教育家苏霍姆林斯基认为,只有学校和家庭志同道合,抱着一致的信念、一致的行动,儿童才能获得全面和谐的发展。在学校超越发展的新时期,我们认为家长委员会是密切家校联系的纽带与桥梁,是提升学校办学水平、实现办人民满意的教育的重要力量。为此,我校对家校合作的功能定位进行了有益探索。让家长在服务于学校的教育教学的同时,对学校教育工作进行指导帮助,并在此基础上起到决策、监督、创新的作用。

一、家长培训

每学期召开家长会。家长会形式有全校性的,也有分级部的,更常见的是以班为单位组织的。一是教师报告会。以教师讲话为主,主要是教师向家长汇报每个学生的在校情况以及提出家长如何配合学校来教育学生。二是经验交流会。以家长讲话为主,每个班级每次推选几名优秀学生的家长交流教子心得,家长相互交流探讨,共同提高自己的家庭教育水平。三是学习成果汇报会。以学生活动为主,学生分批次向家长展示自己的成长成果,使每位家长都看到自己孩子的闪光点,感觉到自己孩子的健康成长。

形式多样的家长会,既向家长汇报了学校工作、学生的学习情况,也充分展示了家长、学生的才华,更为学校、家长和学生构建了和谐互动的平台,为学生的全面发展奠定坚实的基础。

二、家校沟通

充分利用各种方式,加强和家长的联系,如书信、飞信、专家讲座、家长座谈、开放日、家长调查问卷等,家长满意度达90%以上。

做好家访工作。我校要求党员教师家访做到"五必访""三结合":下岗家庭必访,贫困家庭必访,单亲家庭必访,留守学生必访,伤残学生必访;普访、专访、随访结合。教师与家长坐下来面对面交流,了解学生家庭情况,让学生家长全面了解子女学习状况,争取家长对教育的最大支持,共同为学生成长出谋划策。

三、把家长请进校园

把家长请进校园,参与学校管理。

学校每年4月份举办课堂教学开放周活动,邀请家长深入课堂参与听课、评课,让家长了解教师怎样上课,子女在课上有什么表现,让家长领悟到教学的艺术,知道子女怎样才能上好课,该养成哪些良好习惯,以便家长配合学校教学。使家长真切地感受到学校的新课程、新理念、新评价。

请家长到学校来参加观摩活动。我校校园文化艺术节、运动会、合唱比赛、朗诵比赛等学生活动丰富多彩,学校有学生会、新竹文学社、舞蹈队、合唱队等社团。这些社团活动吸引了很多家长。家长在参加活动的过程中发现孩子的优缺点,增强育人的责任感,懂得"外面世界很精彩,世界的竞争很激烈,必须培养孩子全面素质,发展孩子个性特长"。

四、让学校教育活动走入家庭

请家长充当家庭监督员。学校的许多活动,特别是在共青团员中开展的"感恩行动",让家长充当家庭监督员,指导孩子叠被、收拾房间、做饭、整理学习用品等,并请家长根据"感恩行动"要求,真实记录孩子在家的日常行为表现。学校编制了《胶州市第二十三中学学生日常行为规范》《中学生自我保护手册》,内容包括在校如何学习、娱乐、休息,在家如何待人接物、防范坏人,在公共场合如何讲求社会公德、注意交通安全等,作为新生入学、学期开学学生和家长的必读教材。这样,通过家长督促、学校检查,促进孩子自理能力的提高。

学校外部环境的多元化调适

平度市蓼兰镇蓼兰中学　隋有善

外部环境是学校发展的制约力量,更是学校发展的促进力量。调适外部环境是学校管理工作的重要基础,良好的公共关系可以为学校的生存和发展营造良好的外部生存环境。在与外部环境互动中,经常会遇到这样那样的问题,当问题出现的时候,我们要用于承担责任,有"为"才有"位",解决问题才是水平。调适得好,人际关系和谐,外部资源丰富,工作效率提高,很多事情就能事半功倍,工作顺风顺水。所以,调适好与外部环境的关系是管理者的魄力,也是管理工作的前提。我校从长期的管理实践中摸索出一套切实可行的外部环境调适方法。

一、规范办校,建立联系

学校要做到规范化管理,不可缺少的是与多个部门沟通、协调,高标准、严要求,更好地开展各项工作。一是请专家到学校里检查指导,依法办校;二是请专家留下宝贵意见和建议,学校短期内整改;三是经常请有关部门来园讲座,增强师生防范意识;四是定期沟通汇报交流,解决实际困难与问题,确保学校健康长足有序发展。

二、作风严谨,赢得口碑

硬实力的基础打得牢,软实力的品牌也要叫得响。蓼兰中学致力于打造优秀的教师团队,以师德高尚为学校品牌,以爱的力量为立足根本,明确了"做党和人民满意的好老师"的队伍建设宗旨,以全身心服务学生为己任,以立德树人为基础目标。

蓼兰中学明确制定教师发展计划,分学期、分学段制定教师成长规划。教师在校领导的正确领导下,思想统一,目标一致,奋发向上,积极制订个人成长计划,紧抓每次学习培训的机会,纵向与自己的昨天比,横向与同事的今天比。教师身上多了一股拼劲,多了一股干劲,多了一股钻劲,多了一股闯劲。

三、多效宣传，扩知名度

蓼兰中学的"一年改变现状，两年稳步提升，三年跻身平度市一流学校"三年行动计划，让学生数量大大增加。学校教育的宣传提高了老百姓对孩子教育的重视，效果极佳。把学校建立在"玻璃房"下面，敞开式地对民众进行体验式教育。加强普及家长对学校规范化管理的了解，让家长掌握学校设备设施的集中招标采购流程，参与从国家、省、市到区、园级的教师培训机制，食堂食品采购、加工、制作、留样的环节，深思教育行政部门及校长所拟定的办校宗旨，熟悉学校岗位职责及管理制度，亲自评定孩子学习与发展水平……如此这番，家长还会担心这、担心那吗？

蓼兰中学非常重视家庭社区的共育力量，特别是家长工作，尊重并听取家长的合理化建议，成立了家长委员会，并定期召开会议，与家长交流办校理念，鼓励家长为学校发展出谋划策。蓼兰中学每学期召开一次全校性质的家长会，会上聘请专家进行家庭教育的知识讲座，为家长与教师、校长的沟通提供充足时间。请家长走进校园、走进食堂、走进活动室、走进学生宿舍，举办家长接待日、亲子运动会、生日会等家长能参与其中的活动，改善家校共育的效果，也提供亲子好时光，让家长抛开忙碌的事务，静下心来与孩子沟通并共同活动。

蓼兰中学教师每学期对学生家庭进行家访，并利用休息时间走进社区、广场为百姓提供家庭教育知识的指导、咨询和培训服务，利用条幅、宣传海报、宣传小扇子、宣传单、微信扫码关注等多种形式向社会宣传学校教育的重要性。

蓼兰中学在校长的带领下，完成了完美蜕变，成为老百姓心中满意放心的学校。

新时代，向立德树人的根本回归

青岛市即墨区环秀中学　孙福安

青少年是国家的未来、民族的希望，他们的价值取向决定了未来整个社会的价值取向。近年来，环秀中学围绕《山东省中小学德育课程一体化实施指导纲要》，针对新时代德育工作特点，积极调整思路，把德育融入学校教育全过程，打造"仁爱修德""雨益爱心"特色德育品牌，引导学生努力成为文质彬彬、知书达理、仁爱好学、勇于担当的文明青少年,学生行为习惯、文明素养得到大幅提升,学校德育工作亮点纷呈,硕果累累。

一、立德树人,知行合一,夯实学校发展根基

(一)构筑德育新高地

一位学者曾说,孔子所倡导的"仁爱""孝悌"思想,是解决目前社会上存在的种种危机和问题乃至 21 世纪人类生存危机最有效的道德处方。孝悌,即孝敬父母、善事兄弟。传统文化认为孝悌是各种道德规范的根本,对于提高人格修养有着无可替代的作用。基于此,学校确立"志存高远、身心两健、素质全面、特长明显"的培养目标,将孝悌教育纳入学校工作计划和德育工作的主要内容,研究制订工作方案,精心设计,用心组织各种活动。

(二)实行德育新举措

针对当前学生思想存在的主要问题,学校开展具有科学性、启发性、规范性的德育教育工作,做到德育教育与学校日常教育教学工作有机结合。学校通过组织教师积极参加德育培训会、举行"教师立德树人演讲比赛""每周一学"等活动,让教师学习收获先进的教育教学理念,把新经验、新做法应用到具体工作中,为教师工作积累了更加丰富的德育经验。以制度为引领,形成合理竞争氛围。突出规范学生日常行为的养成教育,学生的学习、课间纪律、仪容仪表、上放学路队、卫生、就餐、集会等整体精神面貌得到进一步提升。

二、品牌育人,浸润心灵,培育学生成才沃土

(一)孝悌教育彰显"仁爱修德"

学校以活动为载体,每学年组织学生开展《弟子规》诵读比赛,引导学生在诵读中理解经典文化的深刻内涵。积极开展"我给父母洗一次脚""我给父母捶一次背""我帮父母洗一次衣服""我给父母做一次饭""我自己整理一次卫生""我来当一次家"的"六个一"活动。开展优秀家训征集活动,从收集到 850 多条家训中评选出 40 条优秀家训,学校统一装裱并在博学楼三楼开辟优秀家训展览长廊。

(二)"雨露公益"凝聚仁爱之心

2015 年以来,学校已举行了五届"雨露公益"爱心义卖活动,师生、家长、社会人

士自发前来参与,累计募资 14 万余元,资助 300 余名困难学生。现在"雨露公益"爱心小组成员达 500 余名,他们在教师的组织带领下,多次在社会、学校举行献爱心活动。春节前夕,学校组织干部教师走访贫困学生家庭,送去米、面、油,让贫困学子深切感受到环秀中学这个大家庭的温暖。

三、科学评价,导向有力,力促学生全面发展

学校打造特色品牌,积极建立科学、规范、高效的评价体系,优化评价主体,建立《环秀中学学生之星评选方案》《环秀中学习惯养成评价标准》等,依据评选方案和标准,开展"孝悌之星""道德之星""爱心之星"等多种评选活动,不断激励每个学生全面发展。

苏霍姆林斯基说过:"教育上的明智和技巧,在于精心保护和珍惜孩子心灵中对美好事物的向往之情,以及他们要成为一个好人的志向。"环秀中学通过打造"仁爱修德""雨露公益"特色德育品牌,面向每个学生的品性、灵性和个性开展教育,让每个学生成人成才的同时,感受到学校这个大家庭的温暖,更在学生们的心中播下了美德的种子,绽放出伴随一生的道德之花!

自主助推家校合作

青岛市即墨区金口中学　苑强先

我校地处农村,学生大多来自农村家庭,父母文化素质较低,对教育孩子缺乏科学方法,学生大多没有良好的家庭教育环境。学校决定把家庭教育和学校教育结合起来,通过对学生行为习惯规范的教育来影响家庭教育,让家庭反过来促进学校教育,形成学校、家庭的教育合力。为此,我校开展了如下活动。

一、发放调查问卷,引导家长自律

调查问卷的内容由学校根据学生的普遍状况,教师针对自己班级的现象、学生的表现共同提出,如学生在家表现、家庭情况、孩子在家的学习环境、父母对孩子的教

育情况等。问卷针对家庭教育及学生中存在的不同问题,设计了不同的内容,对家长是否注意在孩子面前的言行、家长对孩子学习的重视程度、孩子的早餐情况、家长对孩子作业的辅导情况等方面进行了调查,这样在了解学生家庭教育的同时也是对家长的一种引导。目的是重视家庭教育,加强对家庭教育科学的引导,与家长形成协调一致的教育方式。此外,我们还诚恳要求家长对学校、教师提出合理的意见和建议,每学期发放调查问卷两次。家长对这样的活动给予极大的支持,并希望学校经常开展这样的活动。

二、利用评价卡,架起学校与家庭的桥梁

"学生一周情况评价卡"也可以说是一份家校联系卡。此卡由学生自评、教师评价、家长评价三个环节组成,由学生、教师、家长共同填写。内容包括学生一周来的到校情况、上课情况、作业情况、值日情况、行为情况等。每周一发放评价卡,周五各班利用班会时间,学生做自我评价,再由教师评价。教师及时地把学生在校的表现、行为及对家长的希望反映给家长,然后由学生带回家。家长签字,家长也可以把孩子在家的情况及对教师的要求反映给教师。这一活动的开展,充分发挥了学生自主参与、自我教育、自我管理的能动作用,更好地让学生认识自己的优点和缺点,有目的地进行改正。同时,家校之间及时沟通了信息,交换了意见,互相配合,共同教育,把学校教育、家庭教育紧密结合起来,体现了教育的整体性。

三、召开家长会,教师家长面对面沟通

我校每个学期至少要举行两次家长会。在会上,学校会对家长提出一些要求,如给孩子创造安静独立的学习环境、督促孩子讲究个人卫生、关心孩子的早餐、关心孩子的作业、教育孩子多读书、在孩子的面前注意自己的行为等。学校也会按时组织家长座谈交流,探讨怎样做一位合格的家长。

四、适时进行家访,提高教育的针对性

家访是学校教育的延伸,是家庭教育的补充。我校通过讨论,改变了"请家长"的现象,全校教师积极参与到主动家访活动中,使家长能主动配合学校做好工作,增强了教育的针对性,达到事半功倍的教育效果。在具体工作中,我们做到了"七必访":经常迟到者必访,因事因病请假超过两天者必访,行为明显反常者必访,学习进步不大者必访,学习有明显进步者必访,经常不写作业者必访,不明原因不到校者必访。学校要求教师家访时"多报喜,巧报忧",明确家访的计划和目的,每次家访后及

时写出详尽的家访记录,及时把家访达成的共识、家访中受到的启发及家访中出现的问题记录下来。家访活动不仅使家长们感到了学校教师认真负责的态度,而且激发了广大家长积极配合学校教育的自觉性与主动性,从而实现共同育人的目标。

五、树评价标尺,促学生全面发展

为了更好地关注每一个学生,关注学生的每一个方面,近几年我校开展了"新三好学生——文明青少年"的评选活动,要求学生"在校做个好学生——主动学习、全面发展的好学生;在家做个好孩子——勤俭自强、孝敬长辈的好孩子;在社区做个好公民——诚实守信、道德规范的好公民",从真正意义上构建了学校、家庭、社区三位一体的教育网络,形成强有力的育人合力,优化了育人环境。

对孩子的关注和培养不是学校单方面的培养和教育,而是依靠多层面的群体,包括学校、教师、学生、家长、社会共同构建的一个高效、具有亲和力的教育平台。我们还将继续努力,不断完善,使家校合作更具科学性和操作性,为我校的创新教育奠定坚实的基础。

举办"同大小苗圃班",开展
创新拔尖人才培养工作

山东省青岛第三十七中学 邓欣元

为深化教育体制机制改革,探索初高学段教育的有效衔接,探索创新人才培养的模式与路径,切实减轻学生的课业负担,进一步落实青岛市与同济大学签署的市校战略合作框架协议的具体事项,促进青岛第三十七中学(同济大学附属礼贤初级中学)办学特色更加鲜明、办学质量持续提升,青岛第三十七中学计划招收两个"同大小苗圃班"共80名学生进行培养,为学生优质可持续发展奠定基础。

一、实验依据

（一）国家政策指向

《国家中长期教育改革和发展规划纲要(2010—2020年)》明确提出:"适应国家和社会发展需要,遵循教育规律和人才成长规律,深化教育教学改革,创新教育教学方法,探索多种培养方式,形成各类人才辈出、拔尖创新人才不断涌现的局面。"

（二）人才培养要求

《青岛市初中学生学业考试与普通高中招生改革方案》中提出,结合学校特色发展需要,扩大普通高中招生自主权要求的落实,需要进行初高中教育的有效衔接和人才培养的创新路径与模式探索。

（三）与同济大学、同济大学"苗圃计划"学校青岛九中的深度合作需求

2018年9月,青岛第三十七中学整体搬迁到原青岛第九中学校址,加挂同济大学附属青岛礼贤初级中学牌子。礼贤文化的传承与融合,同济大学"苗圃计划"向初中学段的延伸试点,都要求加大与两所学校在师资交流、课程衔接、人才培养等方面的合作。

二、指导思想与总体思路

（一）指导思想

充分挖掘学生潜能,发挥学生个性特长,因材施教,以培养学生创新精神和实践能力为目标,建立具有普遍意义的初高中贯通培养育人机制,探索创新拔尖人才成长的模式与路径。

（二）总体思路

发挥高校和高中遴选和培养优秀人才的优势,制定"小苗圃"培养方案。通过课程设置、教学方式和评价方式的全面改革,突破现有体制机制对人才培养的束缚,切实减轻学生课业负担。"同大小苗圃班"进行高初中课程整合实施,国家课程、国家选修课程、校本课程、实践课程、活动课程、中外学术课程统一规划,学生开设英语、德语两门外语,充分体现学校多元发展、科技外语见长的特色办学方向。

三、办学优势

（一）师资优势

学校教师来源渠道广泛，文化背景多元，形成"有容乃大"的团队风格。学校教师平均年龄41岁，中青年教师占教师主体；广大教师热爱学校，珍惜岗位，敬业爱生，经验丰富，精力旺盛，求知欲强，敢争一流。学校省市教育能手、学科带头人、青年教师专业人才已初步形成梯队式分布。作为同济大学在上海以外唯一一所附属初级中学，学校可以获得同济大学提供的专家型师资支撑。

（二）质量优势

学校以教科研为引领，加强课程建设，加强教研组、集备组常规管理，推行以"激趣导学、合作学习"模式为引领的课堂教学模式改革，全面提高了教育教学质量。近年来，我校学生中考成绩稳步提升，重点高中达线率、普高达线率一直稳居40所公办初中的前列，2019年普高达线率超过了68%，为我市各类高中输送了大批优秀毕业生，受到社会、家长和高中的好评。

四、"同大小苗圃班"培养措施

（一）课程实施

开设初中三年英语、德语复语课程，构建"基础＋拓展＋实践"整合实施的课改实验班特色课程体系。

（1）开展前置引桥培养课程。学校在小升初招生季面向市内四区小学毕业生开展小初衔接培养，内容包括知识衔接、心理衔接、方法衔接等。开设初中各学科学习方法及学生学习方法指导讲座；组织系列心理拓展活动，提高学生初中学习适应性；开展英语口语能力培训，加强学生英语运用能力。

（2）开设英语、德语复语课程。将现行45分钟一课时变更为40分钟一课时，每天增加一课时用于德语教学和组织外语社团及外语特色活动。

（3）开设高质量基础型课程（国家课程、地方课程）。开全、开齐、开足国家课程、地方课程，通过对课程的系统校本化开发和整合实施，确保达到初中学生各学科课程标准要求。在此基础上，初一年级开设物理、化学实验探究引桥课程，初二年级渗透高中学科竞赛方法与思想，初三年级开设高中先修课程和各学科竞赛课程，满足不同特长学生的学习和竞赛需求。

（4）以校本课程实施和专家讲座为主要形式开设拓展型课程。开设以校本选修和专家讲座为学习形式的特色拓展课程,着眼于学生发展和个性化要求。根据学生各学科认知基础、兴趣特长、发展潜质,以自主选课走班的方式实现因材施教,让每个学生的发展潜能得到充分发展。组织学生参加同济大学夏令营和"小苗圃"课题研究,组织学生进入高校、科研院所实验室参观学习,定期邀请专家、教授进行学科高端讲座,促进学生学科核心素养的形成。

（5）以实践考察与课题研究为主要形式开设实践型课程。开设以创新素养培养为目标,以项目学习形式呈现的行动研究、实践活动课程。创造条件,请导师进行专业指导,开发不少于40项研究性学习课题供学生选择,让每一个学生都有充分展示的机会,激励学生自主学习、主动探究和实践体验,实现发展。

（二）家校合作

在"同大小苗圃班"中成立"家校协作成长共同体",将家庭教育纳入此项工作。定期召开家庭教育研讨,开设家庭教育培训班,使家长在创新人才培养方面与学校达成共识。吸纳部分家长加入"同大小苗圃班"的日常教育教学工作。家校共育,推进实验班的创新人才培养深入实施。

（三）专家引领

选聘以同济大学老师为主的专家团体,依托青岛众多高校、科研院所的优势,参与课题研究指导,以课题为引领,提升实践探索的理论指导水平。

学习发达地区先进初高中学校的成功经验。与北京、上海等地的优质初高中建立长期合作关系,定期交流。

（四）预期目标

用三年时间,探索出一条初高中合作、创新人才培养的新模式,在学制改革方面做一些有效的探索;建设适合于初高中一体化培养的高质量、有实效的课程体系;探索一条能减轻学生课业负担、减轻学生升学压力的初中升高中教育新模式。

（五）管理评价

（1）建立班主任与学科导师相结合的全员育人班级管理模式。

（2）完善学生评价方式,建立个性化学生成长记录档案,记录学生标志性成果。

（3）探索教师评价办法,形成初中阶段创新拔尖人才培养体制的教师评价机制和评价策略。

（4）探索教学管理机制创新路径，形成初中阶段创新拔尖人才培养的课程设置、课时安排、课堂教学改革、教师团队建设与指导、教师教学绩效管理等相配套的实施策略。

五、保障条件

（一）组织保障

成立学校领导、骨干教师、班主任组成的"同大小苗圃班"培养工作小组。

（二）师资保障

组成骨干教师负责的三级课程校本化开发与实施，聘请以同济大学老师为主的高校、科研机构专家团队，组织论坛讲座，协助开设创意设计课程、STEM 课程，指导课题研究，形成科研机构专家、高校力量与高初中教师三位一体的人才培养师资队伍。

（三）资源保障

与高校、创新实践基地合作，拓展学生的学习空间，丰富学生的课程资源；积极参与各种形式的国际国内交流研学活动，培养学生的国际化视野；借助丰富的课程资源和灵活的课程开设模式为学生全面多元发展提供丰富的课程选择，拓宽学生的学习发展空间，满足学生个性化和多样化发展的需要。

家校携手，共育英才

——调适学校外部环境的几点体会

青岛西海岸新区外国语学校　于福清

优化外部育人环境，建立健全家校合作育人机制是我校多年来高度重视的一项工作。家长学校和家长委员会秉承"为孩子服务，为家长服务"的宗旨，以"家校携手，共育英才"为目标，充分发挥家长学校在社会、学校、家庭一体化教育中的重要作用，充分发挥家长在新时代提高人口素质中的积极作用，为学生创造良好的学习、教育和生活环境。

针对新时代中学生的特点,我校努力构建家长学校的新模式,提高了教育的实效性,取得了显著的成果:2013 年被评为"青岛市优秀家长学校";2016 年被评为"青岛市优秀家长委员会",一人被评为"青岛市家长委员会工作先进工作者",一名家长被评为"青岛西海岸教育年会优秀家长代表";2017 年度被评为"青岛市家长学校示范校"。荣誉面前我们没有沾沾自喜、停止脚步,而是把成绩和荣誉作为进一步提升家长学校工作质量的鞭策和动力。现就近年来的主要工作总结如下。

一、健全组织机构

我校有固定的组织机构及职责分工,由校长、教师代表、家长代表等构建成家长学校的网络结构。每学期都举行家长会,商量、讨论学校有关事宜,由专人负责记录。家长学校由学校党支部书记主持日常工作,政教处负责教学业务及建档、归档工作。

二、落实工作制度

家长学校任课教师授课做到"五认真",即认真备课、认真上课、认真听取意见、认真考核、年终认真评选"优秀家长"。学校注意资料积累,家长学校学期工作计划、学期工作总结、家长点名册、家长会活动记录等资料齐全。

三、保障课程实施

我校家长学校始终坚持集中授课与班级授课相结合的方式,引导家长学习科学的教育理念、原则与方法,密切亲子关系,促进家庭和谐,以反哺学校的教育教学工作。

每学年,我们都对三个年级的家长进行集中培训。对初一家长培训的主要内容是如何让孩子适应初中生活;对初二家长培训的主要内容是如何与青春期的孩子进行沟通;对初三家长培训的主要内容是如何做好初三孩子的家长。除了我们学校自己的教师对家长进行集中培训以外,还每年定期邀请我市知名教育专家来校对家长进行专题培训。近两年举办的家长课堂有以下内容:两次请青岛市家校合作促进会管相忠主任分别为部分家长做了以"关注心理健康,关爱学生成长""青春期孩子学习问题及学习心理调整"为主题的报告会;请开发区一中名班主任刘胜本老师做了"教育孩子哪有那么难"专题培训;请齐鲁名校长李长忠同志主讲"有爱在,希望就在"主题报告;学校年级主任主讲"改进学习方法的建议与分析"等培训讲座。

每学年,学校家长委员会都举办以"我的家庭教育故事"为主题的家长论坛和征文活动,对优秀征文的家长进行表彰。学校选出优秀征文编辑成册——《陪伴》系列,作为家长学校的校刊和教材,分别从孩子的学习习惯、个人的家教理念与具体实践、青春期孩子思想行为的引导、学习方法等方面进行交流。家长们积极参与,彼此借鉴科学有效的家教方法,有力地推进了家庭教育的科学化进程。

学校通过家长会和家访的形式,与家长共同承担起教育孩子的任务,把家长会和家访作为班主任的一项重要工作来抓。

建立学校－社区家庭教育服务站。学校与荒里社区和八里庄社区合作,挂牌成立外国语学校家庭教育社区服务站,积极创建青岛市优秀家庭教育服务站,组建家庭教育志愿者讲师服务团队,利用节假日和业余时间开展公益辅导活动,每学期组织一次以上的家庭教育指导和家庭教育实践活动,为家长提供公益性家庭教育指导,进一步为周边社区居民的家庭教育提供更便捷、更优质的服务。

四、促进家校活动

家长学校有大型的全校性的活动,有小型的座谈、班级授课活动,受到家长的普遍重视。家长学校教学方式灵活多样,受到家长的一致好评。

通过定期举办讲座帮助家长确立新的理念,确立新的质量观和全面发展的高素质的人才观。

召开小型座谈会、部分学生家长会,针对孩子的不同情况,请学校心理健康教育专业教师进行具体的个例分析和指导,引导培养学生高尚的情操、坚强的意志、良好的习惯、健康的心理、健全的人格等。

平时及时与家长联系。一方面鼓励家长校访,一方面将学生在校情况通过书面、电话、微信平台等及时与家长取得沟通,取得家长的支持与配合。目前,全校36个班级全部开通了家长微信群,家长、教师随时随地进行沟通,及时解决家长在教育孩子过程中的矛盾和问题,显著提高了工作效率。

邀请家长来校参加活动。在一些传统节日,请家长来校和孩子们同庆同乐,如端午节包粽子、元旦庆新年等。针对独生子女出现的心理障碍,及时进行疏导,使其健康、快乐、活泼地成长,并且做好家长育儿咨询。我们充分发挥家长的资源优势,为学生开设综合实践课,请家长走进课堂当老师,积极开设家长讲堂。我们陆续开展了"安全与自救常识""专注力的培养""怎样保护眼睛""安全用电""家长辛苦为谁忙""玻璃制造及安全应用""规范写字""青春期知识讲座""电脑平面设计趣话"等课程。这些课程与学生生活密切相关,起到了拓宽学生视野、增长学生课外知识的效果,深受学生们的喜爱。

各班级家长委员会每学期都会制订社会实践活动方案,开展丰富多彩的亲子活动,如班级亲子运动会、爱心捐赠、郊游、拓展训练、亲子烘焙动手实践、"相约大珠山"、清洁金沙滩、畅游藏马山、参观香博园、走进山科大等等,增加了家长与孩子的交流机会,有力地促进了亲子关系。

我们每一期的班级授课,都要由家长学校根据各个年级的不同需求,规定一个主题,各班主任根据这个主题进行备课,提交教案经过审批合格后才能对家长进行培训。

善于思考、总结、提炼先进经验,注重研究成果的转化。征集内容编写《我的家风故事》,为指导和推进家庭教育提供理论支持,为发展和创新家庭教育提供鲜活经验。每学期编写两期《家长委员会通讯》并印刷成册,成为班主任和家长的家庭教育指导读本。

五、教育效果显著

我校广泛开展《新时代公民道德建设实施纲要》的宣传、教育活动,多种形式开展各类教育实践活动,让班主任和家长面对面地进行沟通,密切了家庭与学校的联系,更有利于搞好孩子的教育工作。

学校关心爱护弱势群体家庭子女的教育,思想上积极引导,学习上耐心辅导,生活上全力帮助,发动广大师生为他们献爱心,使这群孩子能够享受到大集体的关心和温暖。

综上所述,我校家长学校工作正向着规范化、常规化、特色化发展。在今后的办学过程中,我校将进一步以高标准、严要求来衡量自己,不断探索家长学校办学新路子,密切与家长的关系,擦亮"家长学校示范校"的优秀品牌,为共同培养好下一代而不懈努力。

家校携手,合力共赢

青岛市崂山区第八中学　肖世强

家庭教育是学校教育的重要补充。习近平总书记在全国教育大会上强调"家庭是人生的第一所学校,家长是孩子的第一任老师,要给孩子讲好'人生第一课',帮助扣好人生第一粒扣子"。家庭教育在孩子成长过程中起着至关重要的作用。我校地处崂山区王哥庄街道,离主城区较远,部分家长的受教育水平较低(高中及以上学历不足 30%），缺少有效的家庭教育方法和手段，教育方式简单粗暴。在很多家长眼中，往往分数代表一切，大部分家长认为"只要孩子的成绩好，其他什么都不重要"。还有很多家长错误地认为"只要满足孩子的物质需求，就算尽到自己的责任，教育孩子是学校的事"，所以对孩子的教育不关心，缺乏和孩子的沟通与交流。

为改变现状，有效提高家长素质，学校提出了以下目标：充分发挥家长学校功能，提升家长素质；引导家长加强学习，转变观念，提高对家庭教育的重视程度。具体措施如下。

一、建立家长学校工作委员会，成立家长学校讲师团

通过邀请专家进校或讲师团授课为家长开设家庭教育讲座，提高家长对家庭教育的重视程度，让家长获取有效的教子方法和手段。同时，家长通过读《父母课堂》、看山海家长大课堂、参加家长会和家长开放日等活动，以及家访、优秀家长表彰、优秀家长现身说法等形式，认识到给孩子提供良好的家庭环境、陪伴孩子健康成长的重要性，进而配合学校、教师完成对孩子的教育。

二、成立家长委员会

成立学校、年级、班级三级家长委员会，发挥家长委员会的辐射作用，引导家长委员会参与到学校管理、班级建设中，更好地为学生服务，用实际行动带领更多的家长参与其中。

三、发挥家庭教育服务站的有效作用

学校先后建立了峰山西、王山口、桑园、江家土寨和青山五个社区家庭教育服务站，以五个服务站为中心，辐射到街道东、中、西、南、北五个区域，为家长提供了有效的家庭教育指导服务。在平时的工作中，学校会邀请专家或带领班主任、骨干教师走进家庭教育服务站，通过与家长的沟通以及借阅家庭教育名著活动，帮助家长解决孩子成长过程中遇到的棘手问题。

通过努力，我校的家校合育水平有了明显提升。家长的关注点由孩子的生活、成绩转向孩子的思想、心理、学习、生活等多个方面，家长对学校工作的态度由原来的漠不关心转变为现在的积极参与学校管理。2019 年，我家长学校被评为青岛市示范家长学校，峰山西家庭教育服务站被评为青岛市优秀家庭教育服务站，《半岛都市报》《青报教育在线》对我校家校合育工作予以报道。

彼此欣赏，和谐共生

山东省青岛第六十五中学　林中先

为加强家校沟通，教育学生感恩家长，引导家长关注学生全面成长，树立家庭教育模范，融洽学生、家长之间的亲子关系，提高广大家长的家庭教育能力，形成更强家校育人合力，学校设计组织了评选年度百名"好爸爸、好妈妈"活动。

一、明确指导思想

学校通过活动引导教育学生珍惜幸福生活、感恩家长付出，树立优秀家长榜样，加强家校沟通，形成育人合力。

二、创新活动形式

（一）学生自荐

活动的主要亮点在于让学生参与评选，优秀家长由学生推荐。学生每人可推荐一名优秀家长，填写并上交评选推荐表，将推荐理由用表现或事例进行描述，突出优秀之处。父母或长辈均可参评。许多家庭非常重视，以家庭会议的方式进行讨论，在讨论的过程中密切了家庭成员的关系。

（二）公开展示

各班级成立"好爸爸、好妈妈"评选活动推选小组，组织对班级内的评选推荐表进行公示，并根据学生推荐和家长日常的家校合作表现进行推选。公示的过程对学生内心的触动是非常大的，学生为自己的父母感到骄傲的同时，也内生了为家庭争光的向上内驱力。

（三）隆重表彰

学校利用学校开放日，对全部获奖名单及信息进行统一张榜公布，制作宣传展板并组织举行专题表彰大会,对获奖家长进行集中表彰,让优秀家长产生强烈自豪感。同时,学校将优秀育子经验刊发并组织家长讲师团进行持续宣传。

三、活动效果

学校家长委员会主任、初三 3 班阮德清的父亲阮修强说:"家长委员会还与学校一起组织开展了百名'好爸爸、好妈妈'评选活动,由学生推荐自己的家长,让学生和家长相互发现优点,彼此包容支撑。从而也引导家长反思自己的家教行为,在不断学习的过程中提升自我。"

《半岛都市报》也在《教育关注》专栏对学校家校合作共育新人工作进行了详细报道,全面介绍了学校组织家长开放日和"亲子共读一日"活动、开展"家庭教育微课堂""浮山大讲堂"、开展百名"好爸爸、好妈妈"评选活动等家校共育新举措,并给予高度评价。

学校的家校共育方式远远不止这些。学校每学年都会招募成立"掌心"家长志愿团,建成"安全护导团""成长导师团""活动助力团"三个家长志愿队伍。"安全护导团"家长每天早晨上学、下午放学都准时出现在校门口,指挥交通,引导车辆,风雨无阻地照看学生安全;"成长导师团"的家长会定期开展家长讲堂活动,邀请专家走进班会课堂,提供专业授课;"活动助力团"的家长们则会出现在校运会、艺术节的各个活动场地,担任裁判、充当人墙,为学校活动的顺利开展保驾护航。家长志愿队伍的成立,让家长能够走进学校,走到孩子身边,让更多的孩子感受到了来自父母亲人的浓浓暖意,让教育更加温馨。学校会组织家长开放日和"亲子共读一日"活动,邀请家长驻校办公,观察参与学校一天的教育教学各个环节;邀请家长走进国信体育场参加运动会入场式,参与亲子体育活动,让家长为学生颁发奖牌;开展家庭教育微课堂,邀请心理专家通过微信网络与广大家长交流处理亲子关系的方式方法,解决家长教育困惑;开办"浮山大讲堂",邀请优秀家长代表华为大中华区总裁朱平先生进行"人生的黄金时期"主题演讲,将积极自信的信念传递给台下的师生、家长……这些亲子共育活动的开展都传递着家校合作正能量。

军校共建，文武融和

青岛西海岸新区滨海初级中学　陈瑞尧

　　滨海中学地处风光秀美的大珠山北麓,濒临古镇口军民融合区,离小口子军港七八千米。近几年来,学校依托优越的区位优势,积极响应党中央推进军民融合的国家战略,以军校共建为抓手,以提高青少年综合国防素质为基本要求,在课堂教育教学、综合实践活动和专题教育项目中融入和加强国防教育,不断创新方式方法,努力健全校内校外密切结合的学校国防教育网络,促进学校国防教育与德育、智育、体育、美育有机融合,大幅提高了国防教育贡献率、校园吸引力和育人实效性,促进了青少年健康成长和学校的长足发展。

一、加强组织领导，不断提高学校国防教育的组织管理水平

　　学校高度重视国防教育工作。经多方协调,学校与海军辽宁舰武器部门达成了军校共建协议。学校聘请驻军领导为学校国防教育顾问,成立了以校长为组长的国防教育领导小组,明确一名副校长分管国防教育工作,定期学习并深入研究国防教育政策,不断提高履行国防教育职责的能力。学校切实将国防教育纳入学校重要议事日程和年度工作计划,由学生处和团委按照计划严密组织实施,开展常态化国防教育,并将国防教育工作实施情况纳入学校考核评价体系。学校加强国防教育师资的培养,形成了以历史教师为主体、其他科任教师为辅助的国防教育师资队伍。李媛媛老师是一名军嫂,其丈夫是海军某舰政委,学校培养她成为青岛市中学生国防教育讲师团骨干教师,她参加了青岛市国防教育优质课评选活动并荣获一等奖。

二、加强课堂渗透，深入挖掘学科教学中的国防教育内容

　　学校申报了国防教育与学科教学有机融合的课题研究,以备课组为单位,结合学科特点,在集体备课中深入挖掘学科教学中的国防教育内容,并深入研究如何通过教学方案制订、教学过程实施和教材内容讲授把国防教育有关内容具体化。学校将国防教育的渗透情况纳入对教师的课堂教学评价,依托"互联网＋"、微课等方式充

分利用优质国防教育教学资源,确保了国防教育的经常性和实效性。语文学科主要以"爱我国防·为中国自豪"为主题开展诵读、征文等系列教育活动,数学学科以"爱我国防·数学在军事中的应用"为主题开展数学知识在军事中的运用系列兴趣小组活动,历史学科以"爱我国防·历史荣辱永难忘"为主题开展史料搜集、知识竞赛等系列教育活动,地理学科以"爱我国防·地理与军事"为主题开展地理知识在军事中的应用知识搜集、课题研究等系列教育活动,政治学科则围绕"爱我国防·国防对个人、家庭、国家的重要性"开展小型辩论、主题班会演讲、课题研究等系列教育活动。各学科在每周都安排具体的活动任务和召集人,按计划开展国防教育活动。由于活动的组织形式活泼多样,同学们都非常愿意参加,积累的国防知识也与日俱增。

三、创新活动形式,让学生在实践体验中得到国防教育陶冶

每年 5 月 12 日(防灾减灾日),学校都要开展师生民防应急疏散演练,提高师生防空防灾能力。

为了让初一新生尽快适应初中生活,及早强化纪律意识,养成规范意识,学校每年都组织开展军训活动,让同学们接受从军姿到队列动作等一系列严格训练。通过训练,培养他们不怕苦、不怕累的精神和集体荣誉感,让他们养成较强的纪律观念,磨炼意志品质,为即将开始的初中生活奠定良好的基础。学校已组织部分教师到琅琊镇国防教育基地开展国防教育和军事体验活动。学校家长委员会也积极参与学校的军校共建工作,于暑假期间组织学生自愿参加国防教育基地夏令营活动。《中国商报》《新黄岛》等媒体对我校的军事夏令营曾给予专门报道。

每年 10 月份,学校都要举行秋季田径运动会。除普通田径项目外,还进行如下军事技能项目:根据解放军队列条令,组织队列训练;举行阅兵式、分列式,学习军人的仪表和作风;进行投掷、攀登、越野、远足、制作航(船)模等军体技能比赛,培养学生机智勇敢、坚韧不拔的精神。

2019 年上半年,学校与军队方面积极联系,促成了师生赴航母基地开展国防实地体验活动。海军辽宁舰武器部门积极争取,上级主管部门批准了学校师生到基地开展体验活动的申请,学校选取了部分优秀教师代表和学生代表参加了这次活动。师生们在舰队讲解员的陪同下,真切地参观了高度戒备状态下的军事基地,亲身踏上了宏伟的辽宁舰,实地了解航母的先进科技、舰艇布局和舰队官兵的真实生活,还与官兵们进行深入的交谈。此次活动丰富了教师的知识,开阔了学生的视野。参观后,师生由衷地感慨国防科技的进步和祖国的日益强大,感谢广大官兵为保家卫国做出的牺牲,同学们也坚定了要努力学习报效祖国的决心。本次活动中,学校向舰队

赠送了"航母铸就强国梦,军校共建育英才"的锦旗,感谢他们为学校的国防教育所做出的贡献,舰队也向学校回赠了航母模型和舰帽,军校共建关系得到进一步深化。这次体验活动不仅巩固和发展了军民"同呼吸、共命运、心连心"的良好局面,也增强了师生的拥军、爱军意识,促进了学校德育工作提升到新的水平。

2019年下半年,91181部队官兵来学校举行了"捐资助学献爱心,军校共建显真情"活动。部队参谋长率领官兵捐资24 000多元,资助了学校24名家庭贫困学生,帮助他们顺利完成学业。他们表示今后会一直将这种资助进行下去,以自己的实际行动更好地诠释"民拥军,军爱民"。

四、开展专题教育,让学生受到国防教育的潜移默化

学校每年请现役或者退役军人为学生做一次国防教育报告,适时开展以国防教育为主题的读书、演讲、知识竞赛、歌咏比赛、文艺演出等专题教育。学校成立制作航模、军舰等军械模型的兴趣小组,定期开展比赛展示。学校还把国防教育与校园文化建设有机结合起来,在优化育人环境,形成有深厚文化底蕴的校园文化上做文章。学校注重两大文化阵地建设:一是建设室外宣传阵地。学校建成了以"感恩教育"为主题、以学校主干道为中心的"民族英雄""国防科技"教育宣传长廊,建成了梅、兰、竹、菊"四君子"教育长廊和"仁义礼信"传统文化教育长廊,让国防教育与德育教育高度融合,并与形式多样的校园教育活动相结合,使师生在活动中感受教育、浸润身心。二是打造室内文化。学校在教学楼内打造了两大主题教育阵地,即以"感恩、励志"为主题的室内教育和以"诚信、礼仪"为主题的班报教育,其中都穿插着国防教育的影子,让学生在耳濡目染中意识到强大的国防是我们幸福生活的根本,营造出良好的校园文化氛围和育人环境。

学校以"国防科技"教育宣传长廊为依托,开展了对学生的国防科技教育。"国防科技"教育宣传长廊的主题为"科技强我国防,筑梦中华腾飞",展板的内容分别是载人深潜、航空母舰、中国高铁、青蒿素、"中国天眼"、超级计算机、量子通信、航空航天、北斗导航。通过教育使学生认识到实现中国梦的首要前提是实现强军梦,军强则民安,这是自鸦片战争180年来中国命运跌宕起伏的深刻教训,也是中国人民在不屈不挠、艰苦奋斗中得到的重要启示。军强国富靠的是什么?靠的是科技。只有强大的科技力量才能铸就钢铁长城般的国防力量,只有强大的科技力量才能承载着中国经济的加速腾飞,只有强大的科技力量才能实现中华民族的伟大复兴。在校学习的青年一代,未来肩负着建设祖国、保卫祖国的重任,理应牢记使命,志存高远,脚踏实地,勤奋求知,不断在学习中增长才干,为将来服务祖国奠定良好基础。2018年9

月 6 日的《人民日报》,对青岛市中小学国防教育讲师团成员我校李媛媛老师开展新入校学生国防科技教育的典型做法进行了专题报道,引起强烈的社会反响。

学校以"民族英雄"教育宣传长廊为依托,对学生开展了民族英雄教育。"民族英雄"教育宣传长廊的主题为"天地英雄气,千秋尚凛然",展板内容是毛泽东、岳飞等 19 位名人画像及名言,以及女排精神、长征精神及八女投江故事介绍。通过专题教育使学生认识到中华文明之所以上下五千年灿烂不熄,是因为英雄们将文明的圣火代代相传;中华民族之所以历经磨难而巍然屹立,是因为英雄们用血肉之躯铸就了坚不可摧的民族脊梁。英雄是时代的辉煌、历史的记忆,英雄是国家的荣耀、民族的偶像,因此人人都应该敬英雄、爱英雄,让英雄故事在我们的脑海中萦绕,在我们的血液中流淌,让英雄的事迹和精神成为激励我们前行的强大力量。

我们平时注重对学生宽基础、强素质的奠基工程,因此我校学生呈现全面发展的态势及强劲的后续发展潜力。近几年,我校毕业生升入高中后有四人被北大、清华等名牌大学录取,有两人在全国职业技能大赛中斩获金牌。在青岛市"学国学、诵经典、传美德"竞赛中,我校学生一路过关斩将,闯进青岛市决赛。我们滨海中学正在致力于加深文化引领、制度保障、管理规范的学校底蕴,着力打造"环境美丽、质量提升、特色鲜明"的校园崭新面貌,向着成为青岛西海岸新区一流的现代化中学迈进。

家校携手育桃李,真情润泽向阳花

青岛西海岸新区信阳初级中学　王玉存

一、加强领导,健全组织机构

我校把加强家长学校建设和家长委员会建设作为实现家校联合育人办学理念的重要举措,纳入学校的整体计划和年度工作计划。成立了由学校校长担任组长,边防派出所所长任副组长,学校副校长、各处室负责干部、班主任、科任教师、学生家长代表、社区企业负责人代表、村干部和法律服务所负责人等成员组成的专门工作领导小组,并层层制定了工作目标、责任。每学期定期召开两次专题会议,共同商讨家校联合育人大计,引导广大师生与家长正确面对学校教育及家庭教育的热点问题、难点问题及困惑,真正做到为广大家长排忧解难。

二、加强师资配备与培训，规范教学管理

我校认真贯彻班级为主要教学组织单位、班主任为主讲教师、班级授课为主要教学形式的"三为主"教学原则，并适时就思想统一、主题统一、教案设置与审批等事宜对家长学校的授课做出全面部署。每学年，学校都会在对学生家庭教育状况进行充分调研后，编印家长学校校本教材。主讲教师遵循授课内容的针对性与形式灵性活性相结合的原则，设计出适合班级具体情况的个性化授课教案，使每次授课做到有计划、有听课、有记录、有考核，收到了良好效果。

采取"系列讲座＋经验交流"的教育方式，加强对教师和家长的培训。一是编发《家教园地》校刊，向家长推荐《父母课堂》等刊物。二是针对学校教育及家庭教育的热点问题、难点问题及困惑，定期邀请青岛市家校合作促进会管相忠主任、黄岛区二中薛云副校长、信阳边防派出所刘伟龙所长、内行宣讲团等来校举办专题讲座。三是教师、学生、家长一同参与《学习方案的设计》《信阳少年》等校本教材的编写。这些做法深受学生家长欢迎，家长到课率在95％以上。

这些措施与做法不但让家长掌握了家庭教育的基本知识，引导着家长为子女身心健康发展而营造和谐愉悦的家庭环境，而且建设了我校稳定且素质较高的家长学校师资队伍。

三、健全制度，完善基本设施、设备

学校修订完善了《信阳中学家长委员会章程》《信阳中学"客座教师"工作制度》《信阳中学家长学校授课、备课制度》《信阳中学家长学校出勤与考评制度》等一系列关于家校联合育人的工作制度，配备了家长委员会专用办公室，建立了齐全规范的活动经费使用及活动资料档案，使家校联合育人各项工作走向了制度化、规范化。

四、与时俱进，创新举措，成效显著

（一）落实家长委员会听证制度，促进民主管理

每学期初与学期末，学校都召集家长委员会成员就学校的工作计划和总结进行听证，认真听取家长委员会的意见和建议，不断改进学校工作。

（二）完善家长问教服务站，搭建家校共育桥梁

学生家长可随时持"问教服务卡"走进我校的家长问教服务站，就学生成长、家庭教育等方面向工作人员进行咨询，接受辅导、释疑解难服务。每学期，来该服务站

进行咨询、接受服务的学生家长不少于280人次。

（三）深入开展"客座教师"活动，敞开开门办学大门

我校进一步完善了"客座教师"活动制度与评价办法，确保了该活动的制度化、常态化。每周至少有24名学生家长或家长委员会成员应邀到校，深入课堂随机听课，与干部教师座谈交流，检查监督师生教学状况与学校各项工作开展情况，并提出意见或建议。

（四）发挥课题研究的引领作用，推进家长学校建设的科学性和长足发展

通过承担"自信自主自省高效愉悦课堂的实践研究""德育中实施导师制的研究""当前家庭教育的误区及改进对策研究"省、市、区三级课题的研究工作，不断提升家校联合育人工作的科学性和技术性，促进家长学校建设的长足发展。

家校联合育人工作已成为我校"自信阳光，博学善思"特色建设的有机组成部分，推进了我校"人人自信，阳光成长"办学目标不断实现，得到社区群众的普遍赞同和上级主管部门的充分肯定，吸引着越来越多的家长自觉加入学校教育问题的应对者、课程资源的开拓者的"同盟军"的行列来。

搭建沟通平台，增强教育合力

莱西市第七中学　赵树斌

家庭教育对人的成长起决定作用，没有学生家长的支持配合，学校教育很难顺利开展，这已经是教育共识。特别是对于莱西七中这样一所学校区位不利、生源素质稍差的学校，做好家校沟通工作就更显重要。为此，在学校快速发展的近几年中，莱西七中一直高度重视和加强家校沟通工作，主要做法和经验如下。

一、创新方式方法，提高家长会质量

家长会是家校沟通的基本形式。如何提高家长会质量，是莱西七中多年来一直探索的问题。首先，针对班主任工作能力水平参差不齐的实际，每次家长会前，学校

都要针对会议主题,培训好班主任,让老班主任传授工作经验,提高班主任的认识水平,改进他们的工作方法。其次,为减轻班主任工作负担,一些全校面上的共性问题,由校长先对全体家长讲解,或由学校制作 PPT 通稿。再次,鼓励各班级不断创新家长会形式,如学生面对家长演讲、家长与学生互动等,受到家长的欢迎,每次家长到会率都达到 100%,使家长对教育、对学校、对教师和学生有了进一步了解,支持的声音和行为越来越多,学生的家庭教育也有较大改观。

二、实施专家引领,做好家长培训

为提高家长教育能力和水平,提高家长对学校教育理念、发展方略等的认识,学校始终注意做好家长培训、专家引领工作。近五六年来,共举办各类专家讲座 40 余场。通过专家培训,学生、教师尤其是家长提高了认识,掌握了方法,积聚了力量,统一了思想行动,实现了家庭教育与学校教育的和谐与统一,产生了良好的效果。学校不断发展,教育教学质量不断提高,学生、家长都很满意,社会反响也非常好。

三、开展各种活动,增进相互了解

现在的家长有知识、有文化,也有参与学校事务的要求和能力。为此,学校在举办各种活动时,尽可能多地邀请家长参与。例如,组织学生长距离远足活动,让家长参与体验;初一新生军训展演、文体比赛等让家长当评委;每学期的课堂开放日,让家长近距离了解自己孩子的课堂学习情况;全校运动会,年轻的家长与学生同场竞技。这些活动极大地拉近了家校距离,融洽了教师、学生及家长的关系,效果远远超出了我们的预期。

四、设立家长接待室,做好家长访校工作

为方便家长来访,学校在校门口处设立家长接待室,室内安置有桌椅,墙上挂有学校情况、教师情况等展板。凡有家长来访,门卫先请其进入家长接待室,同时通知班主任前往接访。家长接待室环境安静优雅,非常适宜家长与班主任沟通,家长、班主任对此均表示满意,许多问题都在这里等到了很好的解决,促进了家校和谐。

五、创办校报,开设家长了解学校的窗口

2015 年 9 月,学校创办了校报《七中校讯》,及时登载学校重大活动、宣传优秀教师和学生的先进事迹、展示学生书法绘画等作品以及家长家庭教育经验等。校报成为家长及时了解学校的窗口,也是教师、学生、家长交流的最佳平台,深受学生和家

长欢迎。每年的各级教育满意度调查,莱西七中都获优异成绩。

因地制宜,创办农村优秀家长学校

胶州市第十八中学 姜 新

多年来,我校一直致力于创建学校、家庭、社会"三结合"教育特色学校,将家长学校建设列入学校工作计划,作为学校的重要工作之一认真扎实组织实施。经过长时间不断的探索实践,我校建立起了比较完善的家校合一的教育体系。

一、带着责任"动起来",为家长学校建设提供一切可能的保障,让教育体系更加完整

(一)健全家长学校机构

学校成立了家长学校领导小组和工作机构,设有家长委员会,下设年级委员会、班级委员会等机构。每个机构都制定有明确的工作职责,实行分层管理,既各司其职,又分工配合。

(二)加强班主任队伍建设

我校对学生家长每学期进行两次培训,对班主任来说就是四次培训。在对班主任培训的过程中,我们采取"走出去"的方式,积极参加上级组织的班主任进修提高培训。在校内选派有经验的干部进行指导,使他们成为家长学校的中坚力量。

(三)强化教师队伍建设,为家长学校班级授课常态化运行提供优秀师资

我们先后带领讲师团到外地学习培训,邀请胶州名师来校举办讲座。学校建立了一支具有一定专业知识和教学水平的专、兼职教师队伍,班主任为主讲教师,部分科任教师参与,教师队伍保持数量稳定,成为家长学校持续发展的基础力量。

(四)多元化进行家教阵地建设,拓展教育空间

一是把家庭作为阵地,教师经常性家访。二是设立学校教育阵地,有计划地召开

学生家长会和举办家长培训班。三是设立家长交流咨询室。

（五）科学制定和完善各项管理制度

学校根据发展需要制定了一整套制度办法,如家长学校学员考勤制度,家长例会制度,家长学校教师备课制度,家长学校优秀学员、优秀教师评比表彰制度。

二、带着问题"请进来",让家长深入了解学校,共同促进学校教育管理更加完善

（一）开好主题家长会

在全体家长中开展"我的教子经验"交流会,为优秀学生的家长戴上光荣花,请他们上台讲述自己教育孩子的成功经验。每次集会我们都确定一个家教专题,下发一份家教宣传材料,听取学生家长一条建议或意见("三个一"),同时,设置家校联系信息卡。

（二）定期举办家教讲座

每学期开学,我们都对新生进行详细调查,从家庭成员构成、家长职业、家庭背景多个角度了解家长情况,建立个人信息档案,针对不同年级的学生特点深入研究,认真分析学生在校表现与家庭环境的内在联系,根据实际情况分类进行指导。

（三）设置接待日、开放日,解答家教疑难

每周一是我校的家长接待日,每学期都安排一个"家长看学校教育开放日",每周按要求认真落实家长委员会委员驻校制度。

（四）开展"优秀家长讲坛"活动

每到农闲时节,我们都邀请优秀家长在班级或全校家长会上交流育子经验,以身边的典型和鲜活生动的育子事例,编撰成20多篇优秀家教案例,汇编在《家庭教育案例研究》一书中。

（五）创设班级授课模式,实行常态化运作

我校建立了班级常规授课和走班授课相结合的教学模式。

常规授课是家长学校以班级为单位的授课制度。由学校统一组织,家长委员会参与定计划、定人员、定内容、定时间、定地点,再由学校培训讲师,集体备课。在长期的实践中,我们探索出了一套独特的常规班级授课课堂模式,即"赏—论—问—学—谈—悟"。

走班授课是学生家长根据自身需要选择班级和学习内容的授课制度。具体做法是由学校领导小组确定授课目标,再由家长委员会和班主任对家长学员进行调查,学校确定授课内容并提前通知家长,家长根据自身需要或兴趣自主选择所学内容,在规定时间来校上课即可。

三、带着问题"走出去",让教师深入了解家庭,共同促进家庭教育水平更加科学

(一)注重家访,把学校教育延伸到家庭

我校的家访工作分三类,按三种基本要求进行:①常规性家访。班主任新接一个班,必须在一学期内走访本班所有学生,以全面了解学生情况。②针对性家访。平日发现有偏常行为或意向的学生,班主任必须及时进行家访、化解问题。③攻坚性家访。学生一旦无故离校或者出现其他超常规行为,有关教师当日内必须家访,不论几次或十几次,直到学生问题解决为止。

(二)因人而异,创设家庭授课模式

我们提出了"拉近距离、肯定孩子、查找问题、学习材料、商讨方法、制定计划、共同监督、交流记录"的家庭授课常态化模式。

(三)因地制宜,开展"田间地头"授课制

我们不再是单纯出入学生家庭,而是把很多时间用在了桃园、麦田、蔬菜大棚中,利用农民劳作之余,田间地头成为畅谈交流的绝佳环境。经过十几年的努力,我校打造出了一支以班主任、教师、农业技术人员为主体的指导田间地头授课的队伍,构建了"参与—交流—实践—沟通—商讨—追踪"模式。

四、带着课题"坐下来",学校、社会、家庭共同参与,共同研讨家长学校发展大计

(一)积极探索多元化评价机制

具体工作中,我们采取了"一检查、二反馈、三测试、四评比"的四步工作法。

(二)深入进行课题研究,促进家长学校建设水平实质性提高

学校专门成立了以教科室牵头的课题研究机构,抽调学校、家庭、社会三方的骨

干力量组成课题研究核心小组,长期从事家长学校工作的钻研,集体攻坚。十几年来,先后有 100 多人参与了这项工作,并取得了一系列成果。我们所承担的青岛市"十二五"规划课题"家长学校常态化运作体系研究"等均已经顺利结题,并获得了上级科研部门的肯定和好评。我们的研究成果也分别总结汇编成《养成教育理论与实践》《养成教育案例研究》《在希望的田野上》,并已经正式出版。

家校合作，共赢未来

胶州市第七中学　冷建栋

苏联教育家苏霍姆林斯基说过:"没有家庭教育的学校和没有学校教育的家庭,都不可能造就全面发展的人。"当下,在调适外部环境方面,家长是学校的主要合作对象已经成为共识。在家校合作育人方面,我校做了有益尝试,并取得良好效果。

一、健全组织，规范制度

学校成立了家庭教育工作领导小组,组建了家长学校,成立了三级家长委员会,完善了家庭教育规章制度,建立健全了家长委员会章程、家长学校章程、优秀家长评比表彰制度等相关制度,并把家庭教育工作纳入学校规划和每学期的学校工作计划,使学校教育和家庭教育有机结合。

二、多措并举，加强合作

（一）五个讲堂，提升家长育子水平

学校定期与家长委员会一道举行家教情况问卷调查,将家庭教育中遇到的种种问题归类,根据家庭教育的专题和内容,分别开设五个讲堂:学校讲师团成员举办教师讲堂;邀请校外教育专家开设专家讲堂;邀请家长志愿者、优秀家长举行家长讲堂;通过学校网站和微信平台举行网络讲堂,交流家庭教育经验,让全体家长的学习、交流更便捷、更高效;定期举办家长之间的家庭教育沙龙,即互动讲堂,分享彼此心得。其中,前三种讲堂定期走进社区,借助家庭教育服务站为社区居民举行家教培

训。通过不同形式的培训讲座，帮助家长树立正确的家庭教育观念，丰富家长教育子女的知识。除此之外，学校还以《父母课堂》为家庭教育辅助教材，定期编制《和美家校》《共赢未来》家庭教育校报专刊，印发家教材料，学校网站也开辟了家教咨询专栏，结合不同年级的学生特点，就家长关心的"如何尽快适应初中生活""怎样消除学生心理障碍"等问题进行专题培训，使家长在家庭教育中更为理性、更有办法、更起作用。

（二）多条互通渠道，拓宽家校联系

一是召开家长会。学校每学期召开 2～3 次全体学生家长会。会前学校向家长发放家校联系卡，内容包含学校近期工作、学生在家的生活和学习情况、家庭教育的有关知识、家长意见反馈等。家长填写好，到校开家长会时交给学校。家校联系卡让家长及时了解学校工作，学校也了解家长的意见和建议，并且根据家长所提意见和建议及时调整教育教学工作，以便更好地为学生服务。二是举行家长开放日活动，听取家长建议。学校每学期举行一次家长开放日活动，邀请家长委员会成员和家长走进学校、走进课堂观摩听课，让家长了解学校发展和学校教育教学情况，并与学校、教师交流探讨教育问题，在孩子的教育问题上与学校达成共识，以提高学校整体办学水平。三是组织家访。学校教师经常走进学生家庭，了解学生情况，调整对学生的教育方法，有针对性地教育学生。另外，学校还通过"致学生家长的一封信"、公开电话、校长信箱等载体，以及在学校网站开设"我的家教故事""家长课堂""成功家教"等栏目的方式实现家校之间的沟通联系，深受广大家长的欢迎，实现学校教育与家庭教育并轨发展。

三、提供平台，参与活动

一是让家长参与学校科技文化艺术节、体育节；二是参与主题团会、主题班会、学校国旗下讲话、毕业典礼；三是参与学生社团活动和校外实践等。在这些活动中，很多家长都给予了大力支持。有的给学生提供演出服装，有的无偿给予指导，有的提供饮用水、活动场所等，为各项活动的开展提供了便利和支持。

此外，学校还每学期举行优秀家长的评选活动，定期组织家庭教育经验交流会、家庭教育问题座谈会等，在上级各部门举行的"教子有方"征文活动中，许多家长积极参加并获奖。

以上措施有效调动了家长的积极性。通过家校合作，学校构建了多元化、网络化立体教育模式，优化了学校外部环境，促进了教育质量的提升和学校的发展。学校多次获得胶州市、青岛市"优秀家长学校""优秀家长示范学校"和"青岛市关心下一

代先进单位"等称号。

"校长，我错了！"——家校合作案例

胶州市第二初级实验中学　李　疆

在人的发展中,家庭是孩子接受教育的第一所学校,而学校是孩子完善教育的特殊场所。家庭教育和学校教育只有保持一致,形成合力,才能促进青少年各方面的良好发展。

【案例】

小义,男,15岁,我校九年级学生,独生子,平时不爱说话,也不善于表达,成绩中等偏上。课间,他藏在厕所里抽烟,正好被我发现,我让他主动去找班主任承认错误,否则我还找他。谁知,他不但不去认错,还趁着中午放学背起书包就回家不来了。

小义的班主任刘老师同时是小义的叔叔。我对刘老师说明此事,让他下班后去小义家里家访,好好跟家长交流,找到解决问题的方法。下班后,刘老师来到小义家,对小义的父亲说明了情况,待气氛稍微缓和后,与小义开始了对话:

"小义,你真的在厕所抽烟了吗?"

"是的。"

"你下午为什么不去上学?"

"我不读了。"

"那你准备去干什么?"

"当厨师。"

刘老师和小义的父亲都没有再说什么,把小义的表哥叫了回来。他表哥大学毕业后在政府部门工作,平时与小义关系好,小义很听他的话。

晚上,小义的父亲说:"小义,时候不早了,你叔叔还有你表哥都为了你来了,你还是去煮点饭给他们吃吧!"

小义会做饭,刘老师还是第一次听说。在吃饭时,刘老师抓住时机,先表扬小义煮的饭真香,这么小的年纪,饭都煮得这么好,有点错误也是能改的。

他表哥看时机已到,接着说:"其实不懂事的时候谁都有过,我读高中时离开学校去打游戏,但后来及时改了。我不是考上了大学,现在都工作了吗?"

小义的母亲也说:"你自己错了,校长没批评你,你还赌气,怎么对得起学校和老师?你是初中生了,应该学会理解老师,体贴父母,你今天真是太不应该了。明白了吗?"

在班主任和家长的共同教育下,小义明白自己做错了,说:"明白了,今天是我错了,明天我去给校长承认错误。"

第二天,小义主动来到我的办公室,真诚地对我说:"校长,我错了!"

一、案例评析

(一)教育反思

这个案例反映出学校教育和家庭教育相互结合是非常重要的,遇事冷静分析、问题把握准确、教育方法得当是会产生良好效果的。如果老师一听到学生犯错,马上暴跳如雷,不冷静处理,不与家长共同教育,后果不堪设想。

(二)教育途径

注重学生身心感受,激发学生学习信心,做好学生情感引领,唤起学生信任之感。

二、教育感悟

(一)注重学生心理感受,冷静分析处理是家校共育的前提

学生都不成熟,对世界的很多东西都有好奇心,各种社会现象对学生的心理干扰也十分严重,干扰着学生的认知,导致有的学生什么都想尝试、探索,难免会犯错。家长也好,老师也好,切忌草率行事,要关注学生的心理,不要把学生的小错当作洪水猛兽,要冷静下来分析原因,找到切实可行的处理办法。案例中,我作为校长,发现学生的错误并没有大发雷霆。班主任也顾及小义的面子,给予充分的理解和谅解,同时冷静地思考,与家长一起找到合适的教育方法。

(二)平等交流,感情引领是实施家校共育的关键

学生或是子女对自己所作所为十分敏感,尤其是自己违背正常行为的做法,随时都在搪塞或掩盖事实真相。无论是老师教育学生,还是家长教育子女,都应基于事实,委婉、平等地与其交流,尽量注意语气的平和、语态的自然,切忌说话太零碎,否则,他们十分反感,你指责或教育他们十句,或许他们一句都没听进。更重要的是培养师生之间、亲子之间的感情,有了感情才会有信任,有了信任,说的话自然就有分

量。案例中,班主任知道情况后并不是马上批评学生,而是冷静处理,与学生平等交流,处处表现出关爱。

(三)事例比说教更能实现家校共育

上面这个案例,小义的表哥现身说法,用自己的亲身经历来教育小义,让他明白错误是难免的,只要改正就好,同时增强了他学习的信心。短短几句话就达到了教育的目的。

总之,家校共育是本着教育的本质,落实对学生或是子女的教育,这也是家庭和学校共同的责任。人生活在集体中,不论大人小孩都爱面子,喜欢受到尊重,渴望得到关爱。我们冷静处理、平等交流,重视教育对象的心理感受,以情感人、以理服人,一定会有可喜的收获。

家校共育,建设和谐校园

青岛市城阳第六中学 刘方明

家校共育是学校工作的重要措施,是学校工作不可分割的一部分。城阳六中积极开展家校合作研究,取得较好效果。学校家长委员会被评为青岛市优秀家长委员会,是全国家校共育实验基地。

一、建立制度,完善机制

学校高度重视家校共育工作,成立家校共育领导小组,由德育副校长主抓,建立家长委员会制度、家访制度、家长会制度等多项制度规定,明确校长、中层干部、副校长、班主任、家长委员会等各部门工作职责。

二、建立家校共育多种渠道

学校于开学初举行"家长大讲堂"活动,召开全体家长会,由校长主讲。在开学后一个月、期中、期末放假前再次召开全体家长会。每个学期,各年级都要开展一次家长开放日活动。成立家长接待室,随时接受家长到访。

三、健全家长委员会工作职能

学校每学期固定召开两次家长委员会会议,通报学校工作计划和重要决策。在学生校服选择、学校餐厅购买服务等重大问题上,学校都邀请家长委员会成员全程参与。开展"阳光餐厅"志愿服务活动,每天邀请两名家长到校检查餐厅工作,并与师生一同就餐。

四、开展"千名教师访万家"活动

上自校长,下到普通教师,都要对学生进行面访。除此以外,各班建立微信群,要求班主任及时发布家庭教育信息,学校发布家长微信群使用规定,尊重家长,尊重学生。

五、积极开展家庭教育讲座

除了每学期开学初的校长讲课以外,学校还邀请家庭教育专家、名校长到学校讲课。学校购置家庭教育书籍,无偿提供给家长阅读。

六、自觉接受家长监督

学校公布学校领导电话号码,随时接受家长监督、咨询和质疑。定期发放"致家长的一封信",征求家长对学校的意见。

多年来,学校同家长形成良好互动,建立良好互信关系。在群众满意度调查中,受到较高评价。

用心调适外部环境,营造学生健康成长的氛围

山东省青岛第三十三中学　王明强

环境教育对于促进学生成长有着至关重要的作用,环境的潜移默化可以使学生达到润物无声的教育效果。学校需要规范、调适好外部环境,以正确的氛围引导促进学生的健康成长。具体来讲,我们要在日常工作中不断强化对学生"学"的管理,就

是要在学生的日常行为规范、学习日常规、学习指导、家庭教育干预等方面形成完整的制度,探索出有效的实施措施,并坚持不懈地予以实施。我们的一些行之有效的做法主要有以下几点。

一、用德育开启智育,使德智和合,促使学生"愿学"

德育工作到位,学生就会显现出一种积极向上、文明有礼的状态,这样就能为"学"奠定良好的基础。"爱心捐助"和"爱心家访"是我校教师实施德育教育的有效措施。在这些活动中,老师们能够及时与家长沟通,从而更加深入地了解学生和家庭,在帮助家长更好地教育孩子、鼓舞学生信心等方面起到了很大的作用。

二、以方法开发智慧,使情智趋和,让学生"会学"

学法指导是促进学生掌握学习策略的一种行之有效的做法。目前,我校已形成比较完整的学法指导体系。

首先是实施学习日常规,使学生掌握初中学习的基本要求,培养学生养成良好的学习习惯。其次是有针对性地对学生进行学法指导。学校每年举行新生入学学法指导、初二过渡时期学法指导和初三毕业生学法交流会,开展以"中小衔接""我的过去,你的现在,我们共同的未来""助跑、腾飞"和"我在名校等候你"为主题的系列学法指导活动。这些以学生视角来看待学习的活动,为新学段的学生提供了较好的学习帮助,缩短了他们在新学年的彷徨期。每到复习阶段,老师们首先对学生进行系统的复习方法指导和答题技巧指导,让每一个学生都胸有成竹。

三、主题带动,用经典活动震撼心灵,使学生"爱学"

每周升国旗仪式上举行隆重的表彰活动,让各个方面涌现的"周明星"成为校园最亮丽的风景。每月举行一次全校德育活动,丰富学生的德育生活,提升其素养。学校结合我国传统节日、每日经典诵读、两操规范、仪容仪表等教育,培养学生文明懂礼、自尊自强的良好行为习惯。每学期评选"学习明星""进步明星",广泛宣传他们的先进事迹,让先进的事例时时激励着学生的成长。让学生成为管理的主角,明确学生自主管理的要求,全面规范团队建设,广泛开展学生的自主实践活动,锻炼提升学生自立、自理的能力。

四、以"和"增力,重视家校合作,内外促学

学校在家庭教育干预方面的工作也日渐成熟。学校充分利用家长会、素质教育

开放日等活动,向家长宣讲新的教育观念、课程理念和学习方法,提高家长的教育水平,督促家长为学生创设舒适的学习环境。节假日,针对学生爱玩、不会合理安排假期生活的特点,学校建立了假期生活家校联系表,帮助家长在家指导学生过丰富多彩的学习生活,得到了家长的一致好评。

家庭与学校教育同向而行

平度市实验中学　耿金堂

平度市实验中学在举办家长学校过程中,确立了"向管理要质量"的工作宗旨,明确家长学校工作职责,抓好过程的规范管理,特别是引导家长积极参与学校组织的各项活动,家庭和学校教育互相促进,极大提升了家长学校管理水平。

一、管理有序

我校成立了家长学校领导班子,分工明确,各司其职。领导班子定期召开会议,拟定工作计划,研究指导家庭教育工作。同时,我校并完善各项制度,如家长学校章程、家长学员考勤制度、家长委员会制度、家长培训制度、家长驻校轮值工作流程、优秀家长评选办法等。家长学校各项活动均有领导、有计划、有分工,各项工作有序开展,规范组织。

二、条件保障

我校家长学校有固定教学场所——报告厅,一次可容纳600余名家长听课,每间教室又是家长分散培训的场所。《父母课堂》是家长学校教材,人手一册。阅览室中配有较多数量的家教类报刊,家长可随时借阅。心理咨询是特色工作,咨询对象可扩展至家长和家庭。学校有设施完备的咨询室、专业的咨询师,随时为家长服务,同时开设家庭教育咨询热线。

三、教学严谨

我校根据《全国家庭教育指导大纲》制订教学计划,针对家长年龄、家庭角色及职业、文化程度,找出家长教子过程中最关注的问题,确定讲座内容。家长培训力求务实、接地气,以菜单式培训为主,如帮助孩子"迈好中学第一步""迈好青春第一步""迈好人生第一步"的专题培训。同时,还邀请专家来校授课,毕希铭、徐晓东、范国睿、顾晓鸣等人的讲座,家长们听后获益匪浅。

家长会是家长分散培训的主阵地,班主任担任家长学员的培训教师。家长会改变教师讲、家长听的"满堂灌"模式,创新家长会新形式。一是由家长委员会主持组织家长会,安排家长发言,调动家长参与意识。二是小组长参与家长会,为家长汇报组员情况。组长汇报更真实和全面,为家长有的放矢教育孩子提供第一手资料。

"百家讲坛"是"三百讲坛"社团活动的一种,即由专业家长担任主讲人,分主题培训家长或学生的讲座。医务工作者讲生命健康教育,司法工作者宣讲法律知识,儒学研究者谈孔子、《论语》……讲坛的开展激发了家长参与教育的热情,形成学生、教师、家长全员参与的良好社团氛围。

为发挥优秀家长的榜样示范作用,我校还选聘21名教育经验丰富、具有较高理论修养的家长成立家庭教育讲师团,通过微信、QQ、座谈会等形式向家长宣讲成功家庭教育案例,即时解决家庭教育热点问题,保障家庭教育系统性和序列化。

四、重在实践

"纸上得来终觉浅,绝知此事要躬行。"家长驻校轮值是家长参与教育的实践平台,即让家长走进学校、课堂,全方位参与并监督学校的教学管理工作。每周一至周五,家长代表依次参与活动,从入校秩序、卫生清扫,到课间跑操、课堂听课,从巡视校园安全、餐厅进餐,到与学生、教师一对一交流,家长感受到原生态的教育,加深了对学校、教师的了解,利于今后科学施教。

"共建书香校园,同享书香人生"是我校倡导阅读的总体指导思想。家长学校要求家长共建书香家庭,开展"我与孩子共读一本书"亲子阅读工程,要求家长精心凝气,与孩子思想同频共振,成为孩子最好的学伴。此外,家长学校倡导家长把家庭教育的所思、所想、所感记录在家校共育日志上,日志在家长与教师、家长与家长之间"漂流",便于家长互相交流和借鉴。每学年,我校还表彰部分优秀家长、特色家庭,并在校报上刊登优秀家庭教育事迹,以此促进家庭教育水平的整体提高。

总之,我校倡导让每一名学生成为最好的自己,其前提便是让每一名家长成为最好的家长,家长学校任重而道远。今后,我校将不断创新家长学校管理模式,培养更多的合格家长、优秀家长,使家庭与学校教育同向而行,共同培育卓然独立、越而胜己的新时代人才。

做好开门办学，优化外部环境

莱西市实验中学　刘本帅

　　几年前，我校还是一所办学理念较为保守、改革与创新力度不大、教师幸福指数不高、个人发展动力不足的学校，部分家长对学校的工作满意度不高。面对这种情况，学校确立了"做有责任有情怀的教师，办有温度有未来的教育，让成全所有学生的思想照亮每一个教育细节"的办学宗旨，启动了家校合作，成立三级（校级、年级、班级）家长委员会，充分发挥家长委员会的监督、共建、评价作用，做到开门办学，促使学校快速发展。2019 年 9 月 30 日，校家长委员会主任王斌刚同志牺牲个人休息时间，为全校学生进行了主题为"抵制校园欺凌，做遵法守纪的好少年"的讲座，为提高学生自我保护意识和增强自我防范能力，构建和谐平安校园上了生动一课。

　　学校家长委员会享有知情权、参与权、提案权、表决权、监督权，主要研究探讨学校工作和学生管理难题，为家长代言，为共同管理学校提出意见和建议。学校当初在改建操场时遇到了麻烦，个别村民以占地、影响交通为由阻挠工程建设。关键时刻，学校家长委员会成员积极主动出面协调，妥善解决问题，工程顺利完成。以往学生校服按照惯例只订夏装和秋装，针对这一情况，家长委员会主动提议，让学生自愿订冬装，解决了学生冬天统一着装问题。家长委员会的成立和运作，构建了家长、学校、社会共同治理学校的格局，促进了教育社会化和社会教育化。

　　学校还加强了对家长科学家教方面的指导，举行了"父母课堂"专题教育活动，并利用假期时间开展家庭沙龙，开展家长进校园护校活动，使家长充分了解学校运行情况和学生在校表现。

　　为了加强学校、家庭、社会"三结合"育人效果，更好地服务学校，服务家长，强化学校管理，提高教学质量，发展学生特长，做到社会、家长、学生"三满意"，学校积极响应教育和体育局的号召，开展"千名教师访万家"活动。按照学校"1 + 1 + 2"家访工作思路和要求，包联班级的领导、老师进村庄、进社区、进家庭，每周至少访五个家庭，要求包联班级的老师对于班级优秀学生至少电话、微信访到，对于问题学生、困难学生必须走进家庭，并做好家访记录，写出家访调研报告。

苏联教育家苏霍姆林斯基曾说过："教育过程中要充满爱和期待,如果把一份爱放在家访中,就会取到意想不到的效果。"然而如今,借助通信设备和网络,老师和家长的"隔空对话"虽然方便、快捷,但总是显得生疏、客套。而且,这种交流方式也更接近"快餐式",不易深入。

实地家访,置身于学生的生活环境,目睹学生的家庭状况,便于老师真正了解学生,毕竟这些因素对学生的成长影响很大。同时,老师、家长、学生之间的亲密沟通,有助于相互理解,老师和家长在教育上更容易达成一致。"在特定的情境中,学生、家长、老师彼此都会情不自禁地说些'掏心窝子'的话,可以有的放矢地教育孩子。"家访不仅是实现家校合作教育好学生的手段,也是拉近老师、家长、学生之间心理距离的捷径。家访更容易让家长和学生本人感受到老师的责任心、关爱和温暖,是一种深度的感情交流。

通过近两年的快速发展,我校已经成为一所家长交口称赞的优质学校,越来越多的家长选择送孩子到我校就读。

这是一所很"大"的学校

青岛实验学校 李爱华

青岛实验学校地处青岛市红岛经济区(青岛高新区),是由青岛市政府、青岛高新区全资建设,配套高端产业区,从小学到初中九年一贯制的公办学校。它借助北京十一学校的管理机制、课程体系、培养模式,以兼容并蓄的办学精神、自由开放的课程选择和一流的硬件设施,努力打造我国课程改革领航校。学校于2017年9月正式开学。

青岛实验学校的"大"表现在室内外体育场馆、专业影剧院、动漫教室、服装设计教室、课程博物馆、艺术创意街区等散落分布。这里就是一个功能完善的教育社区,孩子在这里对接世界。

青岛实验学校的"大"还表现在小学150平方米的全科生活教室,集图书阅读、多媒体浏览、休闲活动为一体,国际对接的包班教学管理模式,让资源触手可及。

青岛实验学校的"大"更表现在其胸怀之大、使命之大。学校办学大纲中明确指出"择高处立、就平处坐、向宽处行"。每一次决策都要在乎社会各方的感受,睦邻友好,永远不与同行恶意竞争。当我们通过成功大门的时候,绝不顺手关上大门,而是向后来者伸出援手。因此,青岛实验学校注重自身发展的同时,不忘自身使命。

学校建校之初就成立了教育家书院,旨在为不同需求的教师赋能。学校每学期都会组织多次教师论坛、专家讲座、课程封闭研讨活动,每次活动之前都在学习共同体平台上发布通知,邀约兄弟校的干部和教师参与其中,大家一起更新观念、提升水平。我们相信水涨船高,只有大家的办学水平提升了,我们学校的水平才可能更高。

学校各学部成立了家长委员会,每学期定期邀请家长进入校园,针对学校的课程方向、教育教学质量、组织管理、服务质量、校园安全等方面进行座谈,提出建议。我们还邀请家长参与学校大型活动(狂欢节、开学典礼等)、学生部分荣誉认定("实验领航人"的推荐和评选等)、课程汇报展演等工作。在众多活动的深度参与中,家长更加理解学校的教育意图,更加理解教师的良苦用心。现在他们大多已经成为学校的决策参谋,成为部分学生家长的咨询师,成为学校课程的助教,成为学校理念的代言人。

学校每周举行名家讲堂,征集部分家长的资源,或者他们自身,或者他们推荐社会名人登上讲坛,有的为学生介绍行业的最新研究成果或者自己专业绝活,有的为学生坚定理想、鼓舞士气,有的为家长传授育子经。学校在课程实施中实现了家校共育。

青岛实验学校的硬件条件比较优越,师资水平较高。我们知道这些设备设施和教师资源应该分享给附近的更多受众。每天的课后托管时间,学校为小学部学生专门研发了20多门优质课程供学生选择;五点半以后和节假日,学校的体育场馆对附件的单位职工部分开放;学校还为世界儿童足球比赛义务提供足球场地。只要能满足家长的需求,我们会不遗余力。学校规定,每一位教师都不能拒绝学生的预约答疑。因此,教师会随时义务为学生进行学业指导和艺术、技术、体育方面的个别化指导。虽然建校短短两年,我们的学生在排球、足球、乒乓球、羽毛球、轮滑、射箭、击剑、微电影、绘画、机器人各级各类比赛中已经崭露头角。

用文化引领核心价值观向社区"报到"

青岛滨海学校　陈祥波

近日,一组靓丽的社会主义核心价值观宣传画展示在青岛滨海学校的外围墙上。这些宣传画既富有传统文化韵味,又有十分接地气的语句,配以精美的画面,让路过的社区居民不禁驻足观看。青岛市市北区湖岛街道办事处与青岛滨海学校党支部联合制作了这些社会主义核心价值观宣传画。这也是青岛滨海学校党支部根据市北区委开展的"万名党员进社区"服务活动中事业单位党组织、在职党员到社区"报到"的一项创新做法:让学校的在职党员发挥自己的"知识分子"优势,用传统文化解读社会主义核心价值观,自己做"推广代言人",以独特的方式向社区宣传社会主义核心价值观。

为了做到将社会主义核心价值观入眼、入耳、入心,在社区内特别是年轻一代中做好宣传推广,以更好地落实精神文明建设,青岛滨海学校多次与市北区湖岛街道党工委协商,由街道办事处提供资金,由学校提供场地,由学校的党员骨干教师提供图片和文字解读,在新建成的湖岛街道办事处滨海社区内面向社会集中宣传。

这一组宣传画共有80多幅,将社会主义核心价值观国家、社会和个人三个层面和12个词汇分别解读,既体现了传统文化的内涵,又体现了以人为本的宣传理念。

各位党员骨干教师在词汇解读中体现传统文化精髓,突出文化自信。在社会主义核心价值观的12个词汇的专题解读中,注重从传统文化中挖掘文化内涵。有的使用文化经典中的表述,例如,对"民主"的解读用了《尚书》中的"民惟邦本,本固邦宁",对"友善"的解读用了《孟子》中的"老吾老,以及人之老;幼吾幼,以及人之幼"。有的使用经典诗词,例如,对"富强"的解读用的是杜甫《忆昔》中的"稻米流脂粟米白,公私仓廪俱丰实",对"自由"的解读则用了李白《宣州谢朓楼饯别校书叔云》诗中的"俱怀逸兴壮思飞,欲上青天揽明月"。这些解读不仅将社会主义核心价值观细化,更增加了其文化内涵,增加了宣传的厚度。

各位党员骨干教师在诠释词汇内涵时,体现本土化、口语化的特点,便于实践落实。宣传画制作中,对社会主义核心价值观的12个词汇分别进行了四个层面的具体化解读。例如,对"民主"含义的解读,就有"我的班级,我做主,我是班级小主人"的文字和学生参与班级民主投票的画面,有"家校共建,共促发展"的文字和教师与家长座谈的画面,等等。多维度的解读,增加了社会主义核心价值观宣传的广度。

宣传画中的主题推荐人物均为青岛滨海学校的党员骨干教师,既体现了人是社会主义核心价值观宣传的出发点和落脚点的思想,又很好地让青岛滨海学校的党员向社区"亮身份"。青岛滨海学校的学生和家长,甚至学校的保安、保洁、食堂工作人员等也成为诠释敬业精神的主角,体现了社会主义核心价值观事关每个人、人人都是参与者和践行者的理念。用叙事的方式拍摄的照片,不仅有画面感,还有故事和内涵,让人理解了可能文明就是顺手捡起路面上遗落的垃圾的一个小举动,可能友善就是顺手拉起身边跌倒者的小动作,可能敬业就是为保卫学校安全,在风雪中稳稳站立的身影。这些身边的人物和故事的表现,增加了社会主义核心价值观宣传的温度。

这一组社区宣传画的完美呈现,也得益于湖岛街道办事处与青岛滨海学校的良好合作。作为欢乐滨海城唯一的配套学校,青岛滨海学校多次与湖岛街道办事处联合开展共建精神文明活动,宣传垃圾分类知识,建立社区家庭教育服务站,学校组织的名家讲座向社区开放,使学校逐渐成为社区的文化宣传中心。而街道党工委组织的"情暖校园"资助奖励滨海学子等活动也让青岛滨海学校的师生感觉到了来自驻区街道党组织和基层政府的温暖。

青岛滨海学校党支部和在职党员,用文化引领核心价值观的方式向社区"报到",既以文化引领的方式推动基层党组织、在职党员开展"万名党员进社区"服务活动,又探索了一种党员联系服务群众工作的新形式,取得了多赢的效果。

优化内部育人氛围,调适外部教育环境

青岛市即墨区田横岛省级旅游度假区中学　陈懋庆

改善并适应学校外部环境、营造良好的育人空间是学校教育教学的另一面,正如打仗一样,要赢得阵地战,离不开后方的配合与支援。现代教育是社会性的教育,学校对学生的教育只是其中的一部分,校外教育环境对学生也有较大的影响,因此良好的校外教育环境是教育教学的有力支撑,校外教育环境对学生也有较大的影响,因此校外教育环境好与差就显得相当重要。作为学生学习的主阵地,学校应担负起相应的责任。然而,随着社会的发展,学生教育已不局限于狭义的学校,已延伸到校外,学生更多的时间用在家庭和社会上。在新的"读书无用论"冲击下,在家庭放松或失去监管的情况下,不可避免地会有学生受不良习气沾染,这严重影响了青少年一代的健康成长。故此,我认为改善学校外部教育环境势在必行。那么,如何实现良好的学校外部教育环境,营造良好的学生外部学习氛围呢?我主要从我校实际生活中如何做好这方面工作的角度出发,谈几点粗浅的看法。

一、充分认识和全面落实社会教育的重要性

首先,我校充分利用家长会、家长委员会、校长开放日等形式向家长大力宣传家庭教育的重要性,大力宣传振兴教育、培养人才的重要意义,在社会上大力营造尊师重教、读书成才之风,坚决摒除"读书无用"思想。通过宣传教育,使每位家长都认识到教育的重要性,真正懂得子女成才比任何事情都重要的道理;使每位家长在行动上做到宁可少干一些其他工作,也要经常把握好子女的学习情况。

其次,我校积极主动争取政府、上级有关管理部门支持,提倡用长远发展的眼光看问题,多为学生的未来想一想,认识到今天少量的付出必定换来明天巨大的收获,学生成才无疑是一件利国利民利己的大好事,要改变"教育管理学生完全是学校、老师的事"的错误看法。

办好教育为人民,人民教育靠大家。管理学生是全社会的责任。只有全社会都重视教育,关心青少年学生,年轻一代才能健康成长,成为有理想、有道德、勤学习、守纪律的一代新人,成为国家未来的建设人才。

二、打造健康向上的校园文化,积极改善社会育人环境

在改善学校内部环境方面,我校利用一切可以利用的条件,积极创造学校文化氛围,做好学校文化建设,绿化美化学校环境。用文化浸润学生,培养他们高尚的品质、乐观向上的精神风貌。正所谓"环境造就人",良好的校内环境对学生的健康成长是必不可少的。

在改善周边环境方面,我校积极主动联系有关职能部门,对周边影响学生的游戏厅、娱乐厅、网吧、小卖部等场所实施不定期检查、督查,从源头上消除学生接触"黄毒赌"的机会,保证学生良好的校外教育环境。

只有做到上述几点,对学生的管理效果才会越来越好,提高教育教学质量才不会成为一句空话。

灵山中学家校合作成效

青岛市即墨区灵山中学　陆金祥

近年来,学校响应上级号召,积极开展家校合作,力求使各项工作扎实有效,促进了家校沟通,进一步建立了和谐统一的教育教学环境。通过家校合作,学校充分认识到加强与家长的交流与沟通的重要性,认识到对家长进行必要的教育方法、教育理念教育的重要性。为了总结成绩,更好地指导今后的工作,现将本校在开展家校合作方面的工作与经验总结如下。

一、有组织有计划开展家校合作

成立家校合作领导小组,校长任组长,中层干部和班主任任组员,对家校合作工作做出规划,并给予高度重视和大力支持。在家校合作领导小组的领导下,各项工作开展得有条不紊,卓有成效。

二、扎实有效开展多项活动

举行题目为"如何陪伴孩子成长""如何与青春期孩子相处""创建书香家庭""家校合作促沟通"等的家长讲座。通过讲座,让家长对家庭教育的重要性有了充分认识,并由此引发了家长对于许多教育问题的思考,改变了家长认识上的一些误区,让家长学会正确处理两代人间的关系,懂得多陪伴孩子,正确看待孩子的学习,正确看待孩子的错误,等等。

举行家长会。每学期举行两次家长会,由年级主任和班主任分别开会,向家长进行安全方面和学校方针政策的宣传,就孩子在学校、家庭中的表现进行交流,探讨教育孩子的理念和方法。家长会加强了学校与家庭的联系与沟通,让家长理解学校,教师倾听家长的要求和心声,使家长与学校在认识上达到一致,努力促进学生的成长。

举行家长进校园活动。每班投票选举七名家长委员会代表,每学期让家长委员会代表进入校园,体验校园生活,跟孩子们一起听课,一同参加体育活动,共同用餐。通过活动,让家长对初中生活有一个比较直观的认识和感受,体验孩子的教育环境。

活动后,家长们提出了一些宝贵的意见和建议,对学校改善办学起到了很好的促进作用。

班主任每学期对本班学生进行一次家访和不定时电话沟通,对学生的在校表现、在家表现、突发事件等方面进行沟通。家访做到目的明确、有针对性、话题安排得当,并及时填写沟通表,增强了家访和电话沟通的效果。

通过家校合作,大部分家长的育人观念有了很大的提高,不仅在子女教育上做到与学校保持一致,而且议教能力增强,有的家长还向学校提出了很多富有指导性和建设性的建议,对学校的教育教学改革有很大的帮助。我们一定将这种优良的沟通方法继承发扬下去。

积极发挥家长委员会作用

青岛市即墨区七级中学　孙元兵

我校家长委员会在所有家长委员会成员的共同努力下,严格按照家长委员会章程和学年初制定的工作计划积极开展工作,发挥了很好的作用。

一、恪守职责,主动工作

(一)关注大事

按照家长委员会计划中的学校重大活动和与学生密切相关的重大事项,家长委员会均积极参与。一学期来,家长委员会成员在学校的邀请下先后参加装修验收和校园活动,听取学校工作规划,提出自己的建设性意见。尤其是针对学校门口上放学期间附近施工车辆较多,导致不安全因素增加的情况,家长委员会及时建议学校向上级反映,设置了接送孩子的专用区域,增大了学校师生及周边居民的安全系数,有利支持了学校正常工作。

(二)履行职责

家长委员会成员认真到校执勤,做好校园安全巡查,落实常规管理监督。针对学生课间活动时打打闹闹的问题,提出了树立监督岗的建议,使校园秩序更加井然。

(三)特色社团

自 2018 年秋季开学开始,学校邀请社会热心人士和机构走进学校,开展了发明、木艺、剪纸、书法、绘脸谱、舞蹈等特色社团活动。上述社团不仅开展得扎扎实实而且效果优良,其中发明社团得到了孩子们的热烈响应。

(四)聘请专家

为更好地配合学校工作,提高家长育人水平,学校组织家长通过微信公众号听取卓越培训的专题报告,赢得了家长们的热烈反响。

(五)团队作战

为强调团队作战精神,充分发挥家长委员会各个成员的作用,家长委员会建议各个成员协助开展特色班级创建活动。班级每月都有自己的主题班会,都有自己的主题活动。家长委员会的参与有力地推动了学校校风校纪、班风班纪的更好转变。为使学生有一个良好的学习环境,学校开展了美化班级活动。家长委员会积极献计献策,组织家长与老师、学生一起把教室布置得温馨和谐,使学校班级文化提档升级。

二、存在的问题与不足

家长委员会在圆满完成既定计划的同时,也暴露出工作中的一些问题。

(1)部分家长委员会成员因工作等各方面的因素制约,不能及时参与家长委员会活动,驻校值班不能及时到位。

(2)家长委员会工作职能没有充分明确,作用没有得到充分发挥。

(3)家长和家长委员会之间联系不够,家长委员会成员和学校沟通交流还不是很畅通,家长对学校的意见和建议不能及时和学校交流。

总之,学校家长委员会通过自身建设,积极发挥沟通、服务、监督、参与、管理的作用,兼顾学生、家长、学校三者权益,共同营造良好的育人环境,使家庭教育与学校教育、社会教育紧密配合,形成合力,收到较好的效果。

重视校园安全，提高教育质量

青岛市即墨区蓝村中学　王高洪

蓝村中学始终以"安全第一、预防为主、综合治理、依法处置"为主线，加强校园安全监管组织领导体系建设，强化校园安全管理主体责任，进一步加强对校园安全工作的监督、指导和管理，全面提升校园安全管理工作科学化、规范化、精细化水平，努力降低安全事故发生率，杜绝重大安全事故和安全责任事故，创建平安校园。

一、加强校园安全组织领导体系建设，落实各级监管责任

学校按照"党政同责、一岗双责、齐抓共管、失职追责""管行业必须管安全""管业务必须管安全"要求，进一步完善各级安全监管工作领导责任体系，层层签订《创建"平安和谐校园"暨安全工作目标责任书》。落实安全工作第一责任人主体责任，全面贯彻落实《中小学校岗位安全工作指南》，建立全面覆盖、标准明确、职责清晰的制度体系，落实全员参与、专兼结合、一岗双责的安全管理责任，严格网格化监管，形成"一级抓一级，层层抓落实"的工作责任体系。

二、加强学校安全教育，开展示范单位创建活动

学校积极开展安全年、安全月、安全周、安全日活动，充分利用青岛学校安全教育信息化平台，加大安全教育力度，开展安全教育日、开学第一课、平安假期、防灾减灾、消防等主题教育活动，预防学生溺水、交通事故、火灾事故、校园欺凌事件的发生。组织开展安全教育示范市、校创建和安全教育课程量化考核，继续落实定期通报和约谈制度，真正实现学校安全教育课程信息化、标准化、规范化。研究中学生安全教育，制定安全教育标准。

三、加强安全培训和演练，提高校园管理和应急水平

学校积极开展三级培训，提高校园安全管理人员的业务能力和水平。组织开展

学校安全应急第一响应人培训和国家应急救援员培训试点。开展学校安全管理规章调研工作,加强校园风险管理,编制校园风险管理标准。落实学生逃生疏散演练标准,开展消防、地震、校车等紧急情况下的逃生疏散演练标准化试点。坚持和完善"222、433"校园应急演练日制度,实现演练常态化、长效化。继续开展应急安全体验活动,组织中小学生参加安全应急情景式体验。加强重污染天气应对工作。

四、开展学生安全素养评估,培育浓厚的校园安全文化

学校根据青岛市部署,按照城市学生、农村学生、随迁学生、留守学生四类群体,分自然环境安全素养(社会安全、自然灾害、交通安全、性侵、网络完全、消防火灾、游泳溺水、紧急救护八个维度)和心理安全素养(合群、变通、乐观、热情、镇定、信任、随和七个维度)对学生安全素养进行综合测评,全面掌握学生安全素养现状,对安全教育效果进行评价。扎实开展校园安全文化建设示范校创建活动。

五、加强部门联动,持续加大预防学生溺水的工作力度

学校根据青岛市政府办公厅《关于预防学生溺水事故加强学生安全工作的通知》要求,按照上级部署,进一步完善部门联防联动长效机制,积极发挥市预防学生溺水工作联席会议成员单位作用,主动协调镇政府、村庄、社区、站所,加强重点水域和重点时段的管控。加大公益宣传教育力度,引导学生家长依法履行学生居家期间的监护人责任,预防学生溺水事故的发生,尤其是群死群伤事故的发生。

六、加强校园安全综合治理,完善隐患排查和整改长效机制

学校积极发挥校园及周边治安综合治理领导小组及各成员单位作用,联合综治、公安(治安、消防、交警)、食药监、综合执法等部门,组织开展"护校安园行动"和"校园及周边治安综合治理集中整治行动"。严格执行校长巡查制度和安全隐患月报告制度,定期开展专业化、综合性的校园安全检查和督查。积极开展依托第三方或安全专家进行的安全检查活动,建立安全隐患整改台账,完善校园安全隐患排查整改长效机制。

调适外部环境，优化学校育人环境

青岛西海岸新区弘文学校　王金奎

外部环境对学校的教育教学起到关键的作用,学校管理的一项重要工作就是调适外部环境。我校的具体做法有以下几点。

积极发挥学校在社区建设中的作用,鼓励并组织学校师生参与服务社会(社区)的有益活动。坚持把服务社会(社区)作为学校的重要功能,积极组织学生、教师参加志愿者服务、到社区实践等活动,在活动中锻炼能力、提升素养、培养技能、陶冶情操,增强师生勇于承担社会责任的使命感。

坚持把合作共赢作为学校对外关系的准则,积极开展校内外合作与交流。每年学校都组织初二的学生到优质高中进行一日游学活动,与优质高中进行初高衔接等教学研讨,激发了学生的上进心,提升了学生的学习信心和教师的教学水平。

坚信学校与家庭、社会(社区)的良性互动是办学水平的重要体现。新学期开始,学校组织专人通过"一封信"、问卷、微信、电话等多种方式及时了解学校所在社区、学生家庭的基本情况,逐一分类登记,然后进行信息筛选,力求最大限度获取与学生成长、学校发展有关的信息。寒假、暑假的校外学习共同体的建立就是很好的体现,充分发挥了社区及家长的优势资源和力量。

充分发挥家长委员会支持学校工作的积极作用,真正建立健全家校合作育人机制。建立每名教师家访制度,要求"定期、定点、定内容、定家访人"进行家访。每学期至少两次家长学校专题讲座、四次家长会、八次家长开放日等活动的开展,很好地指导和帮助家长了解了学校工作情况和孩子的身心发展特点,进而掌握了科学的育人方法。

积极引导社区和有关专业人士参与学校管理和监督,接受改进学校工作的合理建议。我校自建校始就要求家长在学生上放学时轮流值日护导、中午到餐厅靠餐、驻校办公、参加学校办公会等,这些措施都很好地促进了学校的发展。

凝心聚力，携手育人

青岛市城阳区第二实验中学　矫　伟

秉持大教育观，以立德树人为使命，不断探究教育发展的新路径，是城阳区第二实验中学的不懈追求。在全民读书、终身学习的时代要求下，学校积极调适外部环境，注重为学生营造具有良好驱动性的学习环境，使得家校合作的深度和广度不断发展，学生用心、家长放心、社会安心的良好发展局面正在逐步形成。

一、循序渐进的家校互动

学校站在家长的角度思考，通过"结盟友、深沟通、亲参与、谋发展"梯次加深学校与家长的联系，多元共建立德树人的和谐、阳光校园。

具体来说，学校邀请区级、市级乃至省级、国家级家庭教育专家为教师和家长进行专题讲座，针对青春期学生心理特征、亲子关系等双方共同关注的话题进行深入探讨，使家长与教师成为共同致力于孩子成长进步的无间盟友。学期初的"万名教师访万家"活动，使广大教师与家长进行深度沟通。学期中开放校园，引导家长亲身参与学校建设。邀请家长委员会代表参加开学、毕业、教师节等主题仪式活动，将广大家长纳入"实验二中人"这一群体，引导他们认同并融入学校文化。充分利用家长群体这一社会资源，邀请其出任社团辅导员、护导员，调动家长参与学校管理和建设的积极性。在矫伟校长的主持下，学校常态化进行校长接待室、校园开放日等活动，并通过信访信箱接受家长的意见建议，将其作为学校发展的渠道、前进的动力，并为家长答疑解惑，解决实际问题。

二、共建共享的外部环境

学校注重学生的上放学安全管理，更注重通过建设良好的校园周边环境来帮助青春期的学生养成良好的行为习惯。放学后值班教师、值日学生及时清楼、清校，安保人员、家长志愿者及时巡逻、护导，重点关注校门附近容易滞留学生的区域，杜绝安全隐患。针对父母不在身边的孩子，摸底排查，登记建档，并组织教师与家长常态沟通,提醒家长多陪伴孩子,保障孩子身心健康、快乐成长。

经过日复一日的高质量重复,学生上放学管理有了明显改观,家校共育工作赢得良好的社会口碑。家长在谈及这一问题时神情中多了份认可,甚至在每天的早晚高峰,校门前路过的人流车流都向我们的学生、教师和家长志愿者投来赞许与信任的目光。学校在管理中充分关注了人的问题,捧着一颗初心,与每件小事较真,才调动起学生、教师、家长共建平安、规范校园的积极性,为学生营造良好的学习环境。

教育之路是一条百年树人的沧桑轨道,更是一条众人求索、合作共赢的康庄大道。我校以社会、家庭"一主两翼"的立体化育人格局,努力构建有特色的外部环境建设工作新体系。在今后的发展过程中,我校将继续以开放的姿态,携手育人,扎实做好立德树人的教育工作,建设品质校园。

家校合力共育英才

平度市明村镇明村中学　董希平

学校健康发展需要家庭、学校、社会合力,学生的发展更离不开良好的家庭教育。校长董希平认为,重视家庭教育是现代教育的必然,也是学校成功实施素质教育的关键所在。学校教育和家庭教育只有配合得当,形成了合力,才能更好地实现教育目标,增强教育效果。明村中学充分利用现代教育和素质教育的观点,全面指导家庭教育,以实践为重点,及时反馈,树立榜样,找出差距,再教育,再实践,从根本上改变了"教育靠学校包打天下"的被动局面。

一、推行家长驻校制

让家长进学校、进课堂,让家长和老师面对面地沟通交流,为学校的发展出谋划策,促进学校和班级管理水平的提升。

二、丰富家长会内涵

在家长会上分别安排家长、学生代表分享育儿、学习经验,班主任与家长交流学生在校的学习、生活情况,通报学校近期有关情况,对家长进行教子育人方法的培训,帮助家长树立正确的教育思想,改善家庭教育方法,优化育子艺术,提高家庭教育实效。

三、密切家校联系

充分运用交流平台,及时了解学生动态,适时提醒家长学生学习、安全等注意事项,督促家长假期监护好学生,保证了学校教育效果的延续。

四、帮助家长树立正确的育子观

家长都应该对孩子有充分的信心,赏识孩子所取得的点滴进步,宽容但不放纵孩子的失败,让孩子感到家长永远是自己的后盾。家长应该以自己的言传身教以及在生活中的每一个细节,让孩子沐浴在和谐、文明、健康、宽松的家庭气氛中,培养孩子活泼、开朗、勇敢、进取的性格,培养孩子良好的公民意识和社会责任感,树立孩子平等、契约、宽容、创新、共生的现代意识,让孩子懂得"要想成才,先要成人"。

五、重视家庭活动的开展

学校和家庭以传统节日为契机,开展丰富多彩的家庭活动。例如,春节期间开展"受欢迎的小客人,受称赞的小主人"实践活动,在妇女节、重阳节开展"妈妈好""祝福老人"等情感活动,中秋节开展"我爱我家"系列活动……通过学校和家庭互动活动的开展,家长以"情感"为桥梁,以"亲情"为纽带,与学校一道,适时对孩子进行教育,收到了意想不到的效果。

学校有义务、有能力对家庭教育进行适时、适当的指导。为了一个共同的目标,我们必须心往一处想,劲往一处使,只有这样,我们的教育才有效益,我们的未来才有希望。

家校协同,助孩子健康成长

平度国开实验学校   石伟娟

为了优化外部育人环境,努力争取社会(社区)的教育资源,充分发挥家长委员会支持学校工作的积极作用,引导社区和有关专业人士参与学校管理和监督并提出改进学校工作的合理建议,形成良好的育人舆论环境,同时做到让每名家长了解孩子的成长规律、认知规律、教育方法等,将家长疑问解决在开学前,应教育和体育局要求,学校集中组织开展"百万家长进校园"活动,主题是"家校协同,助孩子健康成长"。

一、营造好校园环境

提前做好校园环境整治、文化环境创设工作,做到校园环境绿化、美化、净化,营造良好的育人文化环境和氛围。组织全体学生家长参观校园,走进班级,查看现代化教学设施,感受校园文化,全方位熟悉孩子生活学习的校园。

二、做好教师家长见面工作

组织学校干部、班主任、科任教师与学生家长见面,重点让每名学生家长熟悉孩子所在班级的班主任、全体科任教师,建立家长微信群,让家长有归属感。让家长了解孩子新学期学习计划,现场解答完每名家长的问题,尽职尽责、尽心尽力、尽善尽美地做好有关工作,让家长放心地把孩子送到学校。

三、实施家庭教育指导

学校结合初中孩子身心等诸多方面发展规律,指出家长在对待孩子的问题上要正确定位、要和孩子共同成长等观点,引起了家长的共鸣。家长对这些问题有了更深层次的理解,有利于提高自己的认识。孩子的教育离不开正确家庭教育的配合,倘若没有良好、正确、合理的家庭教育配合,学校孤掌难鸣,再好的师资和学校都不可能产生好的教育效果。活动中,家长认真聆听,学习掌握新学段、新年级教育规律、孩子的成长规律,学习科学教子的知识与方法。

学校组织了一年级新生入学仪式,学校领导站在大门口热情迎接,和家长、孩子挥手致意。家长和孩子大手拉小手,在一年级两位教师的引领下走红毯进教室。班主任介绍"零起点教学"有关情况,针对幼小衔接,对新生家长进行教育指导,缓解新生家长的紧张情绪。

四、组织参观学生食堂

学生报到第一天,学校组织新生家长参观学生食堂,向家长展示食堂食品安全管理、成本控制、营养烹制、餐厅文化建设方面的亮点,介绍校领导陪餐制度、"明厨亮灶""食育课堂"、餐厅"6T"管理餐厅文化等,让家长了解学校食堂食材进货渠道及食源的可追溯,观看食堂从业人员的实操,熟知每周由营养师指导编制的营养带量食谱,切实让家长放心、满意。

五、创设家长建言献策多种渠道

积极搭建家长建言献策平台,畅通家校联络渠道,通过座谈会、恳谈会、家长问卷、家长热线、家长信箱、家长微信交流平台等形式,广泛征集家长意见、建议。中层以上干部负责收集整理意见、建议,及时回应家长反映的问题。家长反映较为集中的问题,原则上报到当日给予家长回应。

六、家长进校园,参与学校活动

邀请全体家长观看学生军训会操表演,请部分家长代表担任军训会操的评委。此次活动,让家长走进学校,参与评价,增进了家长对学校管理、教师教育教学质量的了解,搭建了社会、学校、家长友谊的桥梁。学校就社会、家长共同关心的问题,听取了家长意见和建议,以期改进学校的整体工作,增强了家庭与学校的相互了解和联系,保证了学校与家庭的相互沟通。

"百名教师访千家"活动实施方案

莱西市姜山镇泰光中学   于同磊

为进一步加强学校与家庭、教师与家长的联系和沟通,凝聚教育合力,树立教育的良好形象,形成学校、家庭、社会共同关注学生身心健康成长的育人环境,努力办好人民满意的教育,学校深入开展"百名教师访千家"活动。

一、指导思想

"百名教师访千家"活动以党的十九大精神和习近平总书记在全国教育大会上的重要讲话精神为指导,引导广大教育工作者带头践行社会主义核心价值观,自觉增强立德树人、教书育人的荣誉感和责任感,做党和人民满意的"有理想信念、有道德情操、有扎实学识、有仁爱之心"的好教师,密切师生关系、家校关系,强化和提高教育系统的服务意识和服务能力,树立教育和教师的良好社会形象,为培养社会主义事业建设者和接班人做出更大贡献。

二、家访对象及形式

全校干部、教师均要参加家访活动。家访对象为本校全体学生。家访以与家长(监护人)面对面交流为主,同时可采用电话、短信、网络(微信、QQ)等多种形式。

三、家访时间及范围

家访的参与率和受访学生的覆盖率每学期要达到100%,其中面对面家访不低于50%,家长在外地居住的学期中联系不少于两次。

四、家访内容

加强家校沟通,形成教育合力。通过家访,了解学生的成长环境、在家表现,并向家长真实客观地反馈学生在校的情况,与家长共商有利于学生发展的措施和方法,引导家长全面关注学生的健康成长,促进家庭教育和学校教育的结合。

宣传教育工作,赢得家长支持。宣传学校教育政策,介绍学校教育教学工作情况,赢得家长对教育、对学校工作的理解和支持。

征求意见建议,促进教育发展。诚恳征求家长对学校、教师以及教育部门的意见和建议,对家长关心的问题做好解释、说明工作,进一步提高家长对教育的满意度。

强化安全措施,落实安全责任。加强与家长在对学生安全保护措施方面的沟通,督促家长强化学生的安全防范意识,自觉落实安全管理责任。

五、家访要求

加强领导,周密部署。学校成立领导小组,制定详细的活动实施方案,周密组织部署,确保开展好相关活动。学校班子成员要充分发挥示范带头作用,引领全体教师积极参与。要充分做好家访前培训工作,注重问题导向,注意沟通交流的方式方法,让教师带着感情、带着责任进行家访。要明确纪律要求,杜绝借家访之名向家长索要财物、搞吃吃喝喝等有违师德师风的行为,维护教师和教育形象。要有相应的教师家访安全保障措施。

完善机制,注重实效。由学生发展中心牵头,把"百名教师访千家"活动作为做好学生工作的重要渠道,注重家访的实效性,避免形式主义、走过场。家访要有记录(备案),撰写家访心得体会和家访日记等,注意总结积累相关活动材料。加强对家访工作的督查,定期向家长了解家访情况。建立考核评价机制,与教师的师德建设等有机结合起来,把家访工作开展情况纳入教师师德建设情况考核评估。

及时总结,加强宣传。学校将在学校微信公众号中发布"百名教师访千家"活动情况,大力宣传活动中涌现出的典型事例,总结推广好做法、好经验。

家校合力办人民满意的教育

山东省青岛第五十中学　张文革

学校办学离不开社会的支持,特别是家长群体。怎样发挥家长委员会作用,形成家校合力,这是我们办好人民满意的教育的一个关键。学校开门办学,家长广泛的参与,家长高度的知情权和政策知晓度,都是家长家校合力形成的基石,组建好家长委员会是非常重要的一项工作。

第一,选好家长委员会成员,能担此重任的家长必须有高度的理解力、口头表达力、人际交流的亲和力,要热心公益,还得有可自主安排的时间,并且公道正直,充满正能量。

第二,加强交流与沟通,抓住家长最关心的几个问题,做好交心沟通。围绕学生吃饭问题、安全问题、学习问题、综合素质培养问题和升学问题,进行专题讲座和培训。传达上级政策和要求,告知学校的具体做法,做到的和做不到的原因要明确,说话时要站在家长的位置去思考,心和心的距离才能拉近,再困难问题也能迎刃而解。

第三,打开大门迎接家长的参与。学校要为家长委员会设置办公室,便于他们轮流坐班参与学校管理和监督。邀请家长巡检学校食堂、操场、教学区等各部门的秩序,与学生和教师共进午餐,帮助教师进行教室安全督查,运动会上和班主任一起组织学生参赛,充分调动家长的积极性和能动性。学生假期的社会实践和研学旅行工作中,他们就是引领者与参与者,也是出资人。学校成立爱心扶贫组织,发动家长自愿捐助那些家庭困难的孩子,帮助他们渡过难关,感受学校大家庭的温暖。学校通过微信组建各年级的家长群,学校干部和教师根据不同工作分工,加入了不同的家长微信群,利用网络将各种问题解决在萌芽状态。

第四,校长和家长委员会主任建立朋友式的合作伙伴关系。校长不是高高在上的领导者和组织者,而是要为家长做好服务的后勤保障人。同时,家长是我们的学生,在教育学生的方式方法上,需要专业人士的指导。家长也是我们工作的监督员,家长的合理化建议就是学校发展的又一个启发点。家长还是我们的宣传员,学校的好与坏在一定的程度上依托于家长的一张嘴。做好沟通和引导才能够形成家校合力,才能办好人民满意的教育。

在民主管理中共荣共进

青岛滨海学校　李全慧

日本教育家佐藤学说:"要让学校转变,至少需要三年。"滨海学校家长委员会以"民主参与、家校同盟"为特质发展,在"两确立、两深入"中日益成长。

一、确立家长委员会的主要任务

第一,参与学校管理。家长委员会参与学校周行政例会,了解学校一周工作,提出工作建议,会后将有关内容及时发布。校园文化建设、冬季校服试点等工作推行前,学校都会邀请家长委员会选派代表参与评议工作进展。

第二,参与学校工作。学校聘请有特长的家长担任学校课程建设顾问,开辟适合学生的社会实践基地。在家长委员会的组织协助下,全校学生先后走进了法院、军营、消防教育基地、体育馆、美术馆、图书馆、档案馆等,开展了丰富的社会实践活动,促进学校美好未来课程的顺利实施。家长委员会学习部成员可以推门听课,参与课堂和教学研究。开办"父母公益课堂",邀请家长担任客座教师,为学生带来丰富的课外知识。

第三,沟通学校与家庭。学校在家长委员会的提议下,设计并印发了"家校有约"热线联系单。以班级为单位,向每一位学生家长公开校领导、班级所有任课教师及全班同学家长的联系电话。联系单中不公开家长姓名,设置安全温馨提示。

二、确立家长委员会的组织形式

学校每学年进行家长委员会改选。班级家长委员会在家长自愿申请的基础上经各班民主选举产生；校级家长委员会由各班家长委员会主任组成，并经民主选举产生主任、副主任和秘书长。注重部门对接，如家长委员会的学习部对应教导处，生活部对应总务处，等等，促进家校双方有针对性地开展工作。

家长委员会每学期至少召开两次校级会议。学期初听取学校工作计划，与校领导讨论交流，结合学校学期计划制定家长委员会工作计划；期末听取学校工作总结，反映家长意见。每次全校家长学校培训会，校级家长委员会主任向全体家长介绍学校家长委员会工作。

三、让家长委员会建设深入学校管理体系

学校接到某班家长电话投诉班主任对家长态度不好，立即将情况通报给了家长委员会，请家长委员会参与此事件的调查。该班家长委员会主任电话调查每位家长，结果发现所有家长对班主任都非常满意。这一结果让家长委员会主任认识到很多家长对家长的职责以及家长委员会的工作不甚了解，于是带头制定了班级家长委员会工作制度，完善了班级家长委员会的建设与管理。

学校膳食管理委员会基本由家长组成，他们考察选定配餐公司、审核菜谱、调查午餐情况等。在参与调查、监督、管理的过程中，家长参与午餐管理的积极性越来越高。

学校家长委员会先后开展了"我看学校新变化"写作大赛、书法比赛、英语表演秀大赛、趣味数学竞赛、校园艺术达人竞赛等活动，家长委员会为获奖学生颁发奖状和奖品。学校的接纳与尊重，让家长深刻感受到家校携手和谐育人的重要意义。

四、让家长委员会深入全体家长心中

"一所好学校不是一座孤岛，它必定通过自己建立起一个合作网络。"借助家长委员会，学校与家庭、社会保持密切、平等的关系，充分发挥了教育功能。

例如，学校一墙之隔有座加油站，黄岛输油管道爆炸后许多家长情绪激动。家长委员会一方面劝解家长，组建安全督查队对加油站进行暗访；一方面联系学校，协同撰写安全隐患报告。最终在上级部门的高度重视下，加油站安装了油管防爆网。家长委员会的工作为学校和政府相关部门妥善解决问题创造了条件。

学校进行了以家长委员会为主体的校内托管试点运行。家长委员会对托管进行了整体规划和组织，设计托管流程，招募家长义工，编制培训手册，建立培训机制。全国多家媒体予以报道。

现代学校管理提倡开放办学、民主监督。学校敢于放权，善于引领，勇于接纳，与家长联合起来，让家长由"幕后"走向"台前"，由被动走向主动，必会为学校的可持

续发展注入激情与活力。

学校环境与教师成长

青岛西海岸新区黄山初级中学　纪克宁

要办好新时代的特色学校,就必须有一支创新型的教师队伍。学校作为创新型教师成长发展的主要阵地,该如何去营造创新型教师成长发展的良好环境呢? 学校应从以下几个方面去做。

一、重视人文氛围,和谐人际环境

为做到重视人文氛围,和谐校园人际环境,学校做了以下几方面的工作。第一,加强校园环境建设,千方百计改善教师的工作、生活条件,给教师创造一个舒适的工作环境和育人环境。第二,充分发挥工会、教代会职能,广泛听取教师的建议,想方设法解决教师生活上的各种困难,组织教师参加各种活动,让教师广泛接触社会、了解社会,逐步建立良好的社会关系,形成助人为乐、见义勇为、扶危济困、团结友爱、邻里和亲、家庭和睦的风气。第三,扩大教师工作自主权,积极鼓励教师参与管理。凡属学校重大问题,不仅班子集体研究,还应充分征求教师意见,并认真采纳好的建议。允许教师选择不同的方法去完成工作。安排工作可根据教师各自的特长、兴趣爱好,使其特长得到更好的发挥,从而满足其成就感。

二、优化制度建设,开放创新空间

学校应勇于突破束缚教师教育创新的桎梏,而建立一套有利于创新型教师成长的发展管理制度。第一,根据核心素养和创新教育的要求,修订学校各项规章制度,使之适应创新型教师成长需要。第二,建立有效的学习制度,提高教师素质,树立教师终身学习观。学校坚持每周一小时的集中业务学习制度,提高教师业务能力,让教师尽快掌握新的教育理念和先进的教学手段。学校建立学刊用刊制度,提倡每位教师至少要拥有一份以上专业期刊,提倡每天阅读一小时以上,每周写一篇以上读书心得或教学反思,每学期写一篇以上教学研究论文,每年阅读一部以上教育专著,并定期就教师学刊用刊情况进行交流展评。第三,建立有效的评价制度。学校评价教师的业务水平、创新能力时,本着公平、公正,公开的原则。

三、优化经费开支,搭建创新平台

农村学校经费少、资金紧。学校本着勤俭节约的原则,坚持量入为出。但为了教师的培养与提高,达到科研兴校的目的,学校利用科研专项培训资金,多次派人到全国各地参加培训学习,开阔教师眼界,扩充教师视野。同时,不断改善办学条件,增加教学设备,使教学手段更加现代化、信息化,为提高课堂教学效率提供条件,还订购多种教育教学杂志、资料,为教师不断提高业务水平创造条件。学校提供时间与空间,鼓励中青年教师参加各种层次的学习,为教师搭建一个创新的平台,并对教育教学有突出贡献的教师予以重奖。

创新型教师的成长非一朝一夕。学校是创新型教师成长的土壤,应积极创设良好的环境,提供良好的条件,加速其成长。

"父母智慧学堂" 助推家校合作

青岛胶州英姿学校　王金玺

家庭教育是一切教育的根基,父母是孩子的第一任老师,也是孩子终生的老师。家庭教育是学校教育和社会教育的有力支撑,在孩子成长过程中占有重要比重。为了突出家庭教育的作用,让家庭教育助推家校合作,作为一所寄宿制学校,我校自2014年9月份开始,开设"父母智慧学堂"。

"父母智慧学堂"让父母从心理学的角度掌握孩子的成长规律,避免亲子教育误区,让孩子的身心得到全面的发展;让父母从内在找到对孩子的一份"大爱",学会一套与孩子高效沟通的方法,从而让孩子更自信、自爱、自强、自立,让家庭更加和谐、更加快乐。

一、开设 "父母智慧学堂" 的重要意义

开设"父母智慧学堂"可以有效构建起家校合作的模式,让家长积极参与到孩子

的教育中来,助推家校合作,促进孩子健康成长。开设"父母智慧学堂"可以提高家长的教育理论水平。学校的"父母智慧学堂"课程内容丰富,集合了神经语言程序学(NLP)、萨提亚、儿童心理学、教育心理学、脑科学、音乐治疗学等丰富的内容,让家长可以了解更丰富的教育知识,掌握更新颖的教育方法。开设"父母智慧学堂"可以指导家长有针对性地进行教育。"父母智慧学堂"提供了众多有效的、操作性强的方法,让家长"知其然,亦知其所以然"。

二、开设"父母智慧学堂"的方式方法

"父母智慧学堂"作为学校家长委员会工作的具体内容之一,每两周开设一次,由学校家长委员会组织,外聘专家、学校主要负责人和优秀班主任教师、优秀家长代表轮流参与讲座,每次围绕一个主题开展。

"父母智慧学堂"通过线上与线下结合的方式开展。随着信息技术的普及和应用,讲座方式由传统的面对面交流,逐步转为线上交流。我校自2019年3月份开始,尝试"父母智慧学堂"线上与线下结合的授课方式。新方式便捷、高效,能让更多的家长参与,有助于"父母智慧学堂"的普及和提高效益。

通过印发宣传资料和采用微信公众号、"美篇"等方式,拓展"父母智慧学堂"的影响面,让更多的家长通过更加丰富的形式学习、了解家庭教育的理念和方法。

三、开设"父母智慧学堂",助推家校合作

"父母智慧学堂"通过丰富多彩的形式,让家长更多地了解学校在教育方面的各项工作,让家长学习更多家庭教育的方式方法,更好地形成合力,促进孩子的健康成长。

"父母智慧学堂"通过各种方式,也让学校从更多角度了解家庭教育的状况,有针对性地改善学校教育的内容,根据家庭教育的不足,设计、补充教育内容。例如,不少家庭缺乏规则意识的教育,优良家风的养成存在障碍,学校针对此问题开展了讨论,强化了父母在此方面教育的意识。

通过各种形式的交流融通,形成了学习共同体,家校本着共同的目标,心无旁骛,携手提高育人水平。例如,学校在STEAM课程和"脑科学助力学生成长"方面,得到了家长的呼应和助力。全体家长通过"父母智慧学堂"获得了STEAM课程整合的信息和对脑科学助力教学的知识,积极配合学校开展各项教育教学工作,共同为孩子们的成长助力,呈现家校合作欣欣向荣的教育局面。

总之,我校通过"父母智慧学堂"的形式,落实了学校"面向未来,使每个人都成功"的办学宗旨和"创名校、出名师、育名人"的办学目标,构建了家校合作的桥梁,

有效地形成合力,助推家校合作。

家校合育，同心聚力，携手前行

青岛西海岸新区弘德学校　王连英

教育是家长、老师与学生并行的过程。让每位孩子健康快乐地成长,不仅是学校的追求,更是家长的期待。我校进一步凝聚家校力量,加强交流、理解和合作,共同携手,共同实现"把每一个孩子教育好、培养好"这个目标,为孩子的美好人生涂亮底色,为每一个幸福家庭筑牢根基。

一、坚定信心，奋力前行，建设高品质学校

弘德学校是一所年轻的九年一贯制义务教育学校,是一所充满活力与朝气的学校,是一所正在成长的学校。由于各种原因,学校发展在前期出现了一些波折,但也促使我们反思学生、老师还有家长在学校发展中应有怎样的职责和担当。对这一问题的思考,有助于我们厘清思路,坚定信心,助推发展。我校具有很大的发展潜力和成长优势:一是家长及社会各界的良好愿景以及尊师重教的良好氛围;二是青岛西海岸新区教育和体育局和胶南街道办事处以及有关社区的大力支持;三是高标准的办学条件;四是团结高效的管理团队和充满活力的教师团队;五是弘文、弘德两所九年一贯制学校实施一体化办学。

二、弘文弘德，文德双馨，打造一体化优质学校

一体化办学对我们学校自身的发展有巨大的推动作用。更多的伙伴在一起做九年一贯制这件事情,大家就形成了命运共同体。要确保发展,就要有共同的认识和思考——坚持九年一贯,赢在课程。学校优质的根本在于学校自身教育质量的改善,在于学生真正的实际获得。我们坚信,无论什么情况下、无论是谁也挡不住全校师生、全体家长和整个社会对弘德学校向好发展的愿望和期盼;无论何时,我们都将坚守并实现"打造百姓家门口的优质学校"这个目标,坚定"让每一个孩子健康快乐成长,让每一个孩子向善、向美、向好发展"的教育愿景。因此,我们有理由相信弘德学校

的明天会更美好。

三、同心聚力，携手前行，共同托起明天的太阳

"同频共情，相向而行"，就是要求在促进学校发展和教育孩子的过程中，家长要和老师、学校具有共同的理想和愿景，保持同频率、同节奏，心往一处想，劲往一处使，凝聚家庭和学校的教育合力，共同促进孩子健康成长、持续发展。如果我们做不到同频共情，甚至相背而行，那只会"跳乱舞、鼓噪音"，最终会影响学校的发展，阻碍孩子的成长。

一要始终坚持"一切为了教育孩子"的思想。孩子是我们的希望，是我们最大的财富，而教育好、培育好孩子也是每一位家长和老师共同的职责和愿望。要"一切为了教育孩子"，为了孩子的长远发展着想。父母是孩子的第一任老师，责任重大且责无旁贷。你可以没有财富，但你要有思想；你可以没有能力，但你要有情感；你可以没有知识，但你应树榜样。古往今来，家教胜于言教，"寒门出才子"等励志有为的故事就说明了这一点。

二要尊重、信任，用诚心搭建沟通桥梁。沟通是人类最重要的交际方式之一。在合适的时间和地点，以恰当的方式进行交流，是一个人智慧、能力和修养的表现。我认为，在教育孩子的过程中，家长和老师有最为坚实的沟通基础，因为教育孩子成长是家长和老师的共同心愿。因此，在遇到问题时，我们要不固执、不偏执，多包容、多理解，学会换位思考、冷静思考，利用合适的渠道和方式，多交流、多沟通，共同把问题解决好，把孩子教育好，把学校发展好。

三要遵守学校规定，配合学校工作。俗话说，无规矩不成方圆。学校在出台任何一项规定时，总是考虑到方方面面，其核心就是保障孩子们的利益和成长。比如，学校有安全教育规定、上下学接送孩子的规定（学校门口禁止停放车辆）、学生养成教育的规定（禁止带零食、零花钱）、外来人员登记制度等等。家长要遵规守约，为孩子树立榜样，向孩子传递正能量。教育需要多方的参与，当学校需要家长配合时，家长要积极、主动地参与到教育孩子的过程中，有效地发挥家长和家庭的力量，促进孩子进步。

四要育德树人，静待花开，走高品位的教育之路。教育是一项复杂、长期的系统工程。没有"放之四海而皆准"的教育模式。没有最好的教育，只有合适的教育。本质上，教育就是老师、家长和孩子的一场修行，是一场关于爱与智慧的修行。在修行的旅程中里，老师和家长教育了孩子，提升了自己。

所谓教育，教的主体在老师、学校，育的主体是家庭。我们共同的责任是教育学

生学做人、学做事。作为学校、老师，我们深知，家长把孩子送到学校首要的要求是热爱孩子、尊重孩子，发现孩子的闪光点，去创设适合孩子发展的教育。学校和家庭不是两个孤立的点，我们的目的是相同的，都希望孩子健康成长、快乐学习。家长的期待和急切，我们感同身受。我们会尽力与家长沟通，同时也负责任地向家长承诺：师者父母心，我们会用我们的爱心、责任心、同理心，用我们的智慧和专业素养，用我们的担当和付出用心培养您的孩子、我们的学生，让孩子在原来的基础上有进步、有提升，都找到上升的通道。

家校社会共和谐，形成合作共育格局

平度市崔家集镇中庄中学　袁书慧

学校的发展离不开社会各界的大力支持，学生的成长过程是漫长而复杂的，需要社会、学校、家长多方面配合。教师经常与家长沟通，定期了解学生在家里的状况，会更有利于对学生进行教育。形成"家校和谐共育"的教育合力，营造家校共育的良好氛围，促进学生和谐发展是"家校和谐共育"的根本出发点。教师通过各种方式的沟通，让家长看到自己孩子在学校的进步。家长与家长之间通过交流与沟通，提出合理化建议，并积极与任课教师交流孩子各科学习表现，商量亟须解决的问题。让教师、家长、学生心连心、手牵手，才是"家校和谐共育"的真谛。

一、争取社会各界支持，办好学校文化建设

中庄中学原是拟撤并学校，在先期资金投入落后于其他兄弟学校，后期各方面建设需要大量资金的环境下，我们不等不靠，积极争取上级、地方和兄弟学校资助，积极改善学校育人环境，打造文明校园。我们通过积极争取，已完成了校舍维修改造、标准化食堂建设、标准化塑胶运动场铺设等项目，并更换了部分体育器材，增设了33块校园大型宣传牌匾，文化景点从无到有、从少到多，校园面貌焕然一新。同时，我们在教室四面墙壁上张贴各种教育、励志字画，形成了浓郁的校园文化氛围。育人环境的改善不仅极大改变了学校办学条件，也提升了学校的品位。全校上下风正、气顺、劲足，全体教职工安贫乐教、敬岗爱业，全体学生潜心学习、奋发向上，"以校为家、发

展至上、校兴我荣、校衰我耻"在我校已蔚然成风。

二、加强家校合作，促进共同提高

为加强学校与家庭的沟通联系，架起家校合作育人的桥梁，增进学校与家长之间的信任与了解，真正达到家校携手共同培养孩子的目标，从而有效地促进学校各项工作健康、稳定地发展，我校成立家长委员会，每学期开学后两个周内组织家长委员会成员召开一次会议，商讨学校文化建设、学生生活、教师教学等方面事宜。2018年9月份举办了学校第一届家长节活动，邀请优秀学生家长代表李洪鹏、王群做报告，分享家庭教育的经验。实行家长在校一日制，每个周一，每级部邀请四名学生家长驻校，家长参与听课评课、升旗仪式，中午在餐厅就餐。除去教学指导中心要求的期中、期末考试家长参与考试监考外，我校还在级部月考甚至单元检测的时间邀请家长参与监考，从而让家长深入了解考试动态，关注学生学情，参与和体验学校的教学管理。这些活动也拉近了学校与家长之间的距离，增强了双方的沟通和信任，融洽了教师与家长的关系，对学校和学生的发展起到了良好的促进作用。

寻标先进学校，对标优质发展

——对标北京十一实验中学，探索选课走班

青岛沧口学校 张 伟

在新的环境下，学校已经成为一个开放的系统，越来越多地直接与社会各方面发生联系。面临社会各界的种种要求和期望，校长调适外部环境的职能将越来越重要。一个好的校长既要争取上级的支持，还要争取社会、家长的配合和支持，更要寻求先进学校、先进单位的帮扶指导，在不断寻标对标中向目标单位看齐。

我校对标北京十一实验中学，通过学习访问，在学校管理、课程体系和教师专业发展等方面收获颇丰，对我校原有课程体系进行了对比改进，效果显著。

一、对标学校介绍

北京十一实验中学是北京十一学校的联盟校,通过国家课程校本化,形成了分层、分类、综合、特需的课程体系。该校开发出学科课程、综合实践课程、职业考察课程,提供自选课程套餐,学生可根据自己的实际情况选择不同难度、不同需求、满足个性发展和未来发展的课程,让学生拥有课程的选择权。为了与新型课程体系相适应,该校实行选课走班制。

二、学习访问内容

学习访问期间,我校骨干教师与北京十一实验中学的领导、教师通过讲座、座谈、参观和听课等形式进行了大量有效沟通,在教学课程改革和教师成长等方面都收获颇丰。

(一)课程体系

分层课程比如数学,根据学生的学习基础、学习能力和发展方向等,对课程难度进行了区分,分成不同的层次供不同需求的学生去选择。

分类课程比如语文,不像数理学科那样进行分层,而是进行分类,根据听、说、读、写或文言文阅读、记叙文写作等不同模块来分。语文学科按照"基础必修课程＋补弱类自选课程＋提升类自选课程"进行设置。

综合课程如艺术课程,不仅包括音乐基础、声乐、音乐鉴赏、交响乐、合唱、民乐等专业音乐模块,油画、书法、摄影、版画、造型基础、动漫等专业美术模块,还包括音乐剧、话剧、京剧等戏剧类课程以及舞蹈、影视编导与制作、金帆艺术团等课程模块。

特需课程比如书院课程,是开给部分有特殊需要的学生。实行一生一案,提供可选择的微型课程,多元评价,弹性学制,注重自主学习和小组讨论。

(二)选课走班制

每个学生都可以根据自己的学习基础、学业要求和个性需要,通过学校的选课网络平台去选课,形成每个学生独一无二的课程表。

教学安排上,打破了以往的教师走班上课、学生坐班听课的传统教学组织形式,学生根据自己的课程表奔走于不同的教室。

传统的行政班教室被改变为学科教室,既是学科授课的地方,学科教师备课、办公和答疑都在这里,也是学科学习资源集中的地方,学生在此更容易得到更专业、更丰富的学科资源。

三、学习访问效果

通过对北京十一实验中学的学习访问,在了解、学习其课程体系和选课走班制的运行后,我们对比本校的师资和学情,进行深刻分析和论证,调整了我校原有的课程体系,对我校的"三人行"和走班教学也进行了对比改进。

北京十一实验中学给我们最大的感触就是学校的课程适应每个学生的发展,满足每个学生的发展需求。目前我校的师资情况还无法满足大范围走班上课的需要。我们实施了信息化条件下的按学案走班,并申报了相关课题,以课题的形式推进走班工作的科学发展。

许多学校在走班实践中常常采用按学生总成绩或单科成绩进行分班走班的形式。这种分班是基于学生在测试中所得到的分数,忽略了不同学生的不同需求,用分数代表一切,没有看到相同分数的学生会有不同的学习需求,不同分数的学生也可能有相同的学习需求。

通过对学生的问卷调研,我们发现学生对自主选班的客观需求较高,相当一部分学生在平行班级有"吃不饱"和"吃不了"的现象;学生自主选班的主观意愿强烈,自主选班热情高涨。针对以上问题,我校开展了基于单元目标达成度的自主选班实践研究。

自主选班在每个月的月末进行,频率为每月一次。月末的一个星期拿出两节自习课的时间进行自主选班。

教师根据一个月来的大单元学习目标达成度情况,调研学情,制定不同学生需要到达的目标。在自主选班前一个周,教师会利用课例研究时间充分探讨最近一个月的教学情况,针对三个不同学情的学习群体出现的问题进行研究。针对三个不同学情的学习群体的实际情况,制定他们最近发展区的学习目标。

教师利用课例研究的时间进行备课,分头备三个层次的学习资源。备课之后再进行讨论,看备出来的学习资源是否符合学生的层次。

在学习资源制定完成后,我们会借助信息技术手段实现线上线下同步学习资源推送。学生利用课间或者晚上查看学习目标,进行试做,从而选出最符合自己的学习资源。原则上教师不会干预学生的选择,但如果遇到特殊情况,教师可以在和学生达成一致的情况下进行微调。

经过自主选班流程打造、学习资源制定、信息技术优化三大板块的研究,我们得到了如下的效果。

（一）探索和创建出了合理高效的自主选班平台流程

我们探索出了利用微信公众号进行走班选课的方法。在当前,微信的使用普及度很高,调查发现,每位家长都使用微信。学生利用学校微信公众号进行选课,会大大减轻学校或家长的负担,提高自主选班的效率,降低办学成本。学生登录学校官方微信公众号的平台进行选课,后台自动生成分班数据,提高了工作效率。

学校及级部针对不同学科的发展和师资情况,适时开展自主选课走班。我们总结出了实行整个级部"大走班"和以任课教师所教两个班为单位的"小走班"相结合的走班形式,形成了成熟的管理办法,具有一定的推广价值。

（二）生成了不同学科的自主选班学习资源

通过对每个单元目标达成度进行分析,我们总结出了学生的薄弱点和需求点,教师整理出了符合不同学习群体学情的学习资源。这也为今后的教学提供了借鉴和参考。

（三）将信息化技术深度融入走班流程

我们利用微信公众号提前推送基于单元目标达成度的不同学案,学生可以自主浏览,确定最适合自己的学案并选班。利用"三人行"电子计分屏及其加分激励作用,辅助教师打造高效课堂,形成了信息化的课后检测模式。利用微信公众号的选课走班功能在线检测学生学习效果。

我们在课题研究过程中,让教师深刻认识到信息技术的便捷性和灵活使用信息技术的必要性,让信息技术真正为教育教学服务。

（四）基于单元目标达成度的自主选课走班促进师生的成长

在制订不同的学案时,教师深入分析每个单元的目标成长情况,分析学生的薄弱点,反思课堂教学的设计,促进了教师进一步分析教材、优化教法、了解学情,提高了教师的业务能力。

在自主选课走班中,学生认真思考自己在每个单元测试中存在的问题,找出适合自己的学案,选择自己的走班层次,学生学习的自主性得到了尊重,更有学习积极性和动力。

架起家校连心桥，铺就育人成才路

——让家长成为学校教育的同盟军

平度市第九中学　赵子军

家长委员会是学校充满生机和活力的管理力量,平度九中积极促进家校共育。家长在家长委员会的组织和安排下,随机到校参与听课、评课,促进了教师的工作责任感和业务提高,促进了学校的健康发展。

一、家长进校园，携手助成长

学校按照平度市教育和体育局的统一部署,积极开展"双进双促"活动。学校、级部和班级三级家长委员会密切配合,定期邀请家长走进校园、走进课堂、走进餐厅,通过课堂听课、座谈交流、现场观摩等方式,全面体验孩子在校的学习、生活和食宿情况,切实感受学校在改善办学条件、推进素质教育、构建学校现代化建设等方面发生的新变化和取得的新成就。活动中,家长委员会全程参与、协助组织,并及时汇总家长的意见、建议,如实反馈给学校,与学校共同解决问题,全面提升学校办学水平。

家长参与周一升国旗、早起晨读、清晨跑操,参观教室,走进课堂,和学生一起用餐,和班主任一起检查学生午晚休,参与班级所有事务,把脉问诊,建言献策。满满当当的体验活动让家长们目不暇接。许多家长通过班级 QQ 群、微信群和家长委员会微信群畅所欲言,分享教育心得,活动取得显著成效。

"作为家长,我很想知道孩子在学校的学习状态和生活情况。这次学校开展家长一日访校活动,把我们请进校园,我觉得是非常好的一种家校合作的方式。"一位高二学生家长说。

二、创新家长会模式

传统的家长会,"老师讲,家长听",谈的多是共性问题,孩子的个性问题难以涉及,家长参与度不够,主动性发挥不出来。针对这一现象,在家长委员会的配合下,我们对家长会积极创新。召开家长会前,要提前2～3周召开级部家长委员会会议,有的放矢地确定家长会内容,再以班级家长委员会为单位,协助各班主任进行集体备课。家长会以家长与教师互动为主,以探讨孩子个案问题为主,同时又各有侧重:或以学生展示才艺为主要内容,开成成果汇报会,引导家长赏识孩子;或者组织教子有方的家长做经验交流,开成经验交流会,实现资源共享;或者提出案例,组织家长讨论,开成学习研讨会,相互交流心得。从根本上杜绝以往家长会开成"差生告状会"的模式,贴近家长需求,很受家长欢迎。

学校的发展离不开家长的关注,学校的管理和教育教学工作离不开家长的关心与支持,家长委员会是沟通家长和学校、家长与班级的纽带。家长委员会作为学校教育向家庭教育的延伸,不仅可以帮助家长有效行使对学校工作的知情权、评议权、参与权和监督权,而且有利于取得"家校携手、联合育人"的良好局面,完善学校、家庭、社会三位一体的教育体系。

三、影响广泛,多方受益,家长委员会工作结出硕果

家长委员会不仅给学校带来了好处,而且给每一个学生的家庭教育带来了一缕春风,尤其是给加入了家长委员会的家庭带来了深刻的影响。家长委员会成员注重自身的学习提升,他们在业余时间学习教育理论、关注教育变革、思考教育问题,并由此带动辐射更多家长注重自身素质的提高,注重对子女的言传身教。家长的素质提高了,越来越多的家庭为学生的健康成长创造更为有利的氛围,促进学生良好习惯的养成。我们会一如既往满怀激情地追求卓越,用理想的教育去实现教育的理想!

携手架起连心桥,家校合作育栋梁

山东省青岛第六中学 刘 霖

青岛六中家长学校自2011年开办以来,始终坚持以家庭教育为中心,以家长学校为主阵地,以精选讲师为教学骨干,积极开展家庭教育,充分发挥家长学校、家长委员会的核心作用,增强家长的科学育人意识,提高家长学校的家庭教育质量及效

果,获得青岛市优秀家长学校、青岛市家庭教育示范校等荣誉称号。

一、完善制度,做到组织建设"六明确"

学校高度重视家长学校的工作,成立了家长学校领导班子,定期召开会议,拟定家长学校工作计划,完善规章制度并做到组织管理"六明确"。

一是管理明确。建立学校、家庭、社会三结合的教育网络,形成以家长学校为中心,校务委员会、家长委员会、各年级家长委员会各司其职的家长学校教育模式。二是时间明确。家长学校一般每学期安排集中授课三次,分年级集中授课 2 ~ 3 次,分散授课则由各班级根据实际情况自行组织。三是教室明确。开辟了家长讲堂和家长委员会工作办公室,作为家长学校学员学习专用教室。四是教员明确。家长学校经常邀请有家庭教育方面经验的专家讲座。学校还建立了一支以班主任为主的稳定的家庭教育指导工作队伍,定期开展交流会,并在暑假期间统一组织培训和学习,促进我校家校合作的有效开展。五是内容明确。做好家长学校课程的集备工作,有针对性、分层次地开展教学内容,做到有计划、有序列地进行。六是档案落实。积极做好家长学校和家长委员会的档案落实工作,加强过程性管理。

二、规范课程,构建完备课程体系

为系统全面地指导家长家庭教育的理念和方法,学校研究制定了《青岛六中家长学校课程方案》,在实践中运用和持续改进,形成了相对完备的课程体系。

一是公共课程。公共课程作为家长学校引领性课程,由校长、校外专家、校内心理老师授课,主要为家长解读学校的办学理念,讲解高中生身心成长的规律和家庭教育规律,引导家长系统、科学地理解家庭教育,做学校教育的理解者和合作者。

二是分层课程。家长学校分层次组织校级、班级家长经验交流会、分层级家长会。根据不同年级的学生特点,确定高一、高二、高三共 12 次不同主题和内容的班主任主讲课程,并列入课程表,在每个学期的期中、期末家长会期间进行,在各班教室授课,由班主任向家长系统地讲解家庭教育的科学理念和具体方法。

三是研讨课程。研讨课程作为家长学校的专题性课程,由学校组织召集、心理老师主讲,围绕亲子关系、人格培养、人际交往、学业发展等具体内容分别展开讨论学习,旨在通过专题性研讨有针对性地解决问题。

四是选修课程。学校邀请教育专家开设专题讲座,与家长互动式交流,探索子女教育方法,让家长都受益匪浅。在各年级、各班级分别建立微信群、QQ 群,在学校网站上开设家长学校专栏,一起讨论家庭教育的问题、现象、困惑,向家长推荐家庭教育方面的文章、书籍和优秀的家庭教育案例等,影响广大家长的家庭教育理念和行为。

三、加强科研,打造优良师资队伍

为了更科学高效地推进家庭教育研究和指导工作,青岛六中以课题研究为抓手,突出问题导向,面向实践研究,注重提升理论水平,打造胜任家庭教育指导的师资队伍。

一是开展课题研究,探讨家庭教育理论层面的问题。2017年,学校成功申报了山东省教育学会家庭教育专项课题"青春期心理与家庭教育研究",多名骨干班主任和青年教师参与,极大地提升了教师的家庭教育理论和学生发展理论素养。

二是开展个案研究,探讨家庭教育个体实践层面问题。开通家庭教育热线电话,由心理老师和部分班主任轮值,随时接听家长来电,或接待家长来校就子女教育的问题当面咨询、研讨。不定期召开个案研讨会,分析案情,探讨对典型家庭的教育指导策略、方法。这一过程积累了丰富的个案资料,为学校研究家庭教育提供了实践阵地,也促进了班主任的发展。

结对共建,共同成长

青岛西海岸新区实验高级中学　张宏昌

为贯彻落实《中共青岛市委教育工作委员会、青岛市教育局党组关于进一步加强全市教育领域参与区域化党建工作的通知》等有关精神和局党委有关要求,青岛西海岸新区实验高中党总支和青岛西海岸新区隐珠街道海王路社区党委开展友好结对共建活动。

一、共建主题

友好结对共建活动的主题是"结对共建,共享成长"。

二、共建目标

积极参与城市基层党建工作,与海王路社区党委建立工作联系机制,通过结对共建和相互学习,促进两个单位党组织党建工作和管理水平的全面提高,推动形成以驻地街道党组织为核心、以社区党组织为基础、区域内基层党组织和党员共同参与的区域化党建工作格局,实现两个单位党组织共商区域发展、共抓基层党建、共育先进文化、共同服务群众、共建美好家园,在融合中共赢,在共赢中发展。

三、共建工作

(一)确定长期友好共建关系

实验高中党总支在海王路社区党委建立党员活动基地,举行挂牌仪式,签订《青岛西海岸新区实验高级中学党总支与青岛西海岸新区隐珠街道海王路社区党委"结对共建,共享成长"活动协议书》,确定长期共建关系。

(二)建立信息交流制度

双方互相借鉴工作的先进理念、创新意识和成功经验,每半年召开交流会不少于一次,共同研究和解决工作中的实际问题,促进党建工作水平的提高。搞好日常的学习交流活动,互相借鉴好做法、好经验。组织学校党员干部与社区党员座谈,交流心得体会,畅谈校区党建工作,听取社区心声。

(三)加强党员教育培训

实验高中党总支定期派党员百姓宣讲员到海王路社区宣讲,派干部党员上党课。近期组织党员参加社区举办的庆祝改革开放40周年"不忘初心,牢记使命,践行新思想,奋进新时代"红色文化巡展活动,充分利用红色资源,发扬红色传统,传承红色基因,进一步激励广大党员不忘初心,牢记使命,践行新思想,奋进新时代。邀请社区党员干部参加实验高中"红色记忆,砥砺德行"党建品牌创建工作,共同承担立德树人的使命,培养德智体美劳全面发展的社会主义建设者和接班人。派师生参加社区助老活动,营造养老、孝老、敬老的社会环境。

(四)开展家庭教育进社区活动

充分利用学校的教育功能和资源,向家庭宣传现代家庭教育理念,同时积极挖掘学校中成功的家庭教育经验,组织家长分享心得,以身边的人和事教育家长,影响社区,为培养学习型社区搭建平台。开展学校党员教师与社区学生结对活动,沟通教师与学生之间的情感,沟通教师与家长的育人观念,帮助学生健康快乐成长。

党总支和全体党员提高政治站位,严格落实责任,统一思想认识,聚焦重点任务,抓好贯彻落实。书记认真履行第一责任人责任,将参与社区党建工作纳入重要议事日程,抓好工作计划落实,促进共建工作取得实效。

家校合力,共同成就学生未来

山东省青岛第四十四中学　张青涛

山东省青岛第四十四中学秉承办人民满意的学校这一宗旨,重视家校工作,注重家长对学校工作的参与度,注重家长对学校活动的体验度。学校各个方面的工作都能够提供机会,让家长深度了解学校和孩子在校的情况,重视家长的意见和反馈,也为家长创造学习机会,让家长与孩子一起进步,构建了和谐的家校关系。学校真正做到了让家长满意,共同成就孩子,做最好的自己。

一、完善组织建设,畅通家校沟通渠道

学校充分利用好三级家长委员会,每学期定期召开三级家长委员会会议,介绍学校开展的工作。通过建立各级微信群,及时向家长宣传学校的办学理念和工作实效。同时,家长向学校提出的宝贵意见和提案,学校每学期都会收集并及时做好反馈,畅通沟通渠道。学校有专门负责对接家长的中层干部,使得家长的意见可以及时反馈给学校,由有关负责的部门调查研究,给予家长合理的答复和解决方案。驻校办公是学校开展家校工作的常规,每个月会有 1～2 次家长驻校办公活动,让家长参与学校的一日常规管理。家长和学校座谈,提出这一天的参与感受和对学校的建议。

二、借助活动契机,组织家长积极参与

学校每学期都会组织学生开展丰富多彩的活动,也积极邀请家长亲临参与其中。例如,暑期的军事夏令营为期五天的训练之后举行会操展演,学校特设家长观礼区,让每位家长得以近距离看到自己孩子的表现;学校一年一度的艺术节、运动会,也会向家长发出邀请函,邀请家长自愿参加。家长的自愿服务也为学校的活动提供了帮助。学校每周一会邀请两位家长到校陪餐,深入了解孩子在校的日常。

三、通过致远学堂，给予家长有效指导

学校定期进行"致远大学堂"家长学校的授课，外聘专家，内请学校经验丰富的老师，对家长进行家庭教育的指导，特别是开学第一课。学校还提出各年级学生实际中亟待解决的问题，引导家长讨论，班主任给予指导，使家长自己找到解决的措施，并在各自班级内由家长展示。学校通过"HE（合）"心理工作室，给家长提供有效的心理咨询以及家庭教育的相关咨询，及时收集整理咨询的案例，以通稿的方式在家长学校中将普遍性案例进行普及指导。学校还在七年级新生家长中开展读书会活动，向家长推荐一本书，提前指定阅读篇目，每周四晚6点至8点，组织家长自愿参加读书座谈，分享读书感悟，结合生活中的案例进行分析，找到解决问题的方法，消解家长的焦虑。

家校共育，形成家校合力，这是学校工作中的一个重要环节。借助外力，创造良好的外部环境，为学生在校内校外都能接受良好的教育提供有效的帮助，努力成就学生，家校共助孩子们圆梦！

用陪伴构建和谐家校关系

山东省青岛第十六中学　田广廷

我校是一所走读制学校，学生一般下午课程结束后就离校回家了。但家长们都比较忙，很多都是在傍晚六点钟甚至更晚才能到家，学生回家早，家长感到无法掌握学生情况，不利于学生学习。尤其是高三年级，时间宝贵，家长强烈要求学生能留在学校学习。同时，学校也有着自己的困难，老师们早早上班，如果每天再留下来管理学生也非常不容易。针对这种情况，学校积极回应家长需求，经过相互沟通，采用相互陪伴的方式解决这一问题。

一是让学生留下来，给学生学习的空间。从解决问题出发，学校确定，首先要积极回应家长和学生要求，为家长和学生解决困难是学校必须去做的；其次，为学生开放教室，让有需要的学生能够有空间在校继续学习；再次，出台管理办法，保证学生学习秩序和安全。

二是让家长走进来,给家长陪伴机会。经与家长们沟通,家长们主动提出要陪伴学生学习的要求,让有条件的家长轮流到校参加学生自主学习管理。家长委员会成员积极组织协调,很快便建立起了学生自主学习管理的轮班机制。当家长们真正坐在教室里陪伴孩子们学习的时候,大家发现,孩子们表现得出乎意料地好,家长们也有更多的机会了解学校工作、老师工作,很好地改进了亲子关系、家校关系、师生关系。虽然每天只有一位家长陪伴孩子们,但其效果和作用却是不能低估的。

三是让《陪伴》伴家长,成为家校沟通的桥梁。为了更好地与家长沟通交流,学校创办了家校刊物《陪伴》,内容为学校重点工作介绍、学生心理调适指导、家长如何与学生共度高中、新政策介绍等,留下空白让家长写下感悟、希望或要求。每一期刊物放到教室后,都会得到陪伴家长的积极回应,他们将自己对孩子、学校、老师的理解、困惑、感谢、要求等写在其中,成为学校了解家长、家长了解学校的一座桥梁,起到了非常好的沟通作用。

四是老师们"转"起来,用真心换真情。学校轮流安排 1 ～ 2 位老师值班,总体协调管理工作,为家长和学生提供服务,回答家长、学生的疑问,参与谈心交流、重点指导辅导等,同时督促家长不带手机进教室,为学生树立好榜样。这样,既优化了家校关系,又减轻了老师的工作压力。

陪伴,对孩子来说是最好的礼物,对家长来说是了解孩子和学校的机会,对学校来说是促进多方交流理解的桥梁。

扎实推进家校合作,形成家校育人合力

山东省青岛第六十八中学　郭　俭

家校共育是学校德育工作的一项重要内容,是构建、学校、家庭社会三位一体教育网络的重要部分。近年来,学校高度重视家校工作,开展丰富多彩的家校活动,扎实推进家校合作,形成家校育人合力。

一、高度重视,加强领导

(1)健全机构,明确职责。建立以校长为组长、分管副校长为副组长、学生中心为负责办公室、中心主任为主要负责人的组织领导机构,下设家长委员会管理中心、家长学校管理中心,成立学校三级家长委员会,明确各级委员会责任人。

（2）完善制度,强化管理。完善学校家长委员会、家长学校章程、各项规章制度,明确职责,做好责任分工、学分登记等制度体系建设,加强对家长委员会和家长学校的管理。

二、做实做细，落地落实

（1）制定计划,落实活动。每学期初,各级家长委员会负责人、家长学校负责人制定学年翔实的工作计划,注重工作的针对性和实效性。年级、班级家长委员会分别制定分级工作开展计划,期末及时总结计划的实施、各项活动的落实情况。

（2）日常保障,档案管理。做好统筹协调、日常后勤、经费保障以及档案管理等工作。建立工作档案,定期将相关资料归档,并充分发挥其作用。

三、管理团队，加强培训

（1）借助市局优势高端引领。借助青岛市教育局开展的家庭教育大讲堂这个平台,为家校合作管理团队提供更多的学习机会,获得更专业指导和高端引领。

（2）建设一支素质优良的师资队伍。建立一支由外聘专家、本校干部、班主任、骨干教师和优秀家长代表组成的素质优良、结构合理的师资队伍。

（3）开展家校合作管理团队相关专业职能培训,学习组织建设、职能发挥、权利义务等,明确职责,提升工作能力。

四、家庭指导，满足需求

（1）重点开展家庭指导课程建设。开展家庭教育需求调研、家庭教育课题研究,开展课程评比活动,把培训课程系列化、固定化、模块化,为不同家长提供满足不同需求的指导课程。

（2）走出去,引进来,开展高端引领。借助青岛市教育局开展的家庭教育大讲堂这个平台,为更多家长提供信息,让家长走出去,获得更专业指导。引进外聘专家,针对家庭教育工作开展交流指导,注重需求性、针对性和实效性。

五、科学构建，合理评价

（1）发挥好年级家长委员会作用,加强班级家长委员会工作开展,充分发挥家长优势资源,协助班级管理,为学生提供更多实践平台,开展丰富多彩的研究性学习。

（2）构建合理科学的家长管理评价机制，对每个学生家长参加活动的内容、课时，以学分制进行考勤、登记、评优等管理。

六、家校共育，活动丰富

（1）家长委员会驻校办公工作。充分发挥家长委员会职能，每周一，两名家长委员会成员驻校办公，参与一次升旗仪式、一次校园寻访、一次教师对话、一次课堂观摩、一次食堂就餐，提出一条改进意见，做一份翔实的记录。

（2）"万名教师访万家"活动。每年寒暑假期间，班主任老师、全员育人导师分别走进学生家庭，深入了解学生的成长环境、生活经历、假期安排，与家长交流学生各方面情况。

（3）家长会。学校每学期召开两次年级家长会，通过家长会这个平台，邀请教育专家、心理学者或者我校的领导，为家长开展亲子教育，就高考备考指南、新高考政策解读等家长关心、困惑、亟待解决的问题等提出建议。

（4）《家庭教育报》。在微信公众号平台设置《家庭教育报》栏目，每两周推出一期，目前已经连续推出 26 期，让家长全方位了解学校工作动态、国家教育新政，进行生涯规划、安全教育、亲子沟通等方面的指导。

（5）家长参与学校管理。让家长参加到学校各委员会中，如学校校务委员会、膳食管理委员会、采购委员会、师生权益保护和申诉委员会等，参与学校部分采购招标工作、学生评优等工作，发挥好家长委员会参与管理、知情建言、监督评议的作用。

学校在的家校合作实践工作中，进一步完善管理机构，健全工作机制，落实责任，丰富工作开展形式，充分调动家校管理团队、家长委员会委员的工作积极性，履行好工作职责，扎实推进家校合作，为广大家长提供高质量的家庭教育指导，形成家校育人合力，促进学生健康成长和家庭幸福和谐，让学校发展更上新台阶。

借助区位优势，用好社会资源，助力航空教育

胶州市第四中学　周华文

胶州市第四中学是一所公办普通高中，1958 年建校，隶属于胶州市教育和体育

局。学校坐落于胶州市胶东办事处,位于国家级临空经济区内,东临大沽河,北依青岛胶东国际机场,南与国家级经济技术开发区隔少海公园相望。学校环境优美,设施齐全,师资力量雄厚,是山东省规范化学校、全国航空特色学校、山东青少年航空教育基地、山东航空产业协会会员单位、青岛市普通高中十大特色办学先进学校、青岛市未成年人"社会课堂"、青岛市科协系统先进集体、胶州市航空教育特色学校、胶州市"飞天"航空科普爱国主义教育基地,是沈阳航空航天大学、中国民用航空飞行学院等多所民航高校优质生源基地。

2013年,胶州市第四中学组建了青岛市第一个航空班,以航空班为龙头在全校乃至全市推广青少年航空教育。目前,青少年航空教育已经成为学校的核心办学特色,得到了社会的广泛认可和教育部门的高度评价,成为山东省乃至全国青少年航空教育的领头雁。胶州市第四中学临近青岛胶东国际机场,依托中国航空学会、山东航空产业协会、空军招飞局济南选拔中心、东方航空公司、青岛流亭国际机场及部分航空高校,在航空教学、校外指导、国际交流等方面具有得天独厚的区位优势和社会资源。

学校尤其重视对青年学生的爱国主义、航空知识文化教育。为激发青少年立志报国、航空报国的热情,学校平均每年邀请航空教育有关专家、学者为广大师生做航空教育讲座、报告十几场。毕业于胶州市第四中学的中国军事科学院战略研究部部长姚有志少将、《解放军报》原副总编辑董祥起少将均受邀定期来校做报告。学校还邀请中国航空学会理事、空军功勋试飞员、国家科技进步特等奖获得者徐勇凌,山东航空产业协会高级顾问、香港航空青年团原司令梁冠平等知名专家来校开展航空知识、航空报国励志教育,受到了师生的热烈欢迎。

学校立足实际,积极引导学生参与综合实践学习活动。每年学校都组织学生进行"走进少海""走进企业""走进高校"等社会实践活动;定期组织学生到航空公司、航校进行专业实践训练;以"飞天"航模社团、"启航"发明协会为平台,进行航模制作飞行及科技发明创造实践;利用每年的国际航空交流机会,通过组织学生与国际航空学员结对互动、航模合作探究等方式开展深层次的实践活动。学校也被评为青岛市课程改革实验基地。

学校在青少年航空教育方面持续深入抓好"六个对接、一个拓展":一是加强和山东省航空产业协会的对接,增加学员参与国内外交流学习的机会;二是加强和山东大高国际航空学校、南山航空学院及其他空天训练单位的对接,保证学员三年的训练质量;三是加强和空军招飞局济南选拔中心的对接,为学生体质保障和三年后体检高通过率打好基础;四是加强和胶州市海军航空兵军用机场的对接,保证学生日常接受正规的军事指导;五是加强与北航、沈航等航空高校,各航空公司及胶东国际机场等高端产业平台的对接,为学生未来升学和在高端产业就业扩展出口;六是加强与中国航空学会、山东省航空航天学会的对接,为学校特色办学提档升级增添动力,为争创全国航空特色学校示范学校打好基础;七是积极开展科技创新教育,拓展青少年航空航模训练实践,以此为抓手,提升学生科技创新能力。

利用校外资源,构建基于学术素养提升的素质培养方式

山东省青岛第二中学　矫　蕾

我校主要从两个方面,一是校内建设创新实验室,为学生创新课程提供学习和实践环境,二是校外建立支持学生创新素质培养的校外实践活动基地,充分利用高校、科研院所和企业的独特视角和资源对学生进行指导,培养学生的创新精神与实践能力。

一、基于创新实验室的科学研究课程

建设高端创新实验室群,为学生提供学习和实践场所。我校遵循国内一流、对接高校的模式,先后建设了机械工程、航空航天、机器人、现代加工、物联网、生物组织培养、创客智能加工设计、新能源汽车、数学等十多个创新实验室。其中,新能源汽车实验室与清华大学对接,机器人实验室与哈尔滨工业大学对接,现代加工实验室与西安交通大学合作共建,数学实验室与中国海洋大学合作共建,创客智能加工设计实验室和物联网实验室与中国农业大学合作共建,机械工程实验室与电子科技大学合作共建,生物组织培养实验室与青岛农业大学合作共建,学校和对接大学在导师培养、课程实施和比赛活动等方面进行全面的合作共建,搭建了学生与企业、高校、科研院所沟通交流的桥梁。

二、建成学生创新实践基地,为课程开发和实施提供支持

创新实践基地以项目孵化的形式建立,利用企业和高校的独特视角和资源对学生课程的学习提供资源支持。利用创新实验室和创新实践基地建设,探索与高校加

强创新人才培养的有效途径。目前,我校已与中国海洋大学、青岛科技大学、海军第九七一医院、中国科学院海洋研究所、青岛大学、青岛市中级人民法院、国家橡胶与轮胎工程技术研究中心、中国地质调查局青岛海洋地质研究所、中国东方航空、中国石油大学(华东)、青岛理工大学、山东科技大学等12个单位共建学生创新实践基地,有效地扩充了课程资源,提高了学生的研究能力。校外实践基地的课题研究自2013年以来已开展四期,第五期正在进行中。在前四期的学术素养计划中,学校累计聘用校外实践基地导师200余名,在机械设计、软件信息、橡胶材料、生物化学、光伏太阳能、金融、物流、知识产权、企业管理等研究领域共指导200余个课题,参与课题研究的学生超过800人次。

调适外部环境

青岛市城阳区实验中学　纪永强

据我观察,现在好多学校实施开放办学,实质上还是比较封闭,主要利用校内资源,关起门来“自循环”,工作起来常常碰壁,大大减弱了办学效果。既然城阳区实验中学“要用三年的教育,影响孩子一生”,那么教育的使命一定不仅仅是学校。我们要学会借力助力,实现工作的“多循环”。

一是家校沟通交流,形成教育合力。家长本身就是教育者,家校的教育目标是一致的。学校以“雅行润德”市德育品牌为引领,落实全员育人导师制,班主任、科任教师及时与家长取得联系,反馈孩子的进步与成长,分析出现的问题,找到改进措施,避免教育的盲区和误区;每学期开展家长进校园、家长开放日活动,让家庭教育成为学生成长的原动力;利用寒暑假或周末定期家访,面对面与家长沟通,听取家长意见、建议,改进教育教学;成立班级、级部和学校三级家长委员会,家长委员会参与管理学校;聘请有能力的家长开设生涯规划课;借助董进宇博士家庭教育平台,举行家庭教育讲座,开展家长沙龙活动;开设网络家长课堂,形成“互联网＋家长学校”家校合作新模式;心理教师举行体悟式家长会;学校家庭教育咨询室定期开放,给予家长有效的心理指导;我们还将编写《做“智慧＋”父母》家长培训教材,以成熟的教材指导家庭教育。

二是争取社会力量,丰富办学资源,“请进来,走出去”,为师生打开眼界。学校借助紧邻青岛农业大学的地理优势,聘请青岛农业大学专业心理咨询师,为新入职教师开展"心理沙盘"活动,邀请青岛农业大学学生对我校学生进行辩论、演讲、机器人、生物研究、动画制作等多方面的校本课程培训;聘请赵谦翔、肖培东、常作印、杨艳君、魏书生等知名教育家为教师开展培训;接待甘肃、贵州、重庆、云南、深圳、台湾、浙江等地教育同仁的参观交流;组织教师远赴深圳、北京、上海、江苏等地吸纳优秀教育经验。我们在探索中形成了"五个走进,一个走出"研学模式,即让学生走进部队、机关、农村、企业、高校,走出国门,学生边走边看、边实践边感悟,领略不一样的人生,体会不一样的课堂。学生先后走进青岛农业大学、大润发超市、青岛市工商行政管理局等;赴新加坡、美国、英国、韩国、德国开展研学旅行活动;进北京,走河北,行湖南,赴贵州,观名人故居,游孔府、孔庙、孔林;走进孤儿院、敬老院,开展报纸义卖。我们还组织学生参加各级各类大赛,增强他们的本领,丰富他们的阅历。优秀学生不断涌现,他们既有头脑奥林匹克世界冠军、中国科学院"小院士",也有宋庆龄奖学金获得者、青岛市十佳美德少年,还有独自创作并出版图书的小作者,等等。

三是汇报工作动态,确保顺利办学。学校将发展规划、改革举措、工作动态向上级教育主管部门汇报,听取他们的意见和建议,既确保办学的顺利实施,也为学校发展保驾护航。

加强家长委员会建设,打造家校育人合力

胶州市第一中学　王拐九

胶州市第一中学家长委员会自成立以来,本着健康、科学、和谐发展的理念,不断地进行多方的探索和实践,加大对家庭教育的指导,重视学校、家庭、社会教育的整合所形成的合力,努力构建和谐校园和学习型家庭。主要做法如下。

一、开办家长学校,加强学习,提高素质

家长委员会成员来自社会各个阶层,其中有高文化水平的学者,有高素质的领导人物,有高水平的技术人员,也有各种其他类型的社会人员,这要求家长学校讲师必须具备高素质、高水平。我们坚持以科学理论为指导,加强教师队伍的建设,抓好教

师政治、业务学习,提高教师素质。学校健全了教师政治、业务学习制度,定期组织教师进行政治理论、业务知识的学习,设立家长委员会讲师团,先后学习了教育法、家庭教育、心理学、教育学,提高了讲师们的业务素质。

我们还收集家庭教育经验,根据本校学生家长的情况,开发家长培训的校本教材《做一个好家长》,汇编学生家长优秀文章、信件选《家长的话》,供家长学习交流。讲师团有计划地开设教育理论知识和家庭教育方法等方面的辅导讲座。通过讲座,普及家庭教育知识,改进家庭教育方法,提高家庭教育质量,帮助家长端正教育子女的思想,做教子有方的新时代家长,促进子女的成长、进步,进而积极支持、参加学校开展的有关教育教学活动。

二、活动多样,按时进行,提高兴趣

结合学校实际和需要,家长委员会认真组织,有计划地开展了多种家校互动活动,满足了家长的需求。

设立家长咨询日,促进家长与学校的联系。学校规定每月3日为家长咨询日,由校长和常务理事负责接待家长来访和咨询,解答和探讨家长提出的问题。咨询活动使学校及时听到家长的呼声,了解家长对学校教育、教学工作的意见、建议和要求,也使家长及时掌握教育子女的有效方法,密切了家庭与学校的关系。

定期召开"教子有方"经验交流会。通过典型家长的现身说法,更好地指导家庭教育,让家长把从家长学校学来的理论知识与家庭教育的实际有机地结合起来。

加强情感教育,增加感情投入。我们开展了以"感恩的心"为主题的感恩教育活动。组织高一、高二学生给家长写一封题为"爸爸、妈妈,我想对您说"的信;以"师恩难忘"命题作文的形式把自己在高中的成长、生活经历向初中老师汇报;家长委员会参加学校的艺术节等大型活动,拉近了家长与孩子的情感距离。这些活动的开展,让家长了解孩子不是"永远长不大的孩子",他们有思想,通事理,让学生换位思考,真心体谅父母的苦心,拉近了家长与子女的情感距离。

学校重视家庭教育,提倡班主任通过多种途径和角度与家长联系。学校提供了诸如"家长教育孩子的原则""如何与孩子沟通的技巧""如何营造温馨的家庭环境""如何规范孩子的行为""如何培养孩子良好的学习态度和生活习惯""如何培养孩子的感恩之情""如何正确处理孩子看电视的问题""如何教孩子合理花销""如何表扬孩子"等专题家庭教育系列材料,帮助家长教育孩子顺利成长。

让家长参与学生活动,了解学校工作,增进家校联系。高一新生军训期间,为了让家长了解学生军训的条件,在学校特意安排下,家长委员会带领热心家长参观了军训场所,观摩了学生军训过程,还参加了阅兵式观礼。家长委员会参与到学生军训过程中来,了解学校的工作,增添了家校合作、密切配合的责任感。家长对学校组织的军训活动感到放心。

在领导和老师们的共同努力下,在家长的积极配合下,家长委员会发挥了联系学校和家庭的桥梁纽带作用,促进了学校工作的顺利开展和教育教学质量的逐步提高,进一步推进了新课程改革和素质教育的发展。

以人为本,以文化人,构建和谐校园文化

青岛西海岸新区第五高级中学　丁纪申

青岛西海岸新区第五高级中学坚持"以人为本,以文化人"的理念,始终将校园文化建设作为学生德育的主阵地,以精神文化、主题文化、环境文化、精品文化等为切入点,建设优美和谐的校园文化。

我校将公约化管理模式作为学生自我教育的良好途径,首先在宿舍管理中推行公约化管理。公约的制定有三个流程:一是全校班主任会进行主题研讨、论证,二是各班级召开主题班会进行讨论、制定公约,三是家长积极参与公约讨论和制定,最后形成公认的标准。公约制定的过程,是学生在讨论中自我教育、相互磨合的过程,也是家长参与管理、创造家庭教育机会的过程,真正将家校合作育人落到了实处。公约化管理的执行者是学生自己,公约制定后,每个成员都要签字承诺,并相互监督遵守,真正使宿舍成为学习生活的共同体。为进一步提升宿舍公约化管理水平,学校还定期举办了宿舍公约化管理论坛,通过优秀舍长介绍、班主任经验交流、公约化自省日记展览等方式,切实提高了学生自主管理的能力,实现了学生自我约束和自主管理。

在宿舍公约化管理成功的基础上,学校又推行了班级公约化管理。由于班级人员多,问题更为复杂,所以制定公约时,重点聚焦突出问题、亟待解决的问题、共性的问题,通过公约化的形式,形成公共准则,由全体学生共同遵守。学校定期进行公约化管理星级先进班级、宿舍、个人评选,各班级均出现了一批严格自律、安心向学、善良友爱的好学生,涌现出一批常规管理优秀、学习自觉的宿舍和个人。这些优秀个人起到了很好的表率作用,成为大家学习的榜样,合作成长的学习型共同体也逐渐增

多。学校通过公约化管理打造温馨和谐家园的中级目标正在逐步实现,并向着构建合作成长的学习型共同体的高级目标迈进。

2018年,我校获得"全国国防教育特色学校"荣誉称号。多年来,我校以爱国主义教育为主旋律,加强党和国家国防政策宣传力度,认真落实国家军民融合发展战略,强化学校国防教育工作,注重实效,特色明显。学校在教育教学过程中,逐步形成了完善的国防教育制度、严谨的教学计划,抓好了军校共建,做好了"双拥"工作,与中国人民解放军海军临沂舰进行了沟通,双方就下一步加强军校深度合作、提升学校国防教育能力以及拓展部队官兵实践训练基地达成了共识。

习近平总书记指出,文化自信,是更基础、更广泛、更深厚的自信。大力实施国家优秀传统文化发展战略,阅读经典,传递智慧,是学校教育的光荣使命,是丰富校园文化建设的重要内容。我校举行的"悦读·悦心"读书朗诵比赛在全区产生了积极的影响,西海岸新区广播电视台演播大厅隆重举行了由共青团青岛西海岸新区委员会、青岛西海岸新区广播电视台和我校联合主办,FM95.7青岛西海岸交通广播和我校共同承办的青岛西海岸新区"悦读·悦心"读书朗诵比赛第五中学专场颁奖典礼。"悦读·悦心"读书朗诵比赛进一步深化了我校德育的内涵,搭建了素质教育平台,向人民展示了我校师生不忘初心、牢记使命、勇挑教育重担的决心和愿望。

学校还充分发挥环境育人作用,利用道德讲堂、中学生团校、名人名言牌匾、全国高校简介展牌、黑板报、宣传栏、校园电视台、校园广播、学校网站等教育阵地进行德育宣传。书香校园氛围浓厚,与新华书店联合建立校园阅览室,优化阅读资源,定期组织开展演讲、歌咏、诗朗诵、书法绘画、知识竞赛、读书报告会、手抄报比赛等内容丰富、形式多样、特色鲜明的活动。以团委、学生会为阵地,以艺术节、科技节、体育节为重点传统活动,开展丰富多彩、积极向上的学术、科技、体育、艺术和娱乐活动,寓教育于文化活动之中,构建了和谐向上的校园文化。

营造学校最优发展环境

莱西市第一中学　刘同光

美国哲学家杜威在《民主主义与教育》一书中说道:"学校环境的职责在于平衡

社会环境中的各种成分,保证每个人有机会避免他所在社会群体的限制。"这说明学校教育担负社会的职责,通过平衡优化社会环境中教育因素,培养出适应社会并能改造社会的人。陶行知倡导:"应当将校门打开,应用社会的力量使学校进步,动员学校力量帮助社会进步。"强调学校要主动融入社会,善用社会资源发展学校,同时学校也主动服务于社会,发扬学校与社会合作共赢的精神。

近年来,我校坚持把服务社会作为学校的重要功能,勇于承担社会责任。坚持把合作共赢作为学校对外关系准则,积极开展校内外合作交流。坚信学校与家庭、社会的良性互动是办学水平的重要体现。以下介绍我校在调适外部环境方面的一些探索与实践。

一、加强家校合作,让广大家长与我们共育英才

让家校形成教育合力,就要对家长进行培训、指导。每年高一"家长课堂"的第一课都由校长亲自召开,主要针对初高中衔接问题、如何做一名合格的高中家长、家庭教育的重要性、家长如何通过与学校有效的沟通以恰当的方式解决问题、学校的办学条件及学校教育教学质量等问题详细解读,让家长全面了解学校,统一认识,改进家庭教育的手段。我校每学期都会举办多场家长培训会,主题有"如何做好生涯规划""做好六选三""如何让青春期学生安全落地""如何解决问题学生出现的各种问题""如何做一名合格的高三家长"等等。每学期阶段检测结束后会召开全校家长会,结合学生存在问题共同协商解决方法和应对措施。

努力建设家长学校,建立健全家校合作制度。充分发挥家长委员会的作用,有效开展各项活动。例如,我校今年开展的高一新生军训远足拉练活动,组织动员家长委员会成员协助,家长们沿途拉横幅鼓励孩子们坚持到底,一些家长在关键路口无偿提供学生、老师、教官饮用水、绿豆汤、水果等,做好坚强的后盾,还有一些家长是医务人员,全程陪同,防止意外。这次拉练活动是学校与家长合作完成的一次重要活动。

二、借助社会力量,发扬学校与社会合作共赢的精神

我校优化外部育人环境,努力争取社会资源对学校教育的支持。青岛华商集团连续多年为我校无偿提供上百万元的资助,用于我校教育教学成果奖励、班主任绩效奖励,鼓励广大教职员工积极投入教育教学改革。我校每个年级也都组建以"华商班"为名的创新班,全力打造"华商班"这个品牌。我校通过社会媒体宣传学校的办学思想、育人活动、优秀模范教师事迹,收到了广大人民群众对学校工作的肯定,同时也向学生、社会积极宣传华商集团的善举,教育学生懂得回馈母校、回馈社会、

报效祖国。通过我校的不懈努力,近几年还有青岛万福集团、青岛东龙集团、青岛艾维燃气有限公司等十余家企业和很多爱心人士资助学校办学、资助贫困学生,这些都是我校积极调适外部环境、引入社会力量助学的结果。当然对学校而言,培养出更多的优秀全面的人才就是对社会最好的回馈。

三、依靠政府的力量

学校的发展离不开政府部门的保驾护航,离不开上级部门的大力支持。我校校长作为市人大常委,积极为学校发展向人大提议案改善学校的办学条件,并多次邀请人大、政协领导到我校调研视察学校实际情况,争取政府的扶持,为学校健康良性发展提供有力保障。经过多方努力,学校教学楼改造、路面硬化、实验楼升级改造等均被列为政府实事。新建的实验室改造成为山东乃至全国实验项目最全的实验室,学生在此可以操作各类实验,提高了动手能力和观察力,特别是尖子生奥赛培训得到了有力支持。经政府部门、教育和体育局和学校的努力,通过附近村庄就近入学、减免一半学杂费用等举措,学校与周边的环境得到优化,学校各项工作都能有效开展。

关于开展"坐到家长炕头上"活动的探索与实践

青岛西海岸新区第八高级中学　于庆杰

为了全面了解学生的家庭教育及在家庭生活的表现,同时把学生在校情况反馈给家长,更好地满足学生的发展需求、社会对优质教育的要求,学校校委会决定在全体教职工中开展暖心工程——"坐到家长炕头上"活动。具体要求如下。

一、走村进户,真情沟通

充分利用周末、节假日时间,深入学生家庭,"坐到家长炕头上",与学生、家长真情交流、沟通。每学期党员、干部至少家访五名学生,班主任至少家访五名学生,其他教师至少家访两名学生。

二、严格纪律，确保实效

为保证活动的效果,学校规定家访纪律:不吃、不拿,带着感情,认认真真与家长交流沟通。通过与学生家长面对面交流、心与心沟通,宣讲学校的先进教育理念,征求家长对学校的意见和建议,与家长共同探讨如何培养孩子,如何促进学校快速健康发展。

三、认真做好登记，填写上报表格

家访时要认真填写"坐到家长炕头上"活动记录表,并将相关材料上报学校办公室。学校办公室及时整理家长对学校的意见和建议,并将意见和建议列入学校议事日程安排,及时整改存在的问题。

创新家长会，实现家校同频共振

青岛西海岸新区第二高级中学　张德建

学校是学生生活学习的主阵地,学校承担着培养学生的职能。但每一位学生的根基在家庭,学生的个性禀赋、行为习惯都深深刻上了家庭的烙印。学生的长远发展在于家校共同携手,为学生的进步安装一台发动机,为学生的梦想插上有利的翅膀,让学生在社会拥有自己的一席之地,贡献自己的智慧和汗水。家长会是学校教育的补充,是家长了解学校、了解孩子的重要途径,是整合家庭教育力量的催化剂。为此,学校不断创新家长会的形式和内容,使家长会成为学校教育的有利支撑。

一、深入优化家长会模式

变传统的以班级为单位的家长会形式,为以宿舍为单位的家长会形式。会议规模充分减小,使与会者的利益关系更加紧密,既提高了家长参加会议的积极性和会议的时效性,又增强了宿舍内学生及家长之间的感情。宿舍成为家长的利益共同体和学生的成长共同体,更有利于班级的管理和学生的发展。

二、坚持家校联育课程化

只有家长的教育观念发生了变化,学生才能接受良好的家庭教育,才能实现"家即校,校即家"的家校教育同频共振。我们一直重视家校联育工作,把家长会放在课程的高度加以开发,育人的效果大幅提高。具体做法如下。

(一)家长会变"脸"了

家长会由原来的班主任唱独角戏式的讲座,变为圆桌式话题讨论,实现了形式的突破。班主任首先根据学生表现选出交流讨论的主要话题,如"如果孩子在您面前评价学校、老师的不足,您会如何处理",让家长在交流中获得解决问题的办法。

(二)家长会换"馅"了

家长会内容突出了学生素质提高。以唱响"1234 歌"(一个"公约":宿舍公约化管理;二个"比较":别人跟我比父母,我跟别人比明天;三个"骄傲":我刻苦我骄傲,我节俭我骄傲,我守纪我骄傲;四个"净化":净化有碍观瞻的异性交往,净化身份异化的衣着发饰,净化有损健康的食品饮料,净化违背礼仪的言谈举止)为主线,实现了内容的转折。

(三)家长会立"标"了

学校制订了"老师眼中好家长"标准,并组织家长讨论学习,家长站在学校和老师的角度去教育孩子,实现了教育内涵的提升。

(四)家长会发"证"了

聘任学生家长为宿舍名誉舍长,参与宿舍的监督、检查、评价,与学校协作解决学生生活中出现的问题。

(五)家长会获"赞"了

金杯银杯不如百姓的口碑。随着家长会形式内容的不断探索深化,家校联系越来越密切,教育效果越来越好,学生和家长都在参与中收获。我校逐渐赢得家长和社会的赞誉。不断有家长给学校写感谢信,称赞学校的有效做法。

我们向着家校有效协作、学生健康发展这一目标,在探索、在实践、在总结、在进步,永远用心行走在路上!

加强校际合作，搭建成长平台

山东省青岛第三十七中学　周　强

青岛第三十七中学为扩大学校社会影响力和提高办学水平，2018—2019年度，先后与六家单位签订了共建协议，分别是莱西市姜山镇中心中学、平度市朝阳中学、青岛艺术学校、黄海足球俱乐部、即墨路街道热河路社区党委、同大教育研究院青岛有限公司，就党建、教育教学交流、学生特长发展、德语和人工智能项目进行深度合作，通过资源共享、学习互鉴，为师生和学校提供更广阔的发展平台，实现双赢。

为进一步推进青岛市初中学校作业改革联盟工作的开展，以作业改革为抓手不断深化课堂教学改革，2018年，我校承办初中学校作业改革联盟教学研讨活动。张成永老师、安翔老师就学科作业改革做经验交流，鲍丽老师开设市级公开课。

我校利用暑假时间组织学生参加美国、欧洲游学活动。一年中先后选派四名教师分别带领学生赴美国、德国友好学校进行交流访学，开阔了学生的眼界，增长了学生的见识。

我校积极推动初高中一体化发展项目。我校与青岛九中参与筹建礼贤教育集团，形成教育发展共同体。以"团结、传承、创新"为核心理念，挖掘礼贤文化内涵，借助同济大学资源，开设德语课程，通过项目推进的方式，建立集团内合理的教育资源配置机制，通过实践，探索课程建设、教学管理、优生培养、校本研修、教师培训、考核评价等合作机制，努力在创新人才培养、教育资源共享、学校文化共建、教育教学互助等方面有所突破，形成可借鉴、可复制、可推广的初高中集团化办学模式。

我校积极推进人工智能教学实验项目。作为山东省人工智能示范校、青岛市人工智能项目实验校，我校借助同济大学资源，已申请并获得市财政专项资金拨付每年80万用于人工智能项目改革试点。

我校依托同济大学资源支持，研发设计初中学段项目实验室配套人工智能基础课程、探究课程和小课题研究，力求利用人工智能技术变革师生教、学及生活的观念与方式，助力提升师生综合素养和学校的办学水平。同时通过校际交流、跨校小课题研究指导、网络直播课堂、同步课堂及回放，使我市更多的中学生受益。该项目被青岛市推荐为山东省改革创新示范项目,目前开始实施,为初中学校开展人工智能教育提供可借鉴的经验。

家校合力育英才，共筑幸福家庭梦

山东省青岛第六十七中学　施宝书

青岛第六十七中学以习近平总书记"家庭、家教、家风"重要讲话为指导,牢固树立"家校合力,共育英才"的办学理念,不断完善学校、家庭、社会三位一体的教育体系,营造良好家校环境,共育出彩幸福人生。

一、打造出彩教育家长大课堂品牌，提升家庭教育专业水平

设立出彩教育家长大讲堂,邀请专家授课,与家长面对面,"把脉"高中生学业规划、亲子沟通、新生适应等内容,分阶段、分年级授课,营造良好家庭氛围,为学生健康成长保驾护航,深受家长欢迎。在专家引领下,班主任们学以致用,总结理论成果,先后研究开发"高中生心理发展与家庭教育""陪伴成长幸福"等青岛市精品校本课程。

二、拓展家庭教育资源，保证活动开展丰富多彩

在建立专业课堂之外,学校不断探索和拓展家长学校实现途径,开办"家长开放周",邀请家长走进学校,走进课堂,走进食堂,走进教室办公室,走进校长会客厅,更好地与学校领导、班主任、科任老师沟通与交流,形成教育合力,营造良好的氛围。邀请家长参加军训会操观摩、新学年开学典礼走红毯、毕业典礼话感恩、艺术节、社团节等活动。家长参与高一新生洗衣服、叠被子比赛,培养学生生活自理能力。运动会举办"家校一体,师生同乐"体育嘉年华实践教育活动,母亲节组织家长和学生参与"走进幸福魔方"亲子拓展活动,拉进家校距离,增进亲子感情。学校把家长学校与生涯指导结合起来,聘请事业有成的不同职业的家长为生涯规划老师,指导学生职业模拟展示赛,先后与青岛市中心血站、工厂企业等合作组织学生在暑假开展志愿服务,体验职业角色。

三、特色工作亮点频频，接连出彩，提升家庭教育品牌影响力

2018年，青岛市妇联和青岛日报社联合举办的青岛市首届"幸福家·孝亲节"大型活动颁奖典礼在我校举行，我校承办了山东省中小学（幼儿园）家长学校课程建设公益宣讲活动。我校还联合青岛热血英雄救助志愿服务队，进一步落实"十个一"项目计划走进家庭，建设家长学校志愿服务公益品牌。清明节，家长志愿者作为青岛热血英雄救助志愿服务大队成员代表，与学校师生一同来到崂山区革命烈士陵园，开展清明祭英烈活动，缅怀先辈丰功伟绩，接受革命传统教育。志愿服务大队的家长志愿者认真组织，广泛发动，成功举办了以"开展垃圾分类，共建美丽家园，志愿者在行动"为主题的多批暑期社会实践活动，来自青岛市20多所大中小学及教育机构的800多名老师、同学和家长参加。家长学校通过着力打造家庭教育志愿服务品牌，组织和承办大型家庭教育活动等方式，不断带动和提升学校的区域影响力，在社会和家长中树立了良好的口碑。

基于智学网大数据及人工智能的个性化学习案例

青岛市实验高级中学　苏延红

2017年开始，青岛市实验高级中学利用智学网个性化课堂，通过"以考代练"采集学生考试作答数据，通过人工智能深入分析每一个学生的学情，保证学生个性化学习，支持学生自主学习，以"学习分析"实现教师精准教学，以"每周检测"保障学习目标达成。实践表明，个性化课堂的建设在增强学习兴趣、转变教学方式、减轻学习负担、提高学习质量、提升学习能力等方面有明显效果。我校数学组在这方面做了一些实践探索，取得了较好的效果。

一、每周"以考代练"，收集更多学生学习数据

利用智学网，通过人工智能进行数据分析，可以有效提高考试质量，减少准备一场考试的工作量。从高一新生入学，每周采取"以考代练"的方式，每周一测试后，根据学生具体考试情况打印符合学生学情的个性化学习手册，从而提高考试质量。

在此基础上，智学网支持多种阅卷平台，既可以在电脑端完成考试阅卷，又可以在手机、平板的 APP 上轻松完成阅卷工作。通过两种阅卷方式，多种平台结合，真正实现了阅卷工作的灵活高效，帮助数学组实现了"试卷不过夜"的高效工作。

二、以人工智能加大数据分析，实现学生个性化练习

数学组老师利用智学网收集了历次考试学生的作答数据后，通过人工智能算法对每一个学生的知识点掌握情况进行数据分析，形成学生的学情画像，通过人工智能引擎对标到后台的资源库，选择适合每个学生的练习。并且人工智能给学生推送个性化练习后，数学组一线老师还会对人工智能推送的题目进行二次审核，确保人工智能推送的题目符合实际教学情况。学生的考试错题以及个性化练习在第二天会由智学网打印，分发到学生手里。

为了做到有效作业，智学网将每个学生做完的错题数据回收起来，为每个学生配备一张个性化的答题卡，学生填涂答题卡后，智学网可以再一次进行数据采集分析，刷新学生的学情画像和学生所掌握的知识图谱。这样的循环迭代能有效地使学生个性化练习更加精准。

三、以大数据分析帮助老师精准教学

每一次考试后，智学网都会配合学生的个性化学习手册，打印出一份教师讲义。教师讲义把学生的个性化数据汇总到一张表里，包括每位学生的知识点掌握情况，某一知识点全班的掌握情况，试卷中每一道题目的正答率、得分率，等等。这样，学生的共性、个性、薄弱点都可以直观地呈现出来，老师上课时就可以根据这些情况有针对性地教学，有的放矢地讲解。

大数据分析帮助老师更加了解班级学生的整体学习情况，并提供重点、难点、知识点、解题技巧等的详细指导。对班级考试、作业情况进行大数据分析，对学生错题原因、重难点题目进行深度诊断和精准化分析，帮助老师了解班级整体情况，精准掌握每位学生的学习情况。

个性化教育的改革与探索永远处于现在进行时。以个性化学习手册为例的"人工智能＋教育"的产品是教育发展的必然产物，在不久的将来，它一定会成为与多媒体技术一样的学习常态。数学学科作为传统重点学科，在大数据和人工智能时代探索新教学模式，帮助学生更好地减轻负担，发现数学之美，更应该走在信息化建设前列。若不想我们的教育行业被时代所抛弃，想让我们培养的学生跟上时代步伐，我们也应该主动学习、努力适应甚至积极参与智慧教育。

利用外部环境育人

即墨区市北中学 孙吉超

学校的发展不仅仅是校长等领导干部的事,也不仅仅看老师、看学生,还要看外部环境、外部机遇。学校的外部环境,包括家长、社会、社区、媒体、政府等。学校在日常工作中,会遇到这样那样的问题。当问题出现的时候,如何调适学校外部环境?即墨区市北中学积极调动外部环境力量,对学校及学生的发展和成长发挥积极的作用。

一是注重勇于担责,这是学校调适外部环境也是进行管理工作的前提。遇到事情后,学校领导敢于"亮剑",不推卸责任,而是积极地沟通协商。如何处理好、解决好问题与困难,将不良的影响转化成对学校正面的宣传与引导,这是学校应该专门研究的问题之一。

二是注重沟通能力。学校领导善于与家长积极沟通,与教师积极沟通,与中层干部积极沟通。要学会"轻声讲重话",提高自己的沟通交流能力,多看书、多充实、多积淀、会说会写,讲究沟通艺术,这就是管理者的能力,也是调适外部环境等管理工作的重要基础。

三是将外部环境力量引入学校,使其成为另一支教育力量。学校和外部环境不是对立的,而应是一个有机统一的整体。如果学校与外部环境站在对立面,对学校、对学生的教育、对家庭乃至对社会都会带来负面的、消极的影响。我校采取积极主动的态度,主动与外部环境对接、交流,争取最大限度的支持。例如,成立家长委员会,学校重大事项决议、重大活动等,邀请家长参与工作过程,让家长了解、知晓,并通过家长委员会进行宣传,让尽可能多的家长知道、理解并支持学校的工作。

要定期召开联席工作会议。听取意见与建议,便于形成家校教育合力,对学校教育教学发展有帮助。同时,要善于发现并发挥外部环境中独特的资源优势,使其成为支撑学校课程发展的有力力量之一。

让家长成为学校教育的同盟军

青岛市城阳第三高级中学　葛永信

关注生命、尊重生命是教育的第一要义。秉承"精神成人、心智成才"的办学理念,坚守"面向全体,创办特色"的办学方向,城阳三中努力打造重视生命教育的学校文化。而要达到尊重学生差异、鼓励学生进步、关注学生幸福、促进学生成才的目标,鼓动并引领家长参与学校管理,势在必行。

一、广取民意，创新家长评议学校工作办法

由学校家长委员会负责,通过班级、年级、学校三级家长委员会,采用座谈会、调查问卷、电话调查等方式,让家长对学校的教育教学等工作进行评议,并将评议结果反馈给教师本人和学校领导班子,充分发挥评议的作用。学校发扬长处、整改不足,更好地改进学校和教师的工作。

二、问计家长，坚持家长委员会参与学校管理

根据《山东省普通中小学家长委员会设置与管理办法》的要求,学校按时召开家长委员会代表大会,及时增补家长委员会成员,确保组织健全、制度完善,为家长委员会参与学校管理、参政议政创设良好的工作氛围。邀请家长委员会成员代表参与学校重大事务决策过程,行使家长委员会的参与权,保证公平、公正、合理。建立了家长委员会听证制度,化解家校矛盾,和谐家校关系。支持家长走进课堂、餐厅、宿舍,了解学生学习生活情况。随时与学生、教师交流,认真听取家长对学校教育教学工作的意见和建议。

三、追求实效，创新家校合作形式

学校领导干部通过带头走进办公室和教室、发放师生征求意见表等形式,广泛征求广大教师对学校各项工作的意见和建议,为教师解除后顾之忧。坚持学生来信公开答复制和学生联络员、学生校长助理制度,畅通了师生、生生、校生的沟通渠道。学

校干部教师通过与家长零距离座谈交流,更进一步掌握了家长对教育的真实诉求,为办好人民满意的现代化优质学校提供了一手资料。同时,每到假期,学校组织教师走进学生家庭,真正地了解家长的需求,掌握学生在家庭中的表现,感动了学生,亲密了师生关系,和谐了家校关系,实现了每个家长都能了解自己孩子在校情况的愿望。

当好学校外部环境的调适者

莱西市第二中学　郑文波

外部环境是学校发展的制约力量,更是学校发展的促进力量。校长在使学校获得良好生存环境的过程中发挥着主动性和创造性。

美国哲学家杜威在《民主主义与教育》一书中说"学校环境的职责在于平衡社会环境中的各种成分,保证使每个人有机会避免他所在社会群体的限制",这说明学校教育担负社会的职能,通过平衡优化社会环境中的教育因素,培养出适应社会并能改造社会的人。我国教育家陶行知倡导:"应当将校门打开,应用社会的力量,使学校进步,动员学校的力量,帮助社会进步。"强调学校要主动融入社会,善用社会资源发展学校,同时学校也主动服务于社会,发扬学校与社会合作共赢的精神,这也符合"协调、绿色、开放、共享"的新发展理念。学校与社会的密切关系,促使校长必须担当好学校外部环境调适者的角色。

调适外部环境,从学校教育效果的角度说,就是办出上级肯定、公众认可、家长满意的学校。我们在实践中健全和完善家长委员会制度,建立家长学校,设立学校开放日,提高家长在学校治理中的参与度,形成育人合力;引入社会和利益相关者的监督,密切学校与社区联系,促进社区代表参与学校治理;主动争取社会资源和社会力量支持学校改革发展。此外,在调适外部环境方面,家长是学校的主要合作对象,这已经成为共识。所以我们也充分挖掘家长资源,盘活身边的资源,积极争取社会资源支持,主动联系社会资源为学生服务、为教育助力。

为了让外部环境持续、系统、有效地推进学校发展,我们积极探索调适外部环境的评价、激励保障机制,尝试制定一套该项工作的评价量表,并有针对性地对工作开展的优劣给予奖惩。评价与激励主要面向学校内部管理,也面向教育行政机关、家长、社区、新闻媒介和教育科研机构等学校的五个目标公众重点对象。一方面对学校外部环境调适工作领导小组的计划、安排是否合理,联系实施是否到位,工作效果是否良好,外部突发事件处理是否及时有效等进行定期总结、评价。另一方面,对外部环境中公众重点对象所提供的各种信息、意见、资源等进行收集、整理、统计、分析,梳理出对学校发展的积极因素与消极因素,厘清哪些是有利资源。对积极参与、主动协调的人员给予充分肯定及鼓励,对无法正确理解学校教育的相关利益主体进行必要的引导。

学校不是孤立的组织,公共关系也是为了实现教育内容而存在的,要重视外部环境,更要赢得外部环境对学校的理解和支持。"重视外部环境,提高调适能力"是校长不可或缺的一种职业要求。校长要有意识地加强自身调适能力,用专业、敬业的态度赢得外部环境的信任和支持。

家校齐心协力,共铸教育合力

山东省平度第一中学　苏建良

家庭是社会的细胞。家庭教育是基础教育,又是终身教育,它对一个人的启蒙、成长、成才有着不可估量的作用。学校要发展,离不开家长的理解、支持和帮助。近年来,平度一中高度重视家校合作,努力创新工作形式、开发活动载体、搭建交流平台,形成了巨大的教育合力,为学校发展提供了强劲动力。

一是参与,让学生家长成为学校管理的重要力量。学校制定新的重大制度和改革举措都要向家长委员会征询意见,学校的重大活动都邀请家长委员会成员参加,学校的教学工作计划要向家长委员会宣讲,学校常规教学工作向家长委员会开放,家长委员会委员可以凭证进出校园,家长委员会自己建立 QQ 群和微信群,家长委员会评教已经成为平度一中教学管理的常态。学校还积极邀请家长学校参与校园文化艺术节、运动会等丰富多彩的活动,让家长与师生分享快乐、分享成功。学校充分挖掘家长资源。家长发挥自己的优势,盘活身边的资源,主动联系社会资源为学生服务,让社会教育资源走进了校园,让学生学习到更宽更广的知识,拓宽学生的思维,提高学生的能力。

二是引领,让家长学校带动家长成长。学校大力普及家庭教育知识,推广家庭教育的成功经验,帮助和引导家长树立正确的家庭教育观念,掌握科学的家庭教育方法,提高科学教育子女的能力。每个学期,学校都开展一系列家长学校活动,组织国家一级心理咨询师、级部领导、青岛市名班主任工作室主持人等为家长授课,帮助家长树立了正确、新型的家庭教育观念,传授给家长科学、合理的育人常识和技巧,提高家庭教育水平。经过循序渐进的培训,许多学生因家长家庭教育水平的提高而成长得更快,家庭氛围也日趋和谐,家长对学生学习和成长更加"走心",懂得科学发力。

三是沟通,架起家校互动交流的桥梁。学校积极邀请家长学校参加"万名教师访万家"活动,增加教师与家长双向沟通、交流思想感情的机会,使双方增进了解,相互支持,形成教育共识,促进学生健康地成长。每到节假日,学校印发"致学生家长的一封信",进一步加强和家长的沟通和交流,指导家长与学生交流沟通,了解学生的思想动态,明确家长的责任,关注学生的成长,促进家校合作更好地发展。积极建立"互联网+教育"沟通模式,通过微信群、QQ群和家长实时交流,让家长实时了解孩子动态,随时解决学生发展中的问题。沟通交流密切了家校关系,很多家长在家长委员会的带领下积极协助学校:有的积极为学生捐赠运动分队服;有的积极协同维护校园安全,主动做好学生上学放学的交通安全护导;还有的根据自己的所长,帮助学校检修、维护设备,搞好校园绿化,为学生开展特色教育。家长自发提升家庭教育素养,学习型家庭逐步成熟。家长心胸变得更宽广,视野变得更开阔,格局变得更大、更清晰。家长到学校做力所能及的工作,为学校服务、分忧,已成为家长的自觉自发行为。

学校将在现代家庭教育理念的引领下,积极促进走家校合作内涵发展之路,让学校教育、家庭教育协同社会教育,为了共同的目标,朝着共同的方向,携手合力前行,让学生的生命、学校的生命、教育的生命因家校合作的成功而变得更加精彩!

让家长成为学校政策的解读者

山东省青岛第五十八中学 袁国彬

学校一项政策的出台,通常建立在充分酝酿、调研、讨论的基础上。但好的政策在执行之初不一定人人理解、顺利推行,有质疑声、批评声甚至反对声,皆属自然。学校要有充分的思想准备应对这些不同声音,耐心地做好解释和引导,争取理解和支持,从而化阻力为动力。我们在管理中发现,拓宽家长参与学校管理的渠道,调动家长参与管理、配合管理、督促管理的积极性,提高家长理解、把握政策的能力和水平,让家长做学校政策的解读者和宣讲员,可以有效保证学校政策的推行,达到事半功倍的效果。

渠道一,发挥校务委员会作用。校务委员会(校方、学生、家长、社区四方代表组成)在学生管理、学生发展方面有决策权,这就决定了校务委员会的家长成员比别的家长更早、更快、更全面了解一项政策出台的全过程。所以,我们经常借助这个平台,把一些家长关心、社会关注的热点、难点问题推到"阳光下"运行,让社会关心的"热点"变成家长的"放心点"。例如,2012年,青岛市教育局给了学校一个推荐山东省优秀学生的名额。因为山东省优秀学生在高考中享受加20分的待遇,所以社会关注度很高。按照《青岛五十八中关于推荐学生省市级荣誉称号的量化评分办法》推出入围人选后,校务委员会投票决定最终人选,保证了结果的公平、公正。近几年,我校学生推优、直升考试、艺体特长生招生等敏感问题,均由家长担任义务社会监督员全程参与,工作得以平稳进行。

渠道二,发挥家长委员会作用。学校有三级家长委员会,下设班级家长QQ群、班级飞信群、家长学校等。学校的很多政策缘于家长委员会、家长开放日、家长信箱、家长问卷征求来的意见和建议,所以政策的出台就有了充分的调研基础,执行起来就比较顺畅。在推行过程中如果出现问题,我们能不断修正,使之日趋完善。例如,《青岛五十八中学生使用手机管理规定》就是几上几下的结果,家长对此非常理解,积极配合。一些政策的推行过程中,学生有误读,进而导致家长的误解,我们及时和学生沟通,并通过班主任利用家长QQ群、学校的短信平台等途径给家长答疑解惑。

例如,高二年级在选课走班之初,有的学生对新教学班的组合、任课教师搭配产生疑问,觉得学校有人为安排之嫌。学校在家长群里对学校分班的原则、班额的要求、任课教师的安排等情况做了说明后,问题很快得到解决。我们还注意充分发挥家长学校的教育功能。学校每学期召开两次家长会,每次都是先集中后分散,及时和家长宣讲、沟通学校的政策,并针对不同年级的特点给家长提出建议,希望家长了解、支持学校的工作。

渠道三,发挥家长自我教育作用。教育孩子最好的方式是家长的自我成长。为帮助家长成长,我们一是引导家长自我学习。学校给每一位家长发放《陪孩子走过高中三年》一书(此书参与"图书漂流"活动,学生毕业后,传给下一届家长),组织家长撰写读书心得,并通过家长沙龙交流、校园网、校报上刊发优秀作品等方式,帮助家长进一步树立正确的育子观。二是引导家长互相学习。学校、班级经常邀请上一届学生家长为下一届学生家长做经验介绍,让家长少走了许多弯路。高二2班家长曲建民给高一新生家长做了主题为"与孩子一起上高中"的报告,及时回答了高一新生家长心中的疑问,如"孩子能否迅速适应高中的学习生活""考试成绩不理想怎么办""住校后能不能独立生活"等众多问题,缓解了不少家长的紧张和焦虑。高三1班考入香港大学的于萌同学的家长在给新高三家长做"家校合一,合作共赢"的主题讲座时提出:"一定要相信学校,相信老师,严格执行学校的复习计划,因为学校有最广泛的教育资源和最准确的招考资讯,老师们都有丰富的应考经验,每一份学案都集合了多年的经验和集体的智慧。只有老师才最清楚考生的学习状况、心理状况、薄弱环节,才能有针对性地对考生进行辅导。某些只有单科劣势尤其是理科劣势的孩子,也许会因为老师的某一句点拨而顿悟,所以在专业学习方面,就把孩子放心地交给老师就好。"这些经验对家长的启发性很大。

"教育的效果取决于家庭和学校影响的一致性。如果没有这种一致性,那么,学校的教育和教育过程就会像纸做的房子一样倒塌下来。"一路走来,我们越来越深刻体会出苏联教育家苏霍姆林斯基这句话的丰富内涵。学校不能游离于社会之外。善于凝结家庭、社会、学校教育于一体,培养全面发展的人才,是我们追求的终极目标。

八方携手，共育栋梁

青岛西海岸新区第一高级中学 吕怀文

习总书记在全国教育大会上指出，办好教育事业，家庭、学校、政府、社会都有责任。我们办教育，不能单打独斗走"独木桥"，而要协同育人走"立交桥"。学校要积极联合家长、联系社会各界力量办教育。

一、落实家校共育

家庭是人生的第一所学校，家长是孩子的第一任老师，要给孩子讲好"人生第一课"，帮助扣好人生第一粒扣子。我校定期召开家长委员会会议，听取家长建议，沟通育人理念、管理思路；每学期召开多次家长会，聘请专家为家长进行家庭教育讲座，优化家庭教育，教育家长多与孩子沟通交流，加强正面引导。突出"三落实"：言传身教、包容宽容、陪伴倾听。避免"三过度"：过度引导、过度保护、过度功利。遵循"三原则"：少讲理多讲情，学会换位思考，热线联系不中断。

二、利用周边资源

我校充分利用周边高校、科研机构、企业等社会资源，积极构建多方参与、协同配合的教育指导机制。学校因地制宜，走近海洋，走进大学，走进企业，开拓校外综合实践活动。走进大学：走进中国石油大学（华东）、山东科技大学、青岛理工大学。走近海洋：走进国家深海基地、中国科学院海洋研究所。走进企业：走进上汽通用、海尔、海信等。通过各种活动增强学生的爱国热情，激发学生的学习斗志，提升学生的综合素养。

三、开展名家进校园等活动

（一）名家进校园

学校定期邀请各方面的专家对学生进行爱国、励志教育，做好学生世界观、人生观和价值观引领,帮助学生做好人生规划。发挥周边高校资源优势,对学生进行专业发展指导。通过聘请大学老师做讲座、让学生走进大学实验室、组织夏令营和冬令营等,做好高中与大学的衔接。

(二)校友回母校

学校挖掘优秀校友资源,开展校友报告会。抓住重要时间节点,邀请优秀校友回母校,为师弟师妹讲述学习成长的故事,以"过来人"的身份为师弟师妹指点迷津。

专家和优秀校友讲座后,学校召开主题班会,学生人人发言,收获更多。我校的主题班会课广泛采用"三阶段四环节"模式。"三阶段":课前准备阶段、课堂实施阶段、课后落实阶段。"四环节":课前自我认知环节、课堂同伴分享环节、课堂目标制定环节、课后行动落实环节。

加强家校联动,调适学校环境

青岛西海岸新区第三高级中学　刘光平

和谐教育生态是由教师、学校环境、家长、社区共同组成的一个和谐教育生态场,涉及师生、家校、校社、人境关系。现代教育的多元化使得现代学校的发展必须从主观封闭走向民主开放。我校所处的青岛西海岸新区正快速崛起。外来人口的增多使价值取向呈现多元化的状态,家长对学校教育的知情权、参与权、监督权、问责权等非常关注。在这种情况下,我们不得不思考如何加强家校联动,调适学校环境,以构建和谐的校园教育生态。

一、放权家长委员会,家长参与学校管理

学校充分尊重家长委员会,信任并放权家长委员会,家长对不同的事物分别有了知情权、发言权、决定权等。家长委员会根据需要参与学校的管理,和学校的老师平等对话、议事。

比如,家长委员会直接监督学生的三餐、校服、健康等方面的工作。尤其学生的三餐,学生众口难调。学生和学校食堂的矛盾主要集中在三餐的卫生、荤素口味、价

格等方面。为此,家长委员会不定期抽查食堂,检视卫生、菜谱等情况。针对饭菜价格问题,家长委员会还主持召开家、校、食堂三方听证会,直指问题核心,商议解决对策,最后给出了具体的解决方案,所有环节公开透明,赢得了家长的一致好评。家长委员会及时发布各类问题的解决方案和及时为家长答疑,消除了很多家长的疑惑,为学校赢得了信任。

每学期的期初和期末,学校都安排家长委员会与学校的沟通会,家校互通工作计划,交流热点问题。每月家长委员会在工作例会后,需要解决的问题会以通报或会议纪要的形式反馈给学校,学校在行政会议上专题讨论并回复家长委员会,家校共同解决学校管理中出现的问题。

家长委员会的参与管理,让家长感觉在学校中有一双智慧的眼睛,心存疑惑的家长心里没有了疑惑,学校工作得到了更多家长的信任及支持。

二、信任家长委员会,共铸校园文化

从促进孩子健康成长的角度来说,家庭和学校的教育目标是一致,但实践中各有价值取向。要让家庭教育和学校教育形成合力,寻求家长对学校文化及学校教育理念的认同。

学校搭建零距离沟通体系,实现多平台交流。教师全面家访、家长开放日活动、家长会、校长接待日、学校网站的校长信箱、班级微信群等等面对面的、书面的、网络的沟通方式一应俱全。学校充分尊重家长的意见和建议,择其善者而从之,形成正能量汇聚的舆论导向和氛围,同时引导家长认同和理解学校的文化传统及教育理念。久而久之,家长和教师之间不再存在隔阂,而是更加理解和信任对方。

学校的很多学生活动也邀请家长或者家长委员会参与进来,如远足、学生成人礼、"家长学生共读一本书"等等活动,在活动中融入学校文化,引导家长和学生爱学校,真心为学校贡献自己的一分力量。在我们的引导下,家长自发地为学校做了很多贡献。尤其在校园环境的美化方面,家长主动为学校献计献策,提出自己的改进方案,学校从中选取了好的方案进行施工,一改学校原来的面貌,学校的美景让来校的家长不舍离去。这些做法为校园增添了家长的智慧,也提高了学校在家长心中的地位,更提升了学校在社会上的口碑。

三、利用家长资源库,优化学校教育

学校开发家长教育资源,举行"家长大讲堂"活动。家长上讲台,担任学生的教师,用自身的经历告诉学生做人的道理,教给学生种种生活体验。家长是学生身边的例子,更能激发起学生的认同感。家长的优秀资源得以发挥。几次"家长大讲堂"活动的效果良好,非常受学生和家长的欢迎。众人拾柴火焰高,家长的理念和价值观得到了充分的体现,当然也就更推崇我们学校。

学校通过各种努力,营造了比较和谐的外部环境。总结起来,学校的文化内涵得到延伸,让学校的理念植入社会;给家长有利于学生的价值观以传播的平台,获得家长的认同感;通过家长的认同来获得社会的赞誉,学校进而获得适合自身发展的外部环境。

唱好"四部曲",培育学生良好德行

青岛市即墨区第四中学 刘元君

当学生和学生之间、学生和老师之间的冲突一次次见诸新闻媒体的时候,我们的心一次次被撞击得生疼。"一日为师,终身为父"的古训哪里去了?很难想象一个心中没有阳光的人会感恩、会尊重别人。为了进一步唤醒学生内在的良知,学校上下一心,开展了"合力唱好四部曲"活动,齐力培育学生的良好德行。

一、唱好第一曲——"百名教师连千家"

家长是孩子的第一任老师。没有高素质的家长,就很难培养出优秀的孩子。为了响应区教育和体育局"万名教师访万家"活动,密切学校与家长和社会的联系,充分做好家校沟通工作,形成教育合力,我们开展了"百名教师连千家"活动。每年寒、暑假,学校都组织教师家访活动。在家访前夕,让每名教师明确家访对象,了解学生的基本情况,提前备好课,做好预约。家访结束后了解的学生具体情况,由级部汇总给学校。家长反馈给学校的意见和建议,学校立即想办法解决,第一时间答复,切实提高群众满意度。对家访中发现的家庭贫困学生,学校也想办法予以帮助。

通过家访,家校进一步达成了共识,提升了教学质量,真正了解了家长的所思、所想、所盼,活动达到了预期目的。

二、唱好第二曲——创设优美的校园环境

一所好的学校,不一定有着高楼大厦和精良设备,但一定有着具有人文气息的环境,由此体现出的富有魅力的学校文化会衍生出一股强大的文化力,它润物无声,它无时不在、无处不在,能使学校品质卓然,独具特色。学校秉持"让每一块墙壁都会说话,让每一棵花草都能传情,让每一幅图画都能会意"的环境文化育人理念,对校园的设施、植被以及人文景观进行了细致规划,大到主体建筑,小到角角落落,每个细节都精心斟酌、精心策划,力图创造一种积极高雅、赏心悦目的视觉效果,使师生一走进校园就能触景生情。与此同时,学校还加强校园的净化、绿化、美化,时时保持校园环境的整洁,力求做到"春有花,夏有荫,秋有果,冬有绿",努力创造优美舒适的校园环境。学生的品德得到了进一步提升,也对整个学校良好风气的形成起到了推动作用。

三、唱好第三曲——开展丰富多彩的主题活动

学校以"内实精神,外示安仪"为学生发展目标,注重学生日常行为规范养成教育,礼仪、礼貌、礼节和感恩教育,通过举行"高一新生入学规范教育月""学雷锋活动月""十八岁成人仪式"等主题教育活动,培养学生良好的个人素养和精神气质。学校尊重学生个性发展,开展了丰富多彩的社团活动。老师根据学生在社团活动中的表现和兴趣,挖掘学生在学习中的强项,并加以重点培养。下午活动课,教师精心组织学生进行踢毽子、跳绳、打篮球、踢足球、拔河等各种体育运动和体育比赛。师生共同参与的课外活动极大地调动了学生的积极性,学生有机会展示自己的优点和特长,学生潜能得到有效开发。

四、唱好第四曲——打造优秀的班主任团队

为了提升育人能力,学校除利用好上级的各种培训外,还充分利用校本培训,打造优秀的班主任团队。每周的班主任例会已成常态,每周都会确定一个主题,优秀班主任分享经验,班主任相互交流学习,共同提高。举行新老班主任结对仪式,通过以老带新,让年轻班主任尽快成长。举行每周一讲活动,优秀班主任向全体教职工分享在班级管理中的心得体会,学校也通过数字故事展播的形式,播放优秀班主任先进事迹,提高教师担任班主任的荣誉感,调动教师担任班主任的积极性。

另外,几乎每个班级都有自己的微信群,班主任或科任教师把学生的日常表现及时反馈给家长,让家长第一时间了解孩子的在校表现及思想动态,家校联合构建了德育建设的坚强壁垒,为孩子的成长保驾护航。

"新技术"支撑学生个性发展

青岛市实验高级中学 石华军

一、系统化，保障教学改革顺利进行

我校自主开发了与教学改革相适应的网络问卷调查系统、选课走班教师评价系统、学校课程俱乐部选课系统、教师听评课系统、网络课堂授课系统等。在新高考"六选三"的改革中，我校开齐了 20 种组合，从选排课到学习过程跟踪，再到学习成果评价，都离不开信息技术的系统化支持。借助电子班牌，学生能清楚地知道这个班是哪位老师在上课、上什么课，也实现了考勤、请假、信息查询等功能。我校开设 80 多门学校课程、37 个艺体俱乐部，网上选课系统让真正受学生喜爱的课程实现了"秒杀"。学校与贵州、西藏、新疆等地，俄罗斯、美国、加拿大等国实现了远程连线授课，还与华东师范大学第二附属中学等开展了远程连线辅导、集备交流。

二、信息化，让学生学习实现"私人订制"

传统教学中，教与学的主导是教师的经验，缺乏精准的、有效的数据辅助。随着信息化技术的进步，大数据产业的兴起让日常教学进行数据收集、分析，进而为教师教、学生学提供精准建议成为可能。学校使用网上阅卷系统，对学生日常考试试卷进行网上批改，形成数据跟踪。引进独特的"个性化指导作业本"，学生知识的薄弱点逐渐明确。系统会根据大数据，从题库中为学生有针对性地推送作业，每个学生的作用都不一样，真正实现了学习的"私人订制"。学校利用教育质量监测和发展性教育质量综合评价体系，从多个方面、多个维度对教育教学质量进行综合评价，进行详细的数据分析，准确定位每个学生学习的具体情况、形成此种情况的因素和下一步改进需要的措施。"一生一策"，实现个性化指导，并且通过连续测评，对学生进行动态指导，形成"私人定制"。

三、智能化，提升学校整体管理水平

我校建立大数据中心，依据校园一卡通，收集各种数据。认真分析学生的饮食习惯，及时提醒食堂进行膳食改善；根据学生在体育场馆的行踪，摸清学生进行体育锻炼的规律，对管理进行优化；根据学生白天回宿舍的数据，确定行为容易出问题的学生，及时进行干预；根据校园超市里货物购买的数据，阶段性判断部分食品是否应进行限售；对比每月水电消耗量，及时发出节约提示。

办好家长学校，形成教育合力

青岛西海岸新区滨海初级中学　吕恒杰

笔者 2018 年起参加青岛市教育局面向全市职业学校校长组建、青岛电子学校崔西展校长担纲主持的"崔西展名校长工作室"，接受崔校长的指导，努力成长。崔校长作为全国职业教育先进个人、全国优秀教育工作者、全国第四届黄炎培职业教育杰出校长，是一位特别有情怀、特别爱研究、特别有思想的职教先锋。

根据个人现岗位工作分工，本人在开办家长学校、做好学校与家长之间沟通、共同打造教育合力方面做了一些探索，并在多次获得崔校长具体指导的情况下，形成了全面系统的思考。毋庸置疑，学校教育、家庭教育、社会教育是教育的三大支柱，三者缺一不可。而家庭教育由于其固有的特殊性占着十分重要的地位。为此，本着"优化以学校为主、以家庭为基础、以社会为依托三结合教育大环境，增强教育合力"的教育理念，我校坚持将家庭教育工作列为学校教育管理的一项重要内容，结合实际，每季度一次对各年级各班的家长进行集中培训暨家长开放日活动，家长不仅树立了正确教育子女的观念，学到了科学教育子女的方法，而且也相互交流了教育子女的经验。家长开放日也让家长重新体验了全新的校园生活，理解了学校和孩子。

成立由校长为领导小组组长、分管副校长为家长学校校长、学生家长代表为家长学校副校长、学校其他领导及相关部门主任和家长代表等为委员的家长委员会，成立以教导处和年级组为主体的家校教学组，在此基础上，配备了一支既有工作热情，又有一定家庭教育理论功底和实践经验的家长学校教师队伍，齐抓共管，努力办出

家长学校特色。制定了周密务实的家长学校年度工作计划,并结合实际情况在执行时进行适当调整,以切合实际、注重实效。学校确定的家长学校办学目标是要让家长树立新的教子观念,提高家长科学育儿的水平和技能素质,培养孩子成人成才。集中培训时我们向每位到会的家长推荐了《初中生家长读本》,邀请专家开办了"初中生家庭教育的难点与对策"等专题讲座,有目标、有计划、有针对性地授课,让家长基本了解在家庭中对孩子进行思想品德教育的原则和方法,掌握初中生常见的心理卫生问题及促进孩子心理健康的方法,能正确处理青春期孩子出现的一些问题,并对促进孩子学习能力提高的途径有了一定的了解。为了保证家长学校的实效性,我校采取集中培训与在家自学相结合、家长培训与亲子共学相结合、专家讲授与相互交流相结合的授课方式。为了让家长真实地了解子女在校情况,每次家长集中培训都分班召开了家长会,使老师与家长沟通、孩子与家长沟通。

教学离不开管理,有科学的管理才能提高效率。在家长学校的管理中,我们注重从细节抓起。一抓家长学校的到课率,二抓班主任的家访率,三抓家校联系率。通过在家长学校的学习,许多家长树立了正确的教育观,注重子女教育的家长多了,与孩子交心谈心的家长多了,与教师探讨学生教育的家长多了,不仅关注学生学习,更关注学生全面发展的家长增多了。尽管家长整体素质不高,但我们发现,经过在家长学校的学习,不少家长增强了科学育人的意识,改进了教育方法。由于家庭教育得到加强,学校与家长的配合更加密切。目前学生的学习积极性和日常行为的规范性明显提高,教学秩序井然,教育质量明显提高。

第四部分

职业教育

营造良好外部环境，形成办学合力

山东省轻工工程学校　迟本理

校长的重要职责之一，是为学校营造稳定良好的外部办学环境，使学校获得更丰富的资源支持和更广阔的生存空间，与学校内部资源形成最大合力。山东省轻工工程学校地处青岛郊区，周边环境相对复杂。我校多措并举，经过多年努力，营造了比较良好的办学环境，助推了学校发展。

一、营造良好的企业行业支持环境

学校以服务区域产业发展和市场需求为目标，办学必须取得企业产业的支持。为此，学校先后聘请企业领导和技术人员，建立起企业家咨询委员会、专家指导委员会、教学指导委员会，各专业层面也建立起专家指导委员会等。通过召开年会、根据工作需要召开不定期会议等，建立起企业行业参与办学的平台和渠道，完善了校企合作机制。企业行业参与专业设置与建设、课程建设、教育教学改革、教师培训和学生培养等，接纳学生实习，招录学生就业。特别是在2018年，学院申报首批六个专业，各委员会与学校骨干教师组建各专业调研团队，开展多轮调研、论证，编制确定各专业人才培养方案，参与课程建设、专业建设。

二、营造良好的社区支持环境

为发挥由所在街道和社区代表、企业行业代表等组成的校务委员会的作用，我校定期召开并根据需要不定期召开委员会会议，就学校年度工作计划、工作总结、发展规划、教育教学重大问题等进行咨询、研讨。通过多年探索，我校建立起比较完善的校务委员会运行机制。特别是在学院工程建设、专业设置等方面，校务委员会提出了许多建设性建议和意见，发挥了重要作用。

发挥学校、级部、班级三级家长委员会的作用，通报学校建设发展、教育教学改革等情况，共同研究家校合作及家庭教育等有关工作。对于学生培养存在的或新出现的问题，及时向家长通报，取得理解和支持。家长参与学生培养，形成了家校共育局面。

三、营造良好的治安环境

加强与驻地派出所、交警中队等的共建工作。聘请派出所所长或指导员担任法制副校长,制定警校共建协议,警官进校做安全法制教育报告。建立联防联治机制,解决学校周边安全隐患,请有关部门帮助调解纠纷。健全了警校联动机制,营造了良好的治安环境。

与青岛地铁集团合作共育行业明星

山东省轻工工程学校 李祥新

全国轨道交通行业劳动竞赛"服务明星",青岛市 2018 年城市轨道交通行业行车值班员技能竞赛第一名,山东省 2018 年城市轨道交通行业行车值班员技能竞赛第一名,青岛市"工人先锋"称号,山东省"富民兴鲁"劳动奖章获得者……集上述荣誉于一身的优秀员工,是我校第一届青岛地铁委培站务运作班的学生苟书峰,2016 年9 月入职青岛地铁,现为青岛地铁青岛站值班站长。

一、完善"双主体"育人机制

校企双方签订合作协议,确定组织机构,制定相关规章制度,成立专业教学指导委员会,全程参与课程设计和学生的教学、管理及考核。青岛地铁集团每年根据企业人才需求规划,确定委培班人数,向学校下"订单"。学生选拔实行双向选择,学生自主报名,青岛地铁按企业标准选拔学生进入委培班。学生成为企业的"准员工",完成学习内容并经考核验收合格即可入职青岛地铁。

二、创新"双主体"人才培养模式

委培班采用"工学结合,校企共育,企业化管理,上岗式考核"的人才培养模式。由学校专业教师和企业技术骨干组成"专兼结合"的教学团队,共同制定人才培养方案,定期开展专业研讨和评估,不断完善教学管理制度。教学过程由企业技术人员与学校教师共同完成。学生在校期间实行企业化绩效管理,学习结束后按岗位标准进行考核,进行期终验收,验收合格后方可进入青岛地铁实习。

三、构建"双主体"课程体系

校企双方按照企业岗位需求,借鉴地铁公司员工培训课程,合作开发真正满足企业需求的课程,突出职业能力训练,构建教学过程与生产过程对接、教学内容与岗位需求对接、教学文化与企业文化对接的课程体系。强化理论与实践的融合,将职业技能训练贯穿于教学实训、实习和实践全过程,强化学生的实践操作能力训练。同时,推进企业文化进校园、职业文化进课堂,提升学生的人文素养和职业素养。

四、校企双方共建实训中心

利用学校现有资源,校企共建城市轨道交通专业实训中心,包括车站 AFC 自动售检票系统、模拟驾驶实训系统、地铁站台屏蔽门系统、客门实训系统、站务运作管理系统、信号行调沙盘实训系统、车辆维检修实训系统等,全面完成地铁运营管理与车辆检修的模拟仿真实训。根据教学进程,在不同阶段把教学课堂搬到企业现场,让学生身临其境,感受真实的生产环境,体验企业文化,实现与工作岗位的零距离接轨。

五、强化"双主体"管理力度

借鉴地铁公司员工管理模式,设置委培班管理制度,倡导"上学如上班,上课如上岗"的管理理念,在班级行为文化中引入企业文化,关注班级形象建设、团队意识培养,建立具有"企业味道"的管理机制。参照企业奖罚款制度,制定量化学分管理制度,班级设经理、副经理、值班站长等管理岗位,设置月工作业绩考核(对应每月工资)、学期任务考核、管理干部考核、工作能力考核等考核办法,根据工作内容制定年度绩效考核制度,以此作为年终奖及奖学金考核依据。定期将每名同学量化考核结果和各科专业课成绩向地铁公司通报,以便企业及时掌握学生学习进度。

六、实行"双主体"多元考核

借鉴企业岗位考核方式,注重过程考核和多元化评价。在专业理论学习期间,由专业教师进行教学效果评价,及格线定为 80 分,同时进行日常量化考核和学习知识综合评价,以激发学生的学习动力。企业专业实习结束后,根据地铁公司的管理规定进行考核,以学生操作技能是否达到员工标准对操作水平进行考核,以学生实习期间的职业态度和敬业精神是否符合岗位要求对职业素养进行评价,汇总各方面的成绩进行综合评价,评价合格后正式入职青岛地铁集团。

目前,我校已有近百名学生通过验收考核并顺利入职青岛地铁,在青岛地铁各条线路的各个岗位,处处可以看到他们的身影。

适应产业发展需求,提升核心专业内涵

山东省轻工工程学校 李祥新

我校紧密对接青岛市区域产业发展需求,紧紧瞄准学校所在地青岛高新区重点培育发展电子信息、生物医药、装备制造、现代服务业四大主导产业,全力打造蓝色高端制造业集聚区的发展目标,发挥长期面向海洋产业和装备制造业办学优势,以学生就业为导向,打造了一批服务区域产业发展的骨干专业,向企业和社会输送了大批优秀技术技能型人才。

一、构建专业建设与产业发展和市场需求的互动机制

在长期面向产业发展和市场需求开放办学进程中,我校构建起办学与产业发展和市场需求即时互动的反应机制,致力于专业与产业的对接。一是发挥由企业行业专家、高校和科研院所教授组成的专家指导委员会、教学指导委员会和由企业领导、总工程师组成的企业家咨询委员会的作用,组织专题研讨,了解产业发展情况,听取对专业建设、人才培养的建议。二是由我校骨干教师、联办高校和行业专家组建专业调研团队,深入企业行业调研人才需求情况。三是发挥我校按计划长年下厂锻炼的专业教师和分布在各企业行业的毕业生的作用,即时掌握行业发展和企业人才需求信息。专业设置与产业发展需要相对接。例如,根据对青岛地铁集团的人才需求、青岛市地铁建设规划的调研,设置了轨道交通运营与管理、轨道交通车辆运用与检修专业;根据对青岛机器人产业、自动化产业现状及前景的调研,设置了焊接机器人专业。

二、校企共建专业

运用市场驱动手段,让企业在合作中"有利可图",激发企业参与专业共建的主动性、积极性。我校与上海松川集团联合成立了股份制的青岛松川机械有限公司,共建数控和模具专业。通过协议,用法律的手段来明确规定双方的责权利,确保资金及

各种资源的安全性和回报率。在这种机制激励下,企业积极参与教师培训、学生培养,并与学校共同组织市场调研论证,共同申报新专业,企业真正成为办学主体。学校每年选派数控专业、模具专业教师到车间锻炼,了解行业最新发展技术,派学生到公司参加生产锻炼和顶岗实习。青岛松川机械有限公司迅速发展壮大,成为母公司上海松川集团重要的人力资源培养和输送基地。我校数控专业和模具专业实现了与职业岗位的对接。

三、校企共同开发课程

课程作为专业的承载,决定着人才培养是否适合产业和市场需求。通过三个委员会的平台,我校组建由学校骨干教师、行业专家、企业工程技术人员、高校教授等四方参加的攻关团队,进工厂、下车间、跑市场进行调研,把企业生产设计成实训课上的模块和项目,开发出以工作过程为导向、以典型工作项目为主体的新型模块化课程体系。企业参与制定育人的指导思想,明确培养目标,把行业技术发展、企业岗位需求转化为课程内容,从根本上解决了专业建设服务产业和市场的问题,实现了专业课程内容与职业标准的对接、教学过程与生产过程的对接。九个专业被评为青岛市骨干专业,两个专业被评为省品牌专业。专业建设提升了学校核心竞争力,生源质量大幅度提升,毕业生深受企业和社会欢迎。

我校将根据青岛城市转型发展和产业结构调整升级的趋势,强化专业与产业的互动,推进办学服务先进制造业和现代服务业融合发展,培养更多更好的技术技能型人才,为区域经济社会发展做出更大贡献。

以现代学徒制为载体,实现校企深度合作

青岛市中学综合实践教育中心 张 春

现代学徒制是通过学校与企业的深度合作、教师与师傅的联合培养、学徒理论与实践的有机结合,以技能培养为主的现代人才培养模式。学校早在 2012 年就开展现代学徒制改革。目前,学校在中餐、西餐、高星级饭店运营与管理三个专业方向均开设了现代学徒制试点班,实现了"1 + 1 > 2"的育人效果。

一、以制度为先，健全"双主体"育人机制

（一）建立校企联合招生机制

校企共同制定招生工作方案，通过面试、综合素质测评、职业兴趣倾向测试、职业能力测试等环节，结合中考成绩，共同录取应届初中毕业生，组建青岛烹饪职业学校高星级饭店联盟现代学徒制实验班。学生在签订学生、家长、企业、学校四方协议后注册入学，拥有学生和企业后备员工双重身份，实现了"招生即招工"，从源头上保证了企业的根本利益。

（二）建立校企协同推进机制

校企双方共同组建试点工作小组，共同研究培养目标，制定培养方案和标准，实施质量监控等工作。校企联合制定了实验班校企合作育人实施方案、教学标准和教学实施管理办法、"双导师"工作职责、企业师傅认证、监管与奖励制度、学徒制实训管理条例、顶岗实习管理规定、试点工作经费使用规定等18项管理运作制度，为工作顺利推进提供制度保障。

二、以能力为本，创新学徒培养模式

（一）校企联合构建"双体系"课程结构

围绕人才培养方案所确定的培养目标与就业岗位所需的职业基础能力、岗位能力和拓展能力，校企老师共同梳理，重构理论知识与实践实训课程体系，形成了"通识教育课程＋职业基础课程＋专业课程＋职业拓展课程"的课程体系。岗位技术技能课程和拓展选修课程以企业老师为主，学校参与指导，共同完成课程的设计与实施。目前，学校已完成六本省级规范化教材和20多本校本教材的编写工作，学校教师主编的国规教材已在全国推广使用。

（二）校企联合实施"双交替"分段培养

建立"312"分段培养模式，由校企交替作为育人主体进行学徒培养。学生在校三年六个学期。其中，前三个学期以学校为育人主体，学校组织学生完成公共和专业基础课程、专业技能课程的学习，企业定期到校进行企业文化教育、岗位能力解读，并组织学生定期到企业参观见习。第四个学期以企业为育人主体，学生进入酒店，由酒店两名专业师傅、学校班主任和专业教师共同组成导师团队，承担学生管理、专业教学和学生评价任务。最后两个学期以学生接受企业核心素养实践培训为主，企业

根据行业企业岗位核心技术的要求和学生实际制定个性化的人才培养方案,保证人才培养与行业需求接轨。

三、以实效为重,探索多元评价机制

强化评价主体专业化、多元化,构建校内教学评价、企业学徒实训评价、综合实训管理及评价相结合的评价体系,以学促教,激发专业教师学习实践的动力。同时设置了学生评价、主管评价、专家评价等环节,强化评价的过程性、阶段性、开放性和实践性要求,提高管理与评价的质量和效果。

学校开展现代学徒制试点工作,取得了阶段性的试点成果,是青岛市第四批创新成果获奖学校。

暖心家访

胶州市职业教育中心学校　刘元福

为推动学校科学、和谐发展,促进家校衔接,形成教育合力,学校按照干部转作风、教师提素质、学生得实惠、教育聚合力的要求,开展了以“访民意、寻良策,树形象、促发展”为主题的“千名教师访万家”活动。

一、组织部署

(1)召开全体干部会和全体教职工大会,传达学校开展“千名教师访万家”活动的通知,让全体干部、教师明确活动的重要意义,就活动时间、活动形式、活动内容、要求进行部署。

(2)组织领导。成立以校长为组长的活动领导小组,对活动进行统一安排和部署。将学生根据聚居地划分为四个片区,按照校长包片、处室系包乡镇、教师包村的原则进行家访。

(3)各处、室、系根据分工制订详细的计划,对分组、行走的路线、学生在校的表现等内容进行分工部署。

二、活动内容

（1）赠。向受访的每一个家庭赠送一份《胶州教育体育专刊》和学校相关材料，将教育政策、发展亮点、科学教子方法传达到千家万户。

（2）谈。介绍学生在校表现、学校工作和教育发展情况。重点介绍学校的发展、名师工程、教育教学、青少年身心健康、春季高考、技能大赛等情况，展示学校优质特色的发展情况。

（3）听。听取学生在家庭和社会中的表现情况。听取学生家长对学校教育教学、学生管理、师德师风建设等方面的意见和建议。

（4）谢。感谢家长对教育体育工作的关心和支持，欢迎家长多和学校、教师沟通交流，共同促进孩子成长发展。

三、效果

（一）传播正能量，优化学校形象，扩大学校影响

家访中双方坦诚恳切的交谈，换来家长的由衷赞许："学校真的不错！""原来你们职业学校的教师也很有水平，工作也这么不容易！""把孩子送到你们那里不后悔！"……家长献计献策，提出了很多宝贵意见和合理化建议。可以看出家长非常重视家访，教师也感受到家长望子成龙、望女成凤的心情。

（二）加强教师、学生、家长互动、互信，增强师生情感交融

与常规的家长会相比，家访中教师是宾，家长是主，学生家长获得了尊重，心理上有了满足，实现了零距离交流。

（三）加深教师与家长的彼此了解

通过家访，学校展现给家长有能力、有品位、有担当的形象，正面宣传了教师的良好形象。教师理解家长的艰辛不易，家长体谅学校和教师工作的难处。

（四）对家长教育子女进行有针对性的指导

一是指导家长要加强学习。家长通过学习，提升自己的言谈水平与长辈形象，即时掌握孩子的真实需要，便于有的放矢地教育子女，提高化解家庭矛盾的技巧。二是指导家长营造良好的家庭氛围，注重与孩子的交流沟通。指导家长多利用周末、节假日带领孩子走亲访友。三是请家长多与教师沟通交流。

青岛商务学校多举措优化外部办学环境

青岛商务学校　马素美

为满足学校多元化办学的需要,青岛商务学校在加强内部管理的同时,采取如下举措,争取各界大力支持,优化外部办学环境,拓展办学空间,促进学校更好更快发展。

一、拓宽教育渠道，筑牢家、社、校三位一体教育格局

健全家长学校、家长委员会运行机制,办好家庭教育服务站和"家长大课堂",组织编撰家长学校校本教材,完善家校指导课程,有效增强家校合力,推进家庭教育质量提升。加强与八大峡街道办事处、派出所、团岛部队、劳模工匠工作室及校企合作单位的互动交流,实现机制共建、资源共享,引领学生与大师零距离接触,感受劳模工匠精神带来的鼓舞和力量,深刻了解现代化大型企业的管理和文化,实现机制共建、资源共享。依托自然和文化遗产资源、大型公共设施、知名院校、工矿企业、科研机构,分级部、分专业开展系列主题研学和职业体验,让学生拓宽视野、丰富知识,加深与自然和文化的亲近感,提高对集体生活方式和社会公共道德的认知与践行水平。

二、创新宣传形式，提升学校社会美誉度

建立新闻发言人制度,组织相关人员参加市教育局网络安全和新闻舆情工作培训,提升宣传工作能力和网络安全意识。充分利用微信资源,丰富内容,拓展渠道。启用网络投票、幸运抽奖等形式,扩增学校微信平台的粉丝,提升社会各界对学校的关注度。元旦艺术展演最佳人气奖微信评选活动和青岛商务学校优秀实习生和毕业生网络评选活动在一定范围内产生轰动效应。坚持实施中层干部及处室简报工作周收集、周点评、周公示制度,精品简报数量日益提升。广泛开展"商务好故事"征集活动,在教职工、学生、家长、离退休老干部、毕业生、校企合作伙伴、军警民共建单位、周边地区友好单位等层面,深入挖掘典型人物和典型事迹,借助媒体的传播力,向社会广泛宣传学校的办学特色和亮点。以校庆为契机,做好校史教育和新闻宣传工作,构建统筹有序、协调联动的宣传工作格局。对外发布校庆公告,在校友中征集回忆

录、母校故事、书画作品和老照片等校史资料,充分展示学校建校以来的办学成果,展现当代师生风采,彰显办学特色,提升办学品位,提高学校声誉。

三、实施引企入校办学策略,营造产教融合育人环境

发挥馆陶路校区地处德国风情街的地理环境优势,传承学校老品牌专业特色,联合啤酒精酿方向多家企业,在酿造、营销、研发和设备维护等不同领域开展多维度、深层次合作,建立工学结合、产教融合长效机制。与青岛唯麦生物科技有限公司共同签署校企合作协议,创建维麦啤酒精酿现代学徒制试点班,建设创业孵化实训基地,打造精酿啤酒工坊,推广精酿啤酒历史文化。校企合作,共同开展培训活动,共同编写学徒管理和招生招工相关制度。根据学校现代学徒制人才培养模式,创建基础人才、技能人才、创新人才、高端人才的"金字塔"框架结构体系。校企共同举办实习、就业人才双选会,吸引百余家企业提供实习和就业岗位,为学生提供更多的选择机会和平台。

四、牵手慈善机构,资助贫困学子圆求学梦

为弘扬中华民族乐善好施、扶危济困的传统美德,让家庭贫困的学生不再失学,学校于 2009 年 4 月与青岛慈善总会爱基金管理委员会联合成立"爱基金班",每年招收 30 名品学兼优的特困初中毕业生,高一、高二期间,由爱基金管理委员会每年每人给予 1000 元助学金。该资助政策极大地激发了学生的学习动力和感恩情怀。学校每年开展的"职教义工进社区"活动,他们都积极参与,充分利用节假日休息时间走进社区,用在学校所学的专业技能服务社区居民,以此向社会展示他们的学习成果,回报国家、社会对他们的关爱。

产教融合打造"工匠摇篮"

——探索现代学徒制，培养专业人才

青岛市即墨区第二职业中专　金积善

按照教育部《关于开展现代学徒制试点工作的意见》（教职成〔2014〕9 号）的工作要求，2016 年，即墨区第二职业中专服装设计与工艺专业与青岛酷特智能股份公司合作，开设服装与服饰设计（现代学徒制）专业的现代学徒制班，这也是青岛市首批现代学徒制试点项目。

2016 年至今，我校不断探索现代学徒制的发展，形成了以下六大现代学徒制的实施项目内容与特色。

一、校企协同育人机制

我校与青岛酷特智能股份公司领导对接，成立校企现代学徒制委员会，共同制定了招生 - 招工制度、现代学徒制学生企业管理制度、现代学徒制企业（青岛市职业教育公共实训基地）义务与责任、中职招生学校的义务与责任等动力机制、激励机制，根据企业岗位需求，随时调整、制定相应育人模式，从根本上保证校企合作育人的长效实施，将育人的各项任务落到实处。

二、人才培养制度与标准

我校制定了切实可行的人才培养方案，确定"三环一鉴"的人才培养模式，注重整体化工作过程。建立了具有"红领""酷特"特色的课程体系结构、专业教学体系结构、专业教学标准、教学质量评价体系等，服装工艺实训基础课程有效拓展了专业理论与实践教学，使专业教学贴近生产，做到教学与生产的密切衔接，突出了现代学徒班的特色。

三、招生、招工一体化

我校现代学徒制整体项目的实施与管理负责人解冬梅,注册编入 2016 级"即墨二专 - 红领"现代学徒制班级学籍,班主任黄潇潇负责班级日常具体事务管理,专业教师孙丽芳负责班级专业教学进度与企业的随时对接。学生(学徒)明确了自己企业准员工的身份,企业、学校、学生及家长签署了四方合作协议,更加明确了各方义务与责任。四年来,各方的共赢局面基本实现。

四、双导师队伍建设

专业教学实行双导师制。根据企业产品生产技术要求,经校企委员会研究,选聘程文文、雒学义等七名企业技术员担任学徒师傅,签署聘任书。学校的黄潇潇、孙丽芳等五名专业教师从服装理论与实践技能方面为该班学生授课。授课形式灵活,根据课程教学内容和不同的岗位需要,教师进企业学,企业师傅进校送,共促师生技能的成长。实施课堂与车间、教师与师傅、学生与学徒、作品与产品"四合一"教学过程,促进企业、学校共同完成的职业教育人才培养全过程。

五、学生（学徒）的培养与管理

通过建立、完善学生(学徒)管理机制,制定各种相关管理制度,明确学生(学徒)的身份、义务和职责。在学徒企业学习过程中,学校企业领导对阶段性工作进行督查指导,时任青岛市教育局副局长王铨亲临现场对现代学徒制项目的实施进行视察、督导。

对学徒顶岗的评价,采用学校评价和企业评价相结合的方法,针对各考核内容和主要观测点,明确学校和企业的职责和评价比例。企业将顶岗实习的学生视为正式员工,采用同一标准,严格管理,统一考核。班主任负责每个学生的档案管理,各科任教师、企业师傅负责学生阶段性项目(任务)的学习材料、笔记及过程的考核,并计入其个人档案。

六、创新点

(1)合理优化资源,节省教育成本。

(2)"现代学徒制模式在中职服装专业教学中的实践与运用形成"成为青岛市教育学会"雁阵项目"课题。

(3)服装实训基础获青岛市首批现代学徒制特色课程,补充完整专业课程体系。

(4)建成校企互兼互聘的师资队伍,提升教师专业教学能力。

目前,学校第一批现代学徒制毕业生已全部踏上工作岗位,实现对口就业,其中,李兰兰、徐耀钰两位毕业生在踏上工作岗位后被评为优秀员工,真正实现成为一名优秀工匠的目标。接下来,我校将继续探索完善现代学徒制项目,真正实现产教融合,打造"工匠摇篮"!

聚合资源,互助互推,落实家校合作有效载体

青岛华夏职业学校　侯　蕾

苏联教育家苏霍姆林斯基有句名言:"没有家庭教育的学校教育和没有学校教育的家庭教育,都不可能完成培养人这样一个极其细微的任务。"为此,学校积极探求家校合作的方法、途径,以实现学校教育和家庭教育的共赢。

一、开发家庭教育指导课程,建设优秀家长学校

学校制定家长学校发展规划,开发《中职校家庭教育指导教程》。课程秉承"立德树人""职业生命持续发展""终身教育"的指导思想,重视家庭教育的基础性作用,关注家庭结构、家庭环境、亲子关系等对中职学生成长发展的影响。着力研究新时代家庭教育理念、原则、内容,打造"参与式"家校携手共进模式。建构符合中职生身心发展独有特点的立体化、系统性课程体系,编写了配套校本教材《中职校家庭教育指导教程》《亲子关系手册》,以此为蓝本开设家长学堂,由外聘专家和优秀班主任共同承担授课任务,开办《家长导读》《心理咨询报》,指导家庭教育。

二、建设"华夏红"家庭教育服务站

学校专、兼职心理咨询师组成专门队伍,成立"华夏红"家庭教育服务站,对特殊家庭或特殊的教育需求提供专业指导和帮助。学校成立了由校长、分管副校长、德育主任、年级组长、班主任、家长代表等人员组成的领导小组,各成员职责明确,分工负责。领导小组成员定期召开会议,拟定工作计划,定期活动,研究指导家庭教育开展工作。这种职责明确的管理模式,确保了服务站的有效运行。同时,学校建立并完善了服务站的各项工作制度,做到服务站有组织、有领导、有制度、有计划、有教材、有

活动、有辅导教师。

三、建设三级家长委员会，推行家长议事会制度

在自荐与推荐的基础上成立校级、年级、班级三级家长委员会，成员定期召开家长议事会，审议学校工作，提出合理化建议。建立家校联系的网络化平台，开设三个主题板块，即校园快讯、班务公开、学习园地，分别推送学校各项工作快讯，班级开展的专题、特色活动，以及家庭教育材料等，促进家校交流。

四、开展"华夏红"家长驻校工作

全面开放学校教育，在全校范围内征集驻校家长，本着家长自愿、学校统筹协调的原则，每周由 2～3 位家长全面、全程参与学校教育，并对当日情况予以评价反馈，落实家长对学校教育的知情权、参与权、评议权和监督权。同时，充分挖掘家长资源，招募有一技之长的家长 51 人，组成家长助教团，定期到校举办讲座或开展各类教育活动。

青岛市优秀家长学校、青岛市家庭教育服务站、青岛市家长委员会先进工作者等成绩印证了学校家校合作的不断深化，家校密切配合助推了学生的不断进步。

加强校企深度融合，助推专业内涵发展

青岛市城阳区职业教育中心学校　张　葵

城阳区职教中心学校服装专业是山东省品牌建设专业。我校牵头成立了青岛市服装职教集团、青岛市服装专业建设指导委员会，代表青岛市参加全国职业院校中职组技能大赛，夺得 27 金 22 银 9 铜。我校为提升内涵建设，主要采取了以下几方面策略。

一、搭建校企相融服务平台

（一）搭建集团化办学服务平台

为充分发挥全国纺织服装教育学会高技能人才培训基地的辐射带动作用，促进

职业院校与企业深度合作、优势互补,2015 年,青岛市教育局指定我校为牵头单位,联系 25 家成员单位成立了青岛市服装职教集团。2015 年,学校成功举办了教育部服装行业职业教育与产业对话活动;2016 年,我校服装专业被确定为山东省品牌建设专业之一;2019 年,我校学生参与承办城阳区职业教育成果展,进行大型服装展示秀活动,网上直播点击量超过 16 万人次。

(二)搭建咨询、指导与服务平台

2016 年,青岛市教育局指定我校牵头,聘请全国纺织服装行业学会专家、服装领域技能专家、知名服装企业技能大师、高校教授及职业院校专业带头人等,组建青岛市服装专业建设指导委员会,围绕职业院校服装专业建设、教育教学工作进行研究、咨询、指导。专业指导委员会先后远赴七个城市,对四所本科院校、10 所中高职院校、12 家先进服装企业进行全方位考察学习。专业指导委员会这个专家引领的平台不仅带动了青岛市服装职业教育的均衡发展,也有力提升了我校服装专业内涵建设水平。

(三)搭建技艺技能传承创新平台

2018 年 4 月,我校传统服饰文化传承创新平台入选山东省第二批职业教育技艺技能传承创新平台。该平台开展传统技艺传承、传统服饰产品研发与技术创新工作,还以刺绣、盘扣和印染等技艺技能为载体,组建了刺子绣、手工刺绣、口金包等六个手工艺品技艺传承社团。社团成员根据自己的创意,结合与鲁绣相关特色技艺,将"即墨花边"等多种鲁绣民间工艺操作流程融入原创作品设计中。目前,社团已完成手绣原创作品 100 余件,五年制高职学生原创作品 30 套。

(四)搭建名师引领发展平台

2017 年 12 月,我校服装工作室被确定为山东省首批职业教育名师工作室之一。该工作室由齐鲁名师及国赛金牌教练领衔,吸纳 14 名专业教师,共同开展团队研修、协调创新及项目合作,以不断提升教师实践教学能力、科研教研能力和研究协助能力。

目前,该工作室成员在国家级大赛中夺得了两金两银三铜,在省赛获两金,编写了 11 门校本课程,其中两门课程被评为青岛市精品课程及精品网络课程,获中国纺织工业联合会教育教学成果奖一项。

二、实施校企一体化教学模式改革

（一）引入"教学工厂"技能实训模式

学校更新了与服装企业生产相衔接的实训设备，模拟服装企业生产格局，重新规划服装专业实训室，设置了服装设计、立体造型、服装工艺、样衣制作四个工作室和工学一体化、服装机绣、服装软件三个实训中心，营造真实工作场景，按照生产流程及职业岗位标准，进行技能实践教学。

（一）实施项目递进式技能评价模式

学校成立山东省规划课题研究小组，在服装专业试点研究项目递进式评价模式。该模式主要围绕基本技能、综合技能、技能大赛、生产实训和毕业设计五个层次确定实践项目，并根据项目特点选取评价形式。

（三）参与企业产品研发

学校选派服装专业骨干教师，担任企业品牌"56艺袍"原创款式设计顾问，与企业联合组织校服、童装设计大赛，进行校服、童装等原创设计。有200余款校服设计已投入生产，受益群体覆盖区域内所有学校。

三、构建校企专兼互通的教师队伍

（一）聘请行业专家及企业技术骨干到校任教

学校建立服装技能专家及企业技术骨干信息库。2019年，学校根据服装实践教学需求，聘请了青岛大学、青岛职业技术学院的3名专家教授，5名行业、企业技术骨干担任特聘兼职技能教师到校授课，并与校内专业教师结对开展项目教学研究，共同确定专业实训项目、操作流程及评价标准，以实现教学标准与生产实际的有效对接。

（二）专业教师到行业、企业拜师学艺

学校定期选派服装教师到校外实训基地的生产一线当"工人"，学习企业新知识、新技术和新工艺。组织服装专业教师参加技师及以上职业技能鉴定培训。每年选派骨干教师参加中国纺织服装教育学会组织的高端培训。

环境育人，打造人文校园

青岛财经职业学校　孙丕珍

环境育人在职业教育中发挥着举足轻重的作用。青岛电子学校科学规划，合理布局，在规范化、标准化建设的基础上，形成自己独特的文化风格。

进行校园的空间环境布局。以校园长廊、室内走廊、教学楼大厅等区域划分确定不同的主题，将学校的特色文化和教育教学成果上墙。设计党的教育方针、社会主义核心价值观、学校理念区、班级校徽区、德技双馨优秀学生区、优秀毕业生区、心理健康园地、安全教育园地、"1＋1＋1"学生社团展示区、优秀班主任风采展示区、十佳班级展示区等。

进行教室环境布置。教室是学生的主要学习场所，教室布置体现清新高雅、活泼简洁的风格。坚持统一与创新相结合、共性与个性相统一的原则，既有学校统一要求，又允许各班创新，体现特色。更新教室内的桌椅板凳；教室主色调为白色，定期粉刷墙壁，创造整洁的环境；黑板上方正中统一悬挂国旗；黑板两侧指定位置张贴社会主义核心价值观、中学生守则、中学职业学校学生公约和班级公示牌；教室一侧墙壁设立班级文化墙壁，统一张贴悬挂班级文化作品；后侧设立荣誉墙，张贴班级及学生荣誉；每个教室配备精美木制书架一个，教室设立读书角；每个教室配置精致卫生橱一个，用于卫生工具收纳；每个教室配置垃圾桶一个，有文明用语及学校标识；重新设计、更换门口班牌，内容以班级公约、班徽为主；教室张贴安全疏散示意图；学校定期进行"优美教室"评比。

进行宿舍环境布置。宿舍环境布置应充分发动学生，发挥其聪明才智，在体现积极健康、活泼温馨氛围的前提下，力求个性化，倡导学生自己动手设计、创作，并进行评比，营造富有特色的寝室文化。首先，宿舍墙壁统一由学校定期粉刷，色调以白色为主；床铺规格一致，为宿舍统一安装晾衣架，配置公用桌椅。各宿舍门口统一设置标识牌，展示宿舍成员照片、安全规定及星级宿舍标识；宿舍内统一设置安全疏散逃生图、宿舍公示栏，悬挂住校生安全规定、社会主义核心价值观展板。其次，开展宿舍文化节。以美化宿舍、融洽关系、健康生活为主题开展系列活动，如趣味运动会、美术作品、手工作品等比赛活动。开展星级宿舍评选,学期两次,并进行物质奖励。再次,宿舍区走廊装饰有以安全、文明、素养、制度为主题的宣传知识、版画进行装饰。

进行公共场所布置。操场、食堂、图书阅览室、实验室、各类工坊等其他公共场所根据各自功能特点进行环境布置,悬挂场所相关知识、安全知识、警示标识等进行教育宣传。在教学楼合适位置设置学生休息区,设置阅报栏、读书角,为学生提供休憩放松区域。

进行统一规范文化标识。校园标牌统一字体、色彩和规格;校园铃声使用统一设定的信号,应急疏散演练统一警示信号;对外宣传材料如公用信笺、纸杯等公共物品设计都应有学校统一标识;统一文字材料的版式、字体等,规范档案管理。

强强联手,合作共赢

莱西市职业中等专业学校 王振忠

职业学校德育教育的目标是培养一批具有一技之长,有文化素养、社会公德和家庭伦理道德的阳光中职学生。我校探索并建立以行为习惯养成教育为抓手,以文体活动为载体,以法制教育、心理健康教育、感恩教育和责任意识教育为特色,积极探索合作育人新模式,学生的综合素质显著提升。

一是加强家校联系。我校成立了学校、学部、班级三级家长委员会,建立了家长委员会和学校定期沟通协调机制,定期召开家长委员会会议,就学校发展中的重要问题进行研究,听取家长意见、建议。同时,通过"致家长的一封信"、家长会、学校开放日、微信、QQ 等多种形式和途径,加强学校与家庭的联系,让家长参与学校发展管理,建言献策。

二是加强校企合作。成立了由学校领导、行业专家和合作企业代表组成的校企合作委员会,参与人才培养、专业建设、课程改革等方面工作,推进企业文化进校园,为实现校企协同育人提出指导性意见和建议。

三是实施法校、军校共建。与莱西市人民检察院、沽河街道派出所签订了共建协议,聘请业务骨干担任学校法制副校长,定期到校开展纪律、法制以及交通安全教育活动。与中国人民解放军 91599 部队签订了军校共建协议,组织开展军训及形式多样的国防教育活动,增强学生的国防与爱国意识。学校被评为全国国防教育特色学校。

打造中德职教合作平台

青岛西海岸新区中德应用技术学校　姜秀文

2012 年 11 月,青岛西海岸新区中德应用技术学校与德国汉斯·赛德尔基金会、中德生态园、西海岸职业教育集团合作成立青岛中德生态园培训基地,以满足园区德资企业对高素质高技能型人才的需求,辐射青岛乃至全省高端制造业。从此,学校聚焦中德职业教育师资培训,立足双元制本土化实践,依托平台和项目,重点突出专业建设和课程开发,落脚学生培养,凸显中德合作、校企融合、绿色发展,与新时代、新动能、新业态同频,服务学生优质发展。

一、建立青岛－汉斯·赛德尔基金会职业能力发展中心,重点进行职教师资培训,筑牢学校发展根基

(一)专家引领,延伸鲁巴职教合作,引导建立青岛－汉斯·赛德尔基金会职业能力发展中心

学校充分利用自身丰厚的双元制教育资源,将鲁巴职教合作项目延伸,与德国汉斯·赛德尔基金会中国处长、国际合作所所长、基金会主席进行沟通,畅谈青岛地区中德合作的优势。德方鉴于青岛特殊的区位优势和原有中德合作的基础,同意在青岛建立青岛－汉斯·赛德尔基金会职业能力发展中心。这是该基金会继建立山东－巴伐利亚职教师资培训中心 15 年后,在中国建立的唯一一个独立的中德职教合作项目。

2016 年 11 月,在中德双方官员和千余名职教人士的见证下,时任青岛市教育局局长的邓云峰同志与汉斯·赛德尔基金会国际合作所所长苏珊·鲁特女士签约,青岛－汉斯·赛德尔基金会职业能力发展中心成立。基于我校在中德职业教育合作方面的突出特色和工作成绩,青岛－汉斯·赛德尔基金会职业能力发展中心办公室落户我校。职业能力发展中心的目标是为青岛市的教育改革,特别是职业教育领域师资培训、课程、评价体系等深层次改革提供持续的支持,积极协助青岛区域内职业院

校拓展国际交流与合作,协助青岛市建立起以现代化、国际化、双元制为特征的职业教育"青岛模式",服务于中德生态园建设和青岛十个千亿级产业链建设。

2019年6月27日,我校在区教育和体育局指导下,联合省内十多家中高职院校、40多家行业协会、企业等,本着"自愿加入、推出自由、育人为本、产教融合"的原则,组建产教联合体与利益共同体——青岛西海岸中德产教联盟。联盟以产教融合为主导,通过校企合作搭建产、学、用平台,使企业岗位需求人才与学校培养人才接轨,培养学以致用的应用型人才,发挥教育的社会化作用,为区域培养更多更优的专业技能人才。

2013年,崔秀光校长代表学校在中德职教青岛合作对话会议上做典型发言;2016年,我校协办组织汉斯·赛德尔基金会年会;2017年,我校组织山东省鲁巴友好30周年职业教育交流研讨活动;2018年,崔秀光名校长工作室参加同济大学职业教育合作交流活动周及圆桌论坛,聚焦质量保障;2019年5月,崔秀光校长应邀在德国汉斯·赛德尔基金会年会做主旨发言,介绍中德合作经验。

(二)多形式开展师资培训,筑牢职业学校发展根基

培养现代化、国际化的高素质、高技术技能人才所需的教师团队,自身首先要具备现代化、国际化的视野,掌握世界前沿的技术技能和先进的教育教学理论、方法以及质量保障体系。

1. 在国内组织有针对性的专业能力国际培训

青岛-汉斯·赛德尔基金会职业能力发展中心的任务之一就是引进德国资深专家团队开展师资培训,采用德国双元制职教模式,培养教师专业能力和教学能力。每年12月份我们会与赛会项目专家布莱贝格先生共同研究制定来年的师资培训计划,包括培训班的专业设定、德国培训专家的确定、培训内容的选择、培训地点的联系、培训学员的组织、培训主管(班主任)的选取等等,计划确定后严格执行。培训过程中,德国培训专家注重在参训学员充分学习德国专业课程教学和训练专业技能的过程中,培养其教学项目和资源开发与实施能力,不断探索创新的教学模式。

2. 在德国开展骨干教师高端培训、研修

学习德国双元制模式就要追本溯源。在合作方德国汉斯·赛德尔基金会的大力协助下,学校选派和组织域内骨干专业教师赴德培训,零距离地认知、学习德国的职业教育。每年组织山东省和西部省区的教师近300人赴德国黑森州教师进修学校、罗尔职业学校、罗腾堡职业学校等培训学校进行培训。培训既有实训中心和企业的技能训练,借此全面提升教师的技能水平,也组织教师参加德方的职业教育交流、企

业考察、市民互动等人文交流,增加国际理解深度。

3.面向西部职业院校开展带动性师资培训

中国职业教育存在东西部发展不平衡的问题,青岛一直积极致力于履行帮带西部地区共同发展的社会责任,学校也有义务面向西部开展师资工作。我们通过青岛－汉斯·赛德尔基金会职业能力发展中心,已经对200余名来自甘肃、内蒙古、青海、新疆等地的教师进行教学法、教学管理、专业技能、课程开发、质量控制等主题培训,大大提升了西部地区有关职业院校的师资水平质量。

二、加入中德职业教育联盟,建立工匠学院和中德学院,重点实施长学制中职、高职(技师)贯通培养,创新职教"青岛模式"

2016年12月,同济大学牵头在全国范围内成立中德职教联盟。我校捕捉到这个信息后,积极申请加入,凭借已在中德职教合作中取得的成绩,成为中德职教联盟中少数几个中职副理事长单位之一。中德职教联盟致力于探索推进全国重点省市产教融合示范区建设,推进各地示范基地及中德学院建设。我校抢抓机遇,一方面积极参加联盟的活动,一方面借鉴其工作思路,借助这个中德合作的高端平台,开展了两个具体的模式创新项目建设。

(一)建立企业与学校共建的青岛中德智能制造工匠学院

在国际经济合作区(中德生态园)管理委员会的统筹下,德国莱茵科斯特(青岛)公司与我校达成共识,将引入德国优质教育资源和双元制模式,紧密对接全省新旧动能转换,对接智能制造产业发展,建设与产业集群发展相适应、产教融合、校企合作、工学结合、产学研一体的"智造高端人才培训基地＋研究院＋教学科技设备工厂"智能制造跨企业高端人才教育培训基地。该项目经市人社局报省人社厅,得到支持建立的肯定性回复。学校校区建设即将投入使用,企业培训中心已在设备安装。

(二)探索建立中高本院校共建的长学制中德学院

我校拟依托青岛西海岸中德产教联盟,与青岛职业技术学院、同济大学中德职教联盟合作,同时联合德国工商会上海代表处、德国客尼集团、德国WBS公司,建立青岛中德学院,以此深化与高校、德国院校、企业、行业协会的合作,借鉴德国模式和标准,本土化培养符合山东产业发展的高层次技术技能人才。

通过中德学院的建立,立足学生发展,实施长学制培养,真正实现五年中职、高职一体化或七年中职、高职、本科一体化应用技术人才培养教育。我校现与青岛职业技术学院在机电技术应用、数控技术应用、高星级酒店管理与运营三个专业已经进行了五年贯通培养,其中德语学习、德国技能实训板块、德国证书、德国企业或学校的境外实训,已经纳入五年贯通人才培养方案并在教学中实施。此外,我校联合潍坊工程职业学院、山东科技职业学院、淄博职业学院开展中高职衔接教育,2019年中高职衔接招生数约占新生数的一半,在学制上、生源上为实施德国模式职业教育奠定了基础。

几年来我校中德职教合作的探索告诉我们,国际合作是职业教育水平提升"弯道超车"的有效路径,是专业建设内涵高水平发展的重要脚手架,是办学模式创新、学校特色发展的发酵剂,更是培养具有国际视野、高水平技能、服务社会发展的学生的重要措施。

合力构建教育共同体

青岛外事学校　褚维东

学校教育是人类传承文明成果的一种方式和途径。新时代学校有责任调适好学校的外部发展环境,整合社会资源,使学校成为社会共建、共融、共享文明成果的重要平台,合力构建教育共同体,成为社会文明的典范。近年来,青岛外事学校进行了有意义的尝试。

一、服务驻区，建设社区的文明典范

一是主动与驻区政府等部门建立畅通的沟通机制。学校迁入延安路校区办学后,主动走访街道办事处、派出所、社区、交警、消防队、法院、检察院及周边大企业,介绍学校办学情况,争取支持。特别是在长达一年的校舍改造过程中,学校取得了周边居民的理解支持,得以顺利完成改造工作。

二是建立学校德育工作联席会议机制。学校牵头邀请驻地街道办事处、派出所、社区、家长委员会、市北区法院等有关领导,定期研究学生和家长教育问题,形成校内校外、专职兼职齐抓共管的良好局面。

三是充分利用学校资源服务社区。学生"蓝精灵"志愿队伍定期到周边社区开展志愿服务活动,宣传社会主义核心价值观,弘扬时代新风尚。重要节庆日主动与社区开展联谊活动,展现学生优良风貌。学校操场在寒暑假向周边居民开放,方便居民健身运动,共享教育资源。

二、服务企业,打造行业的人才新地

一是加强与全国外经贸行指委、全国报关行指委、中国报关协会、中国国际贸易学会的联系。通过参与课程建设、"1 + X"证书试点等课题研究、教师培训、技能竞赛等,有效提升专业内涵,促进教师成长。柳杰老师因主持柳杰关务人才培养工作室,被全国报关协会、全国报关行指委命名为唯一的院校专家工作室主持人。校长褚维东受聘为全国报关行指委跨境电商分委会副主任委员,成为该会唯一的中职学校副主任委员。学校承办了中国报关协会、全国报关行指委主办的"新关务,城市行"青岛站活动。

二是加强与高等院校的联合发展,提高人才培养层次。与青岛理工大学、山东外贸职业学院、青岛酒店管理学院合作本科、高职教育,结对对外经济贸易大学青岛研究院指导专业建设,通过"5 + 2"办学模式实现国内高职后对接国外本科教育,与青岛十九中开展普智融通试点,与青岛九中开展综合高中试点。学校六个专业全部实现中高贯通培养,从2018级新生开始,"3 + 4"本科、五年贯通和"三二连读"层次学生占85%。

三是以山东报关协会和青岛跨境电子商务协会为阵地,开展校企融合发展,提高人才培养质量。学校牵头成立青岛报关职业教育集团,聚合52家省内报关企业和院校开展校企合作,与五家重点企业开展报关与国际货运现代学徒制研究;与青岛跨境电子商务协会开展跨境电子商务现代学徒制研究,培养受企业欢迎的品行端、技能强、有潜力的外经贸人才。

三、服务社会,落实教育的根本任务

一是学校被命名为青岛市职业体验中心,为全市中小学生开展外经贸职业体验服务,使学生充分认识职业,有利于将来的生涯规划。

二是学校利用专业优势,组织师生开展"礼仪进社区(学校、单位)"活动,为政府部门、企事业单位提供礼仪志愿服务,积极为青岛市创建全国文明城市贡献力量。学校"蓝精灵"志愿服务团队被评为青岛市志愿服务先进集体、青岛市职教义工优秀志愿服务团队,学校被评为市文明办首批家庭公益梦想试点学校。

三是利用专业优势,积极为有关外贸企业开展员工培训,为企业供给侧结构性改革服务,发挥职业教育回馈企业社会的本分。

深入推进校企合作,全面提升办学水平

莱西市机械工程学校 徐 东

《职业学校校企合作促进办法》指出,职业学校和企业可以结合实际,在人才培养、技术创新、就业创业、社会服务等方面开展多种形式的合作。为深化产教融合,促进教育链与产业链有机衔接,推进人才和人力资源供给侧结构性改革的迫切要求,莱西市机械工程学校积极探索、勇于创新,通过调适外部环境,以满足学生多元化发展需求,服务区域经济产业转型升级创新发展为目标,坚持"为学生终身职业素质发展奠基"办学理念,不断深化产教融合,搭建校企合作平台,不断完善人才培养模式,形成校企协同育人格局,推动社会资源向育人资源转化。

一、以现代学徒制试点为抓手,实施校企协同育人模式

现代学徒制是校企双方紧密合作、共同招生与招工、共同育人的国际职业教育主流人才培养模式,是校企合作、产教融合的助推器,促进就业的稳定器。学校与北汽合作的焊接专业成为莱西市首个试点项目,数控专业2018年又被评选为青岛市现代学徒制试点项目。通过项目试点与企业对学生"双育、双管",学生即学徒,入学即就业,创新校企协同培养应用型人才的新路径。

学校与北汽新能源、威奥轨道集团等企业密切合作。企业专家带着项目进课堂,专业实训课由企业技术人员任教,企业为学生提供大量的实践机会,把课堂搬到企业一线,全程实现"做中教、做中学",为专业发展搭建了更高平台。

二、校企共建专业机制,产教深度融合,提升专业与产业的契合度

学校积极参加全国机械行业专业指导委员会和青岛市现代制造类专业建设指导委员会各项工作,完善了"产业主导、学校主体、企业参与"的"调研—调整—创新"专业动态建设机制,使职业资格标准、岗位能力标准、行业评价标准耦合,使技能教学、技能实训、技能比赛耦合一体。通过专业建设主题活动、校企合作专家论坛、企

业服务站等活动,密切学校与行业和企业的联系,推动产教需求对接与信息互通,有效提升了专业与产业的契合度。

三、因材施教,创新HRP智能测评模式

利用HRP投射测试,科学判断学生偏理论学习还是偏动手能力,根据HRP智能测评结果设立技能班、单招班、春考班。技能班参加职业技能大赛,进修技术,实现高质量就业;单招班参加山东省高职院校单独招生考试,升入专科院校;春考班参加山东省春季高考,升入山东省本科院校。近年来,技能班学生在青岛市乃至全国性技能大赛中斩获12金31银35铜。2018年单招班专科录取率达98%,春季高考本科达线率高达95%,位居青岛市同专业第一名。

四、服务区域经济,助力新旧动能转换

学校围绕莱西姜山千亿级新能源生产基地建设,深入调研北汽等用人单位需求,开设3D打印、智能机器人、机电维修等专业课程,共同开发人才培养方案,建成"学校专任教师＋企业高级技师"的高水平"双师型"教学团队,为莱西市当地企业持续不断提供高素质智能制造人才,为莱西市新旧动能转换提供了有力的技术人才支撑。

抢抓区域经济发展契机,搭建学生成才"立交桥"

胶州市职业教育中心学校　匡德宏

教育部印发的《关于全面推进素质教育、深化中等职业教育教学改革的意见》中说:"中等职业学校应树立服务意识,积极进行制度创新,建立适应经济建设、社会进步和个人发展需要的教学制度。"2019年6月10日,习近平总书记将建设中国-上合组织地方经贸合作示范区的重任赋予青岛、赋予胶州,五大新动能战略发展平台强势崛起,胶州迎来了经济社会发展的黄金期。作为胶州市唯一一所以培养高素质劳动者为目标的职业学校,胶州市职业教育中心学校抢抓机遇、直面挑战,坚持"三个对接",助力新旧动能转换,深度融入胶州宜居幸福的现代化空港新区建设。

一、对接产业，科学调整专业

学校以市场和企业需求为导向，以结合实际、打造精品为原则，从合校时 40 个专业精简到 14 个专业，实现了专业建设转型升级。围绕国家级胶州经济技术开发区高端制造、"互联网＋"、智能家居、电力设备等产业集群，稳步扩大数控、机电、计算机等优势专业；围绕中国 - 上合组织地方经贸合作示范区和国家级多式联运物流园区，培育发展物流、汽修、电子商务等新兴专业；围绕国家级胶东临空经济示范区和大沽河省级生态旅游度假区，积极发展航空物流与服务、高星级饭店运营与管理等特色专业。先后创建国家示范校重点建设专业及专业群五个，以及山东省教学改革试点专业等精品专业。加大课程改革的力度和深度，深入企业调研，推进课程内容与企业技术、课程标准与职业标准零距离衔接。吸纳合作企业专家实质性参与课程建设，实现校企共建一体化。

二、对接企业，推进现代学徒制建设

作为青岛市首批现代学徒制试点单位，学校坚持推行"双管三评多赢"的人才培养模式，与青岛三星精锻齿轮有限公司、青岛丰光精密机械股份有限公司等企业合作推进试点，涉及数控、机电两个专业 200 名学生。经过积极探索、大胆实践，现代学徒制建设成效显著：实现"点上结果"——数控现代学徒制教学团队被评为山东省职业院校教学团队，"面上开花"——与喜来登酒店、红树林酒店、福兴祥物流在酒店管理、物流、汽修等专业铺开实施校级现代学徒制，实现学生、企业、学校、社会多方共赢。

三、对接社会，开展多元教育培训

为服务社会，提升胶州市劳动者知识和能力水平，学校依托青岛电大胶州分校、青岛创业大学胶州分校、胶州市社区教育学院，开展多形式、多层次、多领域的培训项目，打响"要学技术快成才，就到职教中心来"的良好品牌。

处于胶州市区域经济大繁荣时期，学校搭建"就业＋升学＋出国"的成才"立交桥"，铺就了一条"普通教育之外、多元宽广成才"之路，多渠道、多层次培育学生成才，为胶州市经济发展输送大批优秀人才。

一是搭建精准就业"大平台"。我校牵头成立胶州市职业教育集团，与近 200 家企业采取现代学徒制、冠名班、订单培养等方式深度合作，让学生有效学习技术技能，提高岗位适应能力，实现招生即招工、毕业即就业的目标。

二是铺就春季高考"阳光道"。专门设立春季高考班，并与胶州一中合作开设普职融通实验班,通过春季高考把更多的学生输送到高等院校继续深造。2019年,有101名学生总分达本科录取线。

三是开通中高职衔接"直通车"。与青岛职业技术学院、烟台职业学院、泰安职业技术学院、威海职业学院等合作办学,在七个专业设立五年贯通或"3+2"大专班,圆了更多孩子的大学梦。

四是拓展国际交流"朋友圈"。逐步完善国际合作办学机制,与澳大利亚霍姆斯格兰政府理工学院、韩国京畿道国际贸易高中、美国俄亥俄州杰克逊高中等签约友好学校,与澳大利亚职业教育国际联盟及澳大利亚霍姆斯格兰政府理工学院初步达成合作协议,聘请加拿大范莎学院王彦彬教授为学校发展名誉顾问,国际交流的"朋友圈"不断扩大。

产教融合、工学结合，政行企校协同发展

青岛交通职业学校　　刘　军

青岛交通职业学校是一所以交通运输专业为主要办学特色的中等职业学校,为青岛市首批开办职业教育的学校之一,是山东省重点职业学校。现有"3+4"分段培养本科、"三二连读"五年制大专、职业中专三个学历层次,开设汽车运用与维修、航海技术(帆船游艇方向)、汽车营销与服务、汽车车身修复技术等专业。

学校被青岛市机动车维修管理处认定为青岛市机动车维修行业从业人员培养培训基地,获评青岛市首批职业教育校企合作办学先进单位,是教育部职业技术教育中心研究所确定的首批"1+X"证书试点院校之一,山东半岛交通运输职教联盟首届轮值主席单位。青岛交通职业学校努力构建以政府主导、行业指导、企业参与的办学机制,助推学校专业建设和教育教学模式改革。

一、牵头成立职业教育专业建设指导委员会和山东半岛交通运输职教联盟

学校牵头成立交通运输类专业建设指导委员会和山东半岛交通运输职教联盟。专业建设指导委员会和职教联盟由国家交通运输领域技能专家、本市交通运输行业协会专家、重点交通运输企业负责人、交通运输企业一线技能大师、中高职院校交通

运输专业教师等组成,开展交通运输职业教育研究,加强对交通运输职业教育人才培养、专业建设和教学工作的宏观指导,推进交通运输职业教育的内涵建设,促进行业人才培养质量的全面提升。2018—2019年度,学校组织赴苏沪、川渝、潍坊等多次外出考察调研活动,组织新能源人才需求对话会、对口扶贫、专业技能培训、中职技能大赛等多项活动,有效促进学校的专业内涵建设和发展。

二、开展现代学徒制试点

学校分别与青岛成达集团、青岛众和集团联合开展汽车运用与维修专业、汽车整车与配件营销专业现代学徒制试点工作,探索校企双主体育人、招生与招工一体化的人才培养模式。试点过程中,校企共同组织了四轮共计四个月的试点班学生赴企业工学交替专业实训活动。试点过程中,校企双方共同完成了现代学徒制招生工作方案、企业遴选标准、人才培养方案、学徒制班岗位标准、"双导师"工作职责、教材编写规定、质量监控标准等系列文件,形成较为系统的管理模式。2019年,学校顺利通过试点验收考核。

三、行业协会助推学校专业发展

学校积极加入各级交通运输类行业协会及职教集团,通过行业协会、职教集团及各级专业建设指导委员会的各项活动加强与兄弟院校、行业企业的联系,为学校教育教学及学生实习实训工作创造良好的外部环境。学校现为中国汽车维修行业协会会员单位、中国汽车维修行业协会教育培训工作委员会副主任委员单位、全国职教汽修专业教学改革联盟副理事长单位、中国汽车职教集团理事单位、中国职业技术教育学会教学工作委员会汽车研究会副主任委员单位、山东省交通运输职教集团副理事长单位、山东省交通运输专业建设指导委员会委员单位、山东省汽车维修与检测协会职教分会常务副会长单位、山东港航职教集团成员单位、青岛市道路运输协会副会长单位、青岛市机动车维修行业协会副会长单位、青岛市游艇帆船协会理事单位。

四、开展"1＋X"证书试点

2019年6月,学校成为教育部首批汽车运用与维修技术专业"1＋X"证书试点院校之一,也是青岛市入选的唯一一所中职学校。

"1＋X"证书制度将学历证书与若干职业技能等级证书有机衔接,按照高质量发展要求,深化复合型技术技能人才培养培训模式和评价模式改革,旨在鼓励学生获得学历证书的同时,积极取得多类职业技能等级证书,拓展就业创业本领,缓解结构性就业矛盾。

目前,学校已经完成认证师资培训,后续将根据项目组要求,扎实推进试点各项工作,确保顺利实现学历证书与职业资格证书的对接。

内外联动,和谐办赛,合和共赢

青岛军民融合学院　孙军辉

新时代校长既要搞好教育教学管理与服务,又要为学校发展营造良好的外部环境。为了扩大学校影响力,进一步促进我校的校企合作、产教融合,我校自 2015 年至 2019 年,连续五年承办国家职业院校技能大赛项目。通过筹办大赛,搭建了学校、企业、社会、政府交流的平台和桥梁,全方位宣传青岛职业教育的办学特色,弘扬"劳动光荣、技能宝贵、创造伟大"的时代风尚,培育精益求精的"工匠精神",展示了职业教育风采,让全社会更好地认识了职业教育,大大提升了职业教育的社会影响力和美誉度,促进了我校专业建设,锻炼了师资队伍,稳步提升教师的服务意识和服务质量。

承办国赛,需要大家凝心聚力。从项目筹划、申请承办、申请资金支持到承办比赛,需要和上级多个部门沟通、协调,对接方方面面的问题,需要和来自全国各地的领导、专家、裁判沟通对接,需要为来自全国 30 多个省、自治区、直辖市及计划单列市的近 140 个参赛校、几百名选手沟通、协调,做好服务,需要和企业领导、技术人员沟通赛场布置、设备参数等,对我们的干部队伍、教师队伍是极好的锻炼。

学校领导高度重视国赛承办工作,为了各项工作顺利有序推进,设置筹备工作领导小组,制定详尽的筹备工作方案,设置 12 个职能组(赛事准备组、技术服务组、专家接待组、参赛队接待组、后勤保障组、宣传组、活动展示组、安全保卫组、志愿者服务组、财务管理组、临时采购组、档案组),全面负责比赛的各项准备保障工作。

筹备工作领导小组由校级领导班子组成,需要及时对接上级多个部门。临近比赛时需要联络区政府,协调区教育和体育局、区公安局、区卫生局、区食品药品监督局、区消防大队、区供电公司等单位,做好大赛保障工作;需要向青岛市教育局汇报大赛方案,争取青岛市政府和上级教育主管部门的支持;需要与大赛执委会联系,需要与支持企业联系；需要指导各职能组做好各项备赛工作。

专家接待组和参赛队接待组不断总结经验，思路更清晰，服务更贴心。他们以服务大赛为中心，尽力做到让每一位来宾都有宾至如归的感觉。为了更好地交流沟通，学校建立了国赛承办微信群，参赛队接待组成立了大赛车辆调度群。接站的同志还下载了携程等手机客户端，即时关注航班信息，保证第一时间接到来宾，第一时间送上车辆，第一时间通知宾馆，做到无缝对接，不让任何一位来宾等待。

专家接待组接待领导、专家等 100 多人，同时担任着繁杂的会务安排及证书打印等工作；参赛队接待组接待近 900 人。接待组处在对外迎送的第一线，接触每一个参赛队和每一位专家、裁判、各级领导。大家对学校的第一印象来自接待人员，两个接待组热情、细致的服务给大家留下了美好的印象。

技能大赛是对职业院校学生技能水平的全面大检阅，也是对职业院校办学质量、管理水平以及教师能力素养的间接考察。学校受到教育部等各级领导、专家、参赛队的一致好评。赛事的承办，使参与承办工作的教师深刻感受到责任，同时也在不断反省着某些环节的疏漏；大赛的氛围，调动和激发了全校教师的自豪感，使大家的心紧紧凝聚在一起；大赛的繁复工作，既锻炼了教师的能力，也开阔了教师的心胸。我校通过五年的精心筹备，凝练了一支顾全大局、团结协作、拼搏奉献的团队，形成了内外联动、和谐办赛、合和共赢的多元合作模式。学校荣获全国职业院校技能大赛突出贡献奖。

"喜迅"培训模式引领青岛现代学徒制

平度市职业中等专业学校　张培生

2014 年，我校为拓宽双元制办学模式，推进职业教育改革，探索现代学徒制，经过多方论证，决定成立中德合作 AHK 考证班，实施学习领域教学，进一步探索德国职业教育教学质量管理的真谛，建立适合本地职业教育的质量管理体系。

实施学习领域教学，企业培训是非常重要的环节，占课时的三分之一。而合作企业的选择，是保证企业培训质量的重要一环。在德国工商大会驻上海办事处和赛德尔基金会的帮助下，青岛中德合作示范园对外联络部主动与学校沟通，推荐驻青岛德国企业与学校合作。经过校企双方多次考察论证,我校选择青岛喜迅机械加工有限公司作为工业机械工 AHK 考证班的培训企业。

2015 年,我校与青岛喜迅机械加工有限公司达成校企合作协议。2016 年,青岛喜迅机械加工有限公司被评为青岛市职业学校公共实训基地,校企双方签署《青岛市职业教育生产性公共实训基地机电技术应用专业机械加工岗位现代学徒制项目建设任务书》,严格按照任务书推进工作。

一、青岛喜迅机械加工有限公司学生培训的基本思路

机电技术应用专业学生在校内完成机械加工理论和实践教学的基础上,到青岛喜迅机械加工有限公司进行师傅与徒弟一对一的学徒制实训,进一步加强学生在激光切割、锯床下料、焊接、车床加工、铣床加工、冲床加工、机械装配、产品质量检验等方面的技能训练,学习成本控制、安全生产、企业理念等企业文化。学生在生产中得到工人师傅的真传,掌握生产的工艺和技术,为今后顶岗实习和就业打下坚实的基础。本项目每期实训三个月,每年两期,第一期在 5 ~ 7 月,第二期在 9 ~ 11 月。每期安排 15 名学生和教师参加培训,企业安排师傅与学员一对一辅导,培训采取理论与实践相结合的方式,在生产中实训,师傅及时对学员进行辅导和评价,争取达到培训项目的最佳效果。

二、青岛喜迅机械加工有限公司学生培训的主要做法

(1)一人一个工位,保证学生与生产工人的生产任务相同。学生在完成生产任务的过程中,学习一线工人的技术、技能,学习生产设备的改进、质量标准的运用等。

(2)一个师傅带一个徒弟,保证每位学生有专人负责、专人传授。师傅和徒弟在同一岗位,完成同一项工作任务,师傅在生产环节直接对学生进行指导。

(3)六个加工生产区,15 个工位,15 位师傅,15 个培训技术工种(机械下料、激光切割、等离子切割、线切割、气体保护焊接、机器人焊接、车床加工、铣床加工、冲床加工、数控车加工、加工中心、钳工装配、磨具研发、质量检验、新产品开发),每周轮换岗位,每位学生都实习一遍。

(4)师傅考核。每周师傅对所带徒弟的理论学习和实践操作做综合考评,并记录在学生企业考核档案。

(5)实习日志。学生每天填写实习日志,将自己一天学习的收获、心得等做详细总结,并在各小组内交流。带队教师负责督促和检查。

(6)结业考试。每组三个月实习结束前一周,完成德国师傅的综合实践考试。

考试历时一周,现场评价,并记录入档,作为本次企业培训的考试成绩。

（7）综合评价。企业培训结束,根据学生平日学习、实践考核情况,由企业领导、师傅、带队教师对学员进行实习综合评价。

（8）课程开发。校企双方根据教学和生产需要,共同开发培训教材。从生产中挑选典型工作任务,内化为教学项目,形成特色培训教材。

2016年12月,青岛市职业教育公共实训基地领导小组到企业进行年度工作验收和考评。青岛喜迅机械加工有限公司的学生培训形式和培训效果得到验收专家的高度评价:培训内容合理,培训有计划、有递进、有考核,学生工作安全措施到位,生活保障安排翔实,各种记录清晰明确。该培训模式被作为现代学徒制样板在青岛市职业教育大力推广。

家校合作案例

青岛市城阳区职教中心学校　王建国

在现代教育体制下,家庭教育举足轻重。苏联教育家苏霍姆林斯基曾说:"最完备的教育模式是'学校-家庭'教育,学校和家庭是一对教育者。"家庭是学生成长的温馨港湾,家庭教育是学校教育的基础,是与学校教育互为补充的重要教育途径,不是学校教育的简单重复,更不是简单继续。因此,需要加强家长和老师之间的联系,使家校合一,才能最终促成孩子的健康发展。

在教育孩子的问题上,家长与老师是平等的,两者只不过是不同场合的教育者而已。因此,家长要经常和老师沟通,了解学生在校的发展状况,积极配合学校做好孩子的教育工作,共同促进孩子的发展。城阳区职教中心学校对家校工作非常重视,旨在形成家校携手、齐头并进的强大教育合力。工作主要从以下几方面展开。

一、办好家长委员会，家长成为同盟者

首先,完善三级家长委员会体系。班级、专业部、学校三级家长委员会都是在个人自荐和投票选举的基础上产生的,每三年换届一次,每年10月份召开一次家长委员会会议进行增补。三级家长委员会带领同级家长在学校、专业部、班级管理中发挥

参与、监督和促进的作用。

其次,让家长委员会充分参与学校管理。学校在理念体系的建构、三年发展规划的制定、特色项目的打造、学校章程的出台等大事上都广泛征求委员们和家长们的意见和建议,学校与家长在思想的碰撞中达成共识,形成共同发展愿景。

二、办好家长学校,学校成为主导者

家长学校是宣传正确的家庭教育思想、普及科学的家庭教育知识、开展家庭教育指导的主要场所。

(一)实施"三为主"办学模式

"三为主"是指以学校班级为主要教学单位,以班主任为主讲教师,以班级授课为主要教学形式,采取集中授课、个别辅导和多向互动相结合的教学方式,开展家庭教育培训与指导,发挥学校教育的师资优势,实现家庭教育指导的规范化、常态化、科学化发展。"三为主"模式的实施,使同一教学班的学生家长坐在一起,与主讲教师形成比较统一的关注点,针对性更强,更容易产生共鸣,形成家校合力育人的态势。

(二)形成专题课体系

家长学校的课程一定是基于本班级学生和家长提出的亟待解决的问题。学校在学年开学初做好家长调查问卷工作,以专业部为单位梳理并确定本学年家长学校的两次授课主题,每学期开展一次家长学校专题交流课。为了实现高效又不增负的目的,每一节交流课的教案都由班主任工作室的教师们集备完成,形成共案,然后由各个主讲教师结合本专业部家长实际进行个性化修改,形成精品案。

(三)开展丰富多彩的家庭教育实践活动

主要通过举行家长开放周、开展家访活动、开展家长心理体验活动来实施。

总之,没有家庭教育的学校教育和没有学校教育的家庭教育都不可能很好地完成培养孩子这一极其细微而重要的工作。因此,家长要更积极地参与到学校教育中去,为孩子的健康成长尽到自己应尽的责任。"单丝不成线,独木不成林。""一个人走得快,一群人走得远。"家校共育,让家校之间逐步形成了学习共同体、发展共同体和命运共同体,实现了"协力共进,合作共赢"的共育初衷。

左右融通、上下贯通，优化黄海职业学校外部环境

青岛西海岸新区黄海职业学校　刘志强

学校尤其是职业学校的社会角色扮演、社会价值发挥，既是办学的起点，也是办学的归宿。家庭、学校、社会共同担负育人责任，三方携手共育是不二之选。在外部治理理念的引领下，我校赢得了良好的外部环境。

一、服务社区，"邻里"和谐

2019年3月9日、10日，我校科技小组16名学生又一次走进珠山文苑社区开展家电维修活动，村民们为学生的技能和学校的教学质量"点赞"。村民还与科技小组建立联系，可随时送家电到学校维修，还可以预约上门服务。科技小组与物业约定每月第一个周末为家电维修日，社区物业为家电维修提供了室内场地。

3月16日，黄海职校28名学生参加毛家山村樱桃种植活动。每到樱桃成熟季节，学生以宿舍为单位帮助一家一户采摘樱桃。我校还发挥实训基地的培训功能，免费为开山口村民培训电工、焊工、汽修工、车工等技能。

和谐的"邻里"关系，为我校发展创造了良好的外部环境。

二、主动配合，上下和谐

教体局、安监局、食药监局、公安局、消防大队、人社局、银行、医院、律师事务所……对于这些和我校发展有关系的单位，我校都以配合的态度开展工作。我校还邀请灵山卫边防派出所副所长担任学校法制副校长，邀请消防大队指导学校开展消防演练，邀请灵山卫医院预防站副主任担任疾防顾问，姜峰律师担任法律顾问，开发区职业中专崔校长担任办学指导委员会主任。对于主管部门布置的任务，我校更是保质保量去完成，为学校树立好的口碑。

和谐的上下关系，为我校发展创造了良好的外部环境。

三、校企合作，供求和谐

在校长的努力下，我校与山东网商集团、上汽通用五菱、济州观光大学、北京华航、青岛旅游从业行业协会、海艺机器人有限公司等 38 家企业、机构建立协同育人关系、择业就业关系或人才交流关系，保障了我校教育质量和学生就业质量。

和谐的校企关系，为我校发展创造了良好的外部环境。

四、校媒融合，舆论和谐

我校重视学校品牌宣传和舆情监控，主动与澎湃网、省电视台等新闻媒体建立联系，宣传我校的办学特色和成果，发布办学动态，监控舆情尤其是网络舆情。2019 年通过各级各类媒体发布关于学校党组织建设、教学成果、重大活动、师生典型等 70 余次，央广网、人民网、大众网、青岛新闻网、区电视台等媒体转载 200 余次。其中，暑假招生月以平均两天一篇的频率发布稿件。

我校提高网络监管水平，开拓网络不良信息举报受理渠道，建立健全舆情研判和应急处理机制，随时关注重大节日网络舆情状态，做到第一时间发现，确保迅速应对。认真研判处置舆情，发现舆情苗头后，及时分析，将负面影响降到最低。2019 年招生期间，及时对部分误解学校、攻击学校的信息进行跟帖、网络辟谣、更正评论。

和谐的校媒关系，为我校发展创造了良好的外部舆论环境。

创新学校治理机制

青岛高新职业学校　于江峰

青岛高新职业学校不断完善学校、家庭、社区等共同参与的学校治理新机制。

一、推进教师自治体系与能力建设

学校成立学术委员会三年来，在教师职称评审、岗位晋升、科研成果评定、教学改革与研究等方面发挥巨大作用。这些事关教师发展的重大事项一律由学术委员会根据文件要求和学校制度，在学校纪委监督下，照章办事，在全校形成了看业绩、比贡献、重师德的良好氛围,基本消除拉票等不正常现象。学校还成立学校事务教职工协商委员会。学校的事就是大家的事,大家的事商量着来,教师有渠道参与学校管理,教职工主人翁意识不断加强。

二、推进学生自治体系与能力建设

学校建立了学生会、校长助理委员会、生涯发展委员会、财商发展委员会、民主议事委员会和社团联合会六大学生自治组织,由学管处、团委指导,引导学生自我管理,自主发展。

三、推进家校合作，聚合教育资源

学校落实家长学校章程、家长委员会章程、优秀家长评选制度、家长委员会驻校办公制度等,成立了由校务委员会、家长委员会、社区、共建单位为主体的教育网络联盟。成立学校、年级、班级三级家长委员会,建立家长委员会代表驻校办公制度,主动接受家长对学校工作的监督和指导。

学校定期召开家庭教育专题讲座,举办家长学校沙龙活动。在中韩街道党群服务中心成立了青岛高新职业学校家庭教育服务站。通过家长委员会驻校办公与家长开放日活动,加强与家长的有效沟通,调动家长主动参与学校管理的积极性,发挥家长在德育教育中的重要作用。邀请家长参加运动会开幕式、艺术节闭幕式、颁奖仪式、座谈会等大型集体活动,学生校服的选定、研学方案的确定等学生相关事宜均有家长代表全程参与。

建立多渠道家校沟通机制,通过"致学生家长一封信"、微信群、电话等方式定期和家长交流。每年寒假学校举行全员育人导师家访活动,由校级领导、中层干部、班主任、科任教师分别组成家访小组,集中地、有针对性地进行家访,促进家校融合。

校门口的交通安全问题

莱西市机械工程学校　贾喜捷

莱西市机械工程学校地处市郊,位于一条二级公路沿线,校门离公路很近,车辆往来频繁。该校师生共计1000余人,其中寄宿生800余人,每周回家一次。每到周末傍晚放学,学生们归心似箭,匆匆背上书包、行李,四处拦车。

领导班子开会商讨解决办法,会议上大家各抒己见。有的说,没什么好大惊小怪的,多年以来都这样,不会出什么事的。有的认为,即使出了事故也属于校外事故,与学校无关,学校不必承担责任,因而不必费太大力气,只要做好宣传工作,加强防范即可。有的说,就算要管也难。这里地处郊区,交通落后,乡村路况极差,车辆又无法把控,家长态度漠然,孩子们安全防范意识薄弱,这些都是不容易改变的。

学校安全工作是学校工作的重要内容,全面做好学校安全工作对于维护正常的教育教学秩序、维护教育系统大局的稳定具有重大意义。采取必要措施加强对学生的安全教育是学校安全工作的重点,必须牢固树立"安全第一,预防为主"的思想,防微杜渐,未雨绸缪。

校领导保持头脑清醒,切实增强紧迫感、责任感和使命感,要明确目标,厘清思路,将学校安全工作的各项措施真正落到实处,确保学校师生人身安全和公共财产不受损失。学校通过以下措施来防范交通安全问题。

一、成立安全防范领导班子

成立安全工作领导小组,制定学校各类人员安全责任制度和各方面的安全措施。

二、召开会议,全面摸底

召开领导班子会议,让全体领导班子成员形成共识。要认识到学校安全工作的重要性,安全问题应摆在第一位;要提高防范意识,郑重说明一旦出现问题就不仅仅是个别人受伤的问题。如果此类事情发生,将严重影响学生的生命安全,并给其家庭带来悲痛和不可估量的经济损失,以至影响社会和谐,后果不堪设想。

召开全体教职工会议。教务处联系各班班主任逐一摸清学生的家庭分布情况、以什么方式往返学校等,最后汇总上报学校。学校根据实际情况联合学生家长等共同解决存在的问题,诸如在周初、周末学生上学、放学的高峰期间加班、加车、加人,以缓解交通压力。

三、广开渠道,争取社会支援

学校与交管部门等联系,加大宣传力度,发放安全宣传单,邀请专家开安全知识讲座,利用课堂、广播、宣传栏等多种形式经常开展消防、交通、食品等方面的安全知识宣传,对师生进行法制教育、纪律教育和安全意识教育……通过层层宣传来普及安全知识,强化师生的安全意识和自我保护能力。学校还与交管部门等协调,争取在上学、放学高峰期调配更多的车辆给予支援。

四、建立健全制度

学校制定相对健全的安全制度并实行规范管理,以便为建设平安校园、促进教育事业的健康和持续快速发展创造更加安全和谐的环境。

五、由制度制定走向制度落实

其一,建立分工负责制,将安全管理责任落实到个人;其二,将安全教育融入课堂,融入校园生活,并且落实到学生的日常行为中去。校园安全教育不是孤立的,它依托于学校的规范制度,它存在于课堂之中。学校应该将各个方面的力量协调起来,共同落实安全教育。

让社会培训成为职业教育发展的新引擎

青岛旅游学校　王　钰

开展社会培训是职业学校的法定社会责任,也是职教树立社会影响力和美誉度的有效形式。职业学校可以围绕乡村振兴、海洋强省、军民融合和新旧动能转换等重大战略,积极参与进城务工农民、退役士兵、企业转岗职工、企业职工等公益性培训项目。职业学校在服务社会的培训过程中,将充分了解企业人才需求,有针对性地调整学校的人才培养方案。

随着"后峰会时代"的来临,青岛市正在加快推进国际海洋名城、国际消费中心城市、国际航运中心、国际会议会展中心、全球影视文化中心建设等,打造面向全球的现代化国际大都市。在此背景下,发挥职业教育的社会培训职能意义重大。

一、开展社会培训是职业学校加强产教融合、提高教育质量的有效途径

社会培训一方面促使更多教师走进企业,帮助企业及时解决技术难题;另一方

面,也能让学校及时了解行业变化、企业需求,并据此及时调整人才培养方案。职业学校要学会与市场共舞、与企业对接,社会培训是教育链与产业链对接的"焊缝"。青岛旅游学校依托青岛市旅游服务产业教育促进会与青岛旅行社协会等行业组织,成立了青岛市研学旅行研发服务中心,请旅游专业建设指导委员会的专家和集团内的优秀教师共同组建研学旅行课程研发团队和培训团队,开展研学导师和安全员培训,通过产学研一体化合作的形式,企业与学校能够各取所需、互补短板,最终实现合作共赢。在组织社会培训的过程中,职业学校教师走到了行业发展的前沿,接受了市场的选择和历练,极大地开阔了视野。与行业专家合作承担课题研究和相关培训,也有效地促进了职业学校教师的专业成长。

二、开展社会培训是职业学校丰富课程体系的有效形式

智能化时代体现出所有岗位工作普遍更具研究性,工作岗位的边界更加模糊,泛在智能覆盖社会各领域的特征。在这种背景下,学校教育必将转向培育"完整的人"和"全面的人"。学校现有的课程设置已经不能满足学生的发展需求。据我校统计,有97.8%的学生认为社会培训对自己的发展有帮助,77.9%的学生有强烈的培训需求,希望安排的培训项目覆盖九大课程类别的40余项。学校与北京世纪超星有限公司签订战略合作协议,共同开发网络课程,通过线上学习与线下实训的形式开展培训合作。网络课程资源丰富了学校的课程体系,线上学习与线下实训的学习模式也拓展了学习的时空,提高了学校实训场地的利用率。

职业院校成立培训联盟,整合各个学历层次和学校资源,全面引入和借鉴企业培训模式,在人才培养体系、课程体系、信息化教学环境、企业模式应用与实施、质量评估体系、企业岗位认证、高端就业服务、中高本衔接贯通等方面创新校企协同育人模式,推动专业人才培养质量与就业质量的全面提升,真正实现人才培养供给侧与产业需求侧结构要素的全方位融合。

开发有效载体，打造义工品牌

青岛电子学校　唐好勇

自 2015 年始，青岛电子学校积极响应市教育局"职教义工进社区"以及李沧区"社教惠万家"活动号召，秉承"成就一个学生，幸福一个家庭，奉献整个社会"的办学理念，充分发挥专业优势，整合学校资源，成立了"电子阳光志愿队"。志愿服务涵盖家电维修、网络维护、平面摄影、玩转微信等众多专业服务项目，还包括助老扶幼、文明创建、卫生环保等非专业社会服务项目。志愿者的足迹遍布青岛的社区、学校、车站和福利院，开展形式多样的职教义工志愿服务活动，积极服务社会。两年来，学校累计投入志愿者逾千人次，服务对象超万人次，很好地诠释了"奉献、友爱、互助、进步"的志愿者精神。

一、服务社区，展职教魅力

作为职教义工服务的主要部分，学校志愿者的足迹遍布学校南北校区周边各个社区，玉清宫第一社区、文安路社区、水清沟街道、沧口维客广场、李村公园广场、天台路社区等都有学校志愿者的身影。在每次服务中，家电维修服务队为社区居民检修一台台小家电，平面摄影服务队为居民拍摄打印照片，微信培训服务队为老年居民耐心讲解手机微信等通信软件的使用技巧……志愿者扎实的专业技能、热心细致的服务获得居民的一致赞誉。

二、服务旅客，亮岛城风采

经青岛市教育局团委牵线搭桥，学校团委与青岛火车北站团委联合开展"情满暑运""情满春运"系列志愿服务活动，在火车北站服务台设立青岛电子学校志愿服务点。每年暑运和春运进出青岛客流高峰期，学校志愿者利用假期到青岛火车北站开展购票指导、线路指引、行李搬运等服务活动，平均每次投入志愿者队伍达 300 人次，向进出青岛的旅客展示青岛这座美丽的海滨城市的风采。

三、服务老幼，献学子爱心

每年重阳节期间，学校志愿者会走进李沧老年公寓、崂山社会福利院等，帮助老人清扫卫生、举办文艺联欢；每年儿童节期间，学校志愿者又会走进城阳牟家小学、市妇儿活动中心等，为孩子们带去自发捐赠的图书、文具，送去节日的祝福。校团委每年在初冬季节发起爱心捐赠倡议，将同学们爱心捐赠的衣物、书籍等整理发往连线的山区学校，平均每年发出各类捐赠物品上千件，为贫困山区的儿童送去爱心和温暖。

为更好地做实职教义工志愿服务工作，学校进一步研讨，拟将学校志愿服务品牌正式更名为"E米阳光"。"E"是"Electronics（电子）"的英文首字母，该名称寓意每一个"电子人"贡献一份阳光，照亮整个世界。学校将进一步完善志愿者队伍建设，拟在服务较为成熟的社区挂牌"青岛电子学校'E米阳光'志愿服务点"，班级团支部包干负责，以更加扎实深入地开展服务工作，为发展壮大青岛职业教育志愿者队伍，完善青岛职业教育志愿服务体系，增强志愿服务能力，提高职业教育的影响力和美誉度做出贡献。"E米阳光"被青岛市教育局评为市级职教义工服务品牌。

以岗位需求为重点，探索工学结合的新模式

平度市职业中等专业学校　孙世伟

根据双元制教学要求，学校以岗位实际需要为重点，以强化技能培训为主线，创新校企合作、工学结合的人才培养模式。

一、实施工学结合的人才培养模式

学校将三年的学习计划分为由低到高三个阶段：第一学年为职业基础培训年，学习基础课程、专业基础模块；第二学年为专业技能培训年，明确学生培养的专业化方向（如机电技术应用专业分四个方向：维修电工、装配钳工、焊工、工业自动化），参加1～2个月的企业培训；第三学年为专业能力强化培训年，主要通过顶岗实习来实现学生能力的转化与提升。

按周对理论课与实践课实行分段教学。机电专业实行"3＋2"模式,即每周三天理论课,两天实践课;服装专业实行"3＋1.5＋0.5"模式,即每周三天理论课、一天半实践课、半天到服装厂实习。每个专业都有自己的学习模式,并且遵照职业教育的规律,每学年理论课呈递减、实践课呈递增趋势。

二、工学结合的运行方式

一是创建校办产业,即校内生产实训中心。学校根据专业设置了八个校内生产实训中心:汽车维修中心、服装加工中心、种猪养殖场、奶牛养殖场、肉食品加工中心、乳制品加工厂、面点加工中心、果酒加工中心。企业负责人即专业实习主任,管理技术人员就是实习指导教师。校内生产实训中心对外承接生产技术咨询培训服务,学生的作品即产品。

二是引企入校,建立"校中厂"。我校本着资源共享、互惠互利的原则,分别与青岛圣达机电设备制造有限公司、青岛鸿浩达机电公司和青岛德发肉制品有限公司,共建了数控机加工培训加工中心、电气装配培训加工中心和肉制品培训加工中心,共同探讨校企合作办学的新路子,双方分别签订了校企合作协议。2013年,海信集团主动投资几十万元在学校建立一个实训车间,建成一条模拟流水线,其设备和管理完全按照海信的模式,开创了"校中厂"的先例。

三是建立"厂中校"。学校与海信、海尔运行"厂中校"模式,实行线体承包制。企业管理技术人员负责讲解企业文化、企业制度、生产流程、典型任务、安全生产规范等,学校教师负责讲解文化知识、职业素养和技能考证等内容,校企共同制定培训方案,实现了教学与生产的一体化。

四是大力发展校外实训基地。学校通过校企联盟,发展了与专业对口的校外实训基地,承担学生企业培训任务。学校和企业根据教学进度共同制定培训计划、培训内容。

五是顶岗实习。学校把顶岗实习视为顶岗实训,作为双元制教学中专业能力强化培训部分,实现学生能力的转化与提升。

纷呈的工学结合方式,做到了能力培养职业化、教学环境企业化、教学内容工作过程系统化,有效地推动了人才培养模式改革。

教育精准扶贫，携手共筑职教梦

青岛市城阳区职业中等专业学校　苟钊训

2019 年,由青岛市城阳区政府牵头,我校与贵州省关岭县综合性高中签订协议,双方结成帮扶友好学校。4 月,关岭县综合性高中安排参加技能大赛的学生和教师到我校进行了为期一个月的集训。11 月,副校长苟钊训带领专业骨干教师赴关岭县综合性高中进行了为期三天的帮扶交流,在专业发展、课程建设、技能教学、春季高考等领域进行了深入的交流探讨,共享先进的教育教学理念,取得了实实在在的合作成效,成为东西部职业学校合作的样板。

一、倾情相助，无私奉献

2019 年 4 月,关岭县综合性高中安排汽修专业参加技能大赛的师生四人来我校进行集训。在一个月时间里,两所学校师生吃住训练都在一起,一起研究训练技能技巧,针对贵州省职业院校技能大赛的比赛大纲制定详细的训练方案,我校教师把积累多年的参赛经验都毫无保留地传授给对方。在我校师生的帮助下,关岭综合性高中参加贵州省职业院校技能大赛取得优异成绩。

二、走进课堂，互动答疑

2019 年 11 月,副校长苟钊训带领四位专业骨干教师赴关岭县综合性高中学校。他们走进课堂、走进实训车间,带着先进的教育理念,送去了精彩的优质示范课、心理讲座。课堂上师生互动,课下教师互评,思维碰撞,内容精彩纷呈,氛围热烈。活动中,两校师生增进了友谊,双方教师受益匪浅,加强了教育教学理念的分享交流,促进了教育水平的提高。

三、交流反馈，互助共赢

关岭县综合性高中作为贵州省第一家以"普职融通"为试点的综合性高中,在办学模式上不断进行探索和创新,形成自己独特的办学模式,为学生成才构建了"立交桥"。经过几年的快速发展,师生在各级各类比赛中取得了可喜的成绩,在教育教学、精细化管理、办学理念等方面都值得推广和学习。

通过双方学校的交流互访,我校的四位专业骨干教师与关岭县综合性高中的教师结成"手拉手,一对一"的帮扶对象,通过微信交流、精品课程共享、远程视频备课等形式密切合作。同时,两所学校在专业建设、教育科研、内涵发展、教师素质提升等方面达成互助合作协议,资源优势互补,加强合作交流,以促进两地学校实现新飞跃。

学校在家校共育工作中的几点做法

青岛城市管理职业学校　邵　婷

我校充分发挥家长学校在社会、学校、家庭一体化教育中的重要作用,为学生创造良好的学习、教育和生活环境,促进学生健康成长。

一、构建组织机构

学校成立家长学校工作领导小组,领导小组由校长、主管德育副校长、学管处主任和班主任组成,负责每年计划的制订和教学活动的组织落实。

二、家校共育常态化

学校组建学校、部、班级三级家长委员会,定期换届。每学期邀请家长委员会成员来校,通过座谈会、实地巡视等形式,研究当前家庭教育、学校教育、社会教育的动态,探讨办好家长学校的措施。组织家长驻校活动,邀请家长参与学校活动,取得家长的支持,提高家长参与学校管理的实效。

三、活动渠道广泛,活动载体多样

(1)开展家长学校授课活动,集中授课、分散式授课相结合。每学期邀请经验丰富的家庭教育专家到校为家长进行父母课堂的集中授课,开设了"教育源于家庭""与孩子一起成长""用尊重的教育培养受社会尊重的学生"等多场父母课堂的授课活动。利用家长平时的空余时间对家长进行分散式授课,向家长宣传科学的家庭教育知识和科学的教养方式,指导家长树立正确的教育观念。

(2)校园网络平台开辟家庭教育专栏,同时利用好微信家长群,加强家庭教育和家校沟通。

(3)开展家长节、开放日活动,向家长开放课堂。每学期举办家长进课堂与孩子一起上课的活动,并征求家长对学校工作的意见和建议。

(4)开展"好家庭、好家教、好家风"主题教育活动。围绕主题,学校结合自身办学特色,在全年级征集"好家教故事"。

(5)坚持开展家访活动,年终组织全校教师大家访。

(6)充分发挥好服务站作用,组织职教义工深入社区家庭。先后组织专业课教师进社区、学生志愿者进社区等相关活动,为社区居民和家庭服务。

"务实·拓新",构建家校共同育人管理体制

青岛华夏职业学校　吴章鑫

苏联教育家苏霍姆林斯基认为,只有学校和家庭志同道合,抱着一致的信念,一致地行动,儿童才能获得全面和谐的发展。那么,如何实现家庭与学校的一致性,从而实现家校合作,共同推进素质教育,共同促进学生健康快乐成长呢?必须以现代学校制度建设为载体,构建好家校之间的桥梁与纽带,即家长委员会。通过家长委员会动员、组织、协调所有的家长,让家长充分参与学校管理,形成学校、家庭、社会三位一体的教育合力,共同推动学校的发展,共同培育未来社会发展所需要的人才。

一、加强现代学校制度建设,推进学校由管理向治理的转变

内部治理现代化是现代化学校建设的重要组成部分。党的十八届三中全会指出,推进国家治理体系和治理能力现代化,依据依法办学、自主管理、民主监督、社会参与总要求,制定章程和制度,完善治理结构,提升治理能力。一是健全以学校章程为核心的学校治理制度;二是构建以校长负责制为主体,以教职工代表大会、家长委员会、校务委员会和学生议事会为"四翼"的"一体四翼"治理体制,形成"决策、执行、监督、评价"多方参与的既相互制衡又相互配合的多元治理结构;三是建立并

实施教职工、学生、家长三个议事会,保障教职工、学生、家长充分参与到学校治理过程中来;四是成立自下而上、民主公推的师德学术评价委员会,让群众满意度高、德能兼优的教师参与学校治理;五是主持承担山东省重大招投标课题——"职业院校内部治理能力提升研究",把握理论前沿,厚植实践根基,指导工作实践,提升治理能力,实现由学校管理向学校治理的根本转变,出版《职业院校内部治理能力探索与实践》;六是实施管理权限清单,规范权力运行机制,建立起以"一单一表、一图一制度"为主要内容架构的权力运行模型,共五大类 35 项管理权限清单,完善规范重大事项决策程序,把民主参与、专家论证、风险评估、合法性审查、集体讨论决定等作为学校重大决策和关键权力运行的法定程序。

二、 实施德育一体化建设,凸显育人实效

学校秉承"为学生终身职业素质发展奠基"的办学理念,构建"自信、负责、成功"的自主德育模式,实施德育一体化建设,办适合学生成长发展的教育。一是推行"三双",包括教师和外聘专家、学生和优秀毕业生"双助长"教育行动计划,课堂、社团"双轨"育人教育行动计划,职业素养提升"双三十"(人文素养提升必做的 30 件事,专业素养提升必做的 30 件事)教育行动计划,推进学生全面发展;二是加强诚信教育,推行以"仁、义、礼、智、信、忠、孝、谦、勤、勇"为主要内容的"诚信十字诀"教育活动,形成"传统文化＋职业诚信"的育人文化,着力培养诚实守信职业人,锻造具有工匠精神的职业人;三是加强德育目标分层管理,推行德育学分制和 A、B、C 三级德育目标,通过学生自主选择,明晰责任,实现自我教育、自主管理、自信成长,达成每天进步一点点,争做最好的自己;四是开展全员育人活动,推行学科、专业实践教学德育一体化建设,实施"华夏红·全员牵手"导师制;五是建设家长学校,开发校本教材《爱的箴言》,建设"华夏红"家庭教育服务站,成立校、班两级家长委员会,推行家长议事会制度,组建家长助教团,开展"华夏红"家长驻校工作。

第五部分

特殊教育

"1+*N*"资源支持体系，形成大教育合力

青岛市城阳区特殊教育中心　刘佳胜

资源支持是学校发展的金钥匙。近年来，学校充分挖掘社会资源，主动争取社会资源和社会力量支持学校，加强社会教育与学校教育的结合，构建了"1 + *N*"资源支持体系，即学校为"1"，各种社会、社区、家长资源为"*N*"，形成教育合力，助力学校发展、学生成长。

一、开发职业教育资源，拓展学生职业教育学习渠道

学校坚持开放办学，开发周边企事业单位职业教育资源，支持学校职业教育发展。

（1）成立志愿者工作室。学校与青岛农业大学等单位合作成立校内志愿者工作室，志愿者每月到校对学生进行园艺、书法和茶艺指导。

（2）建立教学实践基地。学校与企业签订教学实践基地协议，中学部和职高部学生每月到实践基地开展劳动实训、就业技能培训、职业教育和综合实践教育，夯实学生能力基础。

（3）建设就业基地。学校与迎春乐乳业有限公司等单位达成就业合作协议，每年举行毕业生职业安置推介会，93%的毕业生在推介会与企业初步达成就业意向，87%的毕业生顺利就业，实现学生融入社会、自力更生的培养目标，为家长解决了后顾之忧。

二、开发高校资源，实现学校跨越式发展

学校与加拿大女王大学专家团队联合开展"孤独症与学前教育康复项目"，全校教师完成 ABA 行为分析理论和技能培训，实验班教师每周到项目合作学校见习，专家每周到校进行自闭症评估和康复指导，提高自闭症康复质量。

青岛（青岛大学）心理与精神健康研究院在学校设立教学实践基地，让本科和硕士研究生到校开展实训实践活动，同时研究院的研究项目及成果在学校进行验证推广。学校在校内成立城阳区自闭症康教中心，发挥专业引领、康复研究支持、区域辐

射作用。学校与加拿大女王大学自闭症专家团队合作,瞄准国际前沿,为自闭症学生提供高质量的教育康复服务,提高自闭症康复教育水平。

三、挖掘医教、康教资源,加大特殊学生康复力度

(1)建立医教、康教结合工作体系。区政府分管领导牵头成立国家特殊教育改革实验区领导小组,区教育和体育局牵头建立由教育、卫生、残联、财政等部门组成的康教结合联席会议制度,形成分工负责、协同推进的运行机制。市教育局高度重视,每年暑假组织特殊教育专题培训。区教育和体育局分管局长和普教科长亲赴上海、广州、深圳、长沙等地进行康教结合专项考察调研,并到华东师范大学、华南师范大学接受专家指导。

(2)健全康教结合实验服务体系。建立学校与医疗康复机构合作制度,城阳区政府指定区人民医院为医教结合定点服务机构,为特殊儿童提供医学检测、评估和康复训练指导并派驻医生驻校服务。学校与城阳社区卫生服务中心达成合作协议,共同开展经常性康复训练。区教育和体育局与区残联建立了统一的残疾儿童档案,成立残疾儿童入学鉴定和咨询委员会,确保100%的残疾儿童接受教育康复。

构建家、校、社三位一体德育机制

青岛西海岸新区特殊教育中心　王永宾

学校努力探索构建学校、家庭、社会三位一体的高效德育机制,注重德育工作的针对性、实效性、有序性、渗透性,形成了鲜明的家校联合、校校联谊、校企"联姻"德育管理模式。

一、家校联合

家庭和学校如"人"字的一撇、一捺,是教育的协作者。学校以家校联合增强家校教育合力,通过建立家校联系本、实施访问制度、家长进校园、家长座谈、指导会等多项措施推进共育工作。一是建立家校联系本和班级日志,以此记录学生成长足迹,家校双方互通学生在家、在校学习生活情况,对学生进行一致性教育。二是制定实施

班主任电访制度、寒暑假普访制度、问题专访制度等,通过多种方式,了解学生情况,指导家长开展家庭教育,加强家校联系。三是举办家长开放日活动,邀请家长走进学校,了解学校的教育理念、课程实施情况;邀请家长结合职业及自身特长到校为学生上课,丰富学校的教学内容;助残日、儿童节、亲子运动会等重大活动邀请家长到校与孩子共同参与活动,加强家校间沟通与理解,共同助力孩子成长。四是通过家长会和座谈会,解答家长疑惑,使教师、学校、家长增进了解和信任,获得家长配合。五是通过家庭教育指导会、家长团体沙盘辅导等活动,有的放矢地开展家校共商共育工作,提升家校共育效果。

二、校校联谊

学校通过与驻青高校建立联谊关系,与新区内普通中小学建立结对关系,为特殊儿童搭起与外界交流的风帆。学校多次与山东科技大学、青岛港湾职业技术学院、青岛理工大学、中国石油大学(华东)、青岛职业技术学院等院校联谊,极大地促进了学生的沟通交往能力。学校与山东科技大学机械电子工程学院签订社会实践基地共建合约,带领学生走进山东科技大学地球科学馆,感受地球科学的魅力,为学生带来不一样的研学课程。学校还与西海岸新区汇文小学、琅琊小学、滨海明珠幼儿园签订融合教育姊妹学校合作协议,达成融合教育姊妹学校关系,共同开展融合教育活动。例如,琅琊小学学生与学校学生共同参观龙湾、夏河城遗址,开展研学活动,为特殊儿童创造与同龄人接触交流的机会,以此拓宽学生融合活动渠道。

三、校企"联姻"

学校充分挖掘企业、个人的资源,延伸学生成长活动平台,以此拓宽学生融合活动渠道。近三年,学校通过与青岛交运集团、亿联集团、万丽酒店、印象沙画、明月海藻等企业"联姻",累计开展校企活动200余次。例如,青岛交运的工作人员走进校园给学生们普及安全乘车知识;新区教育美术家协会组织的爱心助教活动召集不同学校的老师,将不同的授课方式、新奇的授课内容带到了特殊教育中心的课堂上;万丽酒店为学生送去学习用品并邀请学生参加新年点灯仪式,等等。校企"联姻"不仅拓宽了学生眼界,使其增长见识,也丰富了学生社会实践活动的内容和形式。

开展"普特融合"，落实二期提升计划

青岛市崂山区特殊教育学校　高秀娟

为贯彻落实党的十九大关于办好特殊教育新要求,创新推进《残疾人教育条例》《第二期特殊教育提升计划(2017—2020年)》对融合教育推动的具体要求,学校召开班子会议,研究"普特融合"教育工作。我根据学校的地理位置,考虑到乘车方便、学生的生活环境相似等特点,向班子建议选取沙子口街道的沙子口小学和汉河小学为"普特融合"的对象,并亲自去这两所学校进行沟通,一起制定了融合教育的实施方案。

根据方案,我们每学期组织师生到普通学校进行为期半天的融合学习。活动前,我跟这两所学校的领导进行了充分的沟通,最终选定美术课、大课间活动和体育课作为融合教育的切入点。

在汉河小学美术课上,我校学生与汉河小学三年级学生一起学习了"我的收藏卡"一课。首先由汉河小学的张老师讲解了收藏卡的构成部分及制作要点。接下来,两校学生组成了一对一学习小组,共同完成收藏卡的制作。在制作过程中,两校学生互助、互融、互爱,制作出了一张张精美的收藏卡。最后,两校学生互赠收藏卡,将活动推向了高潮,为活动画上一个圆满的句号。

我校学生参与体育课堂,一起学习五步拳。首先,李老师对学生进行了"习武先习德"的思想教育,讲解并示范了抱拳礼,学生跟做,学习兴致高昂。其次,李老师向学生展示了五步拳的完整动作,并根据学生能力将学生分成四组,每组由汉河小学的两名学生当组长,领做并指导我校学生。最后,李老师又组织学生做了纸杯传水接力游戏,学生互相配合,在欢声笑语中结束了本次课程。通过这次体育课的配合,学生由开始的拘谨、陌生,到互相合作,增进了彼此的了解。

在沙子口小学,校领导和老师引导我校学生参观了学校的各个功能室以及学生的艺术作品,使学生感受到了沙子口小学浓厚的学习氛围与艺术气息。参观完各个功能室,学生到操场上参与大课间活动。看到操场后,学生自觉地排成一队,进行了跑步比赛。

大课间活动后，沙子口小学为我校学生精心准备了饼干等零食，请学生到会议室休息、加餐。吃着饼干，学生特别开心，心里都觉得暖暖的。

中午，学生在老师的引导下，到沙子口小学的食堂排队打饭，秩序井然。学生吃着沙子口小学的饭菜，感觉特别香，一点都没有剩下。

形式多样的活动让所有有特殊需要的儿童走进主流教室、回到普通学校接受普通教育，让特殊教育从隔离走向融合。

巧借外力，助力自身发展

莱西市特殊教育中心　王曙光

近年来，政府及社会各界对特殊教育事业给予了越来越多的关注，各种力量交织汇集到学校，共同助力学校的变革和发展。莱西市特殊教育中心在面临外部环境的机遇和挑战时，积极寻找外部环境与学校发展最佳的平衡点，发挥家长、社会优势，巧借外力，为学校发展和变革助力。

一、积极构建家校融合模式

（一）创建家校联系品牌

为创新家校教育融合模式，学校创办了"家长助教""家教讲堂""课堂开放""爱心家访"等一系列特色鲜明的家校联系品牌，实施家长与孩子"共识、共享、共进"教育，得到了家长和社会的一致认可。每学期定期召开家长委员会会议，及时收集、反馈家长对学校工作的建议和意见，充分发挥监管、协助和桥梁作用，构建起家校"立交桥"。

（二）探索家长助教新模式

学校定期邀请家长走进学校，全方位参与学校教育教学管理，进行卫生、安全等常规检查监督，深入课堂跟班听课，参与课堂教学。学校还采取聘请医疗、心理方面的专家做专题讲座等多种方式，对家长进行直面引导，不断提升家长的素质和水平。家长委员会成员进行经验交流,让家长们向身边的优秀家长学习,提高家庭教育水平。

二、积极开发社会爱心资源

学校利用助残日、自闭症日、儿童节等积极举办各种社会活动,扩大特殊教育宣传,让更多的人了解、认识特殊儿童,积极寻求社会公众的力量来支持帮助特殊儿童。

(一)积极开发爱心企业资源

目前,学校通过积极沟通与协商,已开发若干家爱心企业资源。青岛海氏海诺集团在姜山镇莱河大自然农场为我校设立专门的莱西特殊教育中心康复基地,三年提供 60 万元帮助自闭症儿童通过马术疗法、动物伴侣疗法等进行康复训练。莱西市高氏牧业每月安排烘焙师傅到我校进行一次烘焙技能传授,强化学生在生活、社会和劳动三个层面的实践。青岛蓓乐开服饰有限公司每年为具有一定工作能力的毕业生提供实习和工作机会。青岛康城汽修部每周安排学生进行洗车实习,为毕业学生进行职前准备。

(二)积极开发公益组织资源

目前,学校已经与莱西市蒲公英志愿者服务中心、与你同行公益服务中心、小雨滴志愿者服务中心等多家公益团队组织建立联系,汇集公益力量开展志愿者助教、志愿者讲堂等活动,推动爱心接力。尤其在一些大型活动中,充分发挥志愿者团队的力量。2019 年 6 月 1 日,学校举办的以"精准关爱,让天使不再折翼"为主题的开放日暨实践教学成果推广与深化活动,共吸纳莱西市蒲公英志愿者服务中心、与你同行公益服务中心等公益组织 200 多名志愿者提供志愿服务,保证活动圆满完成。

三、积极开发普通学校资源

为完善融合教育支持保障机制,学校与多家普通中小学沟通协调,积极开发普通学校资源。目前,学校已与莱西市实验小学、莱西市月湖小学、莱西市城东小学、莱西市水集街道办事处中心小学四所学校签订融合教育协议并授牌。授牌后,学校认真落实合作协议,坚持"融合交流、共同成长"的原则,定期组织学生与普通中小学共同参加丰富多彩的融合活动,确保学生每月至少半天参加普通教育学校活动,为学生提供一个健康、和谐的成长环境。

对调适学校外部环境的狭义思考

青岛市盲校　韩胜昔

外部环境是学校发展的制约力量,更是学校发展的促进力量。校长在使学校获得良好生存环境的过程中发挥着主动性和创造性,要与各方形成良好的公共关系,为学校的生存和发展营造良好的外部生存环境。

一、校长必须履职尽责，切实增强责任与担当

校长应是学校发展战略规划的设计师。校长在学校的办学、发展历程中发挥着普通教师所不能替代的作用。校长首先是教育思想的领导,要用自己的智慧、真情和人格树立起学校管理者的表率和良好形象。

二、处理好与教育行政机关的关系

一个懂管理的校长首先是一个学习型的校长、业务型的校长,要有较强的业务素质和创新能力。而这一切来自勤于学习,善于思考。通过学习,提升自己的思想境界和管理水平,反思自己在教育教学工作中的得与失,找准推动工作的突破口和切入点,进一步提高学校管理的艺术性和科学性,激活学校优良管理的新气象。"有眼界才有境界,有思路才有出路,有志气才有骨气,有实力才有魅力。"作为独立法人的学校是一种人为教育环境的学校组织,务必履行义务,要争取上级支持,掌握政策,争取政策,用好政策,主动作为。

三、处理好与家长的关系

校长必须为学校的发展做好短期规划和中长期规划,在规划中学习,在学习中进步,成就学校的发展和未来。校长必须成为学校管理的行家里手,要"懂教育、会管理、品质好"。学校教育行为影响千家万户,学校要与家长站在一起,让家长了解学校发展中长期规划,参与学校的发展,明晰目标和方向,使每位师生的奋斗与努力获得支持与动力。

四、处理好与校友的关系

校长要坚持"修炼",务求有为,做新时代人民满意的好校长。要时刻以良好的工作作风和精神状态为全体师生做出榜样和表率,以自己的人格魅力影响、带动周围的人。要自省权力,自省责任,自省人格,自省言行。要有平和大度的心胸,文明得体的语言,一切着眼于师生发展的理念,恪守公平,处事真诚,善待他人,廉洁从教。校长要成为教师和学生的导师,赢取他们的反哺,全力促成教学相长。

五、处理好与社区的关系

作为社会系统子系统的具有公益性的学校,离不开生活与环境的协同支持。校长要成为社会活动家,主动召集教育议事会,促进学校管理改革,拓展教育基地,使开放的教育资源为我所用。

六、处理好与新闻媒体的关系

校长应努力使自己成为"导演",使学校赢得良好的社会声誉。校长应是良好舆论环境和人际关系的"主宰"。

七、处理好与教育科研机构的关系

校长应成为学校创新的示范和表率,使办学经验得以升华巩固。要依法治校,带领团结全体师生,凝心聚力,遵循规律,激发干事创业的正能量。进一步挖掘管理的潜力,实现学校管理的科学化、精细化、人文化。在学生层面要大力实施自主管理,培养学生良好习惯;在教师层面要推进人文管理、规范管理,善待教师,激发活力,奖优罚劣;借助教育科研机构加强学习培训提升,大力开展教师、学生、家长读书活动,打造书香校园;严格按照《义务教育阶段学校办学标准》规范办学,着眼于人的发展,为师生的未来奠基,大力实施素质教育,使每位教师都能从事幸福的教育,每一位学生都能享受教育的幸福。通过教育科研实现学校的稳健发展、跨越发展。

整合社会教育资源，提升学生综合素质

青岛市中心聋校 袁凯道

整合社会教育资源,提升听障学生知识和技能,是青岛市中心聋校密切结合学校实际和学生特点改革创新的成果。学校整合社会教育资源,有效化解了社会爱心团体和人士到学校为听障学生献爱心活动的分散、无序对学校教育教学秩序的冲击;同时,有目的地安排活动和课程,既有课表内的,也有课外的,形成了系统化、系列化、制度化课程体系,克服了随意性;还与爱心团队签订了协议,建立了基地,确立了长期合作的关系。

一是邀请名人、专家进校园,为学生开设书法、美术、摄影、烹饪、舞蹈、围棋、魔术、国学等课程,丰富学校课程内容,提升听障学生知识和技能水平。例如,同青岛狮子会一起建立国学班,定期聘请大学教授到校为听障学生讲授国学知识。国学班学生表演的经典诵读节目在全国教育康复技能大赛表演中获得好评。同华人心理学会、复旦大学心理学会等机构在校内建立起"心灵花园",每学期都有十几位"心灵花园"志愿者利用课余或业余时间到校一对一地对听障学生进行沙盘心理辅导,提升了听障学生的心理健康水平。与共建单位一起开展听障学生军训,通过队列、内务、参观军营、讲座等,加强了对听障学生的国防教育,磨炼了他们的意志,形成了凝聚力强的班集体。学校的军训分别获得青岛市国防教育优秀活动案例一等奖、山东省中学生军训优秀活动案例一等奖。青岛市青少年摄影教育协会在学校成立后,多名摄影专家到校辅导学生摄影社团,开展摄影知识培训。听障学生的摄影水平大幅度提高,摄影作品多次参加全国、省、市、区摄影展。青岛市文联文艺志愿服务基地和青岛市杂技魔术协会培训基地在学校挂牌后,文艺志愿者和杂技魔术表演大师到校悉心辅导学生技艺。听障学生表演的魔术多次参加校内外表演,特别是由香港导演执导、我校听障学生主演、多国演员参与演出的公益话剧《小王子》演出后,观众纷纷赞扬。与青岛市美术馆一起举行的"星计划2016——艺术校园行"活动中,岛城水彩画名家每周到校为听障学生传授水彩画技艺。学生的美术作品在青岛市美术馆进行里专题展览,深受社会各界好评。暖暖残障艺术中心在学校设立艺术教室,既有高水平的美术老师到校为学生辅导,又有青岛市陶艺协会副会长到校开设陶艺课,给学生传授陶艺制作技艺。书法社团学生在书法家的指导下参加各类比赛,多次获奖。在职业专业课程方面,请酒店高级厨师和高级面点师到校授课,请服装技师到校指导学生设计、裁剪、制作。听障学生参加全市职业技能大赛,和普通学生同台竞技,均取得优异成绩。

二是带领听障学生走进社会教育基地和社会实践基地,开阔听障学生视野。走进公园,感受自然之美;走进青岛海底世界、青岛海昌极地海洋世界,感受海洋生物的神奇;走进海军博物馆,近距离了解海军的发展;登上海警舰船,感受海洋科考的神秘;走进青岛市博物馆、青岛德国总督楼旧址博物馆,感受青岛浓郁的文化底蕴;走进超市、银行开展生活实践活动,学会购物、理财的程序和规则;走进学农基地种植白菜、芋头、土豆,感受农民劳作的艰辛;走进学工基地,掌握多种劳动技能;走进写生基地,用画笔描绘崂山的自然风光。

三是融合互动,增强听障学生社会交往能力。学校与驻青高校的16个社团签订了志愿服务协议,每学期与高校志愿者精心组织志愿者活动,让学生亲身体验志愿者精神。学校还与周边中小学开展形式多样、丰富多彩的融合活动。融合活动扩大了学生的交际面,提高了他们的交流能力和语言运用能力,促进了他们综合素质的提升,为听障学生更好地融入社会打好了基础。

整合社会教育资源,开设各类教育教学课程和社会实践,弥补了学校课程的单一和专业师资的不足,拓宽了听障学生的知识领域,提高了听障学生的自理能力、社会适用能力和专业技能。